2018

财政税收专业知识与实务（中级）

刘文秀 主编

环球网校经济师考试研究院 组编

中国商业出版社

图书在版编目（CIP）数据

财政税收专业知识与实务：中级/刘文秀主编；环球网校经济师考试研究院组编．—北京：中国商业出版社，2018.7

ISBN 978－7－5208－0425－7

Ⅰ．①财… Ⅱ．①刘… ②环… Ⅲ．①财政管理－资格考试－自学参考资料②税收管理－资格考试－自学参考资料 Ⅳ．①F81

中国版本图书馆CIP数据核字(2018)第139781号

责任编辑　孙锦萍

中国商业出版社出版发行
010－63180647　www.c-cbook.com
(100053　北京广安门内报国寺1号)
新华书店经销
三河市华润印刷有限公司印制
★　★　★　★
787毫米×1092毫米　16开　19.5印张　460千字
2018年7月第1版　　2018年7月第1次印刷
定价：72.00元
★　★　★　★
（如有印装质量问题可更换）

作者寄语

自从事教育培训以来，尤其是经济师的考试培训，在每年的报考季，学员面临专业的选择时，总是会问几个同样的问题：我该选择哪门专业课呢、哪门专业课比较简单、哪门专业课计算题比较少呢。当听说财税科目的计算分值达到45分左右时，就心生疑虑，踌躇不前。其实大家是被财税计算题分值的假象蒙蔽了双眼，财税是很有规律的一门课程，中级经济师的考试规律是点多面广，而且考查的不深，所以对于财税而言，计算分值虽大，但是相对来说比较简单。

中级财税这门课程分为财政和税收两大部分，共13个章节，章节内容相对来说比较适中。大家心生疑虑的点是税收，其实税收部分的重点就是15个税种的内容，看似税种的内容比较多，但是都有其内在规律性，每个税种都是按照税制要素内容进行编制的。只要我们掌握了税制要素的内容，基本上就掌握了这15个税种的整体脉络，所以编制这本书的目的就是帮助大家揭开财税的面纱，理清整本教材的思路。本书对税种部分的精华内容进行了提炼和总结，帮助大家更好地掌握中级财税专业课的知识。

本书以上述形式呈现，我们反复总结和推敲相关的知识点，将好的记忆思路和做题方法通过合理的方式传递给大家。

大家通常听的一句话是"拼搏到无能为力，坚持到感动自己"。我们在编写此书的过程中，尽自己最大的努力为大家提供最好的辅导教材，大家需要做的就是按照提供给大家的精华内容，坚持学习，坚持到感动自己，相信我们一定可以通过经济师考试！

刘文秀

2018年7月

本书亮点介绍

第 1 篇　历年命题规律总结及2018年备考指导

本篇旨在通过分析历年考试特点、命题规律来为考生指引备考经济师的方向。只有方向明确了，才能避免南辕北辙。

第 2 篇　考点精讲及同步练习

◆ **考点详尽，讲解透彻**　本书结合考试大纲对精华考点逐一讲解，并辅之以经典例题，方便考生明确考点，同时掌握考点的考查方式。

◆ **点线/变色，重点突出**　本书对于正文中以文字叙述的非常关键的考点采用字体变蓝色的方式突出标记，以表格呈现的部分采用点线的形式标记，方便考生在较长的文字中抓取关键词句，从而进行有针对性的记忆。

◆ **图表结合，便于记忆**　大量的文字内容不便于考生记忆，所以本辅导书尽量将笔墨较多的文字以图形或者表格的形式体现出来，内容上更加清晰，有助于分类记忆。

◆ **授之以鱼并授之以渔**　本辅导书除了告诉考生有哪些重要的考点外，还将很多考点通过【考点小贴士】的版块告知考生应如何巧妙记忆，考生可参考这种方式根据自身情况对所学知识点进行总结，以一定的方法来巧记、速记。

◆ **易错易混，辨析明确**　由于应试的考点较多，极易混淆，所以本书每章都提炼了【本章易错易混考点】，详细讲解，并配以相应的题目予以区分。

◆ **经典真题，回顾总结**　在《财政税收专业知识与实务》（中级）科目的考试中，历年真题所涉及的有关考点重复率较高，因此本书在每一章都配备了【历年经典真题回顾】，通过这些题目，考生可以明确历年考试中的出题点、命题规律。

◆ **同步练习，强化考点**　每一章考点掌握如何，还需要考生亲自做题来检验和强化，故本书也给考生配备了【本章同步练习】，对于这些题目需要"做会"，就是除了做对之外，还能举一反三，争取能够以不变应万变。

第 3 篇　2018年模拟试卷及参考答案与解析

经过各章的学习后，考生还应要进行综合训练，以应对考试。本书按照考试的题型、题量给考生配备了一套高质量的模拟试题，并给出详细的解析。希望通过这套试题来总结过去、预测未来，也就是检验考生整个科目考点的掌握情况，同时也对2018年的考试试题做出一定的预测。请考生尽最大努力掌握每道题目的考点及相关考点以应对变形题目。

目 录

第一篇　历年命题规律总结及2018年备考指导

一、教材结构介绍及分值情况/3

二、历年《财政税收专业知识与实务》(中级)考试题型及相应解题技巧/4

三、中级财税的考试出题规律/4

四、中级财税的复习建议/6

第二篇　考点精讲及同步练习

第一章　公共财政与财政职能/9

本章考情分析/9

本章考点概览/9

本章学习提示/9

本章考点详解/9

本章易错易混考点/18

历年经典真题回顾/18

本章同步练习/20

本章同步练习参考答案及解析/22

第二章　财政支出理论与内容/24

本章考情分析/24

本章考点概览/24

本章学习提示/24

本章考点详解/25

本章易错易混考点/47

历年经典真题回顾/48

本章同步练习/52

本章同步练习参考答案及解析/54

第三章　税收理论/56

本章考情分析/56

本章考点概览/56

本章学习提示/56

本章考点详解/57

本章易错易混考点/73

历年经典真题回顾/74

本章同步练习/77

本章同步练习参考答案及解析/78

第四章　货物和劳务税制度/80

本章考情分析/80

本章考点概览/80

本章学习提示/80

本章考点详解/81

本章易错易混考点/106

历年经典真题回顾/107

本章同步练习/110

本章同步练习参考答案及解析/112

第五章　所得税制度/114

本章考情分析/114

本章考点概览/114

本章学习提示/114

本章考点详解/115

本章易错易混考点/131

历年经典真题回顾/132

本章同步练习/135

本章同步练习参考答案及解析/137

第六章 其他税收制度/139

本章考情分析/139

本章考点概览/139

本章学习提示/139

本章考点详解/139

本章易错易混考点/155

历年经典真题回顾/156

本章同步练习/159

本章同步练习参考答案及解析/161

第七章 税务管理/163

本章考情分析/163

本章考点概览/163

本章学习提示/163

本章考点详解/163

本章易错易混考点/175

历年经典真题回顾/177

本章同步练习/180

本章同步练习参考答案及解析/181

第八章 纳税检查/183

本章考情分析/183

本章考点概览/183

本章学习提示/183

本章考点详解/183

本章易错易混考点/200

历年经典真题回顾/200

本章同步练习/204

本章同步练习参考答案及解析/206

第九章 公 债/208

本章考情分析/208

本章考点概览/208

本章学习提示/208

本章考点详解/208

本章易错易混考点/212

历年经典真题回顾/213

本章同步练习/214

本章同步练习参考答案及解析/215

第十章 政府预算理论与管理制度/216

本章考情分析/216

本章考点概览/216

本章学习提示/216

本章考点详解/217

本章易错易混考点/230

历年经典真题回顾/231

本章同步练习/233

本章同步练习参考答案及解析/234

第十一章 政府间财政关系/236

本章考情分析/236

本章考点概览/236

本章学习提示/236

本章考点详解/237

本章易错易混考点/246

历年经典真题回顾/247

本章同步练习/249

本章同步练习参考答案及解析/250

第十二章 国有资产管理/252

本章考情分析/252

本章考点概览/252

本章学习提示/252

本章考点详解/252

本章易错易混考点/262

历年经典真题回顾/262

本章同步练习/263

本章同步练习参考答案及解析/265

第十三章　财政平衡与财政政策/266

本章考情分析/266

本章考点概览/266

本章学习提示/266

本章考点详解/267

本章易错易混考点/275

历年经典真题回顾/276

本章同步练习/278

本章同步练习参考答案及解析/280

第三篇　2018年模拟试卷及参考答案与解析

2018年财政税收专业知识与实务(中级)模拟试卷/283

2018年财政税收专业知识与实务(中级)模拟试卷参考答案与解析/294

第一篇
历年命题规律总结及2018年备考指导

太阳总是在有梦的地方升起,月亮也总是在有梦的地方朦胧,愿我们带着经济师必过的梦,摸清《财政税收专业知识与实务》(中级)的考试规律,为梦想做准备。

近些年，经济师考试的市场需求上升，备考中级经济师的学员越来越多，但是大多数学员对于经济师的考试不甚了解，那么我们就一起来看一下经济师考试究竟是什么？

经济师考试，由全国统一组织、统一大纲、统一试题、统一评分标准。参加考试并且成绩合格者，获得相应级别的专业技术资格，由人事部统一发放合格证书。考试每年举行一次，考试一般设在每年11月第一个周末，2018年首次实行机考，截至7月15日前公布的各地的考试事项通知中，本年度中级经济师按专业分四个批次考核（但不排除有些地区例外，大家以各地具体通知为准），每个批次3小时，总共考核两个科目，即《经济基础知识》和《专业知识与实务》。每一科目的考试时间为1.5小时，两门连考。

要通过中级经济师财政税收专业的考试要备考两个科目，分别为《经济基础知识》和《财政税收专业知识与实务》。参加考试的人员须在一个考试年度内通过两个科目的考试才能取得合格证书。下表是目前公布的十几个地区的中级经济师考试科目及对应时间表，大家注意一下2018年财税的考试时间。

2018年中级经济师考试科目及对应时间表

批次	专业	考试时间		科目
1	农业经济、房地产经济、建筑经济等3个专业	11月3日上午	09：00—10：30	经济基础知识（中级）
			10：30—12：00	专业知识与实务（中级）
2	运输水路、运输公路、运输铁路、运输民航、人力资源管理、邮电经济、旅游经济等7个专业	11月3日下午	15：00—16：30	经济基础知识（中级）
			16：30—18：00	专业知识与实务（中级）
3	商业经济、金融、保险等3个专业	11月4日上午	09：00—10：30	经济基础知识（中级）
			10：30—12：00	专业知识与实务（中级）
4	工商管理、财政税收等2个专业	11月4日下午	15：00—16：30	经济基础知识（中级）
			16：30—18：00	专业知识与实务（中级）

一、教材结构介绍及分值情况

《财政税收专业知识与实务》（中级）的教材概括来说分为两大部分，即财政和税收，并且在考试中，税收部分占的比重较大。其中，各章节历年分值分布情况如下表所示。

中级财税各章节历年分值分布情况

章名	历年考查分值（分）
第一章　公共财政与财政职能	4
第二章　财政支出理论与内容	8
第三章　税收理论	10
第四章　货物和劳务税制度	24
第五章　所得税制度	19
第六章　其他税收制度	17
第七章　税务管理	9
第八章　纳税检查	19

续表

章名	历年考查分值（分）
第九章　公债	4
第十章　政府预算理论与管理制度	9
第十一章　政府间财政关系	6
第十二章　国有资产管理	5
第十三章　财政平衡与财政政策	6

【提示】在这十三章的内容中，4、5、6、8章的内容为80分左右，这几章是历年考试的重点，需要重点学习。

二、历年《财政税收专业知识与实务》（中级）考试题型及相应解题技巧

（一）单项选择题

单项选择题的题目难度不大，基本为教材的原文或者简单计算题，一个题目有4个备选项，有且仅有1个正确答案。

在做此类题目时，相对来说比较节约时间，大部分的题目都可以根据所学知识，直接挑选答案；对于每年都会出的一部分新题，如果无法直接确定答案的，可以采用排除法挑选答案。

（二）多项选择题

与单项选择题相比难度更大一些，大部分题目为教材明显的知识点，少数题目涉及多个知识点的综合，每题有5个备选项，有2个或2个以上符合题意的，至少有1个错项，多选、错选本题均不得分，少选每个选项得0.5分。

做多项选择题时，需要采取的是谨慎性原则，对于十分有把握的选项，必定入选；对于把握比较小的选项，再次斟酌后再做选择。

（三）案例分析题

由单项选择题和多项选择题组成。错选本题不得分，少选，所选的每个选项得0.5分。

案例分析题属于综合性比较强的题目，而且考查计算的题目比较多，需要将税收部分的内容有一个比较全面的掌握，这样做案例分析题时，才会游刃有余。

三、中级财税的考试出题规律

（一）考题趋势分析

2018年出台的税收新规较多，因此中级财税科目的教材内容变动相对来说也较大，新增内容较多，根据历年考试的趋势来看，今年的考试也会出现一些新变化。

1. 考查的知识点越来越细

[2017年真题·单选题] 根据《中共中央关于全面深化改革若干重大问题的决定》，未来我国国有企业改革的指导思想是（　　）。

A. 推进国有资产交易平台建设

B. 推进混合所有制经济

C. 推进国有资产产权登记全面开展

D. 推进市场经济主体共同发展

[答案] B

[分析] 本题考查的是继续深化国有企业改革的重要内容，对于不同文件的具体指导思想，往年并未考查过，而2017年进行了考查。

2. 新增知识点的内容会成为考试的热点

[2017年真题·单选题] 2017年1月出台的《关于创新政府配置资源方式的指导意见》中，要求经营性国有资产重大资产转让行为应当依托的平台是（　　）。

A. 统一的公共资源交易平台　　B. 公开的电商平台

C. 公开的财政部网络平台　　D. 公开的国务院国资委网络平台

[答案] A

[分析] 企业重大资产转让应依托统一的公共资源交易平台公开进行，故选A项。这是对2017年新增内容"创新经营性国有资产配置方式"的考查。

(二) 中级财税的出题规律分析

中级财税的出题特点如下图所示。

图　中级财税的出题特点

【提示】相对来说，新的考点占的比例比较小；大部分考查的内容还是往年经常考查的知识点。大家不要一看到新的考点就恐慌，易理解记忆的知识点还是占大多数的。

1. 各章节知识点考查及分值分布较为稳定

每年这十三章内容的考查分值都比较固定，变动比较小，出题点都比较类似，只是从不同的方向对同一个考点进行考查。

[2013年真题·多选题] 关于社会保障制度的说法，正确的有（　　）。

A. 社会保险是现代社会保障制度的核心内容

B. 社会福利的资金来源大部分是国家预算拨款

C. 社会优抚是对革命军人及其家属提供的社会保障

D. 对"五保户"的生活保障属于社会救助的内容

E. 失业救济金的发放属于社会优抚的内容

[答案] ABCD

[解析] 失业救济金属于失业保险的内容，而非社会优抚的内容。

[2017年真题·单选题] 关于社会保障制度类型的说法，正确的是（　　）。

A. 社会保险型的费用全都来自受保人缴纳的保险费

B. 社会救济型的费用来自政府预算拨款和个人缴纳

C. 普遍津贴型需要受保人和雇主共同缴纳保险费

D. 节俭基金型个人账户中的资金具有继承性

[答案] D

[解析] A项，社会保险型的费用来自于受保人和雇主；B项，社会救济型的费用来自于政府预算拨款；C项，普遍津贴型的资金来源与社会救济型一样完全由政府预算拨款。故A、B、C三项错误。

2. 考查内容以基础知识点为主

80%的题目都是教材上的知识，延伸考查的题目比较少。从近几年的考题情况看，有20%左右的题目是历年考题的原题或简单变形；50%的题目是配套练习题简单变形；其余题目基本上也都是教材上的原文或者是简单理解；另外的20%的内容中，10%的题目是教材新增考点，另外

10%是考查的比较偏的或者比较细致的知识点的相关内容。

[2012/2014/2015 真题·单选题] 资本—劳动力最大化标准,强调政府应投资的项目类型是（　　）。

A. 劳动密集型项目　　　　　　B. 就业创造最大化项目
C. 资本密集型项目　　　　　　D. 知识密集型项目

[答案] C

[分析] 对于中级财税的出题趋势以及规律,虽然历年都会对新的考点进行考查,但是稳定的常考点依然占大多数,在复习备考的时候可以结合历年真题来记忆教材上关于这些题目的考点及相关考点,要能做到举一反三；另外,对于新增的考点,需要注意书中突出标记的一些重要内容,研究每个考点可能会如何出题,如何能够记忆下来；这样复习下来,达到及格线是非常有希望的。所以大家在复习时一定要注意方式、方法。

四、中级财税的复习建议

（1）备考经济师要"学习未开始,计划先行"。

俗话说"兵马未动,粮草先行",对于经济师的考试需要先制定一个学习计划,计划明确后,在未来复习备考的过程中,一旦迷茫、没有动力,便可回头来看一看自己制定的学习计划和目标,对备考经济师大有裨益。

（2）财税的重难点知识和理解记忆性的内容需要采用不同的学习方法。

财税的重难点知识,也就是4、5、6、8章的内容,是案例分析题的常考点且考查计算较多,建议大家留出完整的一段时间集中学习。这几章的内容关联度比较高,尤其是案例分析这类综合性的题目分数占比较大,内容较多,需要反复多看几次才能更好地进行记忆；采用"先找思路后谈详细内容、必须做题、适度复习"的方法进行备考。

除4、5、6、8章外的其他章,属于偏重理解记忆的章节。这些章的内容可以利用碎片时间一个考点一个考点地攻破,备考方法可采用"听懂课、找准关键词、准确记忆、适当做题"。

（3）备考经济师,需要具备良好的态度。

备考经济师,尤其是备考中级财税科目,涉及的计算比较多,知识点之间关联度又比较高,所以需要具备一个良好的态度。否则,三天打鱼两天晒网是不能很好地备考中级财税科目的。

通过对历年考试特点的分析以及备考建议的指导,大家对中级财税科目应该有了比较深入的了解,对于财税的内容究竟该如何进行掌握,采用何种方法才能更好地进行记忆和理解,在本辅导用书的第二篇中会给大家讲解,同时会提供给大家一些做题的方法以及建议,以便大家更快更好地备考2018年的经济师考试。

第二篇
考点精讲及同步练习

生命予以我们一双求知的眼眸，愿书籍填满它们的空虚。静下心学习《财政税收专业知识与实务》（中级）13章的内容，反复巩固和练习，为梦想夯实基础。

第一章 公共财政与财政职能

本章考情分析

年份	单项选择题	多项选择题	案例分析题	合计
2017 年	2题2分	—	—	2分
2016 年	2题2分	—	—	2分
2015 年	2题2分	1题2分	—	4分
2014 年	2题2分	1题2分	—	4分
2013 年	2题2分	1题2分	—	4分

【提示】因教材内容变动较大，财税的考情分析只用近五年的作为参考，其他年份不再涉及。后文的【本章考情分析】列举年份同本章。

本章考点概览

本章学习提示

本章作为开篇章节，知识内容相对来说比较简单，考试的重点也比较突出，建议大家在学习第一章的内容时，将强调的常考点和重点知识集中进行记忆，运用提供的学习方法，将知识点的相关内容灵活运用和掌握。

本章考点详解

【考点一】公共财政的两大理论基础

公共财政的理论基础是"公共物品"和"市场失灵"理论。

> **经典例题**

[例题·多选题] 公共财政的理论基础包括（　　）。

A. 公共物品理论　　B. 政府预算理论　　C. 财政职能理论　　D. 市场失灵理论

E. 外部效应理论

[答案] AD

[解析] 公共财政的理论基础包括"公共物品"和"市场失灵"理论。

【考点二】公共物品的概念及其特征

一、公共物品的含义

纯公共物品是指每个人消费这种物品不会导致他人对该物品的消费减少的物品。

二、公共物品的特征及其具体分析

公共物品的特征及其具体分析如表1-1所示。

表1-1　公共物品的特征及其具体分析

特征	具体阐述	要点提示
效用的不可分割性	公共物品为整个社会提供，具有共同受益与消费的特点，整个社会的成员共同享有其效用，不能将其效用分割为若干部分，为个人或社会集团享用	按受益范围大小划分，公共物品划分为全国性公共物品和地区性公共物品
受益的非排他性	某个人或集团在消费公共物品时，其他个人或集团同时消费该公共物品不会受到影响或者妨碍。其他个人或集团消费该公共物品的数量和质量也不会受到影响	通俗地讲，受益的非排他性指一个人不管是否付费，都会消费而且必须消费该种物品
取得方式的非竞争性	某个人或集团在享用该公共物品时，不排斥或妨碍其他人或集团同时享用	该特征与受益的非排他性进行区别，该特征强调的是增加一个消费者，边际成本等于零（即免费搭车者）
提供目的的非盈利性	公共物品的提供不以盈利为目的，而是追求社会效益和社会福利的最大化	—

受益的非排他性和取得方式的非竞争性是公共物品的核心特征，效用的不可分割性和提供目的的非盈利性是公共物品的外延特征。

【考点小贴士】公共物品的特征要区分核心与外延：非竞争性与非排他性即核心，不分割性与非盈利性即外延。

> **经典例题**

[2012年真题·多选题] 公共物品所具有的特征中占据核心地位的有（　　）。

A. 效用的不可分割性　　　　B. 受益的非排他性

C. 取得方式的非竞争性　　　D. 提供目的的非盈利性

E. 外部效应

[答案] BC

[解题思路] 区分公共物品的核心与外延，按照[考点小贴士]中的记忆要点进行区分，非竞争性、非排他性即核心，不分割性与非盈利性即外延。本题中，B、C两项是核心特征，A、D两项是外延特征。

[2015年真题·多选题] 关于公共物品的说法，正确的有（　　）。

A. 公共物品具有共同受益与消费的特点

B. 公共物品受益具有非排他性的特征

C. 对公共物品的享用，增加一个消费者，其边际成本等于零
D. 政府提供公共物品着眼于经济效益最大化
E. 公共物品的效用是不能分割的

[答案] ABCE

[解题思路] 此题为辨析正误的题目，在分析此类题目时，注意区分每一个选项，联想公共物品的具体定义与特征的关键词。A、E两项是效用的不可分割性的具体体现；B项体现的是受益的非排他性；C项体现的是取得方式的非竞争性。D项，政府提供公共物品着眼于社会效益和社会福利的最大化。

【考点三】市场失灵与公共财政

一、市场失灵与公共财政的关系

市场失灵与公共财政的关系如图1-1所示。

图1-1 市场失灵与公共财政的关系

二、市场失灵的表现

（1）公共物品缺失。

（2）外部效应。

外部效应是指私人费用与社会费用之间或私人收益与社会收益之间的非一致性。其关键是指某个人或经济组织的行为活动影响了他人或经济组织，却没有为之承担应有的成本或没有获得应有的收益。

【提示】外部效应包括正外部效应和负外部效应两类。政府有责任纠正外部效应问题，比如采取财政收支政策在内的非市场调节方式确定财政职能范围。

（3）不完全竞争。

不完全竞争指的是某些行业因具有经营规模越大、经济效益越好、边际成本不断下降、规模报酬递增的特点，而可能被少数企业所控制，从而产生垄断现象。

（4）收入分配不公。

（5）经济波动与失衡。

经典例题

[2016年真题·单选题] 解决市场失灵问题，采取的方式是（　　）。
A. 企业采取自我约束方式　　　　B. 政府采取非市场方式
C. 个人采取自我约束方式　　　　D. 政府采取市场方式

[答案] B

[解析] 市场失灵问题，个人和经济组织是无能为力的，需要以政府为主体的财政介入，用非市场方式解决市场失灵。

> **经典例题**

[2015年真题·单选题] 关于市场配置资源与市场失灵的说法,错误的是（　　）。
A. 市场在提供纯公共物品方面无能为力　　B. 不完全竞争导致垄断
C. 市场经济条件下的分配是很公平的　　　D. 市场经济不可能自动平稳地发展
[答案] C
[解析] 市场失灵的表现首先为公共物品的缺失,所以市场在提供纯公共物品方面是无能为力的,A项正确;不完全竞争最大的影响是产生垄断,B项正确;市场失灵还表现为收入分配不公和经济波动与失衡,C项错误、D项正确。

【考点四】资源配置职能

一、资源配置职能的概述

资源配置职能的概述如表1-2所示。

表1-2　资源配置职能的概述

项目	具体内容
含义	是指财政通过对现有人力、物力、财力等社会经济资源进行合理调配,使资源结构实现合理化,得到最有效的使用,获得最大的经济和社会效益
主体	政府（重点）
效率	资源配置效率和生产过程效率的统一
必要性	①许多社会公共需要和公共物品无法通过市场来提供和满足;②市场资源配置具有盲目性

二、财政资源配置方式

（一）财政资源配置方式的定义

财政资源配置方式是指政府提供公共物品的决定方式和资金供应方式,实际上是一种政治程序。

（二）财政资源配置方式的实质

资源配置方式的实质是财政运行机制。公共物品的效率由资源配置效率和生产效率组成。其中,提高公共物品的供给效率,实质上涉及政治体制的民主化、科学化和法制化的问题。

【提示】上述内容可归纳为：财政资源配置方式是一种政治程序,实质是财政运行机制。

> **经典例题**

[2013年真题·单选题] 财政资源配置采用的程序是（　　）。
A. 政治程序　　　　　　　　B. 审计程序
C. 经济程序　　　　　　　　D. 社会程序
[答案] A
[解题思路] 本题主要考查财政资源的配置方式,牢记"提示",财政资源配置方式实际上是一种政治程序。

三、公共物品效率供给的难点

（1）公共物品需求表达的困难。
（2）公共物品生产效率供给的困难。公共部门具有单边垄断的性质。

四、解决公共物品效率供给问题的基本途径

解决公共物品效率供给问题的基本途径如图1-2所示。

图 1-2　解决公共物品效率供给问题的基本途径

五、财政资源配置的范围

财政资源配置的范围如表 1-3 所示。

表 1-3　财政资源配置的范围

范围	具体内容
公共物品	国防、法律设施、环境保护、行政管理服务、基础科学研究等
准公共物品	准公共物品是由政府决定的。生产准公共物品是政府职能的延伸
	如教育、医疗等
天然垄断行业的物品	天然垄断行业的物品有的可以通过财政进行资源配置，有的可以通过市场进行资源配置，但实行政府管制。究竟采用何种方式，要以效率优先的原则视具体情况而定

【提示】根据公共物品和准公共物品的定义对其具体分类进行区分。需记住，准公共物品是指既有公共物品的特征，又有私人物品的特征的物品。

六、财政资源配置职能的主要内容

财政资源配置职能的主要内容如图 1-3 所示。

图 1-3　财政资源配置职能的主要内容

> **经典例题**
>
> [2017年真题·单选题] 调节资源在政府部门与非政府部门之间的配置，通常采取的手段是（ ）。
> A. 调整投资结构　　　　　　　　B. 调整资产存量结构
> C. 调整中央对地方转移支付的规模　　D. 调整财政收入占国内生产总值的比重
> [答案] D
> [解析] 本题考查资源配置职能。资源配置职能的主要内容包括调节全社会的资源在政府部门和非政府部门之间的配置，调节资源在不同地区之间的配置，调节资源在国民经济各部门之间的配置。其中，调节全社会的资源在政府部门和非政府部门之间的配置，主要体现在财政收入占国内生产总值比重的高低上，故选D项。
>
> [例题·单选题] 实现公共物品资源配置效率的基本途径是（ ）。
> A. 完善民主、科学的财政决策体制　　B. 完善文官晋升制度
> C. 完善公共部门的组织制度　　　　　D. 完善激励约束制度
> [答案] A
> [解题思路] 要做对本题，应能正确区分实现公共物品资源配置效率的基本途径和实现公共物品生产效率的基本途径。实现公共物品资源配置效率的基本途径可参考图1-2对号入座，与此同时可对比记忆实现公共物品生产效率的基本途径，以免以后做题混淆。

【考点五】收入分配职能

一、收入分配职能的概述

（一）收入分配职能的含义

收入分配职能是指政府在进行财政分配活动过程中，为了实现社会公平，而对市场经济形成的收入分配结构进行调整的职能。

【提示】在市场经济条件下，公平包括经济公平和社会公平两个层次。经济公平是市场经济的内在要求，平等竞争条件下由等价交换来实现。社会公平通常是指收入差距维持在现阶段各阶层居民所能接受的范围内。

（二）收入分配的目标

收入分配的目标是实现社会公平分配。

二、社会公平的准则

（1）保证生存权准则。保证生存权是人类最基本的权利。
（2）效率与公平兼顾准则（重点理解）。
（3）共同富裕准则。共同富裕是人类长期向往的目标。

三、社会不公平的原因分析及收入分配职能的实现

（一）社会不公平的原因及社会公平实施的范围

社会不公平的原因及社会公平实施的范围如表1-4所示。

表1-4 社会不公平的原因及社会公平的实施范围

社会不公平的原因	社会不公平的例子	社会公平的实施范围
生产要素占有状况的不公平（历史原因）	市场经济初始条件（土地、资本和劳动）的不公平，而市场机制本身无法改变初始条件	在效率的基础上尽可能改善初始条件的不公平：①保证人们的基本生活条件；②提供公平的公共劳务（义务教育、交通、农田水利建设）

续表

社会不公平的原因	社会不公平的例子	社会公平的实施范围
制度不完善 （现实制度建设的原因）	性别歧视、同工不同酬，就业不平等	完善市场机制，尽可能创造公平竞争的环境
个人及家庭状况的不同 （个人自己的原因）	个人偏好、家庭赡养	在个人偏好方面进行适当的干预

【提示】财政收入分配职能的履行主要是**实现收入分配的公平**。财政的收入分配范围也就是社会公平的实施范围。

（二）财政的收入分配方式

（1）在组织财政收入时要考虑社会公平。

（2）在安排财政支出时要考虑社会公平。其具体包括：①在提供社会公共劳务时要考虑社会公平；②要构建效率市场的制度体系；③要不断改善市场机制初始条件的不平等状况。

（3）要实行社会保障，以利于社会公平的切实实现。

四、财政收入分配职能的主要内容

（一）调节企业的利润水平

（1）采用税收手段和财政补贴。

1）消费税的征收可以减少或者剔除价格的影响。

2）通过资源税、房产税、土地使用税的征收剔除或减少由于资源、房产、土地状况的不同而形成的级差收入的影响。

3）征收土地增值税调节土地增值收益对企业利润水平的影响等。

（2）统一税制，公平税负。

（二）调节居民的个人收入水平

调节居民的个人收入水平的手段如表1-5所示。

表1-5 调节居民的个人收入水平的手段

手段	具体内容
税收手段	（1）征收个人所得税、社会保障税（缩小个人收入之间的差距） （2）征收财产税、遗产税、赠与税（调节个人财产分布）
转移支付	社会保障支出、救济支出、财政补贴

【考点小贴士】根据总结的内容，重点区分调节企业利润水平的税收手段和个人收入水平的税收手段，避免混淆。

经典例题

[2016年真题·单选题] 财政执行收入分配职能的内容是（　　）。
A. 实现社会财富在地区之间的合理分配
B. 实现社会财富在居民之间的公平分配
C. 实现资源在不同用途之间的合理分配
D. 实现资源在政府部门与非政府部门之间的合理分配
[答案] B
[解析] 本题考查收入分配职能。财政的收入分配职能的履行主要是实现公平分配，B项符合题意。

> **经典例题**
>
> [2014年真题·多选题] 调节居民个人收入水平的财政手段有（   ）。
> A. 财产税　　　　B. 社会保障支出　　C. 财政补贴支出　　D. 违章罚款
> E. 个人所得税
> [答案] ABCE
> [解题思路] 本题考查的是收入分配职能。首先需要区分清楚调节企业利润水平和个人收入水平的不同手段，对号入座，读题时主要用笔及时勾画关键词，避免误选。

【考点六】经济稳定职能

一、经济稳定的含义

经济稳定的含义如表1-6所示。

表1-6　经济稳定的含义

要素	具体内容
充分就业	是指有工作能力且愿意工作的劳动者能够找到工作
	这里的"充分"就业，并不意味着就业人口100%的就业，而是指就业率达到了某一社会认可的比率
物价稳定	是指物价总水平基本稳定，即只要物价上涨的幅度是在社会可容忍范围内（年上涨率在3%—5%），就可视为物价水平稳定
国际收支平衡	经常性项目和资本项目的收支合计大体平衡，在开放的经济条件下，国际收支平衡是经济稳定的一个重要内容和标志

【考点小贴士】经济稳定的含义可简记为：经济需要充分（充分就业）稳定（物价稳定）的平衡（国际收支平衡）。

> **经典例题**
>
> [2010年真题·单选题] 经济学中的"充分就业"是指（   ）。
> A. 全体社会成员都有工作
> B. 全体社会成员都有固定的工作
> C. 有工作能力且愿意工作的人能够找到工作
> D. 在国家兴办的企事业单位中就业的比例达到较高水平
> [答案] C
> [解析] 本题考查经济稳定职能的含义。对于经济稳定的内容"充分就业"重点进行理解，经济学中的"充分就业"是指有工作能力且愿意工作的人能够找到工作，C项正确。

二、财政经济稳定职能的主要内容

要实现经济的稳定，关键是做到社会总供给与社会总需求的平衡，包括<u>总量平衡</u>和<u>结构平衡</u>。财政对社会总量平衡调节包括三个方面的调节。

（一）通过财政预算收支进行调节

财政预算收支调节的具体情况如表1-7所示。

表1-7　财政预算收支调节的具体情况

情况	调节政策
社会总需求大于社会总供给	实行国家预算收入大于支出的<u>结余政策</u>进行调节（紧缩性财政政策，压缩需求）

续表

情况	调节政策
社会总供给大于社会总需求	实行国家预算支出大于收入的赤字政策进行调节（扩张性财政政策，刺激需求）
社会总供求平衡	国家预算应该实行收支平衡的中性政策

【提示】国家预算支出形成社会总需求，国家预算收入形成社会总供给，社会总需求和社会总供给的关系与国家预算支出和国家预算收入的关系是相反的。做相关题目时，可根据此法判断。

（二）通过制度性安排，发挥财政"内在稳定器"的作用

1. 内在稳定器的定义

内在稳定器是指财政收支制度设计具有对经济总量自动调节的功能，即人们在设计财政收支制度的时候，使财政收支的扩大与缩小和总需求与总供给呈相反方向的变化，以此维持经济稳定增长的局面。

【提示】内在稳定器调节的最大特点在于无须借助外力就可以直接产生调控的效果。

2. 内在稳定器调节的主要表现

内在稳定器调节的主要表现如表 1-8 所示。

表 1-8　内在稳定器调节的主要表现

主要表现	具体内容
在财政收入方面，主要是实行累进所得税制	（1）当经济过热而出现通货膨胀时，企业和居民收入增加，适用税率相应提高，税收的增长幅度超过国内生产总值的增长幅度，从而可以抑制经济过热 （2）当经济萧条时，企业和居民的收入减少，税收的降低幅度超过国内生产总值的降低幅度，从而刺激经济复苏和发展
在财政支出方面，主要体现在转移性支出（社会保障支出、财政补贴支出和税收支出等）的安排上	（1）当经济高涨时，失业人数减少，转移性支出下降，对经济起抑制作用 （2）当经济萧条时，失业人数增加，转移性支出上升，对经济复苏和发展起刺激作用

经典例题

[2012年真题·单选题] 当社会总需求大于社会总供给时，财政预算应该采取的政策是（　　）。
A. 收支平衡政策　　　　　　　　B. 赤字政策
C. 结余政策　　　　　　　　　　D. 积极财政政策
[答案] C
[解析] 社会总需求大于社会总供给时，财政预算应该采取的政策是国家预算收入大于支出的结余政策。

[例题·多选题] 财政"内在稳定器"的政策工具，在支出方面表现为（　　）。
A. 规范的增值税　　　　　　　　B. 累进所得税制
C. 社会保险支出　　　　　　　　D. 财政补贴支出
E. 社会福利支出
[答案] CDE
[解析] 内在稳定器调节的主要表现包括：①在收入方面，主要是实行累进所得税制；②在支出方面，主要体现在转移性支出，包括社会保障支出（如社会保险支出和社会福利支出等）、财政补贴支出、税收支出等。故本题选 C、D、E 三项。

(三)通过财政政策和其他政策配合进行调节

财政政策和其他政策配合的调节,主要是与货币政策、产业政策、投资政策、国际收支政策等方面的政策配合调节。

财政政策与货币政策的配合主要是松紧搭配的政策。财政政策的松紧主要是以预算规模的扩张与收缩来衡量和判断;货币政策的松紧主要以利率的下降与上升及信贷规模的扩张与收缩来衡量和判断。

政府的宏观调控政策比较多,但在宏观调控中,财政政策处于基础的地位。

本章易错易混考点

【易错易混考点一】公共物品、私人物品和混合物品

(1)公共物品与私人物品的区别。

公共物品与私人物品的区别主要是消费该物品的不同特征,并不是指物品的所有制性质。

私人物品遵循谁购买谁享用的原则。公共物品的效用不可分割,具有共同受益与消费的特点。

(2)混合物品和公共物品的区别。

混合物品主要是指兼有公共物品和私人物品特征的,或不完全的私人物品和不完全的公共物品,如教育和医疗。

【易错易混考点二】经济稳定、经济增长、经济发展

(1)经济稳定与经济增长相辅相成。

经济稳定是在经济适度增长和发展中的稳定,是动态的稳定。经济稳定包含经济增长和发展的内容,即要保持经济的持续、稳定、协调的发展。

(2)经济增长≠经济发展。

经济增长是指一个国家的产品和劳务的数量增长,通常用 GNP 或 GDP 及其人均水平来衡量。

经济发展是一个通过物质生产的不断增长来满足人们不断增长的基本需要的概念,对发展中国家来说,包括消除贫困、失业、文盲、疾病和收入分配不公平等现象。

通过上述内容,可总结得出,经济发展的范围大于经济增长。

历年经典真题回顾

【提示】历年真题中出现的"公共产品"即为现行教材修改后的"公共物品"。

一、单项选择题(每题1分,每题备选项中,只有1个最符合题意)

1. 当社会总供给大于社会总需求时,应采取的财政政策是( )。[2017年真题]

   A. 结余政策　　　　　　　　B. 赤字政策
   C. 平衡政策　　　　　　　　D. 增税政策

   [答案] B

   [解析] 本题考查的是经济稳定职能。当社会总供给大于社会总需求时,财政预算收支调节采取赤字政策;当社会总需求大于社会总供给时,财政预算收支调节采取结余政策。

2. 个人或经济组织活动的行为活动影响了其他个人或经济组织,却没有为之承担应有的成本或没有获得应有的收益,这种现象称为( )。[2015年真题]

   A. 成本收益转移　　　　　　B. 极差成本收益
   C. 外部效应　　　　　　　　D. 收益成本效应

   [答案] C

   [解题思路] 本题考查外部效应的含义,这个定义曾在历年的考试中多次考查,外部效应的定义在记忆的时候需要注意其中的关键词。外部效应会产生两个方面的影响:"成本"和"收

益"，根据这两个关键词确定外部效应的含义。

3. 国际收支平衡是指（　　）。[2014年真题]
   A. 经常项目收支合计大体平衡
   B. 经常项目和外汇储备收支合计大体平衡
   C. 经常项目和资本项目收支合计大体平衡
   D. 经常项目、资本项目和外汇储备收支合计大体平衡
   [答案] C
   [解析] 本题考查经济稳定职能。国际收支平衡是指一国在进行国际经济交往时经常项目和资本项目的收支合计大体保持平衡，故C项正确。

4. 关于公共产品的说法，正确的是（　　）。[2013年真题]
   A. 消费者增加，受益程度下降
   B. 消费者增加，边际成本递减
   C. 其效用不能分割为若干部分
   D. 提供者着眼于经济效益和社会效益的最大化
   [答案] C
   [解析] 本题考查公共产品的概念及其特征。公共产品的取得方式的非竞争性强调的是消费者的增加，成本为零，故A、B两项错误。效用的不可分割性强调的是共同受益与消费，故C项正确。提供目的的非盈利性强调的是社会效益和社会福利的最大化，而非经济效益的最大化，故D项错误。

5. 征收遗产税所执行的财政职能是（　　）。[2012年真题]
   A. 资源配置职能　　　　B. 收入分配职能
   C. 经济稳定职能　　　　D. 经济发展职能
   [答案] B
   [解析] 本题考查收入分配职能。调节居民的个人收入水平的手段有：①通过税收进行调节，如通过征收个人所得税、社会保障税而缩小个人收入之间的差距；通过征收财产税、遗产税、赠与税而调节个人财产分布等。②通过转移支付，如社会保障支出、财政补贴支出等，以维持居民最低的生活水平和福利水平。

6. 关于公共产品的说法，正确的是（　　）。[2011年真题]
   A. 公共产品效用可以分割
   B. 居民不付费便不能享用公共产品
   C. 增加一个消费者，公共产品的边际成本等于零
   D. 公共产品的提供应实现利润的最大化
   [答案] C
   [解析] 本题考查公共产品的概念及其特征。公共产品的效用不可分割，A项错误。居民不付费便能享用公共产品，B项错误。提供公共产品不以盈利为目的，而是追求社会效益和社会福利的最大化，D项错误。
   [提示] 在做分析正误类的题目时，一定要谨慎，从第一个选项开始核实正确与否。

7. 市场经济条件下，在资源配置方面起主导作用的是（　　）。[2011年真题]
   A. 政府　　　　　　　　B. 市场
   C. 计划　　　　　　　　D. 财政
   [答案] B
   [解析] 本题考查资源配置职能。市场经济条件下，在资源配置方面起主导作用的是市场。

8. 下列不是财政职能的是（　　）。[2011年真题]
   A. 收入分配职能   B. 资源配置职能
   C. 经济稳定职能   D. 经济发展职能
   [答案] D
   [解析] 本题考查财政职能。财政职能可以概括为资源配置职能、收入分配职能和经济稳定职能。

二、**多项选择题**（每题2分，每题备选项中，有2个或2个以上符合题意，至少有1个错项。错选，本题不得分；少选，所选的每个选项得0.5分）

1. 财政"内在稳定器"的政策工具有（　　）。[2013年真题]
   A. 规范的增值税   B. 累进的所得税
   C. 社会保险支出   D. 财政补贴支出
   E. 社会福利支出
   [答案] BCDE
   [解析] 本题考查财政的经济稳定职能。内在稳定器调节的主要表现包括：①在收入方面，主要是实行累进所得税制；②在支出方面，主要体现在转移性支出，包括社会保障支出（如社会保险支出和社会福利支出）、财政补贴支出、税收支出等。

2. 经济稳定通常是指（　　）。[2011年真题]
   A. 财政收支平衡   B. 信贷收支平衡
   C. 充分就业   D. 物价基本稳定
   E. 国际收支平衡
   [答案] CDE
   [解析] 本题考查经济稳定职能。经济稳定职能的含义通过一句话进行记忆，经济需要充分（充分就业）稳定（物价稳定）的平衡（国际收支平衡）。

3. 公共产品的特征包括（　　）。[2010年真题]
   A. 效用的不可分割性   B. 取得方式的竞争性
   C. 受益的排他性   D. 提供主体的市场性
   E. 提供目的的非盈利性
   [答案] AE
   [解析] 本题考查公共产品的概念及其特征。公共产品的特征包括效用的不可分割性、受益的非排他性（核心特征）、取得方式的非竞争性（核心特征）、提供目的的非盈利性。

本章同步练习

一、**单项选择题**（每题1分，每题备选项中，只有1个最符合题意）

1. 人口不断增长，但没有任何人会因此减少其所享受的公共物品的效用，这是公共物品的（　　）特征。
   A. 效用的不可分割性   B. 受益的非排他性
   C. 取得方式的非竞争性 D. 提供目的的非盈利性

2. 下列关于公共物品的表述，错误的是（　　）。
   A. 公共物品的特征是在同私人物品的特征相比较而得出的
   B. 依据受益范围的大小，可以将公共物品区分为全国性的公共物品和地区性的公共物品
   C. 根据萨缪尔森的定义，每个人消费这种物品不会导致他人对该物品消费的减少的物品是纯公共物品

D. 公共物品是西方经济学中的一个具有特定意义的概念，与私人物品的区别主要在于物品的所有制性质

3. 在现代市场经济社会中，决定财政职能范围的依据是（　　）。
   A. 政府意志　　　　　　　　B. 价值观念
   C. 市场失灵　　　　　　　　D. 经济状况

4. 社会资源在政府部门和非政府部门之间的分配比例，主要取决于（　　）。
   A. 市场经济
   B. 政府在经济中的地位
   C. 公共物品的需求人数
   D. 社会公共需要在整个社会需要中所占的比例

5. 以下属于准公共物品的有（　　）。
   A. 基础科学研究　　　　　　B. 高等教育
   C. 环境保护　　　　　　　　D. 法律设施

6. 履行财政分配职能的目标是（　　）。
   A. 实现收入分配效率　　　　B. 实现收入公平分配
   C. 实现资源合理配置　　　　D. 实现公平竞争

7. 为剔除或减少价格对企业利润的影响，应采取的财政政策是（　　）。
   A. 征收增值税　　　　　　　B. 征收消费税
   C. 征收企业所得税　　　　　D. 征收资源税

8. 通过制度性安排，可以发挥财政"内在稳定器"的作用。财政"内在稳定器"调节的最大特点在于（　　）。
   A. 必须借助于外力才可以产生调节的效果
   B. 无须借助于外力就可以直接产生调节的效果
   C. 在财政收入方面，主要是实行累进所得税制度
   D. 在财政支出方面，主要体现在转移性支出的安排上

9. 财政"内在稳定器"在收入方面的调节，主要体现在（　　）。
   A. 财政预算的调节　　　　　B. 实行累进所得税制
   C. 财政补贴的调节　　　　　D. 社会保障制度的调节

二、**多项选择题**（每题2分，每题备选项中，有2个或2个以上符合题意，至少有1个错项。错选，本题不得分；少选，所选的每个选项得0.5分）

1. 社会主义市场经济体制下，社会公平的准则不包括（　　）。
   A. 效率优先，兼顾公平准则
   B. 保证生存权准则
   C. 共同富裕准则
   D. 要素投入与要素收入相对称准则
   E. 公平与效率兼顾准则

2. 实现公共物品资源配置效率的基本途径是完善科学、民主的财政决策体制，具体包括（　　）。
   A. 决策者的选拔制度
   B. 文官晋升制度
   C. 决策信息的收集传送制度
   D. 公共部门的组织制度
   E. 公共部门的激励约束制度

3. 财政收入分配职能的实现途径包括（　　）。
   A. 调节居民的个人收入水平
   B. 调节不同产业部门之间的收入水平
   C. 充分利用"内在稳定器"的功能
   D. 调节不同地区之间的收入水平
   E. 调节企业利润水平
4. 调节企业利润水平的财政手段有（　　）。
   A. 征收财产税 B. 社会保障支出
   C. 征收遗产税 D. 征收消费税
   E. 征收房产税
5. 财政的经济稳定职能的主要内容有（　　）。
   A. 通过财政预算收支进行调节
   B. 通过调节企业的利润水平来实现
   C. 通过调节居民的个人收入水平来实现
   D. 通过财政政策和其他政策配合进行调节
   E. 通过制度性安排，发挥财政"内在稳定器"的作用
6. 货币政策的松紧主要通过（　　）来衡量和判断。
   A. 预算规模的扩张与收缩 B. 利率的下降与上升
   C. 信贷规模的扩张与收缩 D. 税收的提高与降低
   E. 物价水平的下降与上升

本章同步练习参考答案及解析

一、单项选择题

1. [答案] C
   [解析] 某个人或者集团对公共物品的享用，不排斥或妨碍其他个人或集团同时享用，消费者的增加不引起生产成本的增加，即增加一个消费者，边际成本为零，如国防的提供体现的即是公共物品的取得方式的非竞争性这一特征。

2. [答案] D
   [解析] 公共物品是西方经济学中的一个具有特定意义的概念。它与私人物品的区别主要是消费该物品的不同特征来加以区别的，并不是指物品的所有制性质。

3. [答案] C
   [解析] 在现代市场经济社会中，市场失灵是财政存在的前提，从而决定了财政的职能范围。

4. [答案] D
   [解析] 本题考查的是资源配置职能。社会资源在政府部门和非政府部门之间的分配比例，主要取决于社会公共需要在整个社会需要中所占的比例。

5. [答案] B
   [解析] 准公共物品既有公共物品的特征，又有私人物品的特征，如教育、医疗等。

6. [答案] B
   [解析] 收入分配的目标是实现公平分配。

7. [答案] B
   [解析] 财政调节企业利润水平的主要措施包括：①通过征收消费税剔除或减少价格对企业利润的影响；②通过征收资源税、房产税、土地使用税等剔除或减少由于资源、房产、土地状况的不同而形成的级差收入的影响；③通过征收土地增值税调节土地增值收益对企业利润水平的影响。

8. [答案] B
   [解析] 内在稳定器的最大特点在于无须借助于外力就可以直接产生调控的效果，使这种内在稳定可以随社会经济的发展发挥自身调节作用，不用政府采取任何有意识

的政策干预。

9. [答案] B
[解析] 财政"内在稳定器"在收入方面，主要是实行累进所得税制；在支出方面，主要是转移性支出。

二、多项选择题

1. [答案] AD
[解析] 社会主义市场经济体制下，社会公平的准则包括：①保证生存权准则；②效率与公平兼顾准则；③共同富裕准则。

2. [答案] ABC
[解析] D、E两项是实现公共物品生产效率的基本途径。

3. [答案] AE
[解析] 财政收入分配职能主要是通过调节企业利润水平和居民的个人收入水平来实现的。

4. [答案] DE
[解析] 调节企业的利润水平手段包括：①采用税收手段和财政补贴。其中，消费税的征收可以减少或者剔除价格的影响；通过资源税、房产税、土地使用税的征收剔除或减少由于资源、房产、土地状况的不同而形成的级差收入；征收土地增值税调节土地增值收益对企业利润水平的影响等。②统一税制，公平税负。A、B、C三项是调节居民的个人收入水平的财政手段。

5. [答案] ADE
[解析] 本题考查财政的经济稳定职能。经济稳定职能的主要内容包括：①通过财政预算收支进行调节；②通过制度性安排，发挥财政"内在稳定器"的作用；③通过财政政策和其他政策配合进行调节。B、C两项属于财政的收入分配职能的主要内容。

6. [答案] BC
[解析] 货币政策的松紧主要以利率的下降与上升及信贷规模的扩张与收缩等来衡量和判断。

错题收集

第二章 财政支出理论与内容

本章考情分析

年份	单项选择题	多项选择题	案例分析题	合计
2017 年	7 题 7 分	2 题 4 分	—	11 分
2016 年	7 题 7 分	3 题 6 分	—	13 分
2015 年	7 题 7 分	2 题 4 分	—	11 分
2014 年	7 题 7 分	2 题 4 分	—	11 分
2013 年	8 题 8 分	2 题 4 分	—	12 分

本章考点概览

本章学习提示

第二章正式进入到财政税收的理论内容的学习,主要是财政支出理论与内容,需要掌握国家的支出都花在了哪些地方。对于财政支出的不同分类需要熟悉,而购买性支出和转移性支出的具体内容需要重点掌握,根据书中列出的【提示】和【考点小贴士】对一些知识重点掌握。

本章考点详解

【考点一】财政支出的分类

根据不同的分类标准，财政支出可以分为不同的类型，具体内容如表2-1所示。

表2-1 财政支出的分类

分类标准	类型	具体内容
按财政支出的经济性质划分	购买性支出	直接表现为政府购买货物或劳务的活动，包括购买进行日常政务活动所需的货物与劳务的支出，也包括用于进行国家投资所需的货物和劳务的支出
	转移性支出	直接表现为资金无偿的、单方面的转移，包括政府部门用于财政补贴、债务利息、社会保障等方面的支出
按财政支出在社会再生产中的作用划分	补偿性支出	用于补偿生产过程中消耗掉的生产资料方面的支出，如挖潜改造支出
	消费性支出	用于社会共同消费方面的支出，包括文教科学卫生事业费、抚恤和社会福利救济费、行政管理费、国防费等项支出
	积累性支出	直接增加社会物质财富及国家物资储备的支出，包括基本建设支出、国家物资储备支出、生产性支农支出
按财政支出的目的性划分	预防性支出	是指用于维持社会秩序和保卫国家安全，保障人民生命财产安全和生活稳定等方面的支出，如国防、司法、公安与政府行政部门的支出
	创造性支出	是指用来改善人民生活，使社会秩序更为良好、经济发展更好的支出，如基本建设投资、文教、卫生和社会福利等项支出
按政府对财政支出的控制能力划分	不可控制性支出	根据现行法律、法规必须要进行的支出（刚性很强的支出）：①国家法律、法规已经明确规定的个人享受的最低收入保障和社会保障支出，如失业救济、养老金、职工生活补贴等；②政府遗留义务和以前年度设置的固定支出项目，如债务利息支出、对地方政府的补贴等
	可控制性支出	不受法律、契约的约束，能够由政府部门根据每个预算年度的需要分别决定或加以增减的支出，主要是指弹性较大的支出，如经济建设支出
按财政支出的受益范围划分	一般利益支出	全体社会成员均可享受其所提供的利益支出，如国防支出、司法支出、行政管理费支出
	特殊利益支出	对特定的居民或企业给予特殊利益支出，如教育支出、卫生支出、企业补贴支出、债务利息支出

【提示】购买性支出遵循等价交换原则（一手交钱，一手交货），履行国家的相关职能；转移性支出是单方面的付出，即政府财政付出了资金，却无任何货物和劳务所得。

经典例题

[2017年真题·单选题] 下列财政支出中，属于一般利益支出的是（　　）。
A. 教育支出　　　　　　　　B. 卫生支出
C. 行政管理费支出　　　　　D. 企业补贴支出
[答案] C
[解析] 本题考查的是财政支出的分类。按照财政支出的受益范围，财政支出可分为一般利益支出和特殊利益支出。其中，一般利益支出包括国防支出、行政管理费支出等；特殊利益支出包括教育支出、卫生支出、企业补贴支出、债务利息支出等。故C项属于一般利益支出，A、B、D三项属于特殊利益支出。

经典例题

[2016年真题·多选题] 财政的积累性支出有（   ）。
A. 国防费支出   B. 基本建设支出   C. 国家物资储备支出   D. 生产性支农支出
E. 企业挖潜改造支出
[答案] BCD
[解题思路] 本题考查财政支出的分类。做这类题目时首先需要清楚积累性支出是按照哪个分类标准进行的分类，然后再进一步细化哪些属于积累性支出。A 项属于消费性支出和预防性支出，E 项属于补偿性支出。

[2011年真题·多选题] 在政府财政支出中，属于不可控制性支出的有（   ）。
A. 养老金支出   B. 食品补贴支出   C. 基本建设支出   D. 债务利息支出
E. 失业救济支出
[答案] ABDE
[解析] 本题考查财政支出的分类。根据不可控制性支出的定义以及具体内容进行理解，不可控制性支出是指根据现行法律、法规所必须进行的支出，也就是刚性很强的支出，包括国家法律规定的个人享受的最低收入保障和社会保障，政府遗留义务和以前年度设置的固定支出项目。

【考点二】财政支出对经济的影响

财政支出对经济的影响分为 购买性支出对经济的影响 和 转移性支出对经济的影响。

一、购买性支出对经济的影响

购买性支出对经济的影响如表 2-2 所示。

表 2-2 购买性支出对经济的影响

影响分类	具体表现
对流通领域的影响	(1) 社会总需求中，占据主要地位的是个人的消费性需求 (2) 政府购买性支出的增减变动直接制约社会总需求的形成
对生产领域的影响	(1) 政府购买性支出的增加，往往会通过直接或者间接刺激社会总需求的增加，导致社会生产的膨胀，形成经济繁荣的局面 (2) 政府购买性支出的减少，往往会通过直接或间接刺激社会总需求的减少，导致社会生产的萎缩，形成经济萎缩的局面
对分配领域的影响	(1) 购买性支出的总额不变，只是所购买的商品或者劳务的结构发生改变时，将影响整个社会的收入分配状况 (2) 购买性支出在总额上发生改变，而在结构上仍保持着原来的状况：①购买性支出增加时，社会生产增加，国民收入增加，所以资本的利润率和劳动力的工资都会有所增加；②购买性支出减少时，社会生产减少，国民收入减少，所以资本的利润率和劳动力的工资都会有所减少

经典例题

[2012年真题·单选题] 财政购买性支出减少会导致（   ）。
A. 市场价格上升   B. 所需生产资料增加
C. 充分的就业   D. 社会生产萎缩
[答案] D
[解析] 本题考查购买性支出对经济的影响。政府购买性支出的减少即政府对货物和劳务的需求减少，市场价格水平下降，生产企业利润率下降，企业紧缩生产，所需生产资料和劳动力减少。

二、转移性支出对经济的影响

转移性支出对经济的影响如表 2-3 所示。

表 2-3 转移性支出对经济的影响

影响分类	具体表现
对流通领域的影响	政府的一部分财政资金（即转移性支出，如财政补贴、债务利息、失业救济、养老保险等）无偿地注入到非政府部门（个人、家庭或企业）之中，通过各种途径直接或间接地转化为社会消费支出和企业投资支出，从而影响社会总需求
对生产领域的影响	(1) 如果转移性支出的对象是个人或者家庭，其对生产的影响就是间接的 (2) 如果转移性支出的对象是企业，其对生产的影响就是直接的
对分配领域的影响	(1) 财政的转移性支出有可能改变在初次分配中形成的国民收入分配格局 (2) 以个人或家庭为对象的转移性支出（如生活补贴），转移对象一般仅限于低于维持正常生活标准应有的水平的居民，将使高收入阶层的一部分收入转移到低收入阶层的居民手中 (3) 以企业为对象的转移性支出（如企业亏损补贴），将会导致国民收入在纳税企业与居民和获得补贴的企业之间转移

三、购买性支出与转移性支出的经济影响比较

购买性支出与转移性支出的经济影响比较如表 2-4 所示。

表 2-4 购买性支出与转移性支出的经济影响比较

区别	购买性支出	转移性支出
对社会的生产和就业的影响不同	对生产和就业的影响是直接的	对生产和就业的影响是间接的
对国民收入分配的影响不同	对国民收入分配的影响是间接的	对国民收入分配的影响是直接的
对政府的效益约束不同	对政府的效益约束较强	对政府的效益约束较弱
对微观经济主体的预算约束不同	对微观经济主体的预算约束是硬的	对微观经济主体的预算约束是软的
执行财政职能的侧重点不同	以购买性支出占较大比重的支出结构的财政活动，执行资源配置的职能较强	以转移性支出占较大比重的支出结构的财政活动，执行国民收入分配的职能较强

【考点小贴士】对比记忆购买性支出和转移性支出的内容，只需要对其中购买性的或者转移性的内容重点记忆，另外一种与之相反。但是有一个例外，比如执行财政职能的侧重点不同，应注意购买性支出对应资源配置职能，转移性支出对应国民收入分配职能。

> **经典例题**
>
> [2015 年真题·单选题] 关于购买性支出和转移性支出对经济影响的说法，正确的是（　　）。
> A. 购买性支出直接影响生产和就业　　B. 转移性支出间接影响国民收入分配
> C. 购买性支出侧重执行财政的分配职能　D. 转移性支出对政府的效益约束是较强的
> [答案] A
> [解题思路] 本题考查财政支出的经济影响。涉及的是判断选项正误的，此类题目在做时要仔细分析每个选项的正确性，确保选择的是正确答案，尤其是这类多选题，在判断时更要注意。考查购买性支出和转移性支出对经济影响的比较，利用［考点小贴士］的记忆方法进行作答。
> [解析] B 项，转移性支出直接影响国民收入分配；C 项，购买性支出执行资源配置的职能较强；D 项，购买性支出对政府的效益约束较强。

> **经典例题**
>
> [2012年真题·多选题] 关于购买性支出和转移性支出对经济影响的说法，正确的有（   ）。
> A. 购买性支出直接影响国民收入分配
> B. 转移性支出间接影响社会的生产和消费
> C. 转移性支出对微观经济主体的预算约束是软的
> D. 购买性支出对政府的支出效益约束是硬的
> E. 购买性支出执行收入分配的职能较强
> [答案] BCD
> [解析] A项，购买性支出间接影响国民收入分配；E项，转移性支出执行收入分配的职能较强。

【考点三】财政支出规模的衡量指标

财政支出规模的衡量指标的具体内容如表2-5所示。

表2-5 财政支出规模的衡量指标

项目	具体内容
财政支出规模的定义	通常表现为财政支出的总量，可以是财政支出数额的绝对量或相对量
财政支出规模的衡量指标	财政支出占国民（国内）生产总值的比重
用财政支出占国民生产总值比重衡量的原因	(1) 随着产业结构的变化，忽略第三产业的产值无法反映国民经济的全貌 (2) 随着世界经济一体化，应将来自国外的净要素收入统计在内 (3) 随着技术水平不断发展，设备更新换代快，很难扣除折旧

> **经典例题**
>
> [2011年真题改编·单选题] 衡量财政支出的规模，应该采用的指标是（   ）。
> A. 财政收入占国民收入的比重
> B. 财政支出占国民收入的比重
> C. 财政收入占工农业生产总值的比重
> D. 财政支出占国内生产总值的比重
> [答案] D
> [解析] 本题考查财政支出规模的衡量指标。衡量财政支出的规模，应该采用的指标是财政支出占国民（国内）生产总值的比重。

【考点四】财政支出规模的增长趋势

对于财政支出规模的增长趋势的具体阐释主要包括下列几种。

一、瓦格纳的"政府活动扩张法则"

现代工业的发展会引起社会进步，社会进步必然导致国家活动的增长，因此"政府职能不断扩大以及政府活动持续增加"导致公共支出增长。

二、皮考克和魏斯曼的"公共收入增长导致论"

(1) 内在因素：在税收条件不变的情况下，随着经济的发展和国民收入的增加，政府所征得的税收收入必然呈现不断增长的趋势，政府公共支出随之上升。

(2) 外在因素：财政收入因动荡（战争、自然灾害）原因增加后，很难再降低。

三、马斯格雷夫和罗斯托的"经济发展阶段论"

经济发展阶段论的具体内容如图2-1所示。

图 2-1 经济发展阶段论

【提示】财政支出无论是从绝对量上还是从相对量上来看,在世界各国都呈现出增加的趋势。

【考点小贴士】对财政支出的经济理论的考查,主要是考查不同的人物对应不同的经济理论,为了避免混淆,因此在记忆时要根据以上知识点归类准确记忆。

经典例题

[2015年真题·单选题] 皮考克和魏斯曼将导致公共支出增长的因素归结为内在因素和外在因素,其内在因素是(   )。
A. 洪涝灾害   B. 经济发展
C. 战争   D. 地震
[答案] B
[解析] 本题考查皮考克和魏斯曼的"公共收入增长导致论"。经济的发展和国民收入的增加是导致公共支出增长的内在因素,而导致公共支出增长的外在因素包括战争、自然灾害。

[2015年真题·单选题] 关于财政支出不断增长理论的说法,错误的是(   )。
A. 瓦格纳认为财政支出不断增长是由政府活动不断扩张导致的
B. "公共收入增长导致论"认为财政支出与财政收入增长是同步的
C. 经济发展的初级阶段政府支出的重点是基础设施建设
D. 经济发展进入中期阶段,公共支出的侧重点是社会福利
[答案] D
[解析] 本题考查财政支出规模的增长趋势。本题同样是一个判断选项正误的题目,所以秉持着谨慎性原则,分析每一个选项的正确性,对于马斯格雷夫和罗斯托的"经济发展阶段论",中期阶段的重点是政府部门对经济的干预,故D项错误。

[2012年真题·单选题] 按照"经济发展阶段论"的理论,在经济发展的中期阶段,政府支出的重点是(   )。
A. 基础建设   B. 教育、保健等领域
C. 社会福利   D. 加强对经济的干预
[答案] D
[解题思路] 本题考查马斯格雷夫和罗斯托的"经济发展阶段论"。经济发展阶段论的发展分为三个阶段。早期阶段注重基础建设,中期阶段注重对经济的干预,成熟阶段注重教育、保健等领域以及社会福利。根据不同阶段对应的重点进行选择,此题目虽只是考查中期阶段,但其他的两个阶段的支出重点也需一并对比记忆。

【考点五】影响财政支出规模的宏观因素

影响财政支出规模的宏观因素如表2-6所示。

表 2-6 影响财政支出规模的宏观因素

宏观因素	具体内容
经济性因素	经济发展水平、经济体制、中长期发展战略和当前的经济政策等
政治性因素	政局是否稳定、政体结构和行政效率、政府干预政策
社会性因素	人口、就业、医疗卫生、社会救济、社会保障及城镇化

【提示】经济性因素始终是影响财政支出规模的<u>主要因素</u>，甚至是<u>决定性因素</u>。

【考点六】中国财政支出规模的分析

从 1978 年改革开放开始，我国财政支出占国内生产总值以及中央财政支出占全国财政支出总额的比重都呈现出明显的下降趋势。

【考点七】财政支出效益分析的特点

政府财政支出效益分析的特点是与微观经济组织生产经营支出效益分析比较得出的。财政支出效益分析的特点如表 2-7 所示。

表 2-7 财政支出效益分析的特点

特点	具体阐释
计算所费与所得的范围不同	财政支出效益分析中计算所费与所得的范围较宽，即政府不仅要计算直接的、有形的所费与所得，还要分析间接的、无形的所费与所得等
衡量效益的标准不同	财政支出效益分析中不能单纯地以经济效益为衡量标准，而必须确定<u>经济效益与社会效益双重的效益标准</u>
择优的标准不同	财政分配所追求的是整个社会的最大效益

【提示】财政支出必须讲求效益，其根本原因在于社会经济资源的有限性。

经典例题

[2011 年真题·单选题] 对于财政支出效益的说法，正确的是（　　）。
A. 要对项目的无形所费与所得进行分析 　B. 项目必须带来直接的经济效益
C. 直接效益必须大于直接投入 　D. 选择的项目必须具有很好的经济效益
[答案] A
[解析] 本题考查财政支出效益分析的特点。政府财政支出效益要考虑经济效益和社会效益双重的效益标准，不能仅仅单纯地考虑经济效益，故 B、D 两项错误；C 项描述太绝对，选项中一些太绝对的字眼一定要注意分析其正确性。

【考点八】财政支出效益分析的方法

财政支出效益分析的方法有<u>"成本—效益"分析法</u>、<u>最低费用选择法</u>、<u>"公共劳务"收费法</u>和公共定价法。

一、"成本—效益"分析法

"成本—效益"分析法的具体内容如表 2-8 所示。

表 2-8 "成本—效益"分析法

项目	具体内容
适用领域	适用于投资性支出项目、有直接经济效益的支出项目的分析，如基本建设投资支出
基本原理	根据国家所确定的建设目标，提出实现该目标的各种方案，对这些可供选择的方案，用一定的方法计算出各方案的全部预期成本和全部预期效益，通过计算"成本—效益"比率，来比较不同项目或方案的效益，选择最优的支出方案，据此支拨和使用财政资金

【提示】金融成本与效益是指由于该项目的建设，使得社会经济的某些方面受到影响，致使相关产品价格上升或者下降，从而使某些单位或者个人增加了收入或减少了收入。

二、最低费用选择法

（一）定义

最低费用选择法是指对每个备选的财政支出方案进行经济分析时，只计算备选方案的有形成本，而不用货币计算备选方案支出的社会效益，并以成本最低为择优的标准。最低费用选择法源于美国，是对"成本—效益"分析法的补充。

【提示】最低费用选择法简单理解就是选择使用最少的费用就可以达到财政支出目的的方案。

（二）适用范围

最低费用选择法适用于那些只有社会效益，且其产品不能进入市场的支出项目，如国防、军事、行政、文化、卫生等支出项目。

经典例题

[2015 年真题·单选题] 在进行财政支出效益分析的时候，对那些只有社会效益，且其产品不能进入市场的支出项目，采用的方法是（　　）。
A. 成本—效益分析法　　　　B. 最低费用选择法
C. 社会效益评价法　　　　　D. "公共劳务"收费法
[答案] B
[解析] 本题考查财政支出效益的分析方法。最低费用选择法适用于那些只有社会效益，且其产品不能进入市场的支出项目。

[2013 年真题·多选题] 在财政支出效益分析中，适用"最低费用选择法"的财政支出项目有（　　）。
A. 军事　　　　　　　　　　B. 电力
C. 行政　　　　　　　　　　D. 文化
E. 铁路
[答案] ACD
[解析] 本题考查最低费用选择法。最低费用选择法适用于那些只有社会效益，且其产品不能进入市场的支出项目，如国防、军事、行政、文化、卫生等支出项目。

三、"公共劳务"收费法

（一）定义

"公共劳务"收费法是通过制定和调整"公共劳务"的价格或收费标准，来改进"公共劳务"的使用状况，使之达到提高财政支出效益的目的。

（二）适用范围

对于既有社会效益，又有经济效益，但其经济效益难以直接衡量，而产品可以全部或部分进入市场的支出项目，如教育、交通等支出，适宜采用"公共劳务"收费法。

【提示】"公共劳务"收费法与"成本—效益"分析法和最低费用选择法的区别在于，它是通过制定合理的价格与收费标准，来达到对"公共劳务"有效地、节约地使用，而不是对财政支出备选方案的选择。

（三）对"公共劳务"的定价政策

对"公共劳务"的定价政策如表 2-9 所示。

表 2-9 对"公共劳务"的定价政策

定价政策	适用情况
免费和低价	社会成员可以最大限度地使用这些"公共劳务",如强制进行义务教育、强制注射疫苗等
平价	适用于无须特别鼓励,又无必要特别加以控制使用的"公共劳务",如公路、公园、铁路、医疗等
高价	适用于从全社会利益来看必须限制使用的"公共劳务",如繁华地段的机动车停车收费

【提示】"公共劳务"收费法只适用于可以买卖的、适于采用定价收费方法管理的公共服务部门。

> **经典例题**
>
> [2016年真题·单选题]关于"公共劳务"收费法的说法,错误的是(   )。
> A. 政府通过制定价格,以提高财政支出效益
> B. 政府通过制定收费标准来达到对财政支出备选方案的筛选,以提高财政支出效益
> C. 高价政策可以抑制消费
> D. 该方法只适用于可以买卖的,采用定价收费方法管理的公共服务部门
> [答案] B
> [解析] 本题考查"公共劳务"收费法。"公共劳务"收费法的目的是有效地、节约地使用公共劳务,而"成本—效益"分析法和"最低费用"选择法的目的是对财政支出备选方案的选择。

四、公共定价法

(一)公共定价的形式

公共定价的形式如图 2-2 所示。

图 2-2 公共定价的形式

(二)公共定价法的类型

公共定价法的类型如表 2-10 所示。

表 2-10 公共定价法的类型

类型	具体内容
平均成本定价法	是指在保持提供公共物品的企业和事业单位对外收支平衡的情况下,采取尽可能使经济福利最大化的定价方式
二部定价法	定价体系由两种要素构成:①与使用量无关的按月或按年支付的"基本费";②按使用量支付的"从量费"
	如电力、燃气、电话等自然垄断行业
负荷定价法	是指按不同时间段或时期的需求制定不同的价格,如电力、燃气、电话等行业

> **经典例题**
>
> [2013年真题·单选题]按照不同时间段或时期的需求制定不同价格的公共定价方法是(   )。
> A. 平均成本定价法 B. 二部定价法   C. 时限定价法   D. 负荷定价法
> [答案] D
> [解题思路] 本题考查公共定价法。对于公共定价法的三种类型要区分清楚,分别使用不同的情况,结合表 2-10 进行记忆。

【考点九】购买性支出概述

购买性支出概述如图 2-3 所示。

图 2-3 购买性支出概述

【提示】 从世界各国的一般发展趋势来看，社会消费性支出的绝对规模总的来讲呈现一种扩张趋势。相对规模在一定发展阶段也是扩张趋势，达到一定规模则相对停滞。

【考点十】行政管理费支出与国防支出

一、行政管理费支出

行政管理费支出的分类如表 2-11 所示。

表 2-11 行政管理费支出的分类

分类标准	类别	内容
按支出内容不同分类	行政支出	党政机关经费、行政业务费、干部培训费及其他行政费用
	公安支出	各级公安机关经费、公安业务费、警察学校和公安干部培训学校经费及其他公安经费
	国家安全支出	安全机关经费、安全业务费
	司法检察支出	司法检察机关经费、司法检察业务费、司法学校与司法检察干部培训经费及其他司法检察费
	外交支出	驻外机构经费、出国费、外宾招待费和国际组织会议费
按费用要素分类	人员经费	工资、福利费、离退休人员费用及其他
	公用经费	公务费、修缮费、设备购置费和业务费

【提示】 世界各国行政管理费支出的发展趋势一般都是行政管理费支出的绝对数是增长的，但它在财政支出总额中所占的比重应是下降趋势。

经典例题

[2011 年真题·多选题] 下列费用项目中，属于行政管理费的是（　　）。
A. 公安业务费　　　　　　　B. 安全机关经费
C. 民兵建设费　　　　　　　D. 司法检察业务费
E. 驻外机构经费
[答案] ABDE
[解析] 行政管理费支出是财政用于国家各级权力机关、行政管理机关和外事机构行使其职能所需的费用，包括行政支出、公安支出、国家安全支出、司法检察支出和外交支出（如驻外机构经费、出国费等）。

二、国防支出

国防支出包括国防费、民兵建设费、国防科研事业费和防空经费等。

【提示】国防支出根据国际和国内形势的变化而变化,和平时期趋减,发生战争骤增,可以说没有一以贯之的增减变化规律,因而国防支出规模及其占财政支出和国内生产总值(GDP)的比重有时变化平稳,有时波动很大。

【考点十一】文教科学卫生支出

文教科学卫生支出如图 2-4 所示。

图 2-4 文教科学卫生支出

一、教育支出

从经济性质看,教育服务一般被看作是<u>一种混合物品</u>。

【提示】
(1) 义务教育属于纯公共物品,而义务教育以外的高层次教育(如高等教育、职业教育、成人教育等)属于混合物品。
(2) 理论和实践都证明,一国财政收支的规模和结构是影响教育支出效益的主要因素。
(3) 发展中国家当前教育支出体制改革的关键在于加大对初等教育的投资,提高初等教育支出在教育支出中的比重。

二、科学研究支出

(1) 用于外部效应较强的科学研究活动(<u>以基础科学为主</u>)的经费应由政府承担。
(2) 可以通过市场交换来充分弥补成本的科学研究(<u>以应用性研究为主</u>)的经费,可由微观主体来承担。

【提示】我国财政用于科学研究支出及其占财政支出和国民生产总值(GDP)的比重基本上是逐年有所提高,同时,还通过科技三项费用、税收优惠和财政补贴等多种渠道,鼓励和带动民间科技投入。除此之外,还可采取相应的政策鼓励广大企业扩大自主积累,增加科研费用。

三、卫生支出

(1) 公共卫生领域是具有很强外部效应和非排他性的公共物品,因此应由政府提供公共卫生。
(2) 世界银行提出了政府要对卫生事业进行干预的三条理由:①减少贫困是在医疗卫生方面进行干预的最直接的理论基础;②许多与医疗卫生有关的服务是公共物品,其作用具有外部性;③疾病风险的不确定性和保险市场的缺陷。

四、加强管理,提高文教科学卫生支出的效益

(1) 逐步规范财政资金供应范围。
(2) 改革和完善文教科学卫生事业单位的财务制度。
新的财务制度体系由三个层次组成,即<u>事业单位财务规则</u>(最基本、最高层次的法规)、行业事业单位财务管理制度和事业单位内部财务管理具体规定。
(3) 改革事业单位管理形式。
新的管理形式改为"核定收支、定额或者定项补助、超支不补、结转和结余按规定使用"办法。

(4) 推行定额管理，改进资金分配办法。

新的分配办法是在定额管理的基础上，实行"零基预算法"。

(5) 多种形式发展事业，多渠道筹集资金，实行收支统一管理。

事业单位将全部收入，即包括预算内拨款、预算外收入以及其他各类收入统统纳入预算，统一核算，统一管理，实行收支统一管理，建立全面反映单位全部财务收支及财务活动的新型的单位财务管理体系。

经典例题

[2012年真题·单选题] 我国事业单位财务制度体系中最基本的制度是（   ）。
A. 事业单位内部财务管理规定　　　B. 事业单位财务规则
C. 行业事业单位财务管理制度　　　D. 事业单位会计制度
[答案] B
[解析] 本题考查文教科学卫生支出。事业单位财务规则是整个事业单位财务制度体系中最基本、最高层次的法规，是所有国有事业单位必须遵守的行为规范。

[2014年真题·多选题] 下列关于文教科学卫生支出的说法，正确的有（   ）。
A. 科学支出属于生产性支出　　　B. 义务教育的经费应当由政府提供和保证
C. 教育支出是消费性支出　　　D. 高等教育的经费不能全部由政府财政承担
E. 基础科学的研究经费应当由政府承担
[答案] BCDE
[解题思路] 本题属于辨析选项正误的题目，需认真分析每个选项。科学支出属于消费性支出，故 A 项错误。

【考点十二】财政投资性支出

一、政府财政投资的特点、范围和标准

在任何社会中，社会总投资的构成如图 2-5 所示。

图 2-5　社会总投资的构成

【提示】凯恩斯理论认为投资对经济增长具有乘数作用。投资乘数反映的是投资与收入的关系。

（一）政府财政投资的特点

政府财政投资与非政府投资的特点比较如表 2-12 所示。

表 2-12　政府财政投资与非政府投资的特点比较

项目	非政府投资	政府投资
盈利性	追求微观上的盈利性	可以不盈利或微利，但是政府投资项目的建成（如社会基础设施），可以极大地提高国民经济的整体效益
项目规模	一般无力承担规模较大的投资项目，只能从事周转快、见效快的短期性投资	政府财力雄厚，而且资金来源多半是无偿的，可以投资于大型项目和长期项目
效益标准	不可能顾及非经济的社会效益	可以从事社会效益好而经济效益一般的投资

【提示】政府投资是从宏观的角度整体考虑，非政府投资（微观主体）考虑的仅是个别的企业主体。

(二) 政府财政投资的范围

1. 政府投资和非政府投资占社会总投资比重的差异

因为经济体制和经济发展阶段的不同，政府投资和非政府投资在世界各国社会总投资中所占的比重存在很大的差异。影响政府投资和非政府投资比重的主要因素如表 2-13 所示。

表 2-13 影响政府投资和非政府投资比重的主要因素

主要因素	具体体现
经济体制的差异	实行市场经济的国家，非政府投资在社会总投资中所占比重较大；实行计划经济体制的国家，政府投资所占比重较大
经济发展阶段的差异	发达国家中政府投资占社会总投资的比重较小；欠发达国家和中等发达国家的政府投资占社会总投资的比重较大

2. 政府对投资的宏观调控方式

(1) 在传统体制下，政府对投资主要采用直接调控方式调节自身投资。

(2) 在社会主义市场经济体制下，政府对投资的宏观调控需要通过间接和直接两种方式进行。

　　1) 间接调控是指通过税收、财政补贴、折旧政策以及产业政策等来制约非政府投资的条件，并通过政府投资的导向作用，来调控非政府投资的方向、规模和结构。

　　2) 直接调控是根据宏观经济政策目标，结合非政府投资的状态，安排政府本身投资的方向、规模和结构，从而使全社会的投资达到优化状态。

(三) 政府财政投资的决策标准

政府财政投资的决策标准如表 2-14 所示。

表 2-14 政府财政投资的决策标准

决策标准	具体内容
资本—产出比率最小化标准	又称稀缺要素标准，是指政府在确定投资项目时，应当选择单位资本投入产出比最优的投资项目
资本—劳动力最大化标准	是指政府投资应选择使边际人均投资额最大化的投资项目。这种标准强调政府应投资于资本密集型项目
就业创造标准	是指政府应当选择单位投资额能够动员最大数量劳动力的项目。这种标准要求政府优先选择劳动力密集型的项目

> **经典例题**
>
> [2016年真题·单选题] 下列关于政府投资的特点与范围的说法，错误的是（　　）。
> A. 政府投资包括生产性投资和非生产性投资
> B. 政府投资可以不盈利
> C. 政府财力雄厚，可以投资于大型项目
> D. 政府投资只能投资于见效快的项目
> [答案] D
> [解析] 政府财力雄厚，而且资金来源多半是无偿的，可以投资于大型项目和长期项目。
>
> [2015年真题·多选题] 下列关于政府投资的说法，正确的有（　　）。
> A. 政府投资可以不盈利
> B. 财政投资即为政府投资
> C. 政府投资包括生产性投资和非生产性投资
> D. 经济发达国家政府投资在社会总投资中所占比重较大
> E. 政府投资可以投资长期项目

[答案] ABCE

[解题思路] 本题考查政府投资的相关内容。根据政府投资的具体内容判断选项的正误。发达国家中政府投资占社会总投资的比重较小，故 D 项错误。

[2014年真题·单选题] 政府投资于资本密集型项目，所执行的投资决策标准是（　　）。
A. 就业创造标准
B. 资本—产出比率最大化标准
C. 资本—劳动力最大化标准
D. 资本—劳动力最小化标准

[答案] C

[解题思路] 资本—劳动力最大化标准是强调政府应投资于资本密集型项目。政府投资决策的其他两项标准也是考试的常客，由此题目，将其他两点记忆清楚。

二、基础设施投资

（一）基础设施投资的特点

基础设施，特别是大型基础设施，大多数属于资本密集型行业，具有初始投资大、建设周期长、投资回收慢的特征。这些特点决定了大型的基础设施很难由个别企业的独立投资来完成。

（二）基础设施投资的提供方式

我国基础设施投资的提供方式如表 2-15 所示。

表 2-15　我国基础设施的提供方式

提供方式	具体内容
政府筹资建设，或免费提供，或收取使用费	由政府独资建设的项目主要出于三种考虑：①关系国计民生的重大项目，如长江三峡工程、青藏铁路等；②维护国家安全的需要，如宇航事业、核电站、战备公路等；③反垄断的需要。此外，还有一些基础设施，诸如市区道路、上下水道、过街天桥等，也适于作为纯公共物品由政府投资提供
私人出资、定期收费补偿成本并适当盈利，或地方主管部门筹资、定期收费补偿成本	典型的例子是地方性公路和桥梁等公共设施的建设，如"贷款修路，收费还贷"
政府与民间共同投资	适用于具有一定的外部效应、盈利率较低或风险较大的项目，如高速公路、集装箱码头及高新技术产业等基础设施建设
政府投资，法人团体经营运作	适用于道路、港口甚至中小机场等
PPP 模式（政府和社会资本合作模式）	PPP 模式是以市场竞争的方式提供服务，主要集中在纯公共领域、准公共领域。其不仅是一种融资手段，而且是一次涉及行政体制、财政体制、投融资体制的改革
	PPP 模式的优点包括：更高的经济效率、更高的时间效率、增加基础设施项目的投资、提高公共部门和私营部门的财务稳健性、基础设施和公共服务的品质得到改善、实现长远规划、树立公共部门的新形象、私营部门得到稳定发展等
	推广运用 PPP 模式的意义包括：一是促进经济转型升级、支持新型城镇化建设的必然要求；二是加快转变政府职能、提升国家治理能力的一次体制机制变革；三是深化财税体制改革、构建现代财政制度的重要内容

【提示1】从经济性质看，基础设施可以归类为<u>混合物品</u>，可以由政府提供，可以由市场提供，也可以采取混合提供方式。

【提示2】按照广义概念，BOT 投资模式（建设—经营—转让投资模式）也是 PPP 模式，是指政府公共部门在与非公共部门合作过程中，让非公共部门所掌握的资源参与提供公共物品的一种形式。

【提示3】与 BOT 投资模式相比，狭义 PPP 模式的主要特点是政府对项目中后期建设管理运营过程参与更深，企业对项目前期科研、立项等阶段参与更深；政府和企业都是全程参与，双方合作的时间更长，信息也更对称。

【考点小贴士】历年真题中以考查 BOT 的投资方式为主，今年教材调整为 PPP 模式，需要根据表格重点把握，同时对其他几种投资方式提高重视。

（三）财政投融资制度（政策性金融）

财政投融资通过国家信用方式筹资，是一种政策性投融资，不同于无偿拨款，也不同于商业性投融资。

财政投融资的基本特征包括：

(1) 财政投融资是一种政府投入资本金的政策性投融资。

(2) 财政投融资的目的性很强，范围有严格限制，主要是为具有提供"公共物品"特征的基础产业部门融资。

(3) 计划性与市场机制相结合。

财政投融资应以市场参数作为配置资金的重要依据，并对市场的配置起补充调整作用。

财政投融资既可以通过财政的投资预算取得资金，也可以通过信用渠道融通资金；既可以通过金融机构获取资金，也可以通过资本市场筹措资金，部分资金甚至还可以从国外获取。

(4) 财政投融资的管理由国家设立的专门机构——政策性金融机构负责统筹管理和经营。

一般来说，政策性银行的资本金，主要应由政府预算投资形成。

在政策性银行的负债结构中，发行长期性建设公债、集中邮政储蓄和部分保险性质的基金应占有重要份额。此外，直接对商业银行和其他非银行金融机构发行金融债券，也是重要的投资资金来源渠道。

【提示】政策性金融机构不是商业银行，也不是制定政策的机关，是执行有关长期性投融资政策的机构，是政府投资的代理人。

(5) 财政投融资的预算管理比较灵活。

在预算年度内，国家预算的调整需要经过全国人民代表大会审批通过，而财政投融资预算在一定范围内（如50%）的追加，无须主管部门的审批。

经典例题

[2014年真题·单选题] 财政投融资的管理机构是（　　）。
A. 财政部门　　　　　　　　　B. 中央银行
C. 商业银行　　　　　　　　　D. 政策性金融机构
[答案] D
[解析] 本题考查财政投资性支出。财政投融资由国家设立的专门机构——政策性金融机构负责统筹管理和经营。

[2016年真题·多选题] 财政投融资的基本特征包括（　　）。
A. 财政投融资要有严格的预算管理程序
B. 财政投融资是一种政策性投融资
C. 财政投融资的范围有严格的限制
D. 财政投融资的管理由国家设立的专门机构负责
E. 财政投融资的资本金是政府投入的
[答案] BCDE
[解题思路] 财政投融资的基本特征包括五个方面，理解记忆，选出正确答案。

三、财政农业投资

(一) 财政对农业部门投资政策具有的特征

(1) 以立法的形式规定财政对农业的投资规模和环节,使农业的财政投入具有相对稳定性。

(2) 财政投资范围应明确界定,主要投资于以水利为核心的农业基础设施建设、农业科技推广、农村教育和培训等方面。

(3) 注重农业科研活动,推动农业技术进步。

【提示】在社会主义市场经济条件下,从长远看,农业投入的资金应当主要来自农业部门和农户自身的积累,国家投资只应发挥辅助的作用。

(二) 进一步完善我国财政的支农政策

(1) 目前,我国财政在支持农村建设和农业发展方面仍存在众多薄弱环节,还有待进一步完善和加强。

(2) 在新的形势下,应当采取下列积极的财政政策。

1) 根据国家有关法律、法规和政策的规定,多渠道筹集资金,加大对农业的投入。

2) 加入世界贸易组织以后,把解决"三农"问题放在突出位置,并从思想上实现两个转变:①由过去的农村支持城市、农业支持工业逐步转变为城市反哺农村、工业反哺农业;②加大农村财政投资体制改革的力度。

3) 可采取的具体措施包括:①大幅度增加国家对农业和农村建设的投资。②将农业投资的重点放在解决影响农业主体效益提高的薄弱环节。③对主要体现社会效益以及能够形成国家资产的农业项目,原则上采取国家直接无偿投资的方式。对符合国家产业政策、具有示范价值和经济效益显著的建设项目,可以采取国家投资参股、资本金投入和担保、贴息等方式,也可以在项目建成后采取资产租赁、转让和出售等方式实现国家投资的回收。④健全财政监督机制。

经典例题

[2013年真题·单选题] 下列关于财政农业投资的说法,错误的是(   )。

A. 国家对农业的财力支持是财政的一项基本职责

B. 农业投入的资金主要靠财政支持

C. 农业发展与财政有着十分密切的关系

D. 财政农业投资范围主要是以水利为核心的基础设施建设

[答案] B

[解析] 农业投入的资金应当主要来自农业部门和农户自身的积累,国家投资只应发挥辅助的作用,故B项错误。

【考点十三】社会保障支出

一、社会保障的概念与内容

(一) 社会保障的概念

(1) 社会保障由19世纪80年代的德国俾斯麦政府首创。

(2) 我国社会保障的主要内容包括社会保险、社会救助、社会福利和社会优抚。

(二) 社会保障的内容

1. 社会保险

(1) 社会保险的具体内容如表2-16所示。

表 2-16 社会保险

项目	具体内容
养老保险	主要对象是就业期间的公民，个人及所服务的单位或企业履行缴纳保险费的义务，待年老退休后，享受国家给予一定数额的收入帮助
失业保险	是向破产企业职工、濒临破产企业精简的职工、企业辞退的职工以及被终止或解除劳动合同的职工，支付失业救济金和医疗补助费
	与养老保险相比，失业保险基金征集较少，其原因包括：①失业风险涉及的对象相对较少，失业风险经历的时间也相对较短；②失业津贴的发放是有条件的，通常的标准也较低
医疗保险	不仅患病职工（退休职工）可以享受，职工的直系亲属也可享受一定的医疗补助
生育保险	向休产假的职工发放产假期间的生活补助
工伤保险	向因公负伤的职工支付病假工资、医疗费、伤残补助津贴等，待遇标准一般高于非因公负伤的职工
	保险的对象是从事经济活动的劳动者，但最后获得待遇的，不仅是劳动者本人，还包括其家人

【提示】社会保险是现代社会保障的核心内容，是一国居民的基本保障，即保障劳动者在失去劳动能力，从而失去工资收入后仍能享有基本的生活保障。

(2) 养老保险的筹资模式。

养老保险的筹资模式如表 2-17 所示。

表 2-17 养老保险的筹资模式

要点	现收现付式	基金式	
		完全基金式	部分基金式
含义	是指社会保障完全靠当前的收入满足当前的支出，不为以后年度的社会保险支出作资金准备	为社会保险设立一种基金，这种基金在数量上能够满足今后向投保人支付保险津贴的需要	缴费水平在满足一定阶段支出需要的前提下，留有一定储备
特点	最初保险费率比较低，以后要根据支出水平调整保险费率	保险费率在相当长的时间内稳定不变，但初期保险费率较高	初期保险费率较低，从长期看，缴费率呈阶梯式的上升趋势
模式	靠后代养老的保险模式	自我养老的保险模式	自我养老和后代养老相结合的一种养老模式

【提示】目前我国养老保险筹备模式为社会统筹和个人账户相结合的筹资模式，基本属于现收现付式。

2. 社会救助

社会救助的具体内容如表 2-18 所示。

表 2-18 社会救助

要点	具体内容
定义	通过国家财政拨款，保障生活确有困难的贫困者最低限度的生活需要
特点	(1) 全部费用由政府从财政资金中解决，接受者不需要缴纳任何费用 (2) 受保人享受社会救助待遇需要接受一定形式的经济状况调查，国家向符合救助条件的个人或家庭提供救助

续表

要点	具体内容
救助	(1) 对无依无靠的绝对贫困者提供的基本的保障（农村的"五保户"） (2) 对生活水平低于国家最低标准的家庭和个人的最低生活提供保障 (3) 对因天灾而陷于绝境的家庭和个人提供的最低生活保障

3. 社会福利
社会福利的对象主要为盲聋哑和鳏寡孤独的社会成员，如社会福利院等。

4. 社会优抚
社会优抚的对象为革命军人及其家属。

经典例题

[2016年真题·单选题]下列关于社会保障的说法，错误的是（   ）。
A. 生育保险的对象是已婚妇女劳动者　B. 与养老保险相比较，失业保险基金征集较少
C. 社会救助的对象主要是下岗失业职工　D. 现收现付的筹资模式是代际之间的收入转移
[答案] C
[解析] 社会救助是通过国家财政拨款，保障生活确有困难的贫困者最低限度的生活需要。对于下岗失业职工主要是实行失业保险制度，故C项错误。

[2015年真题·多选题]我国的社会救助主要包括（   ）。
A. 对被终止劳动合同的职工支付的救济金
B. 对无依无靠的绝对贫困者提供的基本保障
C. 对聋哑社会成员给予的物质帮助
D. 对生活水平低于国家最低标准的家庭提供的最低生活保障
E. 对因天灾而陷于绝境的家庭提供的最低生活保障
[答案] BDE
[解析] A项，失业保险是对被终止劳动合同给予的救助。C项，社会福利主要是对盲聋哑和鳏寡孤独的社会成员给予的各种物质帮助。

二、市场经济条件下社会保障制度的意义

(1) 社会保障制度可以弥补市场经济的缺陷。
(2) 社会保障制度具有"内在稳定器"的作用。
(3) 社会保障制度与税收相得益彰，共同调节社会成员的收入水平。
(4) 社会保障制度可以弥补商业保险的局限。

【提示】商业保险市场的局限性体现在：①由于商业保险市场存在逆向选择和道德风险问题，会导致商业保险市场失灵；②商业保险无法解决个人储蓄不足以及"免费搭车"的问题；③商业保险市场难以抵御系统性风险；④商业保险市场无法进行有目的的收入再分配。

经典例题

[2013年真题·单选题]下列关于社会保障制度的说法，错误的是（   ）。
A. 社会保障制度可以弥补市场经济的缺陷
B. 社会保障制度是"相机抉择"的调控手段
C. 社会保障制度与税收共同调节社会成员的收入水平
D. 社会保障制度可以弥补商业保险的局限
[答案] B

[解析] 本题考查社会保障制度。社会保障制度具有很重要的意义，包括：①社会保障制度可以弥补市场经济的缺陷；②社会保障制度具有"内在稳定器"作用；③社会保障制度与税收相得益彰，共同调节社会成员的收入水平；④社会保障制度可以弥补商业保险的局限。采用排除法，故 B 项错误。

三、社会保障制度的类型

社会保障制度的类型如表 2-19 所示。

表 2-19 社会保障制度的类型

类型	特点	采用的国家
社会保险型	政府按照"风险分担，互助互济"的保险原则举办的社会保险计划。受保人和雇主要缴纳保险费。受保人发生受保事故时，无论其经济条件如何，只要按规定缴纳了保险费，就可以享受政府提供的保险金	—
社会救济型	(1) 受保人不用缴纳任何费用，保障计划完全由政府从政府预算中筹资 (2) 受保人享受保障计划的津贴需要经过家庭收入及财产调查，只有经济条件符合受保人的资格才享受政府的津贴	澳大利亚和加拿大的公共养老金计划
普遍津贴型	是政府按照"人人有份"的福利原则举办的一种社会保障计划。在这种计划中受保人及其雇主并不需要缴纳任何费用。普遍津贴型的资金来源与社会救济一样也完全由政府预算拨款，与社会救济不同的是，受保人在享领津贴时并不需要进行家庭生计调查	新西兰的公共养老金计划
节俭基金型	是政府按照个人账户的方式举办的社会保障计划。在这种计划模式下，雇主和雇员都必须依法按照职工工资的一定比例向雇员的个人账户缴费，个人账户中缴费和投资收益形成的资产归职工个人所有，但这部分资产要由政府负责管理。一旦个人发生受保事故，政府要从其个人账户中提取资金支付保障津贴；而当职工不幸去世时，其个人账户中的资产家属可以继承	马来西亚、印度等 20 多个发展中国家的公共养老金
	节俭基金型的社会保障计划与社会保险型计划相比，其最大的特点是受保人之间不能进行任何形式的收入再分配，因而不具有互助互济的保险功能。这种保障计划虽然没有任何收入再分配功能，但却具有强制储蓄的功能	

经典例题

[例题·单选题] 社会救济型的社会保障制度，其资金来源是（   ）。
A. 受保人和雇主缴纳的保险费
B. 受保人和雇主缴纳的保险费为主，财政补贴为辅
C. 完全由财政拨款
D. 财政拨款为主，受保人和雇主缴纳的保险费为辅
[答案] C
[解析] 社会救济型的社会保障制度受保人不用缴纳任何费用，保障资金完全由政府从一般政府预算中筹资，故 C 项正确。

[2011年真题·单选题] 带有强制储蓄功能的社会保障制度类型是（   ）。
A. 社会保险型　　B. 社会救济型　　C. 普遍津贴型　　D. 节俭基金型
[答案] D
[解析] 节俭基金型具有强制储蓄的功能。

四、我国的社会养老保险制度

我国的社会养老保险主要分为 城镇企业职工基本养老保险、城乡居民基本养老保险 和 机关事

业单位工作人员养老保险三种类型。

（一）城镇企业职工基本养老保险

城镇企业职工基本养老保险的具体内容如表 2-20 所示。

表 2-20　城镇企业职工基本养老保险

项目	具体内容
缴费	（1）单位缴费：单位缴费的比例一般不得超过企业工资总额的 20% （2）个人缴费：个人账户的规模统一为本人缴费工资的 8%（即月储存额＝本人缴费工资×8%，全部由个人缴费形成，单位缴费不再划入个人账户
领取条件	（1）本人达到法定退休年龄并办理了退休手续 （2）所在单位和个人依法参加基本养老保险并履行缴费义务 （3）个人累计缴费时间满 15 年
享受的待遇	（1）按月领取按规定计发的基本养老金，直至死亡 （2）享受基本养老金的正常调整待遇 （3）对企业退休人员实行社会化管理服务

【提示】城镇企业职工基本养老保险是社会统筹与个人账户相结合的一种新型的社会养老保险制度。

（二）城乡居民基本养老保险

城乡居民养老保险的具体内容如表 2-21 所示。

表 2-21　城乡居民养老保险

项目		具体内容
基金筹集 （由三部分构成）	个人缴费	参保人自助选择档次缴费、多缴多得
	集团补助	补助、资助金额不超过当地设定的最高缴费档次标准
	政府补贴	对符合领取城乡居民基本养老保险待遇条件的参保人全额支付基础养老金（其中中央财政对西部地区按标准全额补助，东部地区给予 50% 的补助）
建立个人账户		国家为每个参保人建立终身记录的养老保险个人账户，账户存储额按国家规定计息
待遇及调整		城乡居民基本养老保险待遇由基础养老金和个人账户养老金构成，支付终身
领取条件		参加城乡居民基本养老保险的个人，年满 60 周岁、累计缴费满 15 年，且未领取国家规定的基本养老保障待遇的，可以按月领取城乡居民养老保险待遇
制度衔接		参保人员不得同时领取城镇职工基本养老保险和城乡居民基本养老保险待遇
参保范围		年满 16 周岁（不含在校学生），非国家机关和事业单位工作人员及不属于职工基本养老保险制度覆盖范围的城乡居民，可在户籍地参加城乡居民基本养老保险

（三）机关事业单位工作人员养老保险

国务院于 2015 年 1 月发布《国务院关于机关事业单位工作人员养老保险制度改革的决定》。该规定改革的具体内容如表 2-22 所示。

表 2-22　机关事业单位工作人员养老保险

项目	具体内容
改革目标	坚持全覆盖、保基本、多层次、可持续方针，以增强公平性、适应流动性、保证可持续性为重点，改革机关事业单位工作人员退休保障制度，逐步建立独立于机关事业单位之外、资金来源多渠道、保障方式多层次、管理服务社会化的养老保险体系

项目	具体内容
改革的主要原则	改革前与改革后待遇水平相衔接；统筹规划、合理安排、量力而行
改革的范围	适用于按照公务员法管理的单位、参照公务员法管理的机关（单位）、事业单位及其编制内的工作人员
改革的基本思路	一个统一、五个同步

经典例题

[例题·单选题] 下列各项中，不属于我国的社会养老保险制度类型的是（　　）。
A. 城镇企业职工基本养老保险　　B. 城乡居民基本养老保险
C. 机关事业单位工作人员养老保险　　D. 商业养老保险
[答案] D
[解析] 我国的社会养老保险主要分为城镇企业职工基本养老保险、城乡居民基本养老保险和机关事业单位工作人员养老保险三种类型，故 D 项不属于我国的社会养老保险制度的具体类型。

【考点十四】财政补贴支出

一、财政补贴概述

财政补贴概述如表 2-23 所示。

表 2-23　财政补贴概述

要点	具体内容
补贴主体	国家
补贴对象	企业和居民
补贴目的	为了贯彻一定的政策，满足某种特定需要，实现特定的政治、经济和社会目标
补贴性质	通过财政资金的无偿补助而进行的一种社会财富的再分配

二、财政补贴的分类

财政补贴的分类如表 2-24 所示。

表 2-24　不同类型的财政补贴

分类标准	类型	具体内容
按财政补贴的环节分类	生产环节补贴	主要有农业生产资料价格补贴、工矿产品价格补贴、生产企业的政策性亏损补贴
	流通环节补贴	主要有农副产品价格补贴、商业和外贸企业的政策性亏损补贴
	分配环节补贴	主要有财政贴息和税收支出
	消费环节补贴	主要有职工副食品补贴
按财政补贴的经济性质分类	生产补贴	如农业生产资料价格补贴、财政贴息
	生活补贴	如职工副食品价格补贴
按财政补贴的内容分类	现金补贴（一般称为明补）	补贴接受主体在自身权利之外得到超额收入的那部分财政补贴，即不发生补贴利益转移的那部分财政补贴。如职工副食品补贴
	实物补贴（一般称为暗补）	补贴接受主体并未真正获益的财政补贴，即补贴利益发生了转移的那部分财政补贴。如农副产品价格补贴和农业生产资料价格补贴

续表

分类标准	类型	具体内容
按照世界贸易组织（WTO）的分类方法，根据可能对国际贸易造成的危害程度	禁止性补贴	禁止性补贴一旦被证实存在，无须证明是否存在危害或者损害威胁，均必须取消
		包括出口补贴和进口替代补贴
	可诉补贴	在一定范围内可以实施的补贴，若使用此类补贴的成员方在实施过程中对其他成员方的经济利益造成不良影响，则受损的成员方可以向使用此类补贴的成员方提起申诉
	不可诉补贴	主要包括不具有专向性的补贴、给予基础研究的援助性补贴、给予贫困地区的补贴、为适应新环境而实施的补贴，以及用于鼓励农业研究与开发、鼓励农民退休等方面的补贴
按财政补贴的项目和形式分类		主要有价格补贴、企业亏损补贴、外贸补贴、房租补贴、职工生活补贴、财政贴息、减免税收等

【提示】我国财政补贴以价格补贴和企业亏损补贴为主要项目，且每年反映在国家预算上仅有这两项补贴。

> **经典例题**
>
> [2011年真题·单选题] 下列关于财政补贴的说法，错误的是（　　）。
> A. 财政补贴是一种转移性支出　　B. 财政补贴全部列入预算支出
> C. 财政补贴的主体是国家　　D. 财政补贴的性质是社会财富的再分配
> [答案] B
> [解析] 本题考查财政补贴支出。我国财政补贴以价格补贴和企业亏损补贴为主要项目，且每年反映在国家预算上仅有这两项补贴。参考［考点小贴士］采用排除法选出正确答案。
>
> [2010年真题·多选题] 下列财政补贴中，属于分配环节的有（　　）。
> A. 职工副食品补贴　　B. 工矿产品价格补贴
> C. 税收支出　　D. 外贸企业的政策性亏损补贴
> E. 财政贴息
> [答案] CE
> [解析] 本题考查财政补贴支出。属于分配环节的补贴有财政贴息和税收支出。可根据表2-24对号入座。

三、财政补贴的经济影响分析及其实际经济效应

（一）财政补贴的经济影响分析

（1）财政补贴可以改变需求结构。
（2）财政补贴可以改变供给结构。
（3）财政补贴将外部效应内在化。

（二）财政补贴的实际经济效应

（1）有效地贯彻国家的经济政策（首要意义）。
（2）以少量的财政资金带动社会资金，扩充财政资金的经济效应（实际经济意义）。
（3）加大技术改造力度，推动产业升级。
（4）消除"排挤效应"。
（5）社会经济稳定的效应。

（三）我国财政补贴的调整和改革

我国财政补贴的调整和改革的基本思路包括：
（1）取消不符合 WTO 规则的补贴。
（2）合理利用可诉补贴。
（3）用足用好不可诉补贴。

【考点十五】税收支出

一、税收支出的概念与分类

（一）税收支出的概念

税收支出是指政府出于引导、扶持某些经济活动，刺激投资意愿或补助某些财务困难的集团而制定各种税收优惠措施，其目的不在于取得收入，而是为了实现特定目标而放弃一些税收。

（二）税收支出的分类

税收支出的分类如图 2-6 所示。

图 2-6　税收支出的分类

【提示】税收支出是政府的一种间接性支出，属于财政补贴性支出。

二、税收支出的形式

税收支出的形式如表 2-25 所示。

表 2-25　税收支出的形式

形式	定义
税收豁免	是指在一定期间内，对纳税人的某些所得项目或所得来源不予征税，或对其某些活动不列入征税范围等，以减轻其税收负担
纳税扣除	是指准许企业把一些合乎规定的特殊支出，以一定的比例或全部从应税所得中扣除，以减轻其税负
税收抵免	是指允许纳税人从其某种合乎奖励规定的支出中，以一定比率从其应纳税额中扣除，以减轻其税负
优惠税率	是对合乎规定的纳税人课以较一般为低的税率
延期纳税	也称"税负延迟缴纳"，是允许纳税人对那些合乎规定的税收，延迟缴纳或分期缴纳其应负担的税额
盈亏相抵	是指准许企业以某一年度的亏损，抵消以后年度的盈余，以减少其以后年度的应纳税款；或冲抵以前年度的盈余，申请退还以前年度已纳的部分税款。盈亏相抵办法通常只能适用于所得税方面
加速折旧	采用这种折旧方法，可以在固定资产的使用年限内早一些得到折旧费和减免税的税款。加速折旧是一种特殊的税收支出形式
退税	是指国家按规定对纳税人已纳税款的退还，包括出口退税和再投资退税

【提示】税收抵免与纳税扣除的不同之处在于，前者是在计算出应纳税额后，从中减去一定数额，后者则是从应纳收入中减去一定金额。

三、税收支出的预算控制

世界各国对税收支出进行预算控制的做法主要有三种类型：

(1) 非制度化的临时监督与控制。
(2) 建立统一的税收支出账户。
(3) 临时性与制度化相结合的控制方法。

> **经典例题**
>
> [2016年真题·单选题] 下列关于税收支出的具体形式的说法，错误的是（   ）。
> A. 税收豁免是对纳税人的某些应税项目不予征税
> B. 纳税扣除是把合乎规定的特殊支出，从其应纳税额中扣除
> C. 优惠税率是对合乎规定的纳税人采取较低的税率征税
> D. 延期纳税是税款延期缴纳
> [答案] B
> [解析] 纳税扣除是指准允企业把合乎规定的特殊支出，从其应纳税所得额中扣除，而不是从应纳税额中扣除，故B项错误。
>
> [2016年真题·多选题] 税收支出的形式有（   ）。
> A. 盈亏相抵   B. 加速折旧
> C. 抵扣进项税额   D. 税收抵免
> E. 优惠税率
> [答案] ABDE
> [解析] 税收支出包括八种形式，分别是税收豁免、纳税扣除、优惠税率、税收抵免、延期纳税、盈亏相抵、加速折旧、退税。

本章易错易混考点

【易错易混考点一】财政补贴与社会保障支出的联系与区别

财政补贴与社会保障支出的联系与区别如表2-26所示。

表2-26 财政补贴与社会保障支出的联系与区别

项目	具体内容
联系	财政补贴支出与社会保障支出均属于财政的转移性支出
区别	两者的区别主要体现在与相对价格体系的关系上，即财政补贴与相对价格的变动有直接联系，具有改变资源配置结构、供求结构的影响；但社会保障支出则很少有这种影响

[例题·单选题] 财政补贴与社会保障支出的区别主要体现在（   ）。
A. 与相对价格体系的关系不同   B. 对象不同
C. 主体不同   D. 目的不同
[答案] A
[解题思路] 对于财政补贴与社会保障支出的区别与联系根据上述表格重点进行理解记忆。

【易错易混考点二】企业亏损补贴与价格补贴

一、企业亏损补贴与价格补贴的联系

企业亏损补贴与价格补贴均与产品价格有关。

二、企业亏损补贴与价格补贴的区别

(1) 价格补贴直接与市场零售商品有关，而企业亏损补贴主要与<u>工业生产资料</u>有关。
(2) 价格补贴的直接受益人是居民，企业亏损补贴的直接受益人是<u>相关企业</u>。
(3) 价格补贴是在流通环节上的补贴，企业亏损补贴是<u>在生产环节上</u>的补贴。

(4) 价格补贴的对象是商品，而企业亏损补贴的对象是企业。

【提示】1986年以后价格补贴改为在财政支出中列支；企业亏损补贴依然作为冲减收入处理。

[2017年真题·多选题]下列关于企业亏损补贴的说法，正确的有（   ）。

A. 企业亏损补贴与工业生产资料有关

B. 企业亏损补贴是生产环节的补贴

C. 企业亏损补贴是直接列入财政支出的项目

D. 企业亏损补贴的直接受益人是相关企业

E. 企业亏损补贴仅限于国有企业

[答案] ABDE

[解析] 本题考查财政补贴支出。价格补贴在财政支出中列支，企业亏损补贴依然作为冲减收入处理，故C项错误。

历年经典真题回顾

一、**单项选择题**（每题1分，每题备选项中，只有1个最符合题意）

1. 能够比较准确反映不同国家间财政支出规模差异的指标是（   ）。[2017年真题]

   A. 财政支出增长额　　　　　B. 财政支出的数额

   C. 财政支出占国民收入的比重　　D. 财政支出占国内生产总值的比重

   [答案] D

   [解析] 本题考查财政支出规模的衡量指标。财政支出的相对量既可以用作不同国家财政支出规模的分析比较，也可以用作一个国家不同时期财政支出规模的对比分析。财政支出占国内生产总值的比重，是目前衡量财政支出规模最常用的指标。

2. 关于社会保障制度类型的说法，正确的是（   ）。[2017年真题]

   A. 社会保险型的费用全都来自受保人缴纳的保险费

   B. 社会救济型的费用来自政府预算拨款和个人缴纳

   C. 普遍津贴型需要受保人和雇主共同缴纳保险费

   D. 节俭基金型个人账户中的资金具有继承性

   [答案] D

   [解析] 本题考查社会保障支出。社会保险型的费用需要受保人和雇主共同缴纳保险费，故A项错误。社会救济型和普遍津贴型的费用全部来自于政府预算筹资，故B、C两项错误。在节俭基金型中，如果职工不幸去世时，其个人账户中的资产家属可以继承，故D项正确。

3. 关于财政贴息的说法，错误的是（   ）。[2017年真题]

   A. 财政贴息的实质是对企业收益的补贴

   B. 财政贴息是分配环节的补贴

   C. 财政贴息是生产性补贴

   D. 财政贴息是对某些企业或项目的贷款利息给予补贴

   [答案] A

   [解析] 本题考查的是财政补贴支出。财政贴息是指国家财政对某些企业或项目的贷款利息，在一定时期内给予全部或一定比例的补贴，实质是对企业成本价格提供补贴，故A项错误、D项正确。按照财政补贴的环节分类，财政贴息属于分配环节的补贴，故B项正确。按照财政补贴的经济性质分类，财政贴息属于生产性补贴，故C项正确。

4. 关于基础设施特点的说法，错误的是（   ）。[2016年真题]

   A. 资本密集型反映了基础设施的属性

   B. 基础设施需要投入大量资本

C. 基础设施建设周期较长

D. 基础设施投资回收期较短

[答案] D

[解析] 本题考查财政投资性支出。基础设施，特别是大型基础设施，大多数属于资本密集型行业，具有初始投资大、建设周期长、投资回收慢的特点。这些特点决定了大型的基础设施很难由个别企业的独立投资来完成。

5. 关于财政投融资的说法，错误的是（　　）。[2015年真题]

A. 财政投融资的预算管理比较灵活

B. 财政投融资政策性很强

C. 财政投融资目的性很强

D. 财政投融资委托特定的商业银行管理

[答案] D

[解析] 本题考查财政投资性支出。财政投融资由国家设立的专门机构——政策性金融机构负责统筹管理和经营。政策性金融机构不是商业银行，也不是制定政策的机关，是执行有关长期性投融资政策的机构，是政府投资的代理人。

6. 负荷定价法适用的财政支出项目是（　　）[2015年真题]

A. 公路运输　　　　　　B. 免疫防疫

C. 医疗服务　　　　　　D. 电力供应

[答案] D

[解析] 本题考查财政支出效益的分析方法。负荷定价法是指按不同时间段或时期的需求制定不同的价格，如电力、燃气、电话等行业。

7. 瓦格纳认为公共支出不断增长的原因是（　　）。[2014年真题]

A. 经济发展阶段导致　　　　B. 政府活动扩张导致

C. 公共收入增长导致　　　　D. 经济发展不平衡导致

[答案] B

[解析] 本题考查财政支出规模的增长趋势。瓦格纳的"政府活动扩张法则"认为，现代工业的发展会引起社会进步的要求，社会进步必然导致国家活动的增长，因"政府职能不断扩大以及政府活动持续增加"导致公共支出增长。

8. 关于购买性支出的说法，正确的是（　　）。[2014年真题]

A. 购买性支出直接影响国民收入分配

B. 购买性支出直接影响就业

C. 购买性支出间接影响生产

D. 购买性支出对微观经济主体的预算约束是软的

[答案] B

[解析] 本题考查财政支出的经济影响。购买性支出对国民收入分配的影响是间接的，故A项错误。购买性支出对生产和就业的影响是直接的，故B项正确、C项错误。购买性支出对微观经济主体的预算约束是硬的，故D项错误。

9. 关于购买性支出与转移性支出对经济影响的说法，错误的是（　　）。[2013年真题]

A. 转移性支出间接影响就业

B. 购买性支出直接影响生产

C. 转移性支出对政府的效益约束较强

D. 购买性支出侧重执行资源配置职能

[答案] C

[解析] 本题考查财政支出的经济影响。在安排转移性支出时，政府并没有什么原则可以遵循，其支出规模与结构在相当大的程度上只能根据政府与企业、中央政府与地方政府的协商而定，因此，转移性支出对政府的效益约束较弱。

[提示] 做购买性支出与转移性支出对经济影响的比较的相关题目时，记得利用[考点小贴士]。

10. 下列财政支出项目中，属于积累性支出的是（ ）。[2013年真题]

　　A. 国家物资储备支出　　　　B. 国防支出

　　C. 社会福利救济支出　　　　D. 行政管理支出

[答案] A

[解析] 本题考查财政支出的分类。积累性支出是财政直接增加社会物质财富及国家物资储备的支出，主要包括基本建设支出、国家物资储备支出、生产性支农支出等。

11. 准许企业把一些合乎规定的特殊支出，以一定的比例或全部从应税所得中扣除，以减轻其税负，这种方式是（ ）。[2012年真题]

　　A. 税收豁免　　　　B. 税收抵免

　　C. 纳税扣除　　　　D. 盈亏相抵

[答案] C

[解析] 本题考查税收支出。纳税扣除是指准许企业把一些合乎规定的特殊支出，以一定的比例或全部从应税所得中扣除，以减轻其税负。

12. 在现行的事业单位财务制度体系中，最基本的法规是（ ）。[2012年真题]

　　A. 事业单位财务规则

　　B. 行业事业单位财务管理制度

　　C. 事业单位内部财务管理具体规定

　　D. 事业单位财务管理考核制度

[答案] A

[解析] 本题考查文教科学卫生支出。事业单位财务制度体系由三个层次组成，即事业单位财务规则、行业事业单位财务管理制度和事业单位内部财务管理具体规定。其中，事业单位财务规则是整个事业财务制度体系中最基本、最高层次的法规，是所有国有事业单位必须遵守的行为规范。

13. 关于政策性银行的说法，正确的是（ ）。[2011年真题]

　　A. 政策性银行是商业银行

　　B. 政策性银行的资本金主要由发行股票取得

　　C. 政策性银行可以直接对非银行金融机构发行金融债券

　　D. 政策性银行不能发行长期性建设国债

[答案] C

[解析] 本题考查财政投资性支出。政策性金融机构不是商业银行，也不是制定政策的机关，是执行有关长期性投融资政策的机构，是政府投资的代理人，故A项错误。在政策性银行的负债结构中，发行长期性建设国债、集中邮政储蓄和部分保险性质的基金应占有重要份额。此外，直接对商业银行和其他非银行金融机构发行金融债券，也是重要的投资资金来源渠道，故B、D两项错误，C项正确。

14. 下列支出项目中，属于创造性支出的是（ ）。[2011年真题]

　　A. 司法支出　　　　B. 行政支出

C. 国防支出　　　　　　　　D. 文教支出

[答案] D

[解析] 本题考查财政支出的分类。创造性支出是指用于改善人民生活，使社会秩序更为良好，经济更为发展的支出。这类支出主要包括基本建设投资、经济、文教、卫生和社会福利等项支出。

15. 考核国防支出的效益时，应采用的方法是（　　）。[2010年真题]

A. 成本效益分析法　　　　　B. 投入产出分析法

C. 公共劳务收费法　　　　　D. 最低费用选择法

[答案] D

[解析] 本题考查财政支出效益分析的方法。考核国防支出的效益时，应采用的方法是最低费用选择法。

二、多项选择题（每题2分，每题备选项中，有2个或2个以上符合题意，至少有1个错项。错选，本题不得分；少选，所选的每个选项得0.5分）

1. 关于文教科学卫生支出的说法，正确的有（　　）。[2014年真题]

A. 科学支出属于生产性支出

B. 义务教育的经费应当由政府提供和保证

C. 教育支出是消费性支出

D. 高等教育的经费不能全部由政府财政承担

E. 基础科学的研究经费应当由政府承担

[答案] BCDE

[解析] 本题考查财政支出的分类。科学支出不属于生产性支出，是消费性支出，故A项错误。义务教育是国家通过立法安排的，每个公民都可以无差别地享受这种教育，因此应当由政府提供和保证，B项正确。教育支出属于政府购买，属于消费性支出，C项正确。高等教育是混合物品，其经费并不完全由政府承担，D项正确。基础科学的研究经费应当由政府承担，E项正确。

2. 关于社会保障制度的说法，正确的有（　　）。[2013年真题]

A. 社会保险是现代社会保障制度的核心内容

B. 社会福利的资金来源大部分是国家预算拨款

C. 社会优抚是对革命军人及其家属提供的社会保障

D. 对"五保户"的生活保障属于社会救助的内容

E. 失业救济金的发放属于社会优抚的内容

[答案] ABCD

[解析] 本题考查社会保障制度。社会保险的项目主要有养老保险、失业保险、医疗保险、生育保险、工伤保险。失业救济金属于社会保险的内容。

3. 下列资金来源中，能够形成政策性银行负债的是（　　）。[2012年真题]

A. 长期性建设国债

B. 直接吸纳的人民币储蓄存款

C. 集中邮政储蓄

D. 对商业银行发行金融债券

E. 工业企业结算户存款

[答案] ACD

[解析] 本题考查财政投资性支出。在政策性银行的负债结构中，发行长期性建设国债、集中

邮政储蓄和部分保险性质的基金应占有重要份额。此外，直接对商业银行和其他非银行金融机构发行金融债券，也是重要的投资资金来源渠道。

4. 财政的转移性支出主要有（　　）。[2010 年真题]
   A. 行政管理支出　　　　　　B. 国防支出
   C. 财政补贴支出　　　　　　D. 养老保险支出
   E. 国债利息支出

   [答案] CDE

   [解析] 本题考查财政支出的分类。财政的转移性支出主要有财政补贴、债务利息、社会保障等方面的支出。养老保险支出属于社会保障支出。

5. 下列财政支出项目中，属于不可控制性支出的有（　　）。[2010 年真题]
   A. 养老保险支出　　　　　　B. 债务利息支出
   C. 国家物资储备支出　　　　D. 基本建设支出
   E. 对地方政府的补助支出

   [答案] ABE

   [解析] 本题考查财政支出的分类。属于不可控制性支出的有：①国家法律已经明确规定的个人享有的最低收入保障性支出，如失业救济、养老金、职工生活补贴等；②政府遗留任务和以前年度设置的固定支出项目，如债务利息支出、对地方政府的补贴等。

6. 适用于政府与民间共同投资方式的建设项目有（　　）。[2011 年真题改编]
   A. 高速公路　　　　　　　　B. 游乐场
   C. 高新技术企业　　　　　　D. 集装箱码头
   E. 房地产开发

   [答案] ACD

   [解析] 本题考查财政投资性支出。政府与民间共同投资方式适用于建设具有一定的外部效应、盈利率比较低或风险较大的项目，如高速公路、集装箱码头及高新技术产业等基础设施建设。A、C、D 三项符合题意。

本章同步练习

一、单项选择题（每题 1 分，每题备选项中，只有 1 个最符合题意）

1. 把财政支出分为预防性支出和创造性支出的分类依据是（　　）。
   A. 财政支出的经济性质　　　B. 财政支出的目的性
   C. 财政支出的受益范围　　　D. 财政支出的控制能力

2. 财政补贴支出属于（　　）。
   A. 转移性支出　　　　　　　B. 购买性支出
   C. 预防性支出　　　　　　　D. 积累性支出

3. 当财政购买性支出减少时，给社会经济带来的影响是（　　）。
   A. 促进经济繁荣　　　　　　B. 社会总需求增加
   C. 社会总供给增加　　　　　D. 造成经济萎缩

4. 对于政府支出规模的增长，提出"政府活动扩张法则"的是（　　）。
   A. 马斯格雷夫　　　　　　　B. 瓦格纳
   C. 魏斯曼　　　　　　　　　D. 罗斯托

5. 关于财政支出效益的说法，错误的是（　　）。
   A. 需要分析社会为该项支出所付出的代价和所获得的收益

B. 追求的是整个社会最大的经济效益

C. 效益标准包括经济效益和社会效益双重标准

D. 需要对无形的所费与所得进行分析

6. 进行财政支出效益分析的时候，对于那些既有社会效益，又有经济效益，但其经济效益难以直接衡量，而产品可以全部或部分进入市场的支出项目，采用的方法是（　　）。

A. 成本—效益分析法

B. 最低费用选择法

C. 社会效益评价法

D. "公共劳务"收费法

7. 与养老保险相比较，失业保险基金征集较少的原因不包括（　　）。

A. 失业风险涉及的对象相对较少

B. 失业风险经历的时间相对较短

C. 失业津贴的发放是有条件的

D. 失业保险的作用力度较小

8. 下列各项中，（　　）是税收支出的特殊形式。

A. 税收豁免　　　　　　　B. 纳税扣除

C. 税收抵免　　　　　　　D. 加速折旧

9. 下列各种基础设施投资的提供方式中，道路、港口、中小机场适于采用的方式是（　　）。

A. 政府与民间共同投资

B. 私人出资、定期收费补偿成本并适当盈利

C. 政府投资，法人团体经营运作

D. 政府主管部门筹资、定期收费补偿成本

10. 关于财政农业投资的说法，错误的是（　　）。

A. 国家对农业的财力支持是财政的一项基本职责

B. 我国农业投入的资金应主要靠财政支持

C. 农业发展与财政有着十分密切的关系

D. 财政农业投资范围主要是以水利为核心的基础设施建设、农业科技推广、农村教育和培训等

二、多项选择题（每题2分，每题备选项中，有2个或2个以上符合题意，至少有1个错项。错选，本题不得分；少选，所选的每个选项得0.5分）

1. 下列财政支出中，属于特殊利益支出的有（　　）。

A. 企业补贴支出　　　　　B. 债务利息支出

C. 卫生支出　　　　　　　D. 基本建设支出

E. 生产性支农支出

2. 在财政支出效益分析中，适用最低费用选择法的财政支出项目有（　　）。

A. 军事　　　　　　　　　B. 电力

C. 行政　　　　　　　　　D. 文化

E. 铁路

3. 对于皮考克和魏斯曼将导致公共支出增长的因素归结为内在因素和外在因素，其外在因素包括（　　）。

A. 洪涝灾害　　　　　　　B. 经济发展

C. 战争　　　　　　　　　D. 地震

E. 泥石流

4. 关于购买性支出和转移性支出对经济影响的说法，不正确的有（　　）。
   A. 购买性支出侧重执行资源配置的职能
   B. 转移性支出间接影响国民收入分配
   C. 购买性支出侧重执行财政的分配职能
   D. 转移性支出对政府的效益约束是较硬的
   E. 购买性支出直接影响生产和就业

5. 下列选项中，属于分配环节财政补贴的有（　　）。
   A. 财政贴息
   B. 商业和外贸企业的政策性亏损补贴
   C. 职工副食品补贴
   D. 工矿产品价格补贴
   E. 税收支出

本章同步练习参考答案及解析

一、单项选择题

1. [答案] B
   [解析] 按财政支出的目的性划分，可以把财政支出分为预防性支出和创造性支出。

2. [答案] A
   [解析] 财政补贴支出属于政府单方面的、资金无偿的转移，所以属于转移性支出。

3. [答案] D
   [解析] 政府购买性支出的减少，往往会通过直接或间接减少社会总需求，而导致社会生产的萎缩，减少国民收入，形成经济萎缩的局面。

4. [答案] B
   [解析] 瓦格纳认为，政府活动的不断扩张带来的公共支出不断增长，提出了"政府活动扩张法则"。

5. [答案] B
   [解析] 财政分配追求的是整个社会的最大效益，包括经济效益和社会效益双重标准，而不单纯是最大经济效益。

6. [答案] D
   [解析] "公共劳务"收费法适用于那些既有社会效益，又有经济效益，但其经济效益难以直接衡量，而产品可以全部或部分进入市场的支出项目。

7. [答案] D
   [解析] 与养老保险相比较，失业保险基金征集较少，其原因包括：①失业风险涉及的对象相对较少，失业风险经历的时间也相对较短；②失业津贴的发放是有条件的，通常标准也较低。

8. [答案] D
   [解析] 税收支出的一般形式有税收豁免、纳税扣除、税收抵免、优惠税率、延期纳税、盈亏相抵、加速折旧、退税等。加速折旧与延期纳税是税收支出的特殊形式。

9. [答案] C
   [解析] 政府投资，法人团体经营运作的提供方式的优点包括：①政府既拥有最终的决策权，又可以使政府从具体的经营活动中解脱出来；②法人团体拥有经营自主权，责任明确，可以提高成本效益的透明度，提高服务质量。道路、港口甚至中小机场等适于采取这种提供方式。

10. [答案] B
    [解析] 在社会主义市场经济条件下，从长远看，农业投入的资金应当主要来自农业部门和农户自身的积累，国家投资只应发挥辅助的作用。

二、多项选择题

1. [答案] ABC
   [解析] 特殊利益支出包括教育支出、卫生支出、企业补贴支出、债务利息支出等。基本建设支出和生产性支农支出属于积累性支出。

2. [答案] ACD

[解析] 最低费用选择法主要适用于军事、行政、文化、卫生等支出项目。

3. [答案] ACDE
[解析] 皮考克和魏斯曼认为导致公共支出增长的外在因素包括战争、自然灾害。B项属于内在因素。

4. [答案] BCD
[解析] 转移性支出直接影响国民的收入分配，B项错误。购买性支出执行资源配置的职能较强，C项错误。购买性支出对政府的效益约束较强，D项错误。

5. [答案] AE
[解析] 分配环节的补贴主要有财政贴息和税收支出等。商业和外贸企业的政策性亏损补贴是流通环节的补贴，职工副食品补贴是消费环节的补贴，工矿产品价格补贴是生产环节的补贴。

错题收集

第三章 税收理论

本章考情分析

年份	单项选择题	多项选择题	案例分析题	合计
2017 年	5 题 5 分	2 题 4 分	—	9 分
2016 年	5 题 5 分	1 题 2 分	—	7 分
2015 年	5 题 5 分	2 题 4 分	—	9 分
2014 年	5 题 5 分	2 题 4 分	—	9 分
2013 年	5 题 5 分	2 题 4 分	—	9 分

本章考点概览

本章学习提示

第三章是税收理论的具体内容，在学习本章时，需要掌握税收制度的基本要素，这对于学习后面章节中的货物和劳务税、所得税等制度非常有帮助。所有的税种都是按照税制要素的内容来学习的。国际重复征税的产生与免除包括低税法、免税法、扣除法等几种方法，在学习时需要熟练掌握例题的解题方法，做到举一反三。

本章考点详解

【考点一】税收的本质

税收的基本概述如表 3-1 所示。

表 3-1　税收的基本概述

项目	具体内容
税收征收的主体	国家
税收分配的客体	社会产品
在财政收入中的地位	税收是政府取得财政收入最佳、最有效的形式
税收分配的目的	为国家取得财政收入，满足社会公共需要
税收的征收权力	税收的征税权属国家所有

【提示】税收的本质是国家与纳税人在征税、纳税和利益分配上的一种特殊关系。

经典例题

[例题·单选题] 下列关于税收的说法，错误的是（　　）。
A. 税收的取得具有强制性和无偿性
B. 税收的本质体现了国家与纳税人在征税、纳税和利益分配上的一种特殊关系
C. 行使征税权的主体是国家
D. 税收分配的目的是满足特定群体的需要
[答案] D
[解析] 税收分配的目的是实现国家职能服务，主要是为了满足社会公共的需要，故 D 项错误。

【考点二】税收的职能

税收的职能如表 3-2 所示。

表 3-2　税收的职能

职能	具体阐述
财政职能（收入职能）	是指税收通过参与社会产品和国民收入的分配再分配，为国家取得财政收入的功能
经济职能（调节职能）	是指通过税收分配，对实现社会总需求与总供给的平衡，对资源配置、国民经济的地区分配格局、产业结构、社会财富分配和居民消费结构等进行调节的功能
监督职能	监督经济运行以及纳税人的生产经营活动（涉及宏观和微观两个层次）

【提示1】税收的职能是由税收的本质决定的，是税收本质的体现。税收的职能具有客观性。

【提示2】财政职能是税收首要和基本的职能。

经典例题

[2014年真题·多选题] 关于税收的说法，正确的有（　　）。
A. 征税权力归国家所有　　　　B. 税收的职能具有客观性
C. 监督职能是税收的首要职能　　D. 税收可以调节居民消费结构
E. 税收的监督职能涉及宏观和微观两个层次
[答案] ABDE
[解析] 本题考查税收概述的相关内容，做题时参考[提示]，区分不同的税收职能。财政职能是税收首要和基本的职能，C 项错误。

【考点三】税收原则概述

一、制定税收原则的依据

(1) 政府公共职能。税收的首要和基本目的是满足社会公共需要。
(2) 社会生产力水平。
(3) 社会生产关系状况。

二、税收原则理论的形成和发展

税收原则理论的形成和发展如表 3-3 所示。

表 3-3 税收原则理论的形成和发展

提出者	概述	具体内容
威廉·配第	威廉·配第在其所著的《赋税论》和《政治算术》中，第一次提出了税收原则的理论	提出了公平、简便和节省三条税收原则
亚当·斯密	亚当·斯密在《国民财富性质和原因的研究》（简称《国富论》）中提出了税收四原则	税收四原则即为平等原则、确定原则、便利原则和最少征收费用原则
阿道夫·瓦格纳	阿道夫·瓦格纳提出了"四端九项"税收原则	(1) 财政政策原则。包括收入充分原则、收入弹性原则 (2) 国民经济原则。包括慎选税源的原则、慎选税种的原则 (3) 社会公平原则。包括普遍原则、平等原则 (4) 税务行政原则。包括确定原则、便利原则、节约原则

【提示1】税收原则的核心是如何使得税收关系适应一定的生产关系的要求，体现了政府征税的基本思想。

【提示2】税收原则理论是税收理论的重要组成部分和核心问题。

经典例题

[2017年真题·多选题] 德国19世纪社会政策学派创始人瓦格纳提出的"四端九项"原则中，属于税务行政原则的有（ ）。
A. 收入充分原则　　B. 确定原则　　C. 弹性原则　　D. 便利原则
E. 节约原则
[答案] BDE
[解题思路] 阿道夫·瓦格纳提出的"四端九项"税收原则在表 3-3 中已经进行总结。做此类题目时只需根据题意对号入座即可。

【考点四】现代税收原则

税收应遵循的基本原则主要有财政原则、经济原则、公平原则，具体包括的内容如图 3-1 所示。

图 3-1 现代税收原则

一、税收的财政原则

税收的财政原则的内容如表 3-4 所示。

表 3-4 税收的财政原则

项目		具体阐述
含义		是指税收一定要为国家筹集充足的财政资金,以满足国家职能活动需要的原则
具体内容	充裕原则	是指通过征税获得的收入一定要充分,要能够满足一定时期财政支出的需要。所以,应当选择税源广大、收入稳定的征税对象
	弹性原则	是指税收收入应能随着财政支出的需要进行相应的调整(税收收入弹性和税率弹性)
	便利原则	是指税收要使纳税人付出的"奉行费用"较少,一定要确立尽可能方便纳税人纳税的税收制度
	节约原则	是指税收要做到以尽可能少的税务行政费用,获取应得的税收收入

经典例题

[2016年真题·多选题] 现代税收的财政原则包括(　　)。
A. 充裕原则　　B. 配置原则　　C. 公平原则　　D. 中性原则
E. 弹性原则
[答案] AE
[解析] 本题考查现代税收原则。税收的财政原则包括充裕原则、弹性原则、便利原则和节约原则。

[2012年真题·多选题] 关于税收财政原则的说法,正确的有(　　)。
A. 通过征税获得的收入要充分
B. 税收收入应能随着财政支出的需要进行调整
C. 税收的建立应有利于社会公平
D. 税收制度要保持相对稳定
E. 税制的建立应有利于保护国民经济
[答案] AB
[解析] 本题考查现代税收原则的财政原则。C项是公平原则的内容。D、E两项是经济原则的主要内容。

二、税收的经济原则

税收的经济原则的内容如表 3-5 所示。

表 3-5 税收的经济原则

项目			具体阐述
含义			是指税制的建立应有利于保护国民经济,避免对经济活动产生负面影响,应促进国民经济持续、均衡的发展
具体内容	配置原则		税收活动必须有利于资源配置
	效率原则	税收的经济效率原则	国家征税要有利于资源的有效配置和经济机制的有效运行
			检验税收经济效率原则的标准包括税收额外负担最小化和额外收益最大化
		税收本身的效率原则	其基本要求是以最小的税收成本取得最大的税收收入

【提示】税收效率原则要求国家征税要有利于资源的有效配置和经济机制的有效运行,提高税务行政的管理效率。

经典例题

[2014年真题·单选题] 检验税收经济效率原则的标准是（　　）。
A. 征税成本最小化　　　　　　B. 税收额外负担最小化
C. 税收额外收益最小化　　　　D. 税收收入最大化
[答案] B
[解析] 本题考查现代税收原则。检验税收经济效率原则的标准包括税收额外负担最小化和额外收益最大化，故B项正确。

三、税收的公平原则

税收的公平原则的内容如表3-6所示。

表3-6 税收的公平原则

项目			具体阐述
含义			是指国家征税应使各个纳税人承担的税负与其经济状况相适应，并使各个纳税人之间的负担水平保持均衡
具体内容	普遍原则		除特殊情况外，税收应由本国全体公民共同负担
	平等原则	横向公平（水平公平）	即对相同境遇的纳税人课征相同的税收 横向公平要求包括：①排除特权阶层免税；②自然人和法人都要纳税；③公私经济均等纳税；④对本国人和外国人在课税上一视同仁
		纵向公平（垂直公平）	是指对不同境遇的纳税人课征不同的税收。判断"境遇"的标准包括受益标准和能力标准。测定纳税人纳税能力的标准包括收入（测定纳税人纳税能力最好的尺度）、财产和消费支出

【提示】公平原则是设计和实施税收制度的最重要的原则。

经典例题

[2015年真题·多选题] 可以作为测定纳税人能力大小的指标有（　　）
A. 收入　　　　　　　　B. 财产
C. 家庭人口　　　　　　D. 年龄
E. 消费支出
[答案] ABE
[解析] 本题考查现代税收原则。测定纳税人纳税能力的标准包括收入、财产和消费支出。其中，收入是测定纳税人纳税能力最好的尺度。

【考点五】税法概述

一、税法的渊源

税法的渊源如表3-7所示。

表3-7 税法的渊源

税法的渊源	分类	具体内容
正式渊源	宪法	国家的根本大法，在现行法律体系中处于最高地位、具有最高法律效力
	税收法律	是指拥有国家立法权的国家最高权力机关，依照法律程序制定的规范性法律文件，如《中华人民共和国企业所得税法》
	税收法规	是指国家最高行政机关制定的规范性税收文件，如税收条例

续表

税法的渊源	分类	具体内容
正式渊源	部委规章和有关规范性文件	主要是指国务院所属的财政部、国家税务总局根据法律和国务院的行政法规，单独或联合发布的有关税收的规章和规范性文件，如《税务登记管理办法》
	地方性法规、地方政府规章和有关规范性文件	省、自治区、直辖市以及省级人民政府所在地的市和经国务院批准的较大的市的人民代表大会及其常务委员会可以制定地方性法规，人民政府可以制定规章
	自治条例和单行条例	民族自治地方的人民代表大会有权根据当地特点，制定自治条件和单行条例
	国际税收条约或协定	—
非正式渊源	习惯、判例、税收通告	税法的非正式渊源不能作为税收执法和司法的直接依据，但对税收执法和司法具有一定的参考价值

经典例题

[2011年真题·单选题]《税务登记管理办法》属于（   ）。
A. 税收法律　　　　　　　　B. 税收法规
C. 部委规章和有关规范性文件　　D. 地方性法规
[答案] C
[解题思路] 对于税法渊源相关内容的确定，先理解清楚定义，对不同的法律法规进行归类，这样做题时比较容易选出正确答案。

[2012年真题·多选题] 税法的正式渊源包括（   ）。
A. 税收法律　　B. 税收法规　　C. 部委规章　　D. 税收判例
E. 税收习惯
[答案] ABC
[解题思路] 涉及税法的正式渊源和非正式渊源的分类问题时，可以采用排除法，非正式渊源的内容相对较少，好记忆，所以可以第一时间将非正式渊源的内容排除。

二、税法的效力与解释

（一）税法的效力

税法的效力如表3-8所示。

表3-8　税法的效力

分类	定义	具体内容	
税法的空间效力	是指税法在特定地域内发生的效力	主要包括在全国范围内有效和在地方范围内有效	
税法的时间效力	是指税法何时开始生效、何时终止效力和有无溯及力的问题	税法的生效情况	①税法通过一段时间后开始生效；②税法自通过发布之日起生效；③税法公布后授权地方政府自行确定实施日期
		税法的失效类型	①以新税法代替旧税法，这是最常见的税法失效方式；②直接宣布废止某项税法；③税法本身规定废止的日期
		税法的溯及力	我国税法坚持不溯及既往的原则

（二）税法的解释

税法的解释如表3-9所示。

表 3-9 税法的解释

分类	特点	解释主体	判案适用性
立法解释	包括事前解释、事后解释	税收的立法机关	可作判案依据
行政解释	在执行中具有普遍约束力	国家税务行政执法机关	原则上不能作判案直接依据
司法解释	在我国限于税收犯罪范围，具有法的效力	最高人民法院、最高人民检察院	可作判案依据

三、税收的法定主义原则

税收法定主义原则的内容如表 3-10 所示。

表 3-10 税收法定主义原则

内容	具体阐述
课税要素法定原则	要求课税要素必须且只能由立法机关在法律中加以规定，无法律规定政府无权征税
课税要素明确原则	凡构成课税要素税收征收程序的法律规定，必须尽量明确而不出现歧义
课税程序合法原则	税务机关应以法律赋予的一切必要手段，依法确定有效地履行其职责

【提示】税收法定主义原则是税法至为重要的基本原则，也是最高法律原则，是确定国家征税和纳税人纳税的根本原则。

> **经典例题**
>
> [2014 年真题·单选题] 关于税法解释的说法，错误的是（　　）。
> A. 税收的立法解释是指税收立法机关对所设立税法的正式解释
> B. 税收立法解释与被解释的税法具有同等法律效力
> C. 税收司法解释的主体是国家税务总局
> D. 税收司法解释具有法的效力
> [答案] C
> [解析] 在我国，税收司法解释的主体只能是最高人民法院和最高人民检察院，并且所做的司法解释具有法的效力，可以作为办案和适用法律、法规的依据。

【考点六】税制要素

税收制度，简称税制，是国家财政经济制度的重要组成部分，是国家处理税收分配关系的规范。其构成要素如图 3-2 所示。

图 3-2 税收制度的构成要素

一、税收制度的基本要素

（一）纳税人

纳税人，又称纳税义务人或纳税主体，是税法规定直接负有纳税义务的单位和个人。它规定了税款的直接承担者。

（二）征税对象（对什么征税）

征税对象的具体内容如表 3-11 所示。

表 3-11　征税对象

项目	具体内容
征税范围	凡是列入征税范围的，都应征税
税目	又称课税品目、征税品目，是税法规定应征税的具体项目，是征税对象的具体化。它体现了征税的广度，反映的是各税种具体的征税范围
计税依据	从价计征的税收以计税金额为依据 从量计征的税收以征税对象的重量、容积、体积、数量为计税依据
计税标准 （两层含义）	划分征税对象适用税目税率所依据的标准
	计算应纳税额的依据，与计税依据同义
税类	是国家税收制度中税收类别的简称
税种	根据征税对象的不同，将税收划分为若干不同的税种，一个税种一般由若干税制要素构成
税基	是指征税的客观基础
税源	是指税收的最终出处

【提示】征税对象规定了每一种税的征税界限，是一种税区别于另一种税的主要标志。

（三）税率

税率是应纳税额与征税对象数额（量）之间的法定比例，是计算税额和税收负担的尺度，体现征税的程度，是税收制度的中心环节，是税收制度中最活跃、最有力的因素。

税率的分类如表 3-12 所示。

表 3-12　税率的分类

分类	定义	具体内容
比例税率	是指对同一征税对象，不论数额大小，均按同一比例计征的税率，一般适用商品流转额的征税	可以分为产品比例税率、地区差别比例税率、幅度比例税率
累进税率	是指随征税对象数额或相对比例的增大而逐级提高税率的一种递增等级税率	可以分为全额累进税率、超额累进税率、全率累进税率、超率累进税率、超倍累进税率
定额税率	又称固定税额，是指对每一单位的征税对象直接规定固定税额的一种税率，一般适用于从量计征的税种	可以分为地区差别定额税率、幅度定额税率、分类分级定额税率

【提示】累进税率中，使用时间较长和应用较多的是超额累进税率。

经典例题

[2017 年真题·单选题] 关于税率的说法，正确的是（　　）。

A. 累进税率中使用时间较长的是超率累进税率

B. 对于累进税率而言，征税对象数额或相对比例越大，规定的等级税率越低

C. 一般来说，税率的累进程度越大，纳税人的边际税率与平均税率的差距越小

D. 税率是税收制度中最有力、最活跃的因素

[答案] D

[解析] 本题考查的是税制要素。累进税率中，使用时间较长和应用较多的是超额累进税率，故 A 项错误。累进税率是指随征税对象数额和相对比例增大而逐级提高税率的一种递增等级税率，故 B 项错误。税率的累进程度越大，纳税人的边际税率与平均税率的差距越大（该内容在本章考点九中涉及），故 C 项错误。

二、税收制度的其他要素

税收制度的其他要素如表 3-13 所示。

表 3-13 税收制度的其他要素

其他要素		具体内容
纳税环节		按照纳税环节的多少,可分为"一次课征制""两次课征制""多次课征制"
纳税期限		纳税期限分为按年征收、按季征收、按月征收、按天征收和按次征收等多种形式
减税免税	税基式减免	通过直接缩小计税依据的方式实现的减税免税,具体包括起征点、免征额、项目扣除和跨期结转
	税额式减免	通过直接减少应纳税额的方式实现的减税免税,具体包括全部免征、减半征收、核定减免率以及另定减征税额等
违章处理		具体形式包括加收滞纳金、处以罚款、通知银行扣款、吊销税务登记证、提请工商行政管理部门吊销营业执照、移送司法机关追究刑事责任等

经典例题

[2010年真题·单选题] 通过直接缩小计税依据的方式实现的减税免税属于（　　）。
A. 税率式减免　　　　　　B. 税额式减免
C. 税基式减免　　　　　　D. 税源式减免
[答案] C
[解析] 本题考查税制要素。通过直接缩小计税依据的方式实现的减税免税属于税基式减免。

【考点七】我国现行税收法律制度

一、我国现行税收法律制度的法律级次

我国现行税收法律制度的法律级次如表 3-14 所示。

表 3-14 我国现形税收法律制度的法律级次

法律级次	制定机关	具体法律示例
税收法律	全国人民代表大会和全国人大常委会	《中华人民共和国企业所得税法》《中华人民共和国个人所得税法》《中华人民共和国税收征收管理法》
	经全国人大或其常委会授权的国务院	增值税、消费税、资源税等暂行条例
税收行政法规	国务院	《中华人民共和国税收征收管理法实施细则》
税收地方性法规	地方人大及其常委会	
税收部门规章	国务院税务主管部门	国家税务总局颁布的《税务代理试行办法》
税收地方规章	地方政府	《北京市税收征收保障办法》

二、我国现行税收法律制度下税种的分类

根据我国现行税收法律制度,税种可按照性质和作用进行分类,具体内容如表 3-15 所示。

表 3-15 按照税种的性质和作用进行分类

类别	具体内容
货物和劳务税类	包括增值税、消费税、关税
所得税类	包括企业所得税和个人所得税
财产税类	包括房产税、契税、车船税

续表

类别	具体内容
资源税类	包括资源税、城镇土地使用税、耕地占用税、土地增值税
行为、目的税类	包括印花税、城市维护建设税、车辆购置税、烟叶税、环境保护税、船舶吨税

【提示】深化我国税制改革主要包括：完善直接税体系、健全间接税体系、积极稳妥推进健全地方税体系改革、全面落实税收法定原则。

经典例题

[2012年真题·单选题] 下列税种中，属于财产税类的是（　　）。
A. 增值税　　　B. 房产税　　　C. 消费税　　　D. 个人所得税
[答案] B
[解析] 按照税种的性质和作用进行分类，财产税类包括房产税、契税、车船税。A、C两项属于货物和劳务税类，D项属于所得税类。

【考点八】税收负担概述

税收负担的衡量指标如表3-16所示。

表3-16　税收负担的衡量指标

分类	具体指标	计算公式
宏观税收负担的衡量指标（从全社会的角度来衡量）	国民生产总值负担率	$=\dfrac{税收总额}{国民（国内）生产总值}\times100\%$
	国民收入负担率	$=\dfrac{税收总额}{国民收入}\times100\%$
微观税收负担的衡量指标（某企业或个人）	企业（个人）综合税收负担率	$=\dfrac{企业（个人）缴纳的各项税收的总和}{企业总产值（个人毛收入）}\times100\%$
	纯收入直接税负担率	$=\dfrac{企业（个人）一定时期缴纳的所得税（包括财产税）}{企业（个人）一定时期获得的纯收入}\times100\%$
	企业流转税税负率	$=\dfrac{实际缴纳的流转税税额}{同期销售（营业）收入}\times100\%$
	企业所得税税负率	$=\dfrac{实际缴纳的所得税税额}{同期实现利润总额}\times100\%$

【提示】
（1）从绝对的角度来看，税收负担指纳税人应支付给国家的税款额。
（2）从相对的角度来看，税收负担指税收负担率，即纳税人的应纳税额与其计税依据价值的比率。
（3）税收负担是税收制度和税收政策的核心。

经典例题

[2016年真题·单选题] 某企业2015年度销售收入额为1 000万元，营业外收入为100万元，增值额为200万元，利润总额为50万元，缴纳增值税为34万元，该企业的增值税税负率为（　　）。
A. 3.0%　　　B. 3.4%　　　C. 17%　　　D. 68%
[答案] B
[解析] 本题考查企业的增值税税负率。增值税属于企业流转税的一种，所以企业流转税税负率＝实际缴纳的流转税税额/同期销售（营业）收入×100%＝34/1 000×100%＝3.4%。

> **经典例题**
>
> [2013年真题·多选题]宏观税收负担衡量指标包括（　　）。
> A. 国民生产总值负担率　　　　　B. 国民收入负担率
> C. 企业综合税收负担率　　　　　D. 企业流转税税负率
> E. 纯收入直接税负担率
> [答案] AB
> [解题思路] 宏观税收负担的衡量指标是从全社会角度来衡量的，根据考虑的角度不同区分微观税负衡量指标和宏观税负衡量指标。

【考点九】税收负担的影响因素

一、经济因素

（1）经济发展水平或生产力发展水平。这是影响税收负担的决定性因素。
（2）一国的政治经济体制。
（3）一定时期的宏观经济政策。如当社会总需求过旺、经济发展过热时，应适当提高社会总体税负，以抑制需求的膨胀。

二、税制因素

影响税收负担的税制因素如表3-17所示。

表3-17　影响税收负担的税制因素

税制因素	具体内容
征税对象	在其他因素既定的情况下，征税对象的范围和数额越大，税负水平越高；反之，则越低
计税依据	在相同税率标准下，如果纳税人计征所得税时允许扣除许多项目，则会使计税依据缩小，从而引起纳税人的实际负担率低于名义税率
税率	税率直接决定着税负的高低，即税率越高，税收负担越高；反之，则越低 在不考虑其他因素的情况下： （1）若实行比例税率，则税率等于纳税人的实际负担率 （2）若实行累进税率，则名义的边际税率与纳税人的实际税率是不同的，税率累进的程度越大，纳税人的名义税率与实际税率、边际税率与平均税率的差距也越大
减免税	减少纳税人的部分税收负担或免除纳税人的全部税收负担
税收附加和加成	使纳税人税收负担加重的税制因素

> **经典例题**
>
> [例题·单选题]下列税收负担的影响因素中，属于税收负担水平的决定性因素的是（　　）。
> A. 经济发展水平　　　　　　　B. 一国的政治经济体制
> C. 征税对象　　　　　　　　　D. 税率
> [答案] A
> [解析] 一国的经济发展水平是影响其税收负担水平的决定性因素，在众多因素中占据重要地位。

【考点十】税收负担的转嫁与归宿

一、税负转嫁的形式和条件

（一）税负转嫁的形式

税负转嫁的形式如表3-18所示。

扫码听课

表 3-18　税负转嫁的形式

形式	具体内容
前转（顺转）	是指纳税人在进行货物或劳务的交易时，通过提高价格的方法将其应负担的税款向前转移给货物或劳务的购买者或最终消费者负担的形式
	这种税负转嫁形式多发生在货物和劳务征税上，是最典型和最普通的形式
后转（逆转）	是指纳税人通过压低生产要素的进价，进而将应缴纳的税款转嫁给生产要素的销售者或生产者负担的形式
消转（税收转化）	是指纳税人对其税收负担既不向前转嫁也不向后转嫁，而是通过改善经营管理或改进生产技术等方法，自行消化
税收资本化（资本还原）	是指生产要素购买者将购买的生产要素未来应纳税款，通过从购入价格中扣除的方法，向后转移给生产要素的出售者的一种形式
	税收资本化主要发生在某些资本品的交易中

【提示】

(1) 税负转嫁中，前转和后转的具体形式如图 3-3 所示。

图 3-3　前转和后转的具体形式

(2) 税负转嫁是纳税人通过各种途径将缴纳税金全部或部分地转给他人负担，因此造成纳税人与负税人不一致的经济现象。

(3) 税负归宿是指税收负担的最终归着点。

> **经典例题**
>
> [2013 年真题·单选题] 纳税人在进行货物或劳务的交易时，通过提高价格的方法将其应负担的税收转移给货物或劳务的购买者的税负转嫁形式称为（　　）。
> A. 前转　　　　　　　　　　B. 后转
> C. 混转　　　　　　　　　　D. 消转
> [答案] A
> [解题思路] 本题参考[提示]，理解什么是前转，什么是后转，用图示法结合题意理解区分。

(二) 税负转嫁的条件

税负转嫁的条件为商品经济的存在和自由的价格体制。

二、税负转嫁的一般规律

(1) 供给弹性较大、需求弹性较小的商品征税较易转嫁。

商品供需弹性与税负转嫁的关系如表 3-19 所示。

表 3-19　商品供需弹性与税负转嫁的关系

供需弹性		税负转嫁	
商品需求弹性	越大	税负前转的量越小（反比）	税负后转的量越大（正比）
	越小	税负前转的量越大（反比）	税负后转的量越小（正比）
	完全有弹性	税负全部由需求方负担	
	完全无弹性	税负全部由需求方负担	
商品供给弹性	越大	税负前转的量越大（正比）	税负后转的量越小（反比）
	越小	税负前转的量越小（正比）	税负后转的量越大（反比）
	完全有弹性	税负全部由供给方负担	
	完全无弹性	税负全部由供给方负担	
商品需求弹性＞商品供给弹性		税负由需求方负担的比例小于由供给方负担的比例	
商品需求弹性＜商品供给弹性		税负由需求方负担的比例大于由供给方负担的比例	

（2）对垄断性商品课征的税较易转嫁。
（3）流转税较易转嫁。
（4）征税范围广的税种较易转嫁。

【提示1】竞争性商品是根据市场供求状况决定价格，因此，相对于垄断性商品，竞争性商品的转嫁能力较弱。

【提示2】所得税属于直接税，是对收益所得额征税，由纳税人负担，不能转嫁。

经典例题

[2017年真题·多选题] 关于税负转嫁的说法，正确的有（　　）。
A. 商品需求弹性越大，税负后转的量越大
B. 商品供给弹性越大，税负前转的量越大
C. 当商品需求完全有弹性时，税负将全部由需求方负担
D. 所得税较易转嫁
E. 当商品的需求弹性大于供给弹性时，则税负由需求方负担的比例小于由供给方负担的比例
[答案] ABE
[解析] 本题考查税收负担的转嫁与归宿。当商品需求完全有弹性时，税负将全部由供给方负担，故C项错误。所得税作为直接税，由于是对收益所得额征税，一般由纳税人负担，不能转嫁，故D项错误。

[2016年真题·单选题] 税负转嫁的一般规律是（　　）。
A. 商品需求弹性大的商品易于税负前转　B. 流转税不易转嫁
C. 竞争性商品的税负转嫁能力较弱　　　D. 所得税容易转嫁
[答案] C
[解析] 税负转嫁的一般规律包括四大点：①供给弹性较大、需求弹性较小的商品的征税较易转嫁；②对垄断性商品课征的税较易转嫁；③流转税较易转嫁；④征税范围广的税种较易转嫁。

[考点十一] 税收管辖权

一、税收管辖权的确定原则

税收管辖权的确定原则如表3-20所示。

表 3-20　税收管辖权的确定原则

确定原则	具体内容
属地主义原则（最基本原则）	以纳税人的收入来源地或经济活动所在地为标准确定国家行使税收管辖权的范围的原则
属人主义原则	以纳税人的国籍和住所为标准确定国家行使税收管辖权范围的原则，即对该国的居民（包括自然人和法人）行使征税权力的原则

二、税收管辖权的分类

税收管辖权的分类如表 3-21 所示。

表 3-21　税收管辖权的分类

分类	定义	依据原则
收入来源地管辖权	一国政府只对来自或被认为是来自本国境内的所得拥有征税权力	按照属地主义原则确立的税收管辖权
居民管辖权	一国政府对本国居民的全部所得拥有征税权，不管该收入是否来源于该国	按照属人主义原则确立的税收管辖权

【提示】包括我国在内的多数国家，都是同时实行属人和属地两类税收管辖权。

经典例题

[2010 年真题·单选题] 按照纳税人的国籍和住所为标准确定国家行使税收管辖权范围的原则称为（　　）。
A. 属地主义原则　　　　　　　　B. 属人主义原则
C. 属地兼属人主义原则　　　　　D. 属人兼属地主义原则
[答案] B
[解析] 税收管辖权的原则分为两类，即属地主义原则和属人主义原则。按照纳税人的国籍和住所为标准确定国家行使税收管辖权范围的原则称为属人主义原则。

[2011 年真题·单选题] 关于税收管辖权的说法，正确的是（　　）。
A. 实行居民管辖权的国家有权对非本国居民来自于本国境内的所得征税
B. 实行地域管辖权的国家有权对本国居民取得的境外所得征税
C. 税收管辖权的交叉会产生国际重复征税
D. 一国政府不能同时行使居民管辖权和地域管辖权
[答案] C
[解析] 本题考查税收管辖权。实行居民管辖权的国家对本国居民的全部所得拥有征税权，不论该收入是否来源于该国，由此可推知实行居民管辖权的国家无权对非本国居民来自于本国境内的所得征税，A 项错误。实行地域管辖权的国家只对来自或被认为是来自本国境内的所得拥有征税权力，因此实行地域管辖权的国家无权对本国居民取得的境外所得征税，B 项错误。一国政府可以同时行使居民管辖权和地域管辖权，D 项错误。

【考点十二】国际重复征税的产生与免除

一、低税法

低税法是指居住国政府对其居民国外来源的所得，单独制定比较低的税率征税，以减轻重复征税。

【举例】A 国甲公司 2015 年境内、外所得总计 200 万元，其中来自境内所得为 160 万元，来自设在 B 国的分公司所得为 40 万元，在 B 国已纳所得税额为 12 万元。A 国的税率为 30%，但 A 国对本国居民来自境外所得实行 15% 的低税率。计算甲公司的应纳税额。

【分析】A 国甲公司来自境外所得 40 万元的应纳税额＝40×15%＝6（万元）；A 国甲公司来自境内所得 160 万元的应纳税额＝160×30%＝48（万元）。则甲公司在 A 国缴纳所得税共计 54 万元。已知甲公司在 B 国缴纳所得税为 12 万元，则甲公司的总税负为＝6＋48＋12＝66（万元）。

二、扣除法

扣除法是指居住国政府对其居民取得的国内外所得汇总征税时，允许居民将其在国外已纳的所得税视为费用在应税所得中予以扣除，就扣除后的部分征税。

【举例】甲国 A 公司在某纳税年度的所得为 200 万元，其中来自甲国所得为 100 万元，来自乙国所得为 100 万元。甲国的税率为 35%，乙国的税率为 20%。已知甲、乙国均实行属人兼属地税收管辖权，甲国对本国居民来自境外所得实行扣除法。计算 A 公司在该年度的应纳税额。

【分析】A 公司来自乙国所得的应纳税额＝100×20%＝20（万元）；A 公司来自甲国所得的应纳税额＝（200－20）×35%＝63（万元）。则 A 公司该年度的应纳税额＝20＋63＝83（万元）。

经典例题

[2015 年真题·单选题] 甲国某居民公司 2014 年度来源于乙国所得 200 万元，甲国、乙国均实行属人兼属地税收管辖权，甲、乙两国的企业所得税税率分别为 40% 和 30%，甲国对境外所得实行扣除法，该公司 2014 年度境外所得应向甲国缴纳企业所得税（　　）万元。

A. 20 B. 56
C. 60 D. 80

[答案] B

[解析] 本题考查的是国际重复征税免除方法中的扣除法。解题方法参考上述举例的分析方法。(200－200×30%)×40%＝56（万元）。

三、免税法

免税法是指居住国政府对其居民来源于非居住国的所得额单方面放弃征税权。

【举例】A 国居民公司甲在某一纳税年度的所得为 300 万元，其中来自 A 国的所得为 200 万元，来自 B 国的所得为 100 万元。A 国的税率为 40%，B 国的税率为 30%。已知 A、B 国均实行属人兼属地税收管辖权，A 国对本国居民来自境外所得实行免税法。计算甲公司在该年度的应纳税额。

【分析】甲公司在 B 国缴纳所得税额＝100×30%＝30（万元）。甲公司计算在 A 国的应纳税额时，其来源于 B 国的所得免税，A 国的应纳税所得额＝300－100＝200（万元）。则在 A 国应纳所得税＝200×40%＝80（万元）。故甲公司该年度的应纳税额＝80＋30＝110（万元）。

经典例题

[2012 年真题·单选题] Lily 为 A 国居民，2011 年度在 A 国取得所得 200 万元，在 B 国取得所得 100 万元。已知 A 国税率为 30%，对本国居民来自境外所得实行免税法；B 国税率为 20%。则 Lily 应在 A 国纳税（　　）万元。

A. 10 B. 24
C. 60 D. 90

[答案] C

[解析] 本题考查国际重复征税的产生与免除。A 国实行的是免税法，类推上面的例题计算方法，在国外的所得不用缴纳税款。所以该居民在 A 国纳税为 200×30%＝60（万元）。

四、抵免法

抵免法是指居住国政府对其居民的国外所得在国外已纳的所得税，允许从其应汇总缴纳的本国所得税款中抵扣。税收抵免是承认收入来源地管辖权优先于居民管辖权。在实际应用中，抵免法又分为直接抵免和间接抵免两种方法。

（一）分国抵免限额

分国抵免限额是指居住国政府对其居民纳税人来自每一个外国的所得，分别计算抵免限额。其计算公式为：

分国抵免限额＝国内外应税所得额×本国税率×（某一外国应税所得额/国内外应税所得额）
＝某一外国应税所得额×本国税率

（二）综合抵免限额

综合抵免限额是指居住国政府对其居民纳税人的全部外国来源所得，不分国别、项目汇总在一起计算抵免限额。其计算公式为：

综合抵免限额＝国内外应税所得额×本国税率×（国外应税所得额/国内外应税所得额）
＝国外应税所得额×本国税率

【举例】A国居民甲有来源于A国所得0万元、B国所得100万元、C国所得80万元，A、B、C三国所得税税率分别为50％、50％、30％。已知A、B、C三国均实行属人兼属地税收管辖权，假设A国采用综合抵免限额，计算居民甲在A国应纳税额。

【分析】综合抵免限额＝（100＋80）×50％＝180×50％＝90（万元）。在国外实际纳税＝100×50％＋80×30％＝74（万元），小于抵免限额，实际抵免额为74万元。则在A国应补缴税额＝（100＋80）×50％－74＝16（万元）。

【提示】采用综合抵免限额法可以使纳税人获得最大限度的抵免。

（三）分项抵免限额

在采用综合抵免法时，为防止纳税人以某一外国较低税率形成的不足限额部分，冲抵另一外国较高税率形成的超限额部分进行国际间税收逃避，对某些项目的收入采用单独计算抵免限额的方法。其计算公式为：

分项抵免限额＝国内外应税所得额×本国税率×（国外某一单项所得额/国内外应税所得额）
＝国外某一单项所得额×本国税率

经典例题

[2011年真题·单选题] Susan女士为甲国居民，2010年度在乙国取得经营所得100万元，利息所得10万元。甲、乙两国经营所得的税率分别为30％和20％，利息所得的税率分别为10％和20％。假设甲国对本国居民的境外所得实行分项抵免限额法计税，则Susan女士应在甲国纳税（　　）万元。

A. 0　　　　　　　　　　　　B. 9
C. 10　　　　　　　　　　　 D. 30

[答案] C

[解析] 本题考查抵免法中的分项抵免限额。经营所得的抵免限额＝100×30％＝30（万元），来源于乙国的经营所得已纳税款＝100×20％＝20（万元），小于抵免限额30万元，因此经营所得的已纳税款可以全额得到抵免。故在甲国还需纳税＝30－20＝10（万元）。利息所得的抵免限额＝10×10％＝1（万元），来源于乙国利息所得已纳税款＝10×20％＝2（万元），大于抵免限额1万元，实际抵免限额为1万元，在甲国不用纳税。因此，Susan女士应在甲国纳税10万元。

（四）税收饶让

税收饶让是指居住国政府对其居民在国外得到的所得税减免优惠的部分，视同在国外实际缴纳的税款给予税收抵免，不再按居住国税法规定的税率进行补征，是税收抵免的延伸。其主要是为了保障各国税收优惠措施的实际效果。

税收饶让多数发生在发展中国家和发达国家之间。两国之间一般采取签订税收协定的方式确定税收饶让政策。这样既有利于作为非居住国的发展中国家利用外资，同时也不影响发达国家作为居住国行使居民管辖权的正当税收权益。

【举例】A国某总公司在B国设立了分公司，该分公司来源于B国的所得1 000万元，B国所得税税率为30%。B国为鼓励外来投资，对该分公司减按25%税率征收所得税。已知A、B两国均实行属人兼属地税收管辖，A国和B国之间签订有税收饶让协定，并对境外所得实行综合抵免限额法，A国所得税税率为40%。计算该公司在A国应纳税额。

【分析】该公司在B国按税法规定应纳税额300万元，减按25%税率征税后，在B国实际缴纳250万元，由于签订了税收饶让协定，A国政府在对总公司进行抵免时，按照300万元（1 000×30%）的税额进行抵免。抵免限额＝1 000×40%＝400（万元），所以在A国应补缴税额＝400－300＝100（万元）。

经典例题

[2015年真题·单选题] 关于税收饶让的说法，正确的是（　　）。
A. 税收饶让可以完全解决重复征税
B. 居民在境外所得的已纳税款可以得到抵免
C. 居民在国外所得的减免税部分可以得到抵免
D. 居民在境外所得按居住国规定的税率进行补征
[答案] C
[解析] 税收饶让是指居住国政府对其居民在国外得到的所得税减免优惠的部分，视同在国外实际缴纳的税款给予税收抵免，不再按居住国税法规定的税率进行补征。

【提示】
（1）国际重复征税的根本原因是各国税收管辖权的交叉。
（2）产生国际重复征税的重要前提是跨国纳税人、跨国所得、各国对所得税的开征。
（3）解决国际重复征税的方法包括低税法、扣除法、免税法和抵免法。
（4）免税法能彻底消除国际重复征税，但是会使居住国利益损失较大，所以使用免税法的国家很少；低税法、扣除法、抵免法都不能彻底解决国际重复征税，其中抵免法是目前解决国际重复征税最有效的方法。

【考点小贴士】利用免除国际重复征税的方法在进行计算时，采用类比法，题目虽然变更，但是计算方式是一致的。

【考点十三】国际避税与反避税

一、国际避税产生的具体原因
（1）国际避税产生的内在动机是跨国纳税人对利润的追求。
（2）国际避税产生的外部条件是各国税收制度的差别和税法的缺陷。

二、国际反避税的措施
（1）税法的完善。其具体体现为：①税制的完善；②加强税收立法，制定专门的反避税条款；③国际避税案件的裁定还应该形成相应的法规，作为法院或税务官员对国际避税有关事宜做出裁定的依据。
  (2) 加强税务管理。
  (3) 加强国际多边合作。

【考点十四】国际税收协定范本

国际税收协定范本的具体内容如表 3-22 所示。

表 3-22　国际税收协定范本

项目	具体内容
示范性范本	国际上最重要、影响力最大的两个国际税收协定范本： (1)《关于对所得和财产避免双重征税的协定范本》，即《OECD 协定范本》 (2)《关于发达国家与发展中国家间避免双重征税的协定范本》，即《UN 协定范本》
特征	(1) 规范化 (2) 内容弹性化

本章易错易混考点

【易错易混考点一】起征点和免征额

(1) 起征点，即征税数额达到一定数额开始征税的起点。
(2) 免征额，即在征税对象的全部数额中免予征税的数额。

[2012 年真题·单选题] 王先生某月取得劳务收入为 5 000 元，假设当地规定的起征点为 2 000 元，则王先生本月应税收入为（　　）元。

A. 2 000　　　　　　　　　　B. 3 000
C. 5 000　　　　　　　　　　D. 7 000

[答案] C

[解析] 本题考查税制要素。起征点是征税数额达到一定数额开始征税的起点。免征额是在征税对象的全部数额中免予征税的数额。本题中规定了劳务收入的起征点为 2 000 元，所以本月的应税收入为全部收入 5 000 元。

【易错易混考点二】全额累进税率和超额累进税率的比较

(1) 全额累进税率是指按征税对象的绝对数额划分征收级距，就纳税人征税对象全部数额按与之相应的各级距税率计征的一种累进税率，即一定征税对象的数额只适用一个等级的税率。

(2) 超额累进税率是指按征税对象的绝对数额划分征收级距，就纳税人征税对象全部数额中符合不同级距部分的数额，分别按与之相应的各级距税率计征的一种累进税率，即一定征税对象的数额会同时适用几个等级的税率。

按超额累进税率方法计算的税额，计算公式为：

应纳税额＝应税所得额×适用税率－速算扣除数

本级速算扣除数＝（本级税率－上一级税率）×上一级征税对象的最高数额＋上一级速算扣除数

【提示】对同一征税对象采用同一税率，按超额累进税率计算的应纳税额小于按全额累进税率计算的应纳税额。

[2012 年真题·单选题] 关于累进税率的说法，错误的是（　　）。

A. 在全额累进税率下，一定征税对象的数额只适用一个等级的税率
B. 在超额累进税率下，征税对象数额越大，适用税率越高
C. 对同一征税对象采用同一税率，按超额累进税率计算的应纳税额大于按全额累进税率计算的应纳税额

D. 按全额累进税率计算的应纳税额与按超额累进税率计算的应纳税额的差额为速算扣除数

[答案] C

[解析] 对同一征税对象采用同一税率,按超额累进税率计算的应纳税额小于按全额累进税率计算的应纳税额,C 项错误。

历年经典真题回顾

一、单项选择题（每题1分，每题备选项中，只有1个最符合题意）

1. 关于税收饶让的说法,正确的是（　　）。[2017年真题]

   A. 税收饶让多发生在发达国家之间

   B. 两国之间一般采取签订税收协定的方式确定税收饶让政策

   C. 税收饶让主要是为了解决国际重复征税

   D. 税收饶让会影响发达国家作为居住国行使居民管辖权的正当税收权益

   [答案] B

   [解析] 本题考查国际重复征税的产生与免除。税收饶让主要发生在发展中国家和发达国家之间,故 A 项错误。税收饶让是税收抵免的延伸,是以税收抵免的发生为前提的,但其意义已超出了解决国际重复征税的范围,主要是为了保障各国税收优惠措施的实际效果,故 C 项错误。两国之间一般采取签订税收协定的方式确定税收饶让政策,这样既利于作为非居住国的发展中国家利用外资,同时也不影响发达国家作为居住国行使居民管辖权的正当税收权益,故 D 项错误。

2. 甲国居民公司 A 在乙国所得100万元,甲乙两国的所得税税率分别为20%和15%,两国均实行属人兼属地税收管辖权,甲国对境外两国实行抵免法,A 公司应向甲国缴纳所得税（　　）万元。[2016年真题]

   A. 0 　　B. 5 　　C. 15 　　D. 20

   [答案] B

   [解析] 本题考查国际重复征税的产生与免除。由于实行抵免法,甲国抵免限额为100×20%＝20（万元）,在国外实际纳税＝100×15%＝15（万元）,小于抵免限额20万元,所以在国外的已纳税款可以全额得到抵免。在甲国需要缴纳的税款为20－15＝5（万元）。

3. 属于税法非正式渊源的是（　　）。[2016年真题]

   A. 税收法律　　B. 税收协定　　C. 税收规章　　D. 税收判例

   [答案] D

   [解析] A、B、C 三项都属于税法的正式渊源,D 项属于税法的非正式渊源。

4. 纳税人通过压低生产要素的进价从而将应缴纳的税款转嫁给生产要素的销售者或生产者负担的税负转嫁形式为（　　）。[2015年真题]

   A. 前转　　　　　　　　　　B. 后转

   C. 消转　　　　　　　　　　D. 税收资本化

   [答案] B

   [解析] 本题考查税收负担的转嫁与归宿。后转,亦称"逆转",指纳税人通过压低生产要素的进价从而将应缴纳的税款转嫁给生产要素的销售者或生产者负担的形式。

   [提示] 本题考查后转的定义,可结合[考点小贴士]图示进行理解。

5. L 公司是甲国居民纳税人,2013年度的所得为100万元,其中来自甲国所得80万元,来自乙国所得20万元。甲国实行居民管辖权,所得税税率为30%,对境外所得实行扣除法；乙国实行地域管辖权,所得税税率为20%。L 公司2013年度在甲国应纳所得税额为（　　）万元。[2014年真题]

   A. 4.0 　　　　　　　　　　B. 20.0

C. 26.0　　　　　　　　　　D. 28.8

[答案] D

[解析] 本题考查国际重复征税的产生与免除。L公司在乙国缴纳所得税税额20×20%＝4（万元）。L公司计算在甲国的应纳税额时，其在B国缴纳的4万元税款可以作为费用进行扣除。甲国的应纳税额＝100－4＝96（万元）。在甲国应纳所得税税额＝96×30%＝28.8（万元）。

6. 税收的纵向公平是指（　　）。[2013年真题]

　　A. 排除特权阶层免税　　　　B. 自然人和法人均需纳税
　　C. 公私经济均等征税　　　　D. 对不同境遇的人课征不同的税收

[答案] D

[解析] 在平等原则中，横向公平（水平公平），即对相同境遇的纳税人课征相同的税收。纵向公平（垂直公平），即对不同境遇的纳税人课征不同的税收。

7. 通过征税获得的收入要能满足一定时期财政支出的需要，体现的税收原则是（　　）。[2013年真题]

　　A. 弹性原则　　　　　　　　B. 充裕原则
　　C. 便利原则　　　　　　　　D. 节约原则

[答案] B

[解析] 本题考查现代税收原则。充裕原则是指通过征税获得的收入要充分，能满足一定时期财政支出的需要，故B项正确。

8. 某企业年度收入总额为1 000万元，利润总额为200万元，缴纳企业所得税30万元，该企业的所得税税负率为（　　）。[2013年真题]

　　A. 3%　　　　　　　　　　B. 15%
　　C. 25%　　　　　　　　　 D. 30%

[答案] B

[解析] 本题考查税收负担概述。企业所得税负担率＝实际缴纳的所得税税额/同期实现的利润总额×100%＝30/200×100%＝15%。

9. A公司为甲国居民纳税人，2012年度来自甲国的所得为50万元，来自乙国的所得为50万元。甲、乙两国的税率分别为20%和30%。A公司已在乙国缴纳税款，甲国对本国居民来自境外的所得实行的免除重复征税方法为扣除法，A公司2012年度应向甲国缴纳所得税（　　）万元。[2013年真题]

　　A. 10　　　　　　　　　　　B. 15
　　C. 17　　　　　　　　　　　D. 20

[答案] C

[解析] 本题考查国际重复征税的产生与免除中的扣除法。50×20%＋（50－50×30%）×20%＝17（万元）。

10. 关于税收效率原则的说法，错误的是（　　）。[2012年真题]

　　A. 税收要有利于资源的有效配置　　B. 税收要有利于经济机制的有效运行
　　C. 税收负担要公平合理地分配　　　D. 征收费用要节省

[答案] C

[解析] 税收效率原则包括两部分：①税收的经济效率原则，税收应有利于资源的有效配置和经济的有效运行，检验税收经济效率原则的标准是税收额外负担最小化和额外收益最大化。表现在税收上，就是国家税收不应对经济行为产生干预。②税收本身的效率原则，是指节约税收的行政费用的原则，其基本要求是以最小的税收成本取得最大的税收收入。故A、B、D

三项正确，C项属于税收公平原则的内容。

11. 下列税种中，属于财产和行为税类的是（　　）。[2011年真题]

    A. 增值税　　　　　　　　B. 营业税

    C. 关税　　　　　　　　　D. 印花税

    [答案] D

    [解析] 本题考查我国现行税收法律制度。印花税属于财产和行为税。A、B、C三项都属于流转税，也称为商品劳务税。

    [提示] 本题为2011年真题，涉及营业税，现教材已变更，营业税取消，不作为考查内容。

12. 下列税法解释中，与被解释的税法具有同等法律效力的是（　　）。[2011年真题]

    A. 某市税务稽查局对《税务稽查工作规程》所作的解释

    B. 某省地方税务局对《税务登记管理办法》所作的解释

    C. 全国人大对《中华人民共和国个人所得税法》所作的解释

    D. 某市国家税务局对《发票管理办法》所作的解释

    [答案] C

    [解析] 本题考查税法概述。A、B、D三项属于行政解释，原则上不能作判案直接依据。C项属于立法解释，可作判案依据。

13. 关于税率的说法，错误的是（　　）。[2011年真题]

    A. 在比例税率下，纳税人均适用于同一税率

    B. 在累进税率下，征税对象数额越大，适用税率越高

    C. 在定额税率下，应纳税额与商品销售价格无关

    D. 按超额累进税率计算的应纳税额大于按全额累进税率计算的应纳税额

    [答案] D

    [解析] 本题考查税制要素。按超额累进税率计算的应纳税额小于按全额累进税率计算的应纳税额。

14. 下列征税行为中，体现了税收横向公平原则的是（　　）。[2010年真题]

    A. 对经济条件相同的纳税人同等课税

    B. 对经济条件不同的纳税人区别课税

    C. 对经济条件相同的纳税人区别课税

    D. 对经济条件不同的纳税人同等课税

    [答案] A

    [解析] 现代税收原则中的公平原则包括普遍原则和平等原则。其中，平等原则包括横向公平和纵向公平原则。对经济条件相同的纳税人同等课税体现了税收的横向公平原则。B项体现的是纵向公平原则。

二、**多项选择题**（每题2分，每题备选项中，有2个或2个以上符合题意，至少有1个错项。错选，本题不得分；少选，所选的每个选项得0.5分）

1. 税收的职能包括（　　）。[2015年真题]

    A. 财政职能　　　　　　　B. 经济职能

    C. 保障职能　　　　　　　D. 救济职能

    E. 监督职能

    [答案] ABE

    [解析] 税收的职能包括财政职能、经济职能、监督职能。其中，财政职能是税收首要和基本的职能。

2. 税收的经济原则包括（　　）。［2013年真题］
   A. 财政原则　　　　　　　　B. 配置原则
   C. 效率原则　　　　　　　　D. 公平原则
   E. 弹性原则
   ［答案］BC
   ［解析］在现代税收原则中，税收的经济原则包括配置原则和效率原则。

3. 税收的公平原则包括（　　）。［2010年真题］
   A. 普遍原则　　　　　　　　B. 效率原则
   C. 公平原则　　　　　　　　D. 确定原则
   E. 节约原则
   ［答案］AC
   ［解题思路］本题考查税收的公平原则。税收的公平原则包括普遍原则和平等原则（现代社会的公平原则主要指平等原则）。

本章同步练习

一、单项选择题（每题1分，每题备选项中，只有1个最符合题意）

1. 关于税收本质的说法，正确的是（　　）。
   A. 税收是国家有偿取得财政收入的工具
   B. 税收表现了国家与纳税人在征税、纳税和利益分配上的一种特殊关系
   C. 税收的目的是调节贫富差距
   D. 国家存在和对资金的需求是税收产生、存在和发展的内在的、根本的决定依据

2. 明确提出税制建立必须遵循平等、确定、便利、最少征收费用四原则的经济学家是（　　）。
   A. 瓦格纳　　　　　　　　　B. 威廉·配第
   C. 亚当·斯密　　　　　　　D. 马斯格雷夫

3. 在当代西方税收学界看来，设计和实施税收制度最重要的原则是（　　）。
   A. 公平原则　　　　　　　　B. 经济原则
   C. 效率原则　　　　　　　　D. 财政原则

4. 在税负转嫁的形式中，主要发生在资本品交易中的是（　　）。
   A. 税收资本化　　　　　　　B. 后转
   C. 前转　　　　　　　　　　D. 消转

5. A国公司R在某一纳税年度的总所得额为300万元，其中源自A国的所得为200万元，源自B国的所得为100万元。A国所得税税率为35％，B国所得税税率为20％。两国均实行属人兼属地税收管辖权。已知A国政府对本国居民来自境外所得实行扣除法，则R公司该年度的应纳税额为（　　）万元。
   A. 20　　　　　　　　　　　B. 78
   C. 98　　　　　　　　　　　D. 118

6. 甲国居民有来源于乙国的所得400万元，甲、乙两国的所得税税率分别为80％和60％，两国均实行属人兼属地税收管辖权。在扣除法下甲国应对这笔所得征收所得税为（　　）万元。
   A. 100　　　　　　　　　　 B. 48
   C. 128　　　　　　　　　　 D. 120

7. 甲国居民有来源于乙国的所得200万元、丙国的所得160万元。甲、乙、丙三国的所得税税率分别为20％、30％、10％。已知两国均实行属人兼属地税收管辖权。在综合抵免法下，抵免限

额为（　　）万元。
A. 36　　　　B. 72　　　　C. 16　　　　D. 60

8. 关于减免税的说法，错误的是（　　）。
A. 减免税有针对纳税人的，也有针对征税对象的
B. 任何单位与部门都不得擅自减税免税
C. 征税对象超过起征点的只对超过部分征税
D. 征税对象没有达到起征点的不征税

9. 以下属于税额式减免的是（　　）。
A. 减半征收　　　　　　　B. 跨期结转
C. 减征额　　　　　　　　D. 免征额

10. 下列指标中属于衡量宏观税收负担的指标是（　　）。
A. 企业税收负担率　　　　B. 间接税负担率
C. 直接税负担率　　　　　D. 国民收入负担率

二、**多项选择题**（每题2分，每题备选项中，有2个或2个以上符合题意，至少有1个错项。错选，本题不得分；少选，所选的每个选项得0.5分）

1. 亚当·斯密的税收原则有（　　）。
A. 平等原则　　　　　　　B. 确定原则
C. 便利原则　　　　　　　D. 公平原则
E. 最少征收费用原则

2. 19世纪德国经济学家瓦格纳提出的税收原则包括（　　）。
A. 财政政策原则　　　　　B. 国民经济原则
C. 民生为本原则　　　　　D. 社会公平原则
E. 税务行政原则

3. 税负转嫁的条件包括（　　）。
A. 商品经济的存在　　　　B. 价格管制
C. 税收资本化　　　　　　D. 自由的价格体制
E. 垄断竞争

4. 横向公平是现代税收公平原则的重要方面，其应具备的要求包括（　　）。
A. 排除特权阶层免税　　　B. 对不同来源的收入加以区分
C. 公私经济均等课税　　　D. 对本国人和外国人在课税上一视同仁
E. 自然人和法人均需纳税

5. 国际上最重要、影响力最大的国际税收协定范本包括（　　）。
A.《OECD协定范本》　　　B.《IMF协定范本》
C.《UN协定范本》　　　　D.《东盟协定范本》
E.《欧盟协定范本》

本章同步练习参考答案及解析

一、**单项选择题**

1. [答案] B
   [解析] 本题考查税收的本质。税收是国家强制、无偿地取得财政收入的一种规范形式，A项错误。税收的目的是国家取得财政收入，从而满足社会公共需要，C项错误。对于税收的产生、存在和发展，社会经济是内在的、根本的决定依据，国家的

存在和对资金的需求则是一个必要的前提条件，D项错误。

2. [答案] C
[解析] 亚当·斯密提出税制建立必须遵循平等、确定、便利、最少征收费用四原则。

3. [答案] A
[解析] 在现代税收原则中，税收公平原则是设计和实施税收制度的最重要的原则。

4. [答案] A
[解析] 税收资本化亦称为"资本还原"，即生产要素购买者将购买的生产要素未来应纳税款通过从购入价格中扣除的方法，向后转移给生产要素的出售者的一种形式，其主要发生在某些资本品交易中。
[提示] 历年真题中考查比较多的都是"前转"和"后转"的概念，在以后的考查中有可能会考查到其他几个方面，大家备考时要注意一下。

5. [答案] D
[解析] R公司在B国取得所得100万元，在B国应缴纳税款为 $100×20\%=20$（万元），由于该公司采用的是扣除法，所以其在B国缴纳的20万元税款可以作为费用进行扣除。A国的应纳税所得额 $=300-20=280$（万元）。在A国应纳税额 $=280×35\%=98$（万元）。R公司该年度的应纳税额 $=98+20=118$（万元）。

6. [答案] C
[解析] 在扣除法下，允许居民将其在国外已纳的所得税视为费用在应纳税所得中予以扣除，就扣除后的部分征税，即应纳税额 $=(400-400×60\%)×80\%=128$（万元）。

7. [答案] B
[解析] 综合抵免限额 $=$ 国内外应税所得额 $×$ 本国税率 $×$（国外应税所得额/国内外应税所得额）$=200×20\%+160×20\%=72$（万元）。

8. [答案] C
[解析] 本题考查税制要素。征税对象超过起征点全额征税，故C项错误。

9. [答案] A
[解析] 税额式减免包括全部免征、减半征收、核定减免以及另定减征税额等。

10. [答案] D
[解析] 衡量宏观税负的指标包括两个方面，主要是国民生产总值（或国内生产值）负担率和国民收入负担率。

二、多项选择题

1. [答案] ABCE
[解析] 亚当·斯密的税收原则包括平等原则、确定原则、便利原则、最少征收费用原则。

2. [答案] ABDE
[解析] 本题考查税收原则理论的形成与发展。瓦格纳提出的"四端九项"税收原则包括：①财政政策原则；②国民经济原则；③社会公平原则；④税务行政原则。

3. [答案] AD
[解析] 税负转嫁的条件包括商品经济的存在和自由的价格体制。

4. [答案] ACDE
[解析] 横向公平的要求包括：①排除特权阶层免税；②自然人和法人均需纳税；③公私经济均等课税；④对本国人和外国人在课税上一视同仁。

5. [答案] AC
[解析] 国际上最重要、影响力最大的国际税收协定范本包括经济合作与发展组织的《关于对所得和财产避免双重征税的协定范本》，即《OECD协定范本》，和联合国的《关于发达国家与发展中国家间避免双重征税的协定范本》，即《UN协定范本》。

错题收集

第四章 货物和劳务税制度

本章考情分析

年份	单项选择题	多项选择题	案例分析题	合计
2017 年	7 题 7 分	2 题 4 分	5 题 10 分	21 分
2016 年	8 题 8 分	3 题 6 分	5 题 10 分	24 分
2015 年	7 题 7 分	2 题 4 分	5 题 10 分	21 分
2014 年	8 题 8 分	3 题 6 分	5 题 10 分	24 分
2013 年	8 题 8 分	3 题 6 分	5 题 10 分	24 分

本章考点概览

本章主要考点

货物和劳务税制度
- 增值税制
  1. 增值税的纳税人和扣缴义务人
  2. 增值税的征税范围
  3. 增值税的税率
  4. 增值税应纳税额的计算
  5. 增值税的计税依据
  6. 增值税的纳税义务发生时间
  7. 增值税的纳税期限和纳税地点
  8. 增值税的减税、免税
  9. 增值税的征收管理
- 消费税制
  10. 消费税的纳税人及征税范围
  11. 消费税的税率
  12. 消费税的计税依据和应纳税额的计算
  13. 消费税的征收管理
- 关税制
  14. 关税的纳税人、征税范围和税率
  15. 关税的完税价格和应纳税额的计算
  16. 关税的税收优惠
  17. 关税的征收管理

本章学习提示

第四章为货物和劳务税制度，虽然每个税种内容看似杂乱，但是都有其内在逻辑性，按照税制要素的内容进行理解记忆，理清税制要素的具体内容，对于本章税种的学习有很大帮助。

本章考点详解

【考点一】增值税的纳税人和扣缴义务人

增值税的纳税人和扣缴义务人的具体内容如表 4-1 所示。

表 4-1　增值税的纳税人和扣缴义务人

项目	具体内容
纳税人	在我国境内销售货物、劳务、服务、无形资产或不动产,以及进口货物的单位和个人
扣缴义务人	(1) 境外的单位或个人在境内提供应税劳务,在境内未设立经营机构的,以其境内代理人为扣缴义务人;若境内没有代理人,以购买方为扣缴义务人 (2) 境外的单位或个人在境内发生应税行为,在境内未设有经营机构的,以购买方为增值税的扣缴义务人
合并纳税	两个或两个以上的纳税人,经财政部和国家税务总局批准可作为一个纳税人合并纳税

【提示】境内的具体解释包括:①在中华人民共和国境内销售货物或劳务,是指销售货物的起运地或所在地在境内,或是提供的应税劳务发生在境内。②在境内销售服务、无形资产或者不动产,是指服务(租赁不动产除外)或者无形资产(自然资源使用权除外)的销售方或购买方在境内、所销售或租赁的不动产在境内、所销售自然资源使用权的自然资源在境内以及财政部和国家税务总局规定的其他情形。

> **经典例题**
>
> [例题·单选题] 下列情形,需要在我国缴纳增值税的是(　　)。
> A. 向美国 A 汽车公司提供加工修理修配劳务
> B. 向美国甲企业转让曾在美国购置的土地使用权
> C. 俄罗斯某汽车租赁公司在俄罗斯向中国某施工单位出租汽车
> D. 境内单位或者个人向境外单位出售位于北京的不动产
> [答案] D
> [解题思路] 在分析本道题目时,需要确认境内和境外的具体范围,确认是否需要缴纳增值税。不动产在我国境内,出售给境外企业,需要缴纳增值税。

【考点二】增值税的征税范围

增值税的征税范围包括销售货物、提供应税劳务、销售服务、销售无形资产、销售不动产、进口货物、混合销售行为、兼营行为、部分货物征税。

一、销售货物

销售货物是指有偿转让货物的所有权,即销售除土地、房屋和其他建筑物等不动产之外的有形动产,包括热力、电力、气体在内。单位或个体工商户的行为可视同销售和不可视同销售的情形如表 4-2 所示。

表 4-2　可视同销售货物和不可视同销售的情形

货物类型	用途	税务处理
自产或委托加工的货物	用于非应税项目、集体福利或个人消费、投资、分配、无偿赠送	视同销售,因此购进货物的进项税额,符合规定可以抵扣
购买的货物	投资、分配、无偿赠送(向外部移送)	
	用于非应税项目、集体福利或个人消费,即最终使用	不视同销售,因此进项税额不得抵扣,已抵扣的,作进项税转出处理

【提示】委托他人代销货物、销售代销业务也属于视同销售行为。

> **经典例题**
>
> [2014年真题·单选题] 下列行为中,不属于增值税征收范围的是( )。
> A. 将购买的货物分配给股东
> B. 将购买的货物用于集体福利
> C. 将自产的货物无偿赠送给他人
> D. 将自产的货物用于对外投资
> [答案] B
> [解题思路] 本题根据表4-2给出的可视同销售和不可视同销售的情形对应题目选项中的不同行为,区分哪些属于增值税征收范围,对比分析记忆。

二、提供应税劳务

增值税的应税劳务限定为提供加工修理修配劳务。

三、销售服务

销售服务的具体内容如表4-3所示。

表4-3 销售服务

销售服务	具体内容
交通运输服务 (税率为11%)	包括陆路运输服务(铁路运输服务和其他陆路运输服务)、水路运输服务(水路运输的程租和期租业务)、航空运输服务(航天运输服务和航空运输的湿租业务)、管道运输服务 (1) 无运输工具承运业务,按照交通运输服务缴纳增值税 (2) 出租车公司向使用本公司自有出租车的出租车司机收取的管理费用,按照陆路运输服务缴纳增值税 (3) 自2018年1月1日起,纳税人已售票但客户逾期未消费取得的运输逾期票证收入,按照交通运输服务缴纳增值税
邮政服务 (税率为11%)	包括邮政普遍服务、邮政特殊服务、其他邮政服务
电信服务	(1) 基础电信服务(语音通话服务),税率为11% (2) 增值电信服务(短信和彩信服务、互联网接入等服务),税率为6% (3) 卫星电视信号落地转接服务,按照增值电信服务缴纳增值税
建筑服务 (税率为11%)	包括工程服务、安装服务、修缮服务、装饰服务和其他建筑服务 (1) 固定电话、有线电视、宽带、水、电、燃气、暖气等经营者向用户收取的安装费、初装费、开户费、扩容费以及类似收费,按照安装服务缴纳增值税 (2) 物业服务企业为业主提供的装修服务,按照"建筑服务"缴纳增值税 (3) 纳税人将建筑施工设备出租给他人使用并配备操作人员的,按照"建筑服务"缴纳增值税
金融服务 (税率为6%)	包括贷款服务、直接收费金融服务、保险服务和金融商品转让 (1) 以货币资金投资收取的固定利润或者保底利润,按贷款服务缴纳增值税 (2) 银行提供贷款服务按期计收利息的,结息日当日计收的全部利息收入,均应计入结息日所属期的销售额,按照现行规定计算缴纳增值税 (3) 2017年7月1日以后,资管产品运营过程中发生的增值税应税行为,以资管产品管理人为增值税纳税人,按照现行规定缴纳增值税;2017年7月1日以前,资管产品运营过程中发生增值税应税行为,未缴增值税的,不再缴纳;已纳增值税的,已纳税额从以后月份的应纳税额中抵减

续表

销售服务	具体内容
现代服务	包括研发和技术服务、信息技术服务、文化创意服务、物流辅助服务、租赁服务、鉴证咨询服务、广播影视服务、商务辅助服务和其他现代服务 (1) 宾馆、旅馆、旅社、度假村和其他经营性住宿场所提供会议场地及配套服务的活动，按照"会议展览服务"缴纳增值税 (2) 港口设施经营人收取的港口设施保安费按照港口码头服务缴纳增值税 (3) 纳税人提供武装守护押运服务，按照"安全保护服务"缴纳增值税 (4) 翻译服务和市场调查服务按照咨询服务缴纳增值税 (5) 自2017年5月1日起，纳税人对安装运行后的电梯提供的维护保养服务，按照其他现代服务缴纳增值税 (6) 自2018年1月1日起，纳税人为客户办理退票而向客户收取的退票费、手续费等收入，按照其他现代服务缴纳增值税
生活服务	包括文化体育服务、教育医疗服务、旅游娱乐服务、餐饮住宿服务、居民日常服务、其他生活服务 (1) 纳税人在游览场所经营索道、摆渡车、电瓶车、游船等取得的收入，按照"文化体育服务"缴纳增值税 (2) 提供餐饮服务的纳税人销售的外卖食品，按照"餐饮服务"缴纳增值税

【提示1】根据财政部 税务总局《关于调整增值税税率的通知》（财税〔2018〕32号），自2018年5月1日起，增值税税率有调整，详细内容见本辅导用书第85页的[提示]部分。

【提示2】金融服务中的发卡机构、清算机构和收单机构提供银行跨机构资金清算服务的具体征税规定如表4-4所示。

表4-4 提供银行跨机构资金清算服务的具体征税规定

不同机构	具体征税规定
发卡机构	按照其向收单机构收取的发卡行服务费为销售额，并按此销售额向清算机构开具增值税发票
清算机构	按照其向发卡机构、收单机构收取的网络服务费为销售额，并按其向各机构支付的网络服务费向各机构开具增值税发票
收单机构	按照其向商户收取的收单服务费为销售额，并按此销售额向商户开具增值税发票

经典例题

[例题·多选题] 下列劳务中，按照建筑服务征收增值税的有（　　）。

A. 将建筑施工设备出租给他人使用并配备操作人员的

B. 汽车修理劳务

C. 有线电视初装费

D. 办公楼装修劳务

E. 水路运输的期租业务

[答案] ACD

[解题思路] 在做此类题目时可以根据选项，具体对应不同形式的征税范围。根据分析，B项属于提供加工修理修配劳务的范畴。E项属于交通运输服务的范畴。

[例题·单选题] 甲电信企业为增值税一般纳税人，2017年4月取得不含税语音通话服务费20万元、取得含税短信和彩信服务费10.6万元，甲电信企业当月的销项税额为（　　）万元。

A. 2.8   B. 3.25   C. 2.84   D. 3.37

[答案] A

[解析] 基础电信服务适用税率为11%，增值电信服务适用税率为6%。甲电信企业当月的销项税额 $=20 \times 11\% + 10.6/(1+6\%) \times 6\% = 2.8$（万元）。

四、销售无形资产

无形资产包括技术、商标、著作权、商誉、自然资源使用权和其他权益性无形资产。

【提示】除转让土地使用权适用税率为11%，其他销售无形资产的行为适用税率为6%。

五、销售不动产

转让建筑物有限产权或者永久使用权的，转让在建的建筑物或者构筑物所有权的，以及在转让建筑物或者构筑物时一并转让其所占土地的使用权的，按照销售不动产缴纳增值税。

六、进口货物

进口货物是指申报进入我国海关境内的货物。确定一项货物是否属于进口货物，必须看其是否办理了报关进口手续。

只要是报关进口的应税货物，均属于增值税征税范围，在进口环节缴纳增值税（享受免税政策的货物除外）。

七、混合销售行为

一项销售行为如果既涉及货物又涉及服务，为混合销售。纳税划分如下：

（1）从事货物的生产、批发或者零售的单位和个体工商户的混合销售行为，按照销售货物缴纳增值税。

（2）其他单位和个体工商户的混合销售行为，按照销售服务缴纳增值税。

八、兼营行为

兼营行为的税务处理如图4-1所示。

图4-1 兼营行为的税务处理

九、部分货物的征税

（1）货物期货（包括商品期货和贵金属期货），应当征收增值税。

（2）银行销售金银的业务，应当征收增值税。

（3）在建筑现场制造的预制构件，凡直接用于本单位或本企业建筑工程的，不征收增值税。其他情形，征收增值税。

（4）集邮商品的生产、调拨征收增值税。

（5）缝纫（属于加工业务），应当征收增值税。

（6）饮食店、餐馆、酒店、宾馆、饭店等单位附设的门市部、外卖点对外销售货物的，仍按关于兼营行为的征税规定征收增值税。专门生产或销售货物（包括烧卤熟制食品在内）的个体工商户及其他个人应当征收增值税。

> **经典例题**
>
> [2016年真题·单选题] 某增值税一般纳税人将购进的一批货物分配给投资者,下列税务处理中,正确的是( )。
> A. 货物视同销售计算销项税额,其进项税额符合条件的可以抵扣
> B. 该批货物不计算销项税额,不得抵扣该批货物的进项税额
> C. 该批货物不计算销项税额,但可以抵扣其进项税额
> D. 该批货物视同销售计算销项税额,并且不得抵扣其进项税额
> [答案] A
> [解析] 本题考查增值税的征税范围。如果确定货物是视同销售的行为,需要计算其相关的进项税额和销项税额。
>
> [例题·单选题] 下列各项服务,按照现代服务征税的是( )。
> A. 远洋运输的程租服务　　　　B. 航空运输的湿租服务
> C. 航空运输的干租服务　　　　D. 远洋运输的期租服务
> [答案] C
> [解题思路] 在做此类题目时,需要区分的是各项征税范围的具体内容,分析选项,对比进行记忆。其中A、B、D三项属于交通运输服务项目,不属于现代服务业,故C项正确。

【考点三】增值税的税率

一、税率

增值税的税率如表4-5所示。

表4-5　增值税的税率

税率	具体内容
17%	(1) 一般纳税人销售或进口货物(除适用11%低税率外) (2) 提供加工、修理修配劳务 (3) 有形动产租赁服务
11%	(1) 生活必需品类(粮食、食用植物油;自来水、暖气、天然气、沼气、居民用煤炭制品等) (2) 文化用品类(图书、报纸、杂志、音像制品、电子出版物) (3) 农业生产资料类(饲料、化肥、农机、农药、农膜) (4) 提供交通运输、邮政、基础电信、建筑、不动产租赁服务(含纳税人以经营租赁方式将土地出租给他人使用)、销售不动产、转让土地使用权
6%	增值电信服务、金融服务、现代服务(租赁服务除外)、生活服务、转让土地使用权以外的其他无形资产
0	(1) 出口货物(除国家个别禁止出口的货物),税率为零 (2) 境内单位和个人发生的跨境销售服务、无形资产或不动产

【提示】根据财政部 税务总局《关于调整增值税税率的通知》(财税〔2018〕32号),为完善增值税制度,现将调整增值税税率有关政策通知如下:

(1) 纳税人发生增值税应税销售行为或者进口货物,原适用17%和11%税率的,税率分别调整为16%、10%。

(2) 纳税人购进农产品,原适用11%扣除率的,扣除率调整为10%。

(3) 纳税人购进用于生产销售或委托加工16%税率货物的农产品,按照12%的扣除率计算进项税额。

(4) 原适用17%税率且出口退税率为17%的出口货物,出口退税率调整至16%。原适用11%税率且出口退税率为11%的出口货物、跨境应税行为,出口退税率调整至10%。

上述通知自 2018 年 5 月 1 日起执行,此前有关规定与本通知规定的增值税税率、扣除率、出口退税率不一致的,以本通知为准。但是本年度中级财税的官方教材未对此内容进行调整,仍保留如表 4-6 所示的内容,大家考试时以官方教材为准。后续官方教材调整后,本辅导用书将及时更新内容。

二、征收率

纳税人销售物品以及销售旧货的征收率规定如表 4-6 所示。

表 4-6 纳税人销售物品以及销售旧货的征收率规定

纳税人分类	具体情况	税率及计算
一般纳税人	销售自己使用过的固定资产 (2008.12.31 之前购入)	依照 3% 征收率减按 2%,即: 应纳税额=含税销售额/(1+3%)×2%
	销售自己使用过的固定资产 (2009.1.1 之后购入)	按照适用税率进行征收,即: (1)销项税额=含税销售额/(1+17%)×17% (2)销项税额=含税销售额/(1+11%)×11%
	销售自己使用的旧物	
小规模纳税人	销售自己使用过的固定资产	依照 3% 征收率减按 2%,即: 应纳税额=含税销售额/(1+3%)×2%
	销售自己使用过的除固定资产以外的物品	依照 3% 征收率征收,即: 应纳税额=含税销售额/(1+3%)×3%
纳税人销售旧货,包括旧汽车、旧摩托车和旧游艇		依照 3% 征收率减按 2%,即: 应纳税额=含税销售额/(1+3%)×2%

一般纳税人销售货物的特殊规定如表 4-7 所示。

表 4-7 一般纳税人销售货物的特殊规定

特殊规定	具体内容
一般纳税人销售自产的一些货物,可选择按照 3% 征收率计税	(1)县级及县级以下小型水力发电单位生产的电力 (2)建筑用和生产建筑材料所用的砂、土、石料 (3)自来水 (4)商品混凝土(仅限于以水泥为原料生产的水泥混凝土)
一般纳税人销售货物,暂按简易办法依照 3% 征收率计算缴纳增值税	(1)寄售商店代销寄售物品(包括居民个人寄售的物品在内) (2)典当业销售死当物品

【提示 1】一般纳税人选择简易办法计算缴纳增值税后,36 个月内不得变更。

【提示 2】资管产品管理人运营资管产品过程中发生的增值税应税行为,暂适用简易计税方法,按照 3% 的征收率缴纳增值税。

> **经典例题**

[2014 年真题·单选题]某生产企业属于增值税小规模纳税人,2014 年 2 月对部分资产盘点后进行处理:销售边角废料,由税务机关代开增值税专用发票,取得不含税收入 60 000 元;销售自己使用过的小汽车 1 辆,小汽车原值为 130 000 元,销售后取得含税收入 36 000 元。该企业上述业务应缴纳增值税为( )元。
A. 1 800.00   B. 2 499.03   C. 3 400.00   D. 4 200.00
[答案] B
[解析] 小规模纳税人销售自己使用过的固定资产,减按 2% 征收率征收增值税。小规模纳税人销售自己使用过的除固定资产以外的物品,应当按 3% 的征收率征收增值税。60 000×3%＋36 000/(1+3%)×2%＝2 499.03(元)。

> **经典例题**
>
> [2016年真题·单选题] 下列行为适用增值税17%税率的是（　　）。
> A. 某自来水厂销售自来水　　　　B. 某天然气公司销售天然气
> C. 某印刷厂受托加工印刷图书报刊　D. 某商贸公司批发销售食用植物油
> [答案] C
> [解题思路] 本题根据表4-5的税率选择，经过对比分析，A、B、D三项适用11%的低税率。

【考点四】增值税应纳税额的计算

一、一般纳税人应纳税额的计算

（一）一般纳税人应纳税额的计算公式

一般纳税人的应纳税额＝当期销项税额－当期进项税额
　　　　　　　　　＝当期不含税的销售额×税率－当期进项税额

（二）进项税额

1. 准予从销项税额中抵扣的进项税额

（1）增值税专用发票上注明的增值税额。

（2）海关进口增值税专用缴款书上注明的增值税额。

（3）从境外单位或者个人购进的服务、无形资产或者不动产，自税务机关或扣缴义务人取得的解缴税款的完税凭证上注明的增值税额。

（4）纳税人购进农产品，进项税额抵扣规定。

1）购进农产品进项税额抵扣的一般规定。

购进农产品进项税额抵扣的一般规定如表4-8所示。

表4-8　购进农产品进项税额抵扣的一般规定

取得方式	销售额（或进项税额）的确定
取得一般纳税人开具的增值税专用发票或海关缴款书的	以增值税专用缴款发票或海关缴款书上注明的增值税额为销售额
按照3%的征收率计算的小规模纳税人取得增值税专用发票	以增值税专用发票上注明的金额和11%的扣除率计算进项税额
取得（开具）农产品销售发票或收购发票的	以农产品销售发票或收购发票上注明的农产品买价和11%的扣除率计算进项税额

2）营业税改征增值税试点期间，纳税人购进用于生产销售或委托受托加工17%税率货物的农产品维持原扣除力度不变。

3）纳税人从批发、零售环节购进适用免征增值税政策的蔬菜、部分鲜活肉蛋而取得的普通发票，不作为计算进项税额抵扣凭证。

4）纳税人购进农产品既用于生产销售或委托受托加工17%税率货物又用于生产销售其他货物服务的，应当分别核算用于生产销售或委托受托加工17%税率货物和其他货物服务的农产品进项税额。未分别核算的，统一以增值税专用发票或海关缴款书上注明的增值税额为进项税额，或以农产品收购发票或销售发票上注明的农产品买价和11%的扣除率计算进项税额。

【提示】上述所称销售发票，是指农业生产者销售自产农产品适用免征增值税政策而开具的普通发票。

（5）自2018年1月1日起，纳税人支付的道路、桥、闸通行费抵扣进项税额的规定。

1）纳税支付的道路通行费，按照收费公路通行费增值税电子普通发票上注明的增值税额抵扣进项税额。未能取得增值税电子普通发票的特殊规定如表4-9所示。

表4-9 未能取得增值税电子普通发票的特殊规定

特殊规定	计算公式
2018年1月1日至6月30日，纳税人支付的高速公路通行费，如暂未能取得收费公路通行费增值税电子普通发票	高速公路通行费可抵扣进项税额＝高速公路通行费发票上注明的金额÷（1＋3％）×3％
2018年1月1日至12月31日，纳税人支付的一级、二级公路通行费，如暂未能取得收费公路通行费增值税电子普通发票	一级、二级公路通行费可抵扣进项税额＝一级、二级公路通行费发票上注明的金额÷（1＋5％）×5％

2）纳税人支付的桥、闸通行费，暂凭取得的通行费发票上注明的收费金额按照以下公式计算可抵扣的进项税额：

桥、闸通行费可抵扣进项税额＝桥、闸通行费发票上注明的金额÷（1＋5％）×5％

（6）建筑企业与发包方签订建筑合同后，以内部授权或者第三方协议等方式，授权集团内其他纳税人为发包方提供建筑服务，并由集团内其他纳税人直接与发包方结算工程款的，由集团内其他纳税人缴纳增值税并向发包方开具增值税发票，与发包方签订建筑合同的建筑企业不缴纳增值税。发包方可凭实际提供建筑服务的纳税人开具的增值税专用发票抵扣进项税额。

2. 进项税额的申报抵扣时间

自2017年7月1日起，增值税一般纳税人取得的2017年7月1日及以后开具的增值税专用发票和机动车销售统一发票，应自开具之日起360日内认证，并在规定的纳税申报期内，向主管国税机关申报抵扣；开具的海关缴款书，应自开具之日起360日内向主管国税机关申请稽核比对。

3. 不得抵扣进项税额的情形——未产生销项税额

（1）用于简易计税方法计税项目、免征增值税项目、集体福利或者个人消费的购进货物、劳务、服务、无形资产（不包括其他权益性无形资产）和不动产。

【注意】自2018年1月1日起，纳税人租入固定资产、不动产，既用于一般计税方法计税项目，又用于简易计税方法计税项目、免征增值税项目、集体福利或个人消费的，其进项税额准予从销项税额中全额抵扣。

（2）非正常损失的购进货物，以及相关的加工修理修配劳务和交通运输服务。

（3）非正常损失的在产品、产成品所耗用的购进货物（不包括固定资产）、加工修理修配劳务和交通运输服务。

（4）非正常损失的不动产，以及该不动产所耗用的购进货物、设计服务和建筑服务。

（5）非正常损失的不动产在建工程（包括新建、改建、扩建、修缮、装饰不动产）所耗用的购进货物、设计服务和建筑服务。

【提示】非正常损失，是指因管理不善造成被盗、丢失、霉烂变质的损失，以及因违反法律法规造成货物或不动产被依法没收、毁损、拆除的情形。

（6）购进的旅客运输服务、贷款服务、餐饮服务、居民日常服务和娱乐服务。

（7）纳税人接受贷款服务向贷款方支付的与该笔贷款直接相关的投融资顾问费、手续费、咨询费等费用。

（8）适用一般计税方法的纳税人，兼营简易计税方法计税项目、免征增值税项目而无法划分不得抵扣的进项税额的。

不得抵扣的进项税额＝当期无法划分的全部进项税额×（当期简易计税方法计税项目销售额＋免征增值税项目销售额）/当期全部销售额

4. 进项税额的扣减

（1）已抵扣进项税额的购进货物、劳务、服务、无形资产或不动产，事后改变用途（用于不准抵扣进项税额的情形），应当将该项购进货物、劳务、服务、无形资产或者不动产的进项税额从当期发生的进项税额中扣减。

（2）一般纳税人因进货退出或折让而收回的增值税额，应从发生进货退出或折让当期的进项税额中扣减。

5. 进项税额不足抵扣的处理

当期销项税额小于当期进项税额，不足抵扣时，其不足部分可以结转下期继续抵扣。

二、简易办法应纳税额的计算

（一）全面推开营改增试点实施后小规模纳税人按简易方法计税的规定

小规模纳税人按简易方法计税的规定如表 4-10 所示。

表 4-10　小规模纳税人按简易方法计税的规定

征收率	具体情形	计税依据
3%	小规模纳税人跨县提供建筑服务	销售额＝全部价款＋价外费用－支付的分包款
5%	销售其取得（不含自建）的不动产（不含个体工商户销售购买的住房和其他个人销售不动产）	销售额＝全部价款＋价外费用－该项不动产购置原价或者取得不动产作价
5%	销售其自建的不动产	销售额＝全部价款＋价外费用
5%	房地产开发企业（自行开发）	销售额＝全部价款＋价外费用
5%	小规模纳税人出租其取得的不动产（不含个人出租住房）	—
5%	其他个人出租其取得的不动产（不含住房）	—
5%的征收率减按1.5%	个人（个体工商户和其他个人）出租住房	—

（二）全面推开营改增试点实施后一般纳税人按简易方法计税的规定

1. 适用简易计税方法按照 3% 的征收率计算缴纳增值税的行为

全面推开营改增试点实施后，一般纳税人可以选择适用简易计税方法按照 3% 的征收率计算缴纳增值税的行为包括：

（1）公共交通运输服务。

（2）经认定的动漫企业为开发动漫产品提供的各种服务（如动漫脚本编撰、形象设计等）。

（3）电影放映服务、仓储服务、装卸搬运服务、收派服务和文化体育服务。

（4）以纳入营改增试点之日前取得的有形动产为标的物提供的经营租赁服务。

（5）在纳入营改增试点之日前签订的尚未执行完毕的有形动产租赁合同。

（6）中国农业发展银行总行及其各分支机构提供涉农贷款取得的利息收入。

（7）非企业性单位中的一般纳税人提供的研发和技术服务、信息技术服务、鉴证咨询服务，以及销售技术、著作权等无形资产。

【提示】非企业性单位中的一般纳税人提供技术转让、技术开发和与之相关的技术咨询、技术服务，可以参照上述规定，选择简易计税方法按照 3% 征收率计算缴纳增值税。

（8）一般纳税人提供的教育辅助服务。

2. 建筑服务

（1）一般纳税人以清包工方式提供的建筑服务，可以选择适用简易计税方法计税。

（2）一般纳税人为甲供工程提供的建筑服务，可以选择适用简易计税方法计税。

（3）一般纳税人为建筑工程老项目提供的建筑服务，可以选择适用简易计税方法依照3％的征收率计税（建筑工程开工日期在2016年4月30日前）。

（4）一般纳税人跨县（市）提供建筑服务，适用简易计税的，纳税人应以取得的全部价款和价外费用扣除支付的分包款后的余额为销售额，按照3％的征收率计算缴纳税额。

（5）建筑工程总承包单位为房屋建筑的地基与基础、主体结构提供工程服务、建设单位自行采购全部或部分钢材、混凝土、砌体材料、预制构件的，适用简易计税方法计税。

（6）一般纳税人销售电梯的同时提供安装服务，其安装服务可以按照甲供工程选择适用简易计税方法计税。

（7）自2018年1月1日起，增值税一般纳税人提供建筑服务，按规定适用或选择适用简易计税方法计税的，实行一次备案制。

3. 销售不动产

（1）一般纳税人销售其2016年4月30日前取得（不含自建）的不动产，可以选择适用简易计税方法，以取得的全部价款和价外费用减去该项不动产购置原价或者取得不动产时的作价后的余额为销售额，按照5％的征收率计算应纳税额。

（2）一般纳税人销售其2016年4月30日前自建的不动产，可以选择适用简易计税方法，以取得的全部价款和价外费用为销售额，按照5％的征收率计算应纳税额。

（3）房地产开发企业中的一般纳税人销售自行开发的房地产老项目，可以选择适用简易计税方法按照5％的征收率计税。一经选择简易计税方法计税的，36个月内不得变更为一般计税方法计税。

（4）房地产开发企业采取预收款方式销售所开发的房地产项目，在收到预收款时按照3％的预征率缴纳增值税。

4. 不动产经营租赁服务

（1）一般纳税人出租其2016年4月30日前取得的不动产，可以选择适用简易计税方法，按照5％的征收率计算应纳税额。若出租的该不动产与机构所在地不在同一县（市）的，应按照上述计税方法在不动产所在地预缴税款后，向机构所在地主管税务机关进行纳税申报。

（2）一般纳税人出租其2016年5月1日后取得的、与机构所在地不在同一县（市）的不动产，应按照3％的预征率在不动产所在地预缴税款后，向机构所在地主管税务机关进行纳税申报。

三、进口货物应纳税额的计算

组成计税价格和应纳税额的计算公式如下：

$$组成计税价格＝关税完税价格＋关税＋消费税$$

$$应纳税额＝组成计税价格×税率$$

经典例题

[2016年真题·单选题] 非正常损失的购进货物及相关的应税劳务，其进项税额不得从销项税中抵扣，其中非正常损失是指（　　）。

A. 自然灾害损失　　　　　　B. 购进货物滞销过期报废损失

C. 合理损失　　　　　　　　D. 因管理不善造成被盗、丢失、腐烂变质的损失

[答案] D

[解析] 本题考查增值税应纳税额的计算。非正常损失是指因管理不善造成被盗、丢失、霉烂变质的损失，以及被执法部门依法没收或者强令自行销毁的货物。

> **经典例题**
>
> [2015年真题·单选题] 某修理修配厂（增值税小规模纳税人）2015年6月份购进零配件15 000元，支付电费1 200元，当月对外提供修理修配业务取得含税收入36 000元，该厂当月应缴纳增值税（　　）元。
> A. 0　　　　　　B. 1 048.54　　　　C. 1 080.00　　　　D. 5 230.77
> [答案] B
> [解析] 本题考查的是小规模纳税人应纳税额的计算。小规模纳税人当期对外提供修理修配业务取得含税收入为36 000元，换算为不含税收入，所以该厂当月应缴纳增值税＝36 000/（1＋3%）×3%＝1 048.54（元）。

【考点五】增值税的计税依据

一、增值税的计税依据概述

增值税的计税依据是销售额，包括全部价款和价外费用，但不包括收取的销项税额。

【提示】价外费用是含税收入。

价外费用包括价外向购买方收取的手续费、补贴、基金、集资费、返还利润、奖励费用、违约金、滞纳金、延期付款利息、赔偿金、包装费、包装物租金、储备费、优质费、运输装卸费、代收款项、代垫款项及其他各种性质的价外收费。

二、不同形式下增值税的具体计税依据

（一）不同销售方式下增值税的计税依据

不同销售方式下增值税的计税依据如表4-11所示。

表4-11　不同销售方式下增值税的计税依据

销售方式		增值税的计税依据
折扣销售		（1）销售额和折扣额在同一张发票上的"金额"栏分别注明的，可按折扣后的销售额征收增值税 （2）未在同一张发票"金额"栏注明折扣额，而仅在发票的"备注"栏注明折扣额的，折扣额不得从销售额中减除
以旧换新	一般货物	纳税人采取以旧换新方式销售货物的（金银首饰除外），应按新货物的同期销售价格确定销售额
	金银首饰	按销售方实际收取的不含增值税的全部价款征收增值税
还本销售		销售额就是货物的销售价格，不得从销售额中减除还本支出
以物易物		销售双方都应作购销处理。以各自发出的货物核算销售额并计算销项税额，以各自收到的货物核算购货额并计算进项税额

（二）包装物押金是否并入的具体情形

纳税人为销售货物而出租出借包装物收取的押金，如表4-12所示。

表4-12　包装物押金是否并入的具体情形

货物	具体情形
一般货物	（1）如单独记账核算，时间在1年以内，又未逾期的，不并入销售额征税 （2）因逾期（1年为限）未收回包装物不再退还的押金，应并入销售额征税，征税时注意：①逾期包装物押金为含税收入，需换算成不含税价再并入销售额；②税率为所包装货物适用税率
特殊货物	特殊货物是指除啤酒、黄酒外的其他酒类产品。无论是否返还以及会计上如何核算，其包装物押金均应并入当期销售额征税

(三) 视同销售货物或售价明显偏低且无正当理由时销售额的确定

纳税人发生应税行为价格明显偏低或者偏高且不具有合理商业目的的,或者发生被视同销售货物、服务、无形资产或者不动产行为而无销售额的,销售额的确定如图 4-2 所示。

视同销售货物或售价明显偏低且无正当理由时销售额的确定
- 按纳税人最近时期同类货物、服务、无形资产或者不动产的平均销售价格确定
- 按其他纳税人最近时期销售同类货物、服务、无形资产或者不动产的平均销售价格确定
- 按组成计税价格确定销售额,即有:组成计税价格=成本×(1+成本利润率)

图 4-2 视同销售货物或售价明显偏低且无正当理由时销售额的确定

(四) 纳税人发生应税行为,开具增值税专用发票的相关情形

纳税人发生应税行为,开具增值税专用发票的,发生开票有误或者销售折让、中止、退回等情形的,应当按照国家税务总局的规定开具红字增值税专用发票;未按照规定开具红字增值税专用发票的,不得按规定扣减销项税额或者销售额。

(五) 全面推开营改增试点实施后关于销售额的若干规定

全面推开营改增试点实施后关于销售额的若干特殊规定如表 4-13 所示。

表 4-13 全面推开营改增试点实施后关于销售额的若干特殊规定

项目	计税依据
贷款服务	以提供贷款服务取得的全部利息及利息性质的收入为销售额
直接收费金融服务	以提供直接收费金融服务收取的各类费用,如手续费、佣金、酬金等为销售额
金融商品转让	按照卖出价扣除买入价后的余额为销售额
开展贴现、转贴现业务	以其实际持有票据期间取得的利息收入作为贷款服务销售额计算缴纳增值税。此前贴现机构已就贴现利息收入全额缴纳增值税的票据,转贴现机构转贴现利息收入继续免征增值税
经纪代理服务	以取得的全部价款和价外费用,扣除向委托方收取并代为支付的政府性基金或者行政事业性收费后的余额为销售额
融资租赁和融资性售后回租业务	(1) 以取得的全部价款和价外费用,扣除支付的借款利息、发行债券利息和车辆购置税后的余额为销售额(融资租赁) (2) 以取得的全部价款和价外费用(不含本金),扣除对外支付的借款利息(包括外汇借款和人民币借款利息)、发行债券利息后的余额作为销售额(融资性售后回租业务)
一般纳税人提供客运场站服务	以其取得的全部价款和价外费用,扣除支付给承运方运费后的余额为销售额
试点纳税人提供旅游服务	以取得的全部价款和价外费用,扣除向旅游服务购买方收取并支付给其他单位或者个人的住宿费、餐饮费、交通费、签证费、门票费和支付给其他接团旅游企业的旅游费用后的余额为销售额
纳税人提供建筑服务(适用简易计税办法的)	以取得的全部价款和价外费用扣除支付的分包款后的余额为销售额
房地产开发企业中的一般纳税人销售其开发的房地产项目	以取得的全部价款和价外费用,扣除受让土地时向政府部门支付的土地价款后的余额为销售额
航空运输销售代理企业提供境外航段机票代理服务	以取得的全部价款和价外费用,扣除向客户收取并支付给其他单位或者个人的境外航段机票结算款和相关费用后的余额为销售额

项目	计税依据
资管产品管理人运营资管产品提供的贷款服务、发生的部分金融商品转让业务	(1) 提供贷款服务，以2018年1月1日起产生的利息及利息性质的收入为销售额 (2) 转让2017年12月31日前取得的股票、债券、基金、非货物期货，可选择按照实际买入价计算销售额，或者以2017年最后一个交易日的股票收盘价、债券估值、基金份额净值、非货物期货结算价格为买入价计算销售额

经典例题

[2015年真题·单选题] 某酒厂为增值税一般纳税人，2015年6月向小规模纳税人销售白酒，开具的普通发票上注明金额92 600元，同时收取单独核算的包装物租金3 000元，此项业务的增值税销项税额是（　　）元。

A. 13 454.70　　　　　　　　B. 13 890.60
C. 15 011.32　　　　　　　　D. 15 301.92

[答案] B

[解题思路] 本题需要注意的是开具的是普通发票（含税），包装物的租金作为价外费用，同样含税。所以增值税销项税额=（92 600+3 000）/（1+17%）×17%=13 890.60（元）。

【考点六】增值税的纳税义务发生时间

(1) 不同销售结算方式下，增值税的纳税义务发生时间如表4-14所示。

表4-14　不同销售结算方式下，增值税的纳税义务发生时间

销售方式	纳税义务发生时间
直接收款	不论货物是否发出，均为收到销售款或者取得索取销售款凭据当天
赊销和分期收款	为书面合同约定的收款日期的当天，无书面合同的或者书面合同没有约定收款日期的为发出货物的当天
预收货款	为货物发出的当天，但生产销售生产工期超过12个月的大型机械设备、船舶、飞机等货物，为收到预收款或者书面合同约定的收款日期的当天
托收承付和委托银行收款	为发出货物并办妥托收手续的当天
委托其他纳税人代销货物	为收到代销单位的代销清单或者收到全部或者部分货款的当天。未收到代销清单及货款的，为发出代销货物满180天的当天
视同销售行为	为货物移送的当天
销售应税劳务	为提供应税劳务同时收讫销售款或者取得索取销售款的凭据的当天

(2) 销售服务、无形资产或者不动产的，为收讫销售款项或者取得索取销售款项凭据的当天；先开具发票的，为开具发票的当天。

(3) 提供租赁服务采取预收款方式的，为收到预收款的当天。

(4) 提供建筑服务取得预收款，应在收到预收款时，以取得的预收款扣除支付的分包款后的余额，按照规定的预征率预缴增值税（其中一般计税方法计税的项目预征率为2%，简易计税方法的项目预征率为3%）。

【提示】按照现行规定应在建筑服务发生地预缴增值税的项目，纳税人收到预收款时在建筑服务发生地预缴增值税。按照现行规定无须在建筑服务发生地预缴增值税的项目，纳税人收到预收款时在机构所在地预缴增值税。

(5) 从事金融商品转让的，为金融商品所有权转移的当天。

(6) 纳税人发生视同销售服务、无形资产或者不动产行为的，为服务、无形资产转让完成的当天或者不动产权属变更的当天。

(7) 进口货物，为报关进口的当天。

【提示】增值税扣缴义务发生时间为纳税人增值税纳税义务发生的当天。

经典例题

[例题·单选题] 下列结算方式中，以货物发出当天为增值税纳税义务发生时间的是（　　）。
A. 预收货款　　　　　　　　B. 赊销
C. 分期收款　　　　　　　　D. 将货物交付他人代销
[答案] A
[解题思路] 根据表4-14中的总结，对不同的销售结算方式下增值税纳税义务发生时间分别进行对比记忆。

【考点七】增值税的纳税期限和纳税地点

一、增值税的纳税期限

(1) 纳税人以1个月或1个季度为1个纳税期限的，自期满之日起15日内申报纳税。

(2) 纳税人以1日、3日、5日、10日、15日为1个纳税期限的，自期满之日起5日内预缴税款，于次月1日起15日内申报纳税并结清上月应纳税款。

【提示】纳税人进口货物，应当自海关填发海关缴款书之日起15日内缴纳税款。以1个季度为纳税期限的规定适用于小规模纳税人、银行、财务公司、信托投资公司、信用社，以及财政部和国家税务总局规定的其他纳税人。

二、增值税的纳税地点

(1) 固定业户应当向其机构所在地或者居住地主管税务机关申报纳税。

(2) 固定业户到外县（市）销售货物或应税劳务，应向其机构所在地主管税务机关申请开具外出经营活动税收管理证明，并向其机构所在地的主管税务机关申报纳税。

(3) 非固定业户销售货物、提供劳务和发生应税行为应当向应税行为发生地的主管税务机关申报纳税；未申报纳税的，由其机构所在地或者居住地主管税务机关补征税款。

(4) 其他个人提供建筑服务，销售或者租赁不动产，转让自然资源使用权，应向建筑服务发生地、不动产所在地、自然资源所在地主管税务机关申报纳税。

(5) 进口货物，应当向报关地海关申报纳税。

(6) 扣缴义务人应当向其机构所在地或者居住地的主管税务机关申报缴纳其扣缴的税款。

经典例题

[2016年真题·多选题] 关于增值税的纳税义务发生时间和纳税地点的说法，正确的有（　　）。
A. 纳税人发生视同销售货物行为的，纳税义务发生时间为货物移送的当天
B. 委托其他纳税人代销货物，未收到代销清单不发生纳税义务
C. 固定业户到外县（市）提供应税劳务并持有《外出经营活动税收管理证明》的，应向劳务发生地主管税务机关申报纳税
D. 固定业户的分支机构与总机构不在同一地方的，应当分别向各自所在地主管税务机关申报纳税
E. 非固定业户销售货物，应当向销售地主管税务机关申报纳税
[答案] ADE
[解题思路] 对于增值税纳税义务的发生时间和纳税地点，根据总结提炼的相关表格和重点内容对比选项，判断正误。

【考点八】增值税的减税、免税

一、增值税的免征项目

（1）农业生产者销售的自产农产品。
（2）由残疾人组织直接进口供残疾人专用的物品。
（3）外国政府、国际组织无偿援助的进口物资和设备。
（4）直接用于科学研究、科学实验和教学的进口仪器、设备。
（5）个人（不包括个体经营者）销售的自己使用过的物品。
（6）避孕药品和用具。
（7）古旧图书，指向社会收购的古书和旧书。

【提示】
（1）纳税人兼营免税、减税项目的，应当分别核算免税、减税项目的销售额；未分别核算销售额的，不得免税、减税。
（2）增值税起征点的适用范围仅限于"个人"（主要是指按照小规模纳税人纳税的个体工商户和其他个人）。

二、若干具体免税的规定

（1）自2017年1月1日至2019年12月31日，对广播电视运营服务企业收取的有线数字电视基本收视维护费和农村有线电视基本收视费，免征增值税。
（2）自2017年1月1日至2019年12月31日，对金融机构农户小额贷款的利息收入，免征增值税。
（3）自2017年1月1日至2019年12月31日，对自主就业退役士兵从事个体经营的，在3年内被每户每年8 000元为限额依次扣减其当年实际应缴纳的增值税、城市维护建设税、教育费附加、地方教育附加和个人所得税。
（4）纳税人采取转包、出租、互换、转让、入股等方式将承包地流转给农业生产者用于农业生产的，免征增值税。
（5）为支持小微企业发展，自2018年1月1日至2020年12月31日，继续对月销售额2万元（含本数）至3万元的增值税小规模纳税人，免征增值税。
（6）自2018年1月1日至2019年12月31日，纳税人为农户、小型企业、微型企业及个体工商户借款、发行债券提供融资担保取得的担保费收入，以及为上述融资担保提供再担保取得的再担保费收入，免征增值税。
（7）自2016年5月1日起，社会团体收取的会费，免征增值税。

【考点九】增值税的征收管理

根据年销售额的大小和会计水平，将纳税人划分为一般纳税人和小规模纳税人。

一、小规模纳税人的认定及管理

小规模纳税人和一般纳税人的划分标准如表4-15所示。

表4-15 小规模纳税人和一般纳税人的划分标准

企业类型	小规模纳税人	一般纳税人
生产企业（含加工、修理修配企业）	年应税销售额50万元及以下	年应税销售额50万元以上
其他企业（流通企业）	年应税销售额80万元及以下	年应税销售额80万元以上
营改增纳税人	年应税销售额500万元及以下	年应税销售额500万元以上

续表

企业类型	小规模纳税人	一般纳税人
年应税销售额超过小规模纳税人标准的其他个人（自然人）	按小规模纳税人纳税	—
非企业性单位，不经常发生应税行为的单位和个体工商户	可选择按小规模纳税人纳税	—

【提示】

(1) 根据财政部 税务总局《关于统一增值税小规模纳税人标准的通知》（财税〔2018〕33 号）：

1) 增值税小规模纳税人标准为年应征增值税销售额 500 万元及以下。

2) 按照《中华人民共和国增值税暂行条例实施细则》第二十八条规定已登记为增值税一般纳税人的单位和个人，在 2018 年 12 月 31 日前，可转登记为小规模纳税人，其未抵扣的进项税额作转出处理。

上述通知自 2018 年 5 月 1 日起执行，但是本年度中级财税的官方教材未对此内容进行调整，仍保留如表 4-15 所示的内容，大家考试时以官方教材为准。后续官方教材调整后，本辅导用书将及时更新内容。

(2) 年应税销售额包括纳税申报销售额、稽查查补销售额、纳税评估调整销售额、税务机关代开发票销售额和免税销售额（时限要求在连续不超过 12 个月的经营期内累计应征增值税销售额）。

(3) 小规模纳税人实行简易办法征收增值税，一般不使用增值税专用发票。

二、一般纳税人的登记及管理

（一）一般纳税人的登记

纳税人办理一般纳税人资格登记的程序如图 4-3 所示。

图 4-3 纳税人办理一般纳税人资格登记的程序

【提示】

(1) 一般纳税人资格登记应当在申报期结束后 20 个工作日内办理相关手续；纳税人未按规定时限办理一般纳税人资格登记的，主管税务机关应当在规定期限结束后 10 个工作日内制作《税务事项通知书》，告知纳税人应当在 10 个工作日内向主管税务机关办理相关手续。

(2) 纳税人应该自其选择一般纳税人资格生效之日起，按照增值税一般计税方法计算应纳税额，并按照规定领用增值税专用发票。

（二）一般纳税人的管理

(1) 凡增值税一般纳税人，均应向其企业所在地主管税务机关申请办理一般纳税人认定手续。一般纳税人总分支机构不在同一县（市）的，应分别向其机构所在地主管税务机关申请办理一般纳税人认定手续。

(2) 纳税人一经认定为一般纳税人以后，不得转为小规模纳税人（国家税务总局另有规定的除外);个体工商户以外的其他个人年应税销售额超过规定标准的,不需要向主管税务机关提交书面证明。

> **经典例题**
>
> [例题·多选题] 以下各项中,应计入增值税一般纳税人认定标准的"年应税销售额"的有( )。
> A. 免税销售额 B. 稽查查补销售额
> C. 纳税评估调整销售额 D. 税务机关代开发票销售额
> E. 超出连续12个月累计经营期内的销售额
> [答案] ABCD
> [解析] 年应税销售额,是指纳税人在连续不超过12个月的经营期内累计应征增值税销售额,包括纳税申报销售额、稽查查补销售额、纳税评估调整销售额、税务机关代开发票销售额和免税销售额。

三、发票管理相关规定

发票管理相关规定如表4-16所示。

表4-16 发票管理相关规定

新规实施时间	具体规定
自2017年7月1日起	购买方为企业的,索取增值税普通发票时,应向销售方提供纳税人识别号或统一社会信用代码;同时销售方在开具增值税普通发票时,应在"购买方纳税人识别号"栏填写购买方的纳税人识别号或统一社会信用代码;发票需按规定如实开具
自2017年12月1日起	原对城镇公共供水用水户在基本水价外征收水资源费的试点省份,在水资源费改税试点期间,城镇公共供水企业缴纳的水资源税所对应的水费收入,不计征增值税,按"不征税自来水"项目开具增值税普通发票
自2018年1月1日起	增值税普通发票(折叠票)的发票代码调整为12位。税务机关库存和纳税人尚未使用的发票代码为10位的增值税发票普通发票(折叠票)可以继续使用
	纳税人通过增值税发票管理新系统开具增值税发票时,商品和服务税收分类编码对应的简称会自动显示并打印在发票票面"货物或应税劳务、服务名称"或"项目"栏次中
自2018年4月1日起	二手车交易市场、二手车经销企业、经纪机构和拍卖企业应当通过增值税发票管理新系统开具二手车销售统一发票;统一发票的"车价合计"栏次只注明车辆价款,交易过程中产生的其他费用,单独开具增值税发票

【提示1】购买方为企业,其中企业主要是指公司、非公司制企业法人、企业分支机构、个人独资企业、合伙企业和其他企业。

【提示2】增值税发票包括增值税专用发票、增值税普通发票、增值税电子发票。

> **经典例题**
>
> [例题·单选题] 下列各项中关于发票管理的说法,错误的是( )。
> A. 自2018年4月1日起,二手车交易市场开具的增值税统一发票的"车价合计"栏次仅注明车辆价款
> B. 2018年6月,在水资源费改税试点省份,城镇公共供水企业缴纳的水资源税所对应的水费收入,不计征增值税
> C. 2017年5月,某企业在向销售方索取增值税普通发票时,应向销售方提供纳税人识别号
> D. 2018年5月,某纳税人尚未使用的发票代码为10位的增值税普通发票不可再继续使用

[答案] D
[解析] 自2018年1月1日起,增值税普通发票(折叠票)的发票代码调整为12位。税务机关库存和纳税人尚未使用的发票代码为10位的增值税普通发票(折叠票)可以继续使用,所以D项错误。

【考点十】消费税的纳税人及征税范围

消费税的纳税人是指在中华人民共和国境内生产、委托加工和进口应税消费品的单位和个人。

消费税的征税范围包括15个税目:烟、酒、化妆品、贵重首饰及珠宝玉石、鞭炮、焰火、成品油、摩托车、小汽车、高尔夫球及球具、高档手表、游艇、木制一次性筷子、实木地板、电池和涂料。

【提示】

(1) 烟。卷烟是在生产、委托加工、进口和批发环节进行征税。

(2) 酒。复合征税为20%的比例税率加0.5元/500克的从量税率。

(3) 化妆品。主要是指高档化妆品,税率为15%。

(4) 贵重首饰及珠宝玉石。金银首饰、铂金首饰和钻石及钻石饰品在零售环节征收消费税,消费税税率为5%,其他环节不征税;其他贵重首饰和珠宝玉石在委托加工环节和进口环节征收消费税,消费税税率为10%。

经典例题

[例题·单选题] 下列商品中,属于消费税征收范围的是( )。
A. 高尔夫球具   B. 竹制筷子   C. 电动自行车   D. 护肤护发品
[答案] A
[解析] 高尔夫球及球具属于消费税的征收范围。

【考点十一】消费税的税率

一、消费税税率的一般规定

消费税税率的一般规定如表4-17所示。

表4-17 消费税税率的一般规定

形式	具体范围
比例税率	除啤酒、黄酒、成品油、白酒、卷烟以外的其他应税产品
定额税率	啤酒、黄酒、成品油
复合税率	白酒、卷烟

【提示】

(1) 纳税人兼营不同税率的应税消费品(即生产销售两种税率以上的应税消费品)时,应该分别核算不同税率应税消费品的销售额或销售数量,未分别核算的,按最高税率征税。

(2) 纳税人将应税消费品与非应税消费品、以及适用税率不同的应税消费品组成成套消费品销售的,应根据组合产制品的销售金额按应税消费品中适用最高税率的消费品税率征税。

(3) 自2015年5月10日起,纳税人兼营卷烟批发和零售业务的,应当分别核算批发和零售环节的销售额、销售数量;未分别核算批发和零售环节销售额、销售数量的,按照全部销售额、销售数量计征批发环节消费税。

二、关于酒的适用税率的特殊规定

(1) 外购酒精生产的白酒,应按照酒精所用原料确定白酒的适用税率。

(2) 外购两种以上酒精生产的白酒,一律从高确定税率征税。

(3) 以外购的不同品种的白酒勾兑的白酒,一律按照粮食白酒的税率征税。

> **经典例题**
>
> [例题·单选题] 消费税采用从价定率、从量定额和复合税率三种形式,下述应税消费品适用复合税率的是(   )。
> A. 汽车 B. 鞭炮
> C. 卷烟 D. 汽油
> [答案] C
> [解题思路] 本题考查税率的具体形式。可参考表4-17,对不同税率形式的使用范围对比记忆,对号入座。适用复合税率的为卷烟和白酒,故选C项。

【考点十二】消费税的计税依据和应纳税额的计算

一、自行销售应税消费品应纳税额的计税依据

自行销售应税消费品应纳税额的计税公式如表4-18所示。

表4-18　自行销售应税消费品应纳税额的计税公式

计税方法	计税公式
从量定额计税	应纳税额＝销售数量×单位税额
从价定率计税	应纳税额＝销售额×比例税率
复合计税	应纳税额＝销售额×比例税率＋销售数量×单位税额

(一) 实行从量定额计征办法的计税依据

从量定额通常以每单位应税消费品的重量、容积或数量为计税依据,并按每单位应税消费品规定固定税额。这种固定税额即为定额税率。

我国消费税对黄酒、啤酒、汽油、柴油等实行定额税率,采用从量定额的办法征税,其计税依据是纳税人销售应税消费品的销售数量。

(二) 实行从价定率计征办法的计税依据

1. 从价定率计税的计税依据

实行从价定率计税的计税依据是应税消费品的销售额,即从购买方取得的全部价款和价外费用。

销售额不包括应向购买方收取的增值税税款。价外费用不包括同时符合以下两个条件的代垫运输费用:①承运部门的运费发票开具给购买方的;②纳税人将该项发票转交给购买方的。

【提示】

(1) 含增值税销售额换算成不含增值税销售额的公式为:

应税消费品的销售额＝含增值税的销售额/(1＋增值税税率或征收率)。

(2) 通常所说的不含税价只是不含增值税。增值税是价外税,消费税是价内税。

2. 包装物押金的特殊处理

(1) 一般货物的包装物押金处理同增值税部分押金处理规定。

(2) 对酒类产品生产企业销售酒类产品(除啤酒、黄酒外)而收取的包装物押金,无论押金是否返还及会计上如何核算,均应并入酒类产品销售额中征收消费税。

(3) 包装物连同产品销售,并入应税消费品的销售额中征收消费税。

(4) 白酒生产企业随应税白酒的销售而向购货方收取的"品牌使用费"属于价款的组成部分,应缴纳消费税。

(三) 计税依据的若干特殊规定

消费税计税依据的若干特殊规定如表4-19所示。

表 4-19 消费税计税依据的若干特殊规定

特殊规定	具体内容
自设非独立核算门市部计税	纳税人通过自设非独立核算门市部销售的自产应税消费品，应当按照门市部对外销售额或者销售数量计算征收消费税
应税消费品用于其他方面	纳税人自产的应税消费品用于换取生产资料和消费资料、投资入股和抵偿债务等方面，应当按纳税人同类应税消费品的最高销售价格作为计税依据

经典例题

[2013年真题·单选题] 纳税人因销售应税消费品而出租出借包装物收取的押金，其正确的计税方法是（　　）。

A. 啤酒的包装物收取押金时征收增值税
B. 啤酒的包装物押金征收消费税
C. 黄酒的包装物押金征收消费税
D. 白酒的包装物押金既征收增值税，又征收消费税

[答案] D

[解析] 本题考查包装物押金是否计入销售额。纳税人为销售货物而出租出借包装物收取的押金，单独记账核算的，在收取时不并入销售额征税。对销售除啤酒、黄酒以外的其他酒类产品而收取的包装物押金，无论是否返还均应并入当期销售额征税。

二、自产自用应税消费品的计税依据和应纳税额的计算

用于不同方面的自产自用应税消费品的纳税情形如图 4-4 所示。

图 4-4 用于不同方面的自产自用应税消费品的纳税情形

自产自用应税消费品应纳税额的计算如表 4-20 所示。

表 4-20 自产自用应税消费品应纳税额的计算

具体情况	计算公式
有同类消费品销售价格的	应纳税额＝同类消费品销售价格×自产自用数量×适用税率
无同类消费品销售价格的	应纳税额＝组成计税价格×适用税率 ＝（成本＋利润）/（1－消费税税率）×适用税率 ＝成本×（1＋成本利润率）/（1－消费税税率）×适用税率

经典例题

[2016年真题·单选题] 下列应税消费品不缴纳消费税的是（　　）。

A. 炼化厂用于本企业基建部门车辆的自产汽油
B. 汽车厂用于管理部门的资产汽车
C. 日化厂用于交易会样品的自产化妆品
D. 卷烟厂用于生产卷烟的自制烟丝

[答案] D

[解题思路] 纳税人自产自用的应税消费品，用于连续生产应税消费品的，不纳税。可根据图4-4判断题目中选项是否正确。

三、委托加工应税消费品的计税依据和应纳税额的计算

委托加工应税消费品消费税的计税依据和应纳税额的计算如表 4-21 所示。

表 4-21　委托加工应税消费品消费税的计税依据和应纳税额的计算

具体情况	计税依据	计算公式
有同类消费品销售价格的	同类消费品的销售价格	应纳税额＝同类消费品销售价格×委托加工数量×适用税率
无同类消费品销售价格的	组成计税价格	应纳税额＝组成计税价格×适用税率 ＝（材料成本＋加工费）/（1－消费税税率）×适用税率

【提示】

（1）委托加工一定是委托方提供原料和主要材料，受托方只收取加工费和代垫部分辅助材料加工的应税消费品，即委托方处于主体地位，受托方处于辅助地位，并且注意"提供""收取"这些关键词。

（2）委托个人加工应税消费品，由委托方收回后缴纳消费税；委托加工的应税消费品，除受托方为个人外，由受托方在向委托方交货时代收代缴税款（总结为委托方为消费税的纳税人）。

委托加工的应税消费品由委托方收回后直接出售的，不再缴纳消费税。

下列以委托加工收回的已税的 10 种应税消费品用于连续生产应税消费品时，准予从应纳消费税税额中扣除原材料已纳消费税税额，具体包括：

（1）已税鞭炮、焰火为原料生产的鞭炮、焰火。

（2）已税石脑油为原料生产的应税消费品。

（3）已税珠宝玉石为原料生产的贵重首饰及珠宝玉石。

（4）已税烟丝为原料生产的卷烟；已税化妆品原料生产的化妆品；已税润滑油为原料生产的润滑油；已税杆头、杆身和握把为原料生产的高尔夫球杆；已税木制一次性筷子为原料生产的木质一次性筷子；已税实木地板为原料生产的实木地板。

四、进口应税消费品的应纳税额的计算

进口应税消费品的应纳税额的计算如表 4-22 所示。

表 4-22　进口应税消费品的应纳税额的计算

计征方法	计算公式
从价定率计征	应纳税额＝组成计税价格×适用税率 ＝（关税完税价格＋关税）/（1－消费税比例税率）×适用税率
从量定额计征	应纳税额＝应税消费品数量×消费税单位税额
复合计征 （进口卷烟的计征）	应纳消费税额＝进口卷烟消费税组成计税价格×进口卷烟消费税适用比例税率＋消费税定额税 ＝（关税完税价格＋关税＋消费税定额税）/（1－进口卷烟消费税适用比例税率）×进口卷烟消费税适用比例税率＋海关核定的进口卷烟数量×消费税定额税率

> **经典例题**
>
> [2013年真题·单选题] 某公司2013年6月进口10箱卷烟（5万支/箱），经海关审定，关税完税价格22万元/箱，关税税率50%，消费税税率56%，定额税率150元/箱。2013年6月该公司进口环节应纳消费税（　　）万元。
> A. 1 183.64　　　　　　　　　B. 420.34
> C. 288.88　　　　　　　　　　D. 100.80
> [答案] B
> [解析] 本题考查消费税应纳税额的计算。进口卷烟消费税组成计税价格＝（关税完税价格＋关税＋消费税定额税）/（1－进口卷烟消费税适用比例税率）。从量计征消费税应纳税额＝10×150＝1 500元＝0.15（万元）。从价计征消费税应纳税额＝[22×10×（1＋50%）＋0.15]/（1－56%）×56%＝420.19（万元）。进口环节的消费税＝0.15＋420.19＝420.34（万元）。

【考点十三】消费税的征收管理

不同销售结算方式下，消费税的纳税义务发生时间如表4-23所示。

表4-23　不同销售结算方式下，消费税的纳税义务发生时间

销售结算方式	纳税义务发生时间
赊销和分期收款	为书面合同约定的收款日期的当天，无书面合同的或者书面合同没有约定收款日期的，为发出应税消费品的当天
预收货款	为发出应税消费品的当天
托收承付和委托银行收款	为发出应税消费品并办妥托收手续的当天
其他结算方式	为收讫销售款或者取得索取销售款的凭据的当天
自产自用	为移送使用的当天
委托加工	为纳税人提货的当天
进口应税消费品	为报关进口的当天

消费税的纳税地点如表4-24所示。

表4-24　消费税的纳税地点

不同的情况	纳税地点
纳税人到外县（市）销售或者委托外县（市）代销自产应税消费品的	在应税消费品销售后，向机构所在地或者居住地主管税务机关申报纳税
纳税人的总机构与分支机构不在同一县（市）的	分别向总分支机构所在地的主管税务机关申报纳税
委托个人加工的应税消费品	由委托方向机构所在地或者居住地主管税务机关申报纳税
进口的应税消费品	由进口人或者其代理人向报关地海关申报纳税

【提示】消费税的纳税期限如下：

（1）纳税人以1个月或者1个季度为1个纳税期限的，自期满之日起15日内申报纳税。

（2）纳税人以1日、3日、5日、10日、15日为1个纳税期限的，自期满之日起5日内预缴税款，于次月1日起15日内申报纳税并结清上月应纳税款。

（3）纳税人进口应税消费品，应当自海关填发海关进口增值税专用缴款书之日起15日内缴纳税款。

> **经典例题**
>
> [2016年真题·多选题] 关于消费税纳税义务发生时间的说法,正确的有（　　）。
> A. 某酒厂销售葡萄酒20箱,直接收取价款4 800元,其纳税义务发生时间为收款当天
> B. 某汽车厂自产自用3台小汽车,其纳税义务发生时间为小汽车移送使用的当天
> C. 某烟花企业采用托收承付结算方式销售焰火,其纳税义务发生时间为发出焰火并办妥托收手续的当天
> D. 某化妆品厂采用赊销方式销售化妆品,合同规定收款日期为6月23日,7月20日收到货款,纳税义务发生时间为6月份
> E. 某高档手表厂采取预收货款方式销售高档手表,其纳税义务发生时间为销售合同规定的收款日期的当天
> [答案] ABCD
> [解题思路] 本题考查消费税的纳税义务发生时间。对于不同销售结算方式,消费税的纳税义务发生时间是不同的,需根据表4-23分别进行记忆。采取预收货款方式销售货物,其纳税义务发生时间为发出应税消费品的当天,故E项错误。

【考点十四】关税的纳税人、征税范围和税率

关税的纳税人、征税范围和税率如表4-25所示。

表4-25　关税的纳税人、征税范围和税率

要点	具体内容
纳税人	货物的纳税人是经营进出口货物的收货人和发货人
	物品的纳税人包括:①入境时随身携带行李、物品的携带人;②各种入境运输工具上携带自用物品的持有人;③馈赠物品以及其他方式入境个人物品的所有人;④进口个人邮件的收件人
征税范围	属于《中华人民共和国进出口税则》规定应税的货物、物品,具体是指: (1) 货物是指贸易性商品 (2) 物品是指非贸易性商品,包括入境旅客随身携带的行李和物品,个人邮递物品,各种运输工具上的服务人员携带进口的自用物品以及其他方式进入我国国境或关境的个人物品
税率	进口货物税率包括普通税率和优惠税率
	出口货物采用比例税率;出口货物的征税原则是征税的品种不宜太多,税率适度
	进出口货物,应当适用海关接受该货物申报进口或者出口之日实施的税率

> **经典例题**
>
> [2015年真题·单选题] 属于关税法定纳税义务人的是（　　）。
> A. 进口货物的收货人
> B. 进口货物的代理人
> C. 出口货物的代理人
> D. 出境物品的携带人
> [答案] A
> [解析] 关税法定纳税义务人包括货物的纳税人和物品的纳税人。其中,货物的纳税人是经营进出口货物的收货人、发货人。

【考点十五】关税的完税价格和应纳税额的计算

一、进口货物的完税价格

不同形式进口货物的完税价格如表4-26所示。

表 4-26 不同形式进口货物的完税价格

分类	形式	完税价格的确定
一般货物的完税价格	—	进口货物的完税价格＝货物的货价＋运输及其相关费用、保险费
特殊货物的完税价格	运往境外修理的机械器具、运输工具或其他货物，出境时已向海关报明，并在海关规定期限内复运进境的	关税完税价格＝境外修理费＋料件费
	运往境外加工的货物，出境时已向海关报明，并在海关规定期限内复运进境的	关税完税价格＝境外加工费＋境外料件费＋复运进境的运保费
	经海关批准留购的暂时进境货物	关税完税价格＝留购价格
	租赁方式进口货物	租赁方式进口的货物中，以租金方式对外支付的租赁货物，在租赁期的，完税价格＝租金
		留购的租赁货物，关税完税价格＝留购价格
		承租人申请一次性缴纳税款的，完税价格按照估价方法的顺序确认（当成交价格不能确定时）
	应当补税的减税或者免税进口的货物	完税价格＝海关审定的该货物原进口时的价格×[1－补税时实际已进口的时间（月）/（监管年限×12）]

【提示】

（1）如果进口货物的保险费无法确定或者未实际发生，海关应当按照"货价加运费"两者总额的 3‰ 计算保险费。

（2）出口货物是以成交价格为基础的完税价格，包括在货物价款中单独列明货物运至我国境内输出地点装载后的运输及其相关费用、保险费和在货物价款中单独列明由卖方承担的佣金，不包括出口关税。

二、应纳税额的计算

关税应纳税额的计算公式如表 4-27 所示。

表 4-27 关税应纳税额的计算公式

计征方式	具体公式
从价计征	关税应纳税额＝应税进（出）口货物数量×单位完税价格×适用税率
从量计征	关税应纳税额＝应税进（出）口货物数量×单位货物税额
复合计征	关税应纳税额＝应税进（出）口货物数量×单位货物税额＋应税进（出）口货物数量×单位完税价格×适用税率

【提示】从价计征中，进口货物的成交价格确定形式分为以下三种：

（1）CIF＝成本＋运费＋保险费（到岸价格）。

（2）FOB＝船上交货（离岸价格）。

（3）CFR＝成本＋运费（离岸加运费价格）。

> **经典例题**
>
> [2014年真题·单选题] 某企业2014年4月将一台账面原值80万元、已提折旧8万元的进口设备运往境外修理，当月在海关规定的期限内复运入境。经海关审定的境外修理费4万元、料件费12万元、运费1万元。假定该设备的进口关税税率为20%。则该企业应缴纳关税为（ ）万元。
>
> A. 3.2　　　　　B. 3.4　　　　　C. 8.4　　　　　D. 12.0

[答案] A

[解析] 运往境外修理的机械器具、运输工具或其他货物,完税价格＝境外修理费＋料件费＝4＋12＝16(万元),则该企业应缴纳关税＝16×20％＝3.2(万元)。

[2016年真题·多选题] 根据《中华人民共和国进出口关税条例》,下列说法正确的有( )。

A. 出口货物的关税完税价格不包含出口关税
B. 进口货物的保险费无法确定时,海关应按照售价的5‰计算保险费
C. 进口货物成交价格"FOB"的含义是"船上交货"的价格术语简称,又称"离岸价格"
D. 进口货物成交价格"CFR"的含义是"到岸价格"的价格术语简称
E. 进口货物成交价格"CIF"的含义是"成本加运费、保险费"的价格术语简称,又称"到岸价格"

[答案] ACE

[解析] 进口货物的保险费无法确定时,海关应按照"货价加运费"的0.3‰计算保险费,故B项错误。进口货物成交价格"CFR"的含义是"成本加运费"的价格术语简称,故D项错误。

【考点十六】关税的税收优惠

关税的税收优惠的具体内容如图4-5所示。

图 4-5 关税的税收优惠

经典例题

[2014年真题·多选题] 根据关税的有关规定,进口货物中可以享受法定免税的有( )。

A. 有商业价值的进口货样
B. 外国政府无偿赠送的物资
C. 科贸公司进口的科教用品
D. 贸易公司进口的残疾人专用品
E. 关税税额在人民币50元以下的一票货物

[答案] BE

[解题思路] 关税税收优惠中的法定免税包括5个方面,根据图4-5归纳的内容进行记忆。

【考点十七】关税的征收管理

关税的税收管理如图4-6所示。

图 4-6 关税的征收管理

本章易错易混考点

【易错易混考点】融资租赁服务和经营租赁服务

一、概念的比较

（一）融资租赁服务

融资租赁服务是指具有融资性质和所有权转移特点的租赁活动。即出租人根据承租人的要求购入有形动产或不动产租赁给承租人，合同期内租赁物所有权属于出租人，承租人只拥有使用权。合同期满付清租金后，承租人有权按照残值购入租赁物，以拥有其所有权，不论出租人是否将租赁物销售给承租人，均属于融资租赁。

（二）经营租赁服务

经营租赁服务，是指在约定时间内将有形动产或者不动产转让他人使用且租赁物所有权不变更的业务活动。

二、具体的适用税率划分

租赁服务具体的适用税率划分如表 4-28 所示。

表 4-28 租赁服务的适用税率划分

分类	按照标的物不同划分	税率
融资租赁服务	有形动产融资租赁服务	17%
	不动产融资租赁服务	11%

续表

分类	按照标的物不同划分	税率
经营租赁服务	有形动产经营租赁服务	17%
	不动产经营租赁服务	11%

【提示】

(1) 将建筑物、构筑物等不动产或者飞机、车辆等有形动产的广告位出租给其他单位或者个人用于发布广告，按经营租赁服务缴纳增值税。

(2) 车辆停放服务、道路通行服务（包括过路费、过桥费、过闸费等）等按不动产经营租赁服务缴纳增值税，适用税率11%。

(3) 水路运输的光租业务、航空运输的干租业务，属于经营租赁，适用税率17%。光租和干租具有的共同特点是只租赁运输工具，不租赁操作人员。

[例题·多选题] 下列增值税的征税范围中，适用增值税的税率11%的是（　　）。

A. 有形动产融资租赁服务　　　B. 不动产经营租赁服务
C. 车辆停放服务　　　　　　　D. 不动产的融资租赁服务
E. 水路运输的光租业务

[答案] BCD

[解析] 参考[易错易混考点]，A、E两项适用增值税的税率为17%。

———————————— 历年经典真题回顾 ————————————

一、**单项选择题**（每题1分，每题备选项中，只有1个最符合题意）

1. 某百货公司为增值税一般纳税人，2016年4月销售给消费者日用品一批，收取含税价款为62 400元，当月货物购进时取得增值税专用发票注明的价款为30 000元，则该百货公司4月份应缴纳的增值税为（　　）元。[2016年真题]

　　A. 2 400.00　　　　　　　　B. 2 496.00
　　C. 3 966.67　　　　　　　　D. 9 066.67

[答案] C

[解析] 应纳的增值税税额＝销项税额－进项税额，即应纳的增值税税额＝62 400/（1＋17%）×17%－30 000×17%＝3 966.67（元）。

2. 下列行为中，不属于增值税征收范围的是（　　）。[2014年真题]

　　A. 将购买的货物分配给股东
　　B. 将购买的货物用于集体福利
　　C. 将自产的货物无偿赠送给他人
　　D. 将自产的货物用于对外投资

[答案] B

[解题思路] 本题考查增值税征税范围。B项，将购买的货物用于集体福利不属于增值税视同销售行为，因此不属于增值税征收范围。

3. 某制药厂（增值税一般纳税人）2013年7月销售抗生素药品取得含税收入117万元，销售免税药品取得收入50万元，当月购进生产用原材料一批，取得增值税专用发票上注明税款6.8万元，抗生素药品与免税药品无法划分耗料情况，则该制药厂当月应纳增值税（　　）万元。[2013年真题]

　　A. 10.20　　　　　　　　　B. 12.47
　　C. 14.73　　　　　　　　　D. 17.86

[答案] B

[解析] 免征增值税项目不交税，所以耗用的原材料也不应抵扣销项税额。同时对于兼营纳税项目与免税项目且无法划分清楚原材料使用情况的一般纳税人，可根据应税收入占总收入的比例，计算出可抵扣的增值税。具体计算如下：可以抵扣的增值税＝6.8×（100/150）＝4.53（万元），应纳增值税＝17－4.53＝12.47（万元）。

4. 企业生产的下列消费品，无需缴纳消费税的是（　　）。[2013年真题]

　　A. 卷烟企业生产用于连续生产卷烟的烟丝

　　B. 化妆品企业生产用于交易会样品的化妆品

　　C. 汽车企业生产用于本企业管理部门的轿车

　　D. 地板企业生产的装修本企业办公室的实木地板

[答案] A

[解析] 本题考查消费税的计税依据。自产自用应税消费品用于连续生产应税消费品的，不纳税。用于其他方面的，于移送使用时纳税。

5. 根据现行税法，下列行为中，应同时征收增值税和消费税的是（　　）。[2012年真题]

　　A. 批发环节销售啤酒　　　　　　B. 零售环节销售金基合金首饰

　　C. 生产环节销售普通护肤护发品　　D. 进口环节取得外国政府捐赠小汽车

[答案] B

[解析] 本题考查增值税的征税范围。增值税是以从事销售货物或者提供加工、修理修配劳务以及进口货物的单位和个人取得的增值税额为征税对象征收的一种税。消费税是对特定的消费品和消费行为征收的一种税。零售环节销售的金银首饰需要同时缴纳增值税和消费税。

6. 纳税人采用以旧换新方式销售金银首饰，消费税的计税依据是（　　）。[2011年真题]

　　A. 同类新金银首饰的不含税销售价格

　　B. 实际收取的含增值税的全部价款

　　C. 实际收取的不含增值税的全部价款

　　D. 同期新金银首饰的含税销售价格

[答案] C

[解析] 本题考查消费税的计税依据。纳税人采取以旧换新方式销售货物的（金银首饰除外），应按新货物的同期销售价格确定销售额。金银首饰应按实际收取的价款确定销售额。

二、多项选择题（每题2分，每题备选项中，有2个或2个以上符合题意，至少有1个错项。错选，本题不得分；少选，所选的每个选项得0.5分）

1. 纳税人销售应税消费品收取的下列款项中，应并入消费税计税依据的有（　　）。[2015年真题]

　　A. 装卸费　　　　　　　　B. 集资款

　　C. 增值税销项税额　　　　D. 白酒优质费

　　E. 未逾期的啤酒包装物押金

[答案] ABD

[解析] 本题考查消费税的计税依据。应税消费品的销售额包括销售应税消费品从购买方收取的全部价款和价外费用。A、B、D三项属于价外费用。

2. 关于关税制度的说法，正确的有（　　）。[2013年真题]

　　A. 进口货物完税价格的确定首先应按相同货物成交价格估算

　　B. FOB是成本加运费的价格的简称

　　C. 无商业价值的货样免征关税

　　D. CFR是到岸价格的简称

E. CIF 是成本加运费、保险费的价格的简称，又称到岸价格

[答案] ACE

[解析] 本题考查关税的完税价格和应纳税额的计算。FOB 是"船上交货"的价格术语简称；CFR 是"成本加运费"的价格术语简称。

3. 甲企业销售给乙企业一批货物，约定在当月支付贷款，至月底乙企业因资金紧张无法支付，经双方协商，乙企业用自产的产品抵顶货款，双方按规定互开专用发票。则下列税务处理中，错误的有（　　）。[2011 年真题]

A. 甲企业应作购销处理，核算销售额和购进额，并计算销项税额和进项税额
B. 乙企业应作购销处理，核算销售额和购进额，并计算销项税额和进项税额
C. 甲企业收到乙企业的抵顶货物不应作购货处理
D. 乙企业发出抵顶货款的货物不应作销售处理，不应计算销项税额
E. 甲、乙双方发出货物都作销售处理，但收到货物所含增值税额一律不能计入进项税额

[答案] CDE

[解析] 纳税人采取以物易物方式，销售双方都应作购销处理。以各自发出的货物核算销售额并计算销项税额，以各自收到的货物核算购货额并计算进项税额。

三、案例分析题（每题 2 分。由单选和多选组成。错选，本题不得分；少选，所选的每个正确选项得 0.5 分）

某工业企业为增值税一般纳税人，生产销售机床，适用 17% 的增值税税率，2016 年 2 月发生下列业务：

（1）购进原材料一批，取得增值税专用发票注明的价款为 40 万元，增值税为 6.8 万元，材料已经验收入库，款项尚未支付。

（2）购进低值易耗品一批，取得增值税专用发票注明的价款为 5 万元，增值税为 0.85 万元，款项已经支付，低值易耗品尚未验收入库。

（3）销售机床给甲公司，开出增值税专用发票，价款为 90 万元，增值税为 15.3 万元；同时收取包装物押金 3.51 万元。

（4）将产品投资入股 20 万元（成本价），该企业没有同类产品售价，适用成本利润率为 10%。

（5）销售 2010 年 1 月购入的一台设备，取得全部销售收入 2.34 万元。

（6）该企业附设一非独立核算的维修部，取得产品维修费全部收入 1.17 万元。

根据以上材料，回答下列问题。[2016 年真题]

1. 本月销售给甲公司的机床应计提增值税销项税额（　　）元。

A. 5 100　　　　　　　　　　B. 153 000
C. 158 100　　　　　　　　　D. 158 967

[答案] B

[解析] 销售机床给甲公司，开具了增值税专用发票，确认的销项税额为 15.3 万元，即 153 000 元。

2. 本月允许抵扣的增值税进项税额为（　　）元。

A. 64 000　　B. 68 000　　C. 76 500　　D. 85 000

[答案] C

[解析] 购进原材料的和购进低值易耗品产生的进项税额均可进行抵扣，(6.8＋0.85)×10 000＝76 500（元）。

3. 视同销售的投资入股产品的增值税计税价格为（　　）元。

A. 20 000　　B. 220 000　　C. 240 000　　D. 260 000

[答案] B

[解析] 视同销售的投资入股产品按照组成计税价格进行计税，20×（1＋10％）×10 000＝220 000（元）。

4. 销售设备应计提增值税销项税额（　　）元。
   A. 450　　　　　　　　　　B. 681
   C. 900　　　　　　　　　　D. 3 400

[答案] D

[解析] 销售自用的固定资产（2009年1月1日后购进的），按照适用税率进行计税。则销售设备应计提增值税销项税额＝2.34/（1＋17％）×17％×10 000＝3 400（元）。

5. 本月应缴纳增值税（　　）元。
   A. 113 900.00　　　　　　B. 114 354.37
   C. 117 300.00　　　　　　D. 119 000.00

[答案] D

[解析] 本月应缴纳的增值税＝销项税额－进项税额＝153 000＋220 000×17％＋3 400＋11 700/（1＋17％）×17％－76 500＝119 000（元）。

本章同步练习

一、单项选择题（每题1分，每题备选项中，只有1个最符合题意）

1. 企业租赁或承包给他人经营的，以（　　）为增值税纳税人。
   A. 承租人或承包人　　　　B. 企业
   C. 出租人　　　　　　　　D. 机关团体

2. 下列关于增值税税率的说法中，错误的是（　　）。
   A. 纳税人提供加工劳务的税率为17％
   B. 纳税人出口服装的税率为0
   C. 纳税人进口天然气的税率为11％
   D. 纳税人兼营不同税率的货物应当分别核算不同税率货物的销售额，未分别核算销售额的，适用加权平均税率

3. 下列情况中，不应当征收增值税的是（　　）。
   A. 某企业将自产货物分配给投资者
   B. 某企业将外购的货物用于职工福利
   C. 某钟表眼镜商店为顾客有偿修理眼镜
   D. 某企业委托酒厂加工白酒，收回后直接对外销售

4. 某服装厂为增值税小规模纳税人，2016年7月销售自己使用过3年的固定资产，取得含税销售额100 000元；销售自己使用过的包装物，取得含税销售额40 000元。2016年7月该服装厂上述业务应纳增值税（　　）元。
   A. 2 718.45　　　　　　　B. 3 106.80
   C. 3 125.83　　　　　　　D. 4 077.67

5. 关于个人出租住房的增值税计税规定的说法，正确的是（　　）。
   A. 免征增值税
   B. 按3％征收率计算应纳税额
   C. 按5％征收率计算应纳税额
   D. 按5％征收率减按1.5％计算应纳税额

6. 下列纳税人应该申请认定为增值税小规模纳税人的是（　　）。
   A. 年应征增值税销售额为 60 万元的食品加工企业
   B. 年应征增值税销售额为 75 万元的超市
   C. 年应征增值税销售额为 80 万元的汽车修理厂
   D. 年应征增值税销售额为 120 万元的服装批发企业

7. 2017 年 2 月某化妆品厂将一批自产高档护肤类化妆品用于集体福利，生产成本 35 000 元；将新研制的香水用于广告样品，生产成本 20 000 元。上述产品的成本利润率为 5%，消费税税率为 15%。上述货物已全部发出，均无同类产品售价。2017 年 2 月该化妆品厂上述业务应纳消费税为（　　）元。
   A. 10 191.18
   B. 14 750.50
   C. 25 150.00
   D. 30 214.60

8. 下列关于增值税纳税期限说法，不正确的有（　　）。
   A. 增值税纳税期限的规定为 1 日、3 日、5 日、10 日、15 日、1 个月或者 1 个季度
   B. 纳税人以一个月为一期纳税的，自期满之日起 15 日内申报纳税
   C. 纳税人以 1 日、3 日、5 日、10 日或者 15 日为一期纳税的，自期满之日起 5 日内预缴税款，于次月 1 日起 15 日内申报纳税并结清上月应纳税额
   D. 纳税人进口货物的，应自海关填发税款缴纳证的次日起 5 日内缴纳税款

9. 实行从价定率办法计算应纳消费税额的进口应税消费品，其组成计税价格为（　　）。
   A. 关税完税价格
   B. 关税完税价格/（1－消费税比例税率）
   C. 关税完税价格＋关税
   D. （关税完税价格＋关税）/（1－消费税比例税率）

10. 进口货物的完税价格由海关以该货物的（　　）为基础审查确定。
    A. 进口国市场价格
    B. 出口国市场价格
    C. 离岸加运费价格
    D. 实际成交价格

11. 进口货物自运输工具申报进境之日起（　　）日内，应由纳税人向货物进境地海关申报关税。
    A. 10
    B. 12
    C. 14
    D. 15

12. 以租赁方式进口的货物，关于其完税价格的确定，说法正确的是（　　）。
    A. 以租金方式对外支付的租赁货物，在租赁期间以海关审查确定的租金作为完税价格，不计利息
    B. 留购的租赁货物以海关审查确定的市场价格作为完税价格
    C. 纳税义务人申请一次性缴纳税款的，只能按照海关审查确定的租金总额作为完税价格
    D. 纳税义务人申请一次性缴纳税款的，可以根据倒扣价格估价方法来确定该货物的完税价格

13. 关于增值税纳税地点的说法，错误的是（　　）。
    A. 其他个人销售不动产，应向不动产所在地主管税务机关申报纳税
    B. 其他个人提供建筑服务，应向建筑服务发生地主管税务机关申报纳税
    C. 其他个人租赁不动产，应向机构所在地主管税务机关申报纳税
    D. 其他个人转让自然资源使用权，应向自然资源所在地主管税务机关申报纳税

二、**多项选择题**（每题 2 分，每题备选项中，有 2 个或 2 个以上符合题意，至少有 1 个错项。错选，本题不得分；少选，所选的每个选项得 0.5 分）

1. 下列行为适用 11% 增值税税率的有（　　）。
   A. 邮政业服务
   B. 铁路运输业
   C. 货物运输代理服务
   D. 既出租船舶，又配备操作人员

E. 基础电信服务
2. 关于增值税小规模纳税人，下列说法中正确的有（　　）。
　　A. 年应税销售额超过小规模纳税人标准的个体工商户以外的其他个人可按一般纳税人纳税
　　B. 非企业性单位、不常发生应税行为的企业可选择按小规模纳税人纳税
　　C. 小规模纳税人不能使用增值税专用发票
　　D. 小规模纳税人的征收率为3%
　　E. 一般情况下，纳税人一经认定为一般纳税人后，不得转为小规模纳税人
3. 增值税的销售额为纳税人销售货物或提供应税劳务向购买方取得的全部价款和价外费用。下列不属于价外费用的有（　　）。
　　A. 向购买方收取的增值税税款
　　B. 向购买方收取的手续费
　　C. 向购买方收取的包装费
　　D. 向购买方收取的储备费
　　E. 承运部门的运费发票开具给购买方的同时纳税人将该发票转交给购买方
4. 根据现行关税政策，下列进口货物中不能享受法定减免税的有（　　）。
　　A. 关税税额在人民币500元以下的边境小额贸易进口的货物
　　B. 从保税区运往非保税区的货物
　　C. 国际组织无偿赠送的物资
　　D. 从国外进口用于生产保健品的生产设备
　　E. 海关放行前损失的货物
5. 关于消费税纳税义务发生时间的说法，正确的有（　　）。
　　A. 自产自用的应税消费品，为该货物生产的当天
　　B. 进口的应税消费品，为报关进口的当天
　　C. 委托加工的应税消费品，为纳税人提货的当天
　　D. 采取分期收款结算方式的，为发出货物的当天
　　E. 采取预收货款结算方式的，为纳税人提货的当天

本章同步练习参考答案及解析

一、单项选择题

1. [答案] A
[解析] 企业租赁或承包给他人经营的，以承租人或承包人为增值税纳税人。

2. [答案] D
[解析] 本题考查增值税的税率。D项，纳税人兼营不同税率的货物或者应税劳务，应当分别核算不同税率货物或者应税劳务的销售额；未分别核算销售额的，从高适用税率。

3. [答案] B
[解析] 企业外购的货物用于职工福利不视同销售，因此不应征收管理税。

4. [答案] B
[解析] 应纳增值税=100 000/（1+3%）×2%+40 000/（1+3%）×3%=3 106.80（元）。

5. [答案] D
[解析] 本题考查增值税简易办法应纳税额的计算。个人出租住房，应按照5%的征收率减按1.5%计算应纳税额。

6. [答案] B
[解析] 本题考查增值税的纳税人。从事货物生产或者提供应税劳务的纳税人，以及从事货物生产或者提供应税劳务为主，兼营货物批发或零售的纳税人，年应征销售额在50万元以下的；除此之外的纳税人，年应税销售额在80万元以下的，视为小规模纳税人。"营改增"纳税人年应税销售额500万元以下为小规模纳税人。故B项可申请认定为小规模纳税人。

7. [答案] A

[解析] 消费税＝组成计税价格×消费税税率＝［（成本＋利润）/（1－消费税税率）］×消费税税率＝（35 000＋20 000）×（1＋5%）/（1－15%）×15%＝10 191.18（元）。

8. [答案] D

   [解析] 纳税人进口货物，应当自海关填发海关进口增值税专用缴款书之日起15日内缴纳税款，故D项错误。

9. [答案] D

   [解析] 进口的应税消费品，实行从价定率办法计算应纳税额的，按照组成计税价格计算纳税，计算公式为：组成计税价格＝（关税完税价格＋关税）/（1－消费税比例税率）。

10. [答案] D

    [解析] 本题考查关税的完税价格。进口货物的完税价格由海关以该货物的实际成交价格为基础审查确定。

11. [答案] C

    [解析] 进口货物自运输工具申报进境之日起14日内，应由纳税人向货物进境地海关申报，海关根据税则归类和完税价格计算应缴纳的关税和进口环节代征税，并填发税款缴款书。

12. [答案] D

    [解析] 以租金方式对外支付的租赁货物，在租赁期间以海关审查确定的租金作为完税价格，利息应当予以计入，A项错误。留购的租赁货物以海关审查确定的留置价格作为完税价格，B项错误。纳税义务人申请一次性缴纳税款的，可以选择申请按照相同货物成交价格估价方法、类似货物成交价格估价方法、倒扣价格估价方法、计算价格估价方法或者合理方法确定该货物的完税价格，也可以按照海关审查确定的租金总额作为完税价格，C项错误。

13. [答案] C

[解析] 其他个人租赁不动产，应向不动产所在地主管税务机关申报纳税。

二、多项选择题

1. [答案] ABDE

   [解析] 本题考查增值税的税率。提供交通运输业服务、邮政业服务、基础电信服务，税率为11%。

2. [答案] BDE

   [解析] 本题考查增值税的征收管理。年应税销售额超过小规模纳税人标准的其他个人按小规模纳税人纳税，A项错误。小规模纳税人实行简易办法征收增值税，一般不使用增值税专用发票，C项错误。

3. [答案] AE

   [解析] 价外费用包括价外向购买方收取的手续费、补贴、基金、集资费、返还利润、奖励费、违约金、滞纳金、延期付款利息、赔偿金、代收款项、代垫款项、包装费、包装物租金、储备费、优质费、运输装卸费以及其他各种性质的价外收费。但不包括A、E两项。

4. [答案] ABD

   [解析] 本题考查关税的税收优惠。进出口货物可免征关税的包括：①关税税额在人民币50元以下的一票货物；②无商业价值的广告品和货样；③外国政府、国际组织无偿赠送的物资；④海关放行前损失的货物；⑤进出境运输工具装载的途中必需的燃料、物料和饮食用品。

5. [答案] BCE

   [解析] 本题考查消费税的征收管理。自产自用的应税消费品，为移送使用的当天，A项错误。采取分期收款结算方式的，为书面合同约定的收款日期的当天，无书面合同的或者书面合同没有约定收款日期的，为发出应税消费品的当天，D项错误。

✏️ 错题收集

第五章 所得税制度

本章考情分析

年份	单项选择题	多项选择题	案例分析题	合计
2017年	5题5分	2题4分	5题10分	19分
2016年	5题5分	2题4分	5题10分	19分
2015年	5题5分	2题4分	5题10分	19分
2014年	5题5分	2题4分	5题10分	19分
2013年	5题5分	2题4分	5题10分	19分

本章考点概览

本章学习提示

所得税制度包括企业所得税和个人所得税两个方面，与实际生活关联度较高，建议大家结合实际生活学习本章内容。

本章考点详解

【考点一】企业所得税纳税人

企业所得税纳税人的分类如图 5-1 所示。

图 5-1　企业所得税纳税人的分类

【提示】企业所得税纳税人包括企业、事业单位、社会团体，不包括个人独资企业和合伙企业。

经典例题

[2011 年真题·单选题] 下列机构中，不属于企业所得税纳税人的是（　　）。
A. 基金会　　　B. 有限合伙企业　　　C. 非企业单位　　　D. 社会团体
[答案] B
[解析] 本题考查的是企业所得税的纳税人，参考[提示]采用排除法即可确认本题答案。个人独资企业和合伙企业不属于企业所得税纳税人，故 B 项正确。

【考点二】企业所得税征税对象

居民企业就其来源于中国境内、境外的所得（全部所得）缴纳企业所得税。非居民企业就其来源于中国境内的所得（部分所得）缴纳企业所得税。

中国境内外所得的确定原则如表 5-1 所示。

表 5-1　中国境内外所得的确定原则

所得项目	确定标准
销售货物所得	按照交易活动发生地确定
提供劳务所得	按照劳务发生地确定
转让财产所得	(1) 不动产转让所得按不动产所在地确定 (2) 动产转让所得按照转让动产的企业或者机构、场所所在地确定 (3) 权益性投资资产转让所得按被投资企业所在地确定
利息所得、租金所得、特许权使用费所得	按负担、支付所得的企业或者机构、场所所在地确定，或按照负担、支付所得的个人的住所地确定
其他所得	由国务院财政、税务主管部门确定
股息、红利等权益性投资所得	按照分配所得的企业所在地确定

经典例题

[2013 年真题·单选题] 根据企业所得税法，下列判断来源于中国境内、境外的所得的原则中，错误的是（　　）。
A. 销售货物所得，按照交易活动发生地确定
B. 提供劳务所得，按照劳务发生地确定
C. 股息、红利等权益性投资所得，按照分配所得的企业所在地确定
D. 权益性投资资产转让所得，按照投资方企业所在地确定

[答案] D
[解题思路] 对于中国境内、境外所得的确认原则，具体参考表5-1对比记忆。

【考点三】企业所得税税率

企业所得税税率如表5-2所示。

表5-2 企业所得税税率

税率分类	具体内容
法定税率（25%）	（1）居民企业 （2）在中国境内设立机构、场所的，且取得的所得与机构场所有实际联系的非居民企业
优惠税率（20%/15%）	（1）符合条件要求的小型微利企业的优惠税率为20% （2）符合条件要求的高新技术企业的优惠税率为15% （3）技术先进型服务企业的优惠税率为15% （4）西部地区鼓励类产业企业（主营业务收入占企业收入总额70%以上的企业）的优惠税率为15%（2011.01.01—2020.12.31）
非居民企业优惠税率（10%）	中国境内未设立机构、场所的，或者虽设立机构、场所但取得的所得与其所设机构、场所没有实际联系的非居民企业

【提示1】符合条件要求的小型微利企业如图5-2所示。

图5-2 符合条件要求的小型微利企业

自2017.01.01至2019.12.31，对年应纳税所得额不超过50万元的小型微利企业，其所得减按50%计入应纳税所得额，按20%的税率缴纳企业所得税。

【提示2】符合优惠税率为15%的高新技术企业必须同时满足以下条件。

（1）对企业主要产品（服务）发挥核心支持作用的技术属于《国家重点支持的高新技术领域》规定的范围。

（2）企业近三个会计年度的研究开发费用总额占同期销售收入总额的比例应符合如图5-3所示的要求。

图5-3 研究开发费用总额占比

图5-3所示的内容可阐述为：①最近一年销售收入小于5 000万元（含）的企业，比例不低于5%；②最近一年销售收入在5 000万元至2亿元（含）的企业，比例不低于4%；③最近一年销售收入在2亿元以上的企业，比例不低于3%。

（3）企业在中国境内发生的研究开发费用总额占全部研究开发费用总额的比例不低于60%。

（4）高新技术产品（服务）收入占企业当年总收入的60%（含）以上。

(5) 企业从事研发和相关技术创新活动的科技人员占企业当年职工总数的比例超过10%（含）。

(6) 高新技术企业认定管理办法规定的其他条件。

经典例题

[2014年真题·单选题] 对设在西部地区的鼓励类产业企业减按15%的税率征收企业所得税，该鼓励类产业企业的主营业务收入应占到其收入总额的（　　）以上。
A. 50%　　　　B. 60%　　　　C. 70%　　　　D. 80%
[答案] C
[解题思路] 本题考查企业所得税税率。优惠税率是历年考查的重点，对于一些细节的把握结合表5-2等相关内容进行理解掌握。

[2012年真题·单选题] 根据企业所得税法，国家需要重点扶持的高新技术企业，减按15%的税率征收企业所得税。但高新技术企业取得的高新技术产品（服务）收入必须占企业当年总收入的（　　）以上。
A. 50%　　　　B. 60%　　　　C. 70%　　　　D. 80%
[答案] B
[解题思路] 本题考查国家重点扶持的高新技术企业的优惠税率。符合条件的高新技术企业是历年考查的重点，尤其是对百分比的考查，建议大家重点区分记忆。

【考点四】企业所得税计税依据

企业所得税计税依据如表5-3所示。

表5-3　企业所得税计税依据

项目	具体内容
应纳税所得额的计算原则	①权责发生制原则；②税法优先原则
应纳税所得额的计算公式	应纳税所得额＝收入总额－不征税收入－免税收入－各项扣除－允许弥补的以前年度亏损
亏损弥补	企业纳税年度发生的亏损，准予用以后年度的所得弥补，但结转年限最长不得超过5年
非居民企业应纳税所得额的计算	(1) 股息、红利等权益性投资收益和利息、租金、特许权使用费所得，以收入全额为应纳税所得额 (2) 转让财产所得，应纳税所得额＝收入全额－财产净值

经典例题

[2013年真题·单选题] 某公司2011年成立，当年经税务机关核实亏损20万元，2012年该公司利润总额为200万元。假设公司无其他纳税调整事项，也不享受税收优惠，则2012年度该公司应纳税所得额为（　　）万元。
A. 45　　　　B. 50　　　　C. 59.4　　　　D. 66
[答案] A
[解析] 企业纳税年度发生的亏损，准予向以后年度结转，用以后年度的所得弥补，但结转年限最长不得超过5年。(200－20)×25%＝45（万元）。

【考点五】企业收入的确认

企业的收入就是企业利用货币形式和非货币形式从各种来源取得的收入。

企业收入的确认方式如表5-4所示。

表5-4 企业收入的确认方式

收入项目	确认方式
销售货物收入	要遵循权责发生制原则和实质重于形式的原则
提供劳务收入	采用完工百分比法确认劳务收入
股息、红利等权益性投资收益	按被投资方做出利润分配决定的日期确认收入实现（另有规定的除外）
利息收入	按合同约定的债务人应付利息的日期确认收入实现
租金收入	按合同约定的承租人应付租金的日期确认收入实现
特许权使用费收入	按合同约定的特许权使用人应付特许使用费日期确认收入的实现
接受捐赠收入	按实际收到捐赠资产的日期确认收入实现
以分期收款方式销售货物	应当按合同约定的收款日期确认收入实现
企业受托加工制造大型机械设备、船舶、飞机等，以及从事建筑、安装、装配工程业务或者提供劳务等，持续时间超过12个月	按纳税年度内完工进度或者完成的工作量确认收入实现
采取产品分成方式取得收入	按照企业分得产品的日期确认收入实现
转让股权收入	应在转让协议生效且完成股权变更手续时确认收入实现
债务重组收入	应在债务重组合同或协议生效时确认收入实现

【提示】企业销售货物确认收入的实现应满足的条件包括：

(1) 商品销售合同已经签订，并且商品所有权相关的主要风险和报酬转移给购货方。

(2) 对已售出的商品没有保留与所有权相联系的继续管理权，也没有实施有效控制。

(3) 收入的金额和发生的成本可以可靠计量。

经典例题

[2014年真题·单选题] 根据企业所得税法，企业受托加工制造船舶，持续时间超过12个月的，按照（　　）确认收入的实现。

A. 实际收款日期

B. 纳税年度内完成的工作量

C. 船舶交付日期

D. 船舶完工日期

[答案] B

[解析] 企业受托加工制造大型机械设备、船舶、飞机等，以及从事建筑、安装、装配工程业务或者提供劳务等，持续时间超过12个月的，按照纳税年度内完工进度或者完成的工作量确认收入的实现。

[2013年真题·单选题] 根据企业所得税法，不属于企业销售货物收入确认条件的是（　　）。

A. 货物销售合同已经签订，企业已将货物所有权相关的主要风险和报酬转移给购货方

B. 收入的金额能够可靠地计量

C. 相关的经济利益很可能流入企业

D. 已发生或将发生的销售方的成本能够可靠地核算

[答案] C

[解题思路] 企业销售货物收入确认的条件可根据[提示]逐项对比记忆。

【考点六】企业所得税税前扣除

一、准予税前扣除的主要项目

准予税前扣除的主要项目如表5-5所示。

扫码听课

表5-5 准予税前扣除的主要项目

项目	具体内容
工资、薪金支出	合理的工资薪金支出,可以扣除
补充保险	补充养老保险、补充医疗保险,分别在不超过职工工资总额5%标准内的部分,准予扣除;超过部分,不予扣除
利息	(1) 非金融企业向非金融企业借款的利息支出,不超过按照金融企业同期同类贷款利率计算的数额的部分,准予扣除;超过部分不予扣除 (2) 企业为购置、建造固定资产、无形资产和经过12个月以上的建造才能达到预定可销售状态的存货而发生的借款,在有关资产购建期间发生的借款费用,应作为资本性支出计入有关资产的成本,并按税法规定扣除
职工福利费	不超过工资薪金总额14%的部分,准予扣除
工会经费	工会经费支出,不超过工资薪金总额2%的部分,准予扣除
职工教育经费	(1) 一般情况,不超过工资薪金总额2.5%的部分,准予扣除;超过部分,在以后年度结转扣除 (2) 经认定的技术先进型服务企业、高新技术企业发生的职工教育经费支出,不超过工资、薪金总额8%的部分,准予扣除;超过部分,在以后纳税年度结转扣除
业务招待费	按照发生额的60%扣除,但最高不得超过当年销售收入的5‰(两个标准中取较小的数)
广告费和业务宣传费	(1) 不超过当年销售收入15%的部分,准予扣除;超过部分,准予结转以后年度扣除 (2) 2020年12月31日之前,对化妆品制造或销售、医药制造和饮料制造(不含酒类制造)企业发生的广告费和业务宣传费支出,不超过当年销售(营业)收入30%的部分,准予扣除;超过部分,准予在以后纳税年度结转扣除
公益性捐赠支出	不超过年度会计利润总额12%的部分,准予扣除;超过年度会计利润总额12%的部分,准予以后三年内在计算应纳税所得时扣除
人身意外保险费;环境保护、生态恢复等方面的专项资金;非居民企业境内机构、场所分摊境外总机构费用,符合规定,准予扣除	

二、禁止税前扣除的项目

(1) 向投资者支付的股息、红利等权益性投资收益款项。
(2) 企业所得税税款。
(3) 税收滞纳金。
(4) 罚金、罚款和被没收财物的损失。
(5) 非公益性捐赠支出。
(6) 赞助支出。
(7) 未经核定的准备金支出。
(8) 企业为投资者或者职工支付的商业保险费。

【考点小贴士】禁止税前扣除的项目,根据历年考查的情况,对经常考查的八种情况进行了总结。大家在复习时应重点记忆。

───── 经典例题 ─────

[2011年真题·单选题] 企业下列支出项目中,准予在企业所得税前扣除的是( )。
A. 企业所得税税款
B. 已提取尚未实际发放的工资、薪金
C. 库存商品销售成本
D. 赞助支出

[答案] C

[解题思路] 本题考查企业所得税准予税前扣除的项目。由于税前禁止扣除项目的数量少于税前扣除项目的数量,为简化记忆,可选择某一方面的内容记忆。

【考点七】资产的税务处理

企业的各项资产,包括固定资产、生物资产、无形资产、长期待摊费用、投资资产、存货等,以历史成本为计税基础。

【提示】历史成本,是指企业取得该项资产时实际发生的支出。

企业持有各项资产期间资产增值或者减值,除国务院财政、税务主管部门规定可以确认损益外,不得调整该资产的计税基础。

一、固定资产的税务处理

固定资产的税务处理如表5-6所示。

表5-6 固定资产的税务处理

项目		具体内容
确定计税基础	外购的固定资产	以购买价款和支付的相关税费以及直接归属于使该资产达到预定用途发生的其他支出为计税基础
	自行建造的固定资产	以竣工结算前发生的支出为计税基础
	融资租入的固定资产	(1) 以租赁合同约定的付款总额和承租人在签订租赁合同过程中发生的相关费用为计税基础 (2) 租赁合同未约定付款总额的,以该资产的公允价值和承租人在签订租赁合同过程中发生的相关费用为计税基础
	盘盈的固定资产	以同类固定资产的重置完全价值为计税基础
	通过捐赠、投资、非货币性资产交换、债务重组等方式取得的固定资产	以该资产的公允价值和支付的相关税费为计税基础
	改建的固定资产	以改建过程中发生的改建支出增加计税基础(除已足额提取折旧的固定资产和租入的固定资产外)
不得计算折旧扣除的固定资产		(1) 房屋、建筑物以外未投入使用的固定资产 (2) 以经营租赁方式租入的固定资产 (3) 以融资租赁方式租出的固定资产 (4) 已足额提取折旧仍继续使用的固定资产 (5) 与经营活动无关的固定资产 (6) 单独估价作为固定资产入账的土地 (7) 其他不得计算折旧扣除的固定资产
固定资产的折旧方法		固定资产按照直线法计算的折旧,准予扣除。企业应当自固定资产投入使用月份的次月起计算折旧;停止使用的固定资产,应当自停止使用月份的次月起停止计算折旧
		固定资产的预计净残值一经确定,不得变更
固定资产的最低折旧年限	3年	电子设备
	4年	飞机、火车、轮船以外的运输工具
	5年	与生产经营活动有关的器具、工具、家具等
	10年	飞机、火车、轮船、机器、机械和其他生产设备
	20年	房屋、建筑物

二、生产性生物资产的税务处理

生产性生物资产的税务处理如表 5-7 所示。

表 5-7　生产性生物资产的税务处理

项目		具体内容
确定计税基础	生产性生物资产的概念	企业为生产农产品、提供劳务或者出租等而持有的生物资产
	外购的生产性生物资产	以购买价款和支付的相关税费以及直接归属于使该资产达到预定用途发生的其他支出为计税基础
	通过捐赠、投资、非货币性资产交换、债务重组方式取得的生产性生物资产	以该资产的公允价值和支付的相关税费为计税基础
生产性生物资产的折旧方法		同固定资产的折旧方法
		生产性生物资产的预计净残值一经确定，不得变更
生产性生物资产的最低折旧年限		3 年　畜类生产性生物资产
		10 年　林木类生产性生物资产

三、无形资产的税务处理

无形资产的税务处理如表 5-8 所示。

表 5-8　无形资产的税务处理

项目		具体内容
确定计税基础	外购的无形资产	以购买价款和支付的相关税费以及直接归属于使该资产达到预定用途发生的其他支出为计税基础
	自行开发的无形资产	以开发过程中该资产符合资本化条件后达到预定用途前发生的支出为计税基础
	通过捐赠、投资、非货币性资产交换、债务重组方式取得的无形资产	以该资产的公允价值和支付的相关税费为计税基础
不得计算摊销费用扣除的无形资产		(1) 自行开发的支出已在计算应纳税所得额时扣除的无形资产 (2) 自创商誉 (3) 与经营活动无关的无形资产
无形资产的摊销		无形资产按照直线法计算的摊销费用，准予扣除
		无形资产的摊销年限不得少于 10 年
		外购商誉的支出，在企业整体转让或清算时，准予扣除

四、企业重组的税务处理

企业重组的税务处理如表 5-9 所示。

表 5-9　企业重组的税务处理

项目		具体内容
基本规定	一般性税务处理规定	在交易发生时确认有关资产的转让所得或者损失，相关资产应当按照交易价格重新确定计税基础
		【注意】除符合国务院财政、税务主管部门规定适用特殊性税务处理规定的外
	特殊性税务处理规定	重组交易各方对交易中股权支付暂不确认有关资产的转让所得或损失的，其非股权支付仍应在交易当期确认相应的资产转让所得或损失，并调整相应资产的计税基础
		适用特殊性税务处理规定的条件包括：①具有合理的商业目的，且不以减少、免除或者推迟缴纳税款为主要目的。②被收购、合并或分立部分的资产或股权比例符合规定的比例。③企业重组后的连续 12 个月内不改变重组资产原来的实质性经营活动。④重组交易对价中涉及股权支付金额不低于交易支付总额的 85%。⑤企业重组中取得股权支付的原主要股东，在重组后连续 12 个月内，不得转让所取得的股权

续表

项目		具体内容
股权、资产划转税务处理规定	适用特殊性税务处理规定的条件	对100％直接控制的居民企业之间，以及受同一或相同多家居民企业100％直接控制的居民企业之间按账面净值划转股权或资产，凡具有合理商业目的，不以减少、免除或者推迟缴纳税款为主要目的，股权或资产划转后连续12个月内不改变被划转股权或资产原来实质性经营活动，且划出方企业和划入方企业均未在会计上确认损益的
	具体的税务处理规定	(1) 划出方企业和划入方企业均不确认所得 (2) 划入方企业取得被划转股权或资产的计税基础，以被划转股权或资产的原账面净值确定；划入方企业取得的被划转资产，应按其原账面净值计算折旧扣除

经典例题

[例题·单选题] 最低折旧年限为20年的固定资产包括（　　）。
A. 飞机　　　　　B. 房屋　　　　　C. 轮船　　　　　D. 汽车
[答案] B
[解析] 最低折旧年限为20年的固定资产包括房屋、建筑物，故B项正确。

[2016年真题·多选题] 根据企业所得税法，股权、资产划转适用特殊性税务处理的条件，包括（　　）。
A. 100％间接控制的居民企业之间划转股权或资产
B. 按账面净值划转股权或资产
C. 具有合理的商业目的
D. 股权或资产划转后连续6个月内不改变原来的实质性经营活动
E. 划出方企业在会计上已确认损益
[答案] BC
[解析] A项应为"100％直接控制的居民企业之间划转股权或资产"；D项应为"股权或资产划转后连续12个月内不改变原来的实质性经营活动"；E项应为"划出方企业未在会计上确认损益"。

【考点八】企业所得税应纳税额的计算

企业所得税应纳税额的计算公式为：
应纳税额＝应纳税所得额×适用税率－减免税额－抵免税额

【考点九】企业所得税税收优惠

一、项目所得减免税

项目减免所得税的具体内容如表5-10所示。

表5-10　项目减免所得税

减免要点	具体内容
从事农、林、牧、渔业项目的所得	从事花卉、茶以及其他饮料作物和香料作物种植，海水和内陆养殖项目的所得减半征收企业所得税
企业从事国家重点扶持的公共基础设施项目的投资经营所得，从事符合条件的环境保护、节能节水项目的所得	自项目取得第一笔生产经营收入所属纳税年度起，第1年至第3年免征企业所得税；第4年至第6年减半征收企业所得税（三免三减半）
技术转让优惠	在一个纳税年度内，居民企业技术转让所得不超过500万元的部分，免征企业所得税；超过500万元的部分，减半征收企业所得税
免征企业所得税	(1) 外国政府向中国政府提供贷款取得的利息所得 (2) 国际金融组织向中国政府和居民企业提供优惠贷款取得的利息所得

续表

减免要点	具体内容
减半征收企业所得税	企业投资者持有2016—2018年发行的铁路债券取得的利息收入
暂免征收企业所得税	(1) 自2014年11月17日起,对香港企业投资者通过沪港通投资上海证券交易所上市A股取得的转让差价所得 (2) 自2016年12月5日起,对香港企业投资者通过深港通投资上海证券交易所上市A股取得的转让差价所得

> **经典例题**
>
> [例题·单选题] 某专门从事技术转让的公司2016年度取得符合条件的技术转让所得900万元,不考虑其他因素,则该公司2016年度应缴纳企业所得税（　　）万元。
> A. 0　　　　　　B. 50　　　　　　C. 112.5　　　　　　D. 225
> [答案] B
> [解析] 本题考查企业所得税税收优惠。在一个纳税年度内,居民企业技术转让所得不超过500万元的部分,免征企业所得税;超过500万元的部分,减半征收企业所得税;所以该公司2016年度应缴纳的企业所得税为（900－500）×50%×25%＝50（万元）。

二、加计扣除

（1）研究开发费用,实行加计50%扣除,自2017年1月1日至2019年12月31日,将科技型中小企业开发新技术、新产品、新工艺实际发生的研发费用在企业所得税税前加计扣除的比例,由50%提高至75%。

（2）企业安置残疾人员的,在按照支付给残疾职工工资据实扣除的基础上,按照支付给残疾职工工资的100%加计扣除。

【提示】不适用税前加计扣除政策的行业的企业包括：烟草制造业、住宿和餐饮业、批发和零售业、房地产业、租赁和商务服务业、娱乐业。

三、创业投资企业投资抵免

创业投资企业采取股权投资方式投资于未上市的中小高新技术企业2年以上的,可以按照其投资额的70%在股权持有满2年的当年抵扣该创业投资企业的应纳税所得额;当年不足抵扣的,可以在以后纳税年度结转抵扣。

四、加速折旧的规定

加速折旧的规定如图5-4所示。

加速折旧的规定
- 固定资产由于技术进步或处于强震动、高腐蚀状态的,采取缩短折旧年限或加速折旧
- 自2014年1月1日,六个行业新购进的固定资产,采用缩短折旧年限或加速折旧
- 自2015年1月1日,对轻工、纺织、机械、汽车四个领域重点行业购进的固定资产,采取缩短折旧年限或加速折旧
- 自2014年1月1日,对所有行业新购进的专门用于研发的仪器、设备,单位价值不高于100万元的,允许一次性扣除,超过100万元的,可缩短折旧年限或采取加速折旧
- 自2014年1月1日,对所有行业企业持有的单位价值不超过5 000元的固定资产,允许一次性全额扣除

图5-4　加速折旧的规定

【提示】

(1) 图 5-5 中涉及的六个行业指的是生物药品制造业、专用设备制造业、铁路、船舶、航空航天和其他运输设备制造业、计算机、通信和其他电子设备制造业、仪器仪表制造业、信息传输、软件和信息技术服务业。

(2) 采取缩短折旧年限方法的，最低折旧年限不得低于实施条例所规定折旧年限的 60%。

五、减计收入和专用设备投资抵免

(1) 企业综合利用资源，生产符合国家产业政策规定的产品取得的收入，在计算应纳税所得额时，减按 90% 计入收入总额。

(2) 企业购置并且实际使用税法规定的环境保护、节能节水、安全生产等专用设备的，该专用设备的投资额的 10% 可以从企业当年的应纳税额中抵免；如果当年不足抵免，允许在以后 5 个纳税年度结转抵免。

经典例题

[2015 年真题·多选题] 根据企业所得税法，关于固定资产加速折旧的说法，正确的有（　　）。

A. 固定资产由于技术进步，确需加速折旧的，可以缩短折旧年限
B. 加速折旧不可以采取双倍余额递减法
C. 餐饮企业 2014 年 1 月 1 日后购进的固定资产，可以加速折旧
D. 互联网企业 2014 年 1 月 1 日后新购进的专门用于研发的设备，单位价格 120 万元，可一次性税前扣除
E. 采取缩短折旧年限方法的，最低折旧年限不得低于税法规定最低折旧年限的 60%

[答案] AE

[解题思路] 本题考查的是固定资产的加速折旧，可参考图 5-4 固定资产不同的折旧情况进行对比记忆。

【考点十】企业所得税源泉扣缴

(1) 法定扣缴。即对非居民纳税人，实行的源泉扣缴，以支付人为扣缴义务人。

(2) 指定扣缴。即对非居民企业在境内的工程作业和劳务所得应缴纳的所得税的扣缴，可指定扣缴义务人。

(3) 特定扣缴。依法应扣缴的所得税，扣缴义务人无法履行扣缴义务的，由纳税人在所得发生地缴纳。

(4) 扣缴申报。

【考点十一】企业所得税特别纳税调整

企业所得税特别纳税调整涉及的内容较多，本辅导书重点讲述历年考查的内容，具体如表 5-11 所示。

表 5-11　企业所得税特别纳税调整

项目	具体内容
转让定价调整	转让定价调整的合理方法包括可比非受控价格法、再销售价格法、成本加成法、交易净利润法、利润分割法、其他符合独立交易原则的方法
防范资本弱化规定	企业从其关联方接受的债权性投资与权益性投资的比例超过规定比例（通常金融企业是 5∶1，其他企业是 2∶1）而发生的利息支出，不能在计算应纳税所得额时扣除
追溯调整	税务机关有权在一些业务（如企业与其关联方之间的业务往来，不符合独立交易原则，或者企业实施其他不具有合理商业目的安排）发生的纳税年度起 10 年内，进行纳税调整

> **经典例题**
>
> [2014年真题·单选题] 企业与其关联方之间的业务往来,不符合独立交易原则而减少企业或者其关联方应纳税收入或者所得额的,税务机关有权按照合理方法调整,该调整的追溯期为(   )。
> A. 3年　　　　　B. 5年　　　　　C. 10年　　　　　D. 无限期
> [答案] C
> [解析] 企业与其关联方之间的业务往来,不符合独立交易原则,或者企业实施其他不具有合理商业目的安排的,税务机关有权在该业务发生的纳税年度起10年内,进行纳税调整。

【考点十二】企业所得税征收管理

一、企业所得税征收管理的一般规定

(1) 居民企业以企业登记注册地为纳税地点,但是登记注册地在境外的,以实际管理机构所在地为纳税地点。

(2) 除国务院有特殊规定外,企业之间不得合并缴纳企业所得税。

(3) 企业纳税年度自公历1月1日起至12月31日止。企业在一个纳税年度中间开业,或停止经营活动的,应以实际经营期为一个纳税年度。

(4) 企业所得税要分月或分季预缴。企业要自月份或季度终了之日起15日内,向税务机关报送预缴企业所得税纳税申报表,预缴税款。

二、跨地区经营汇总缴纳企业所得税征收管理

(一) 征管办法

居民企业为跨地区经营汇总纳税企业,实行统一计算、分级管理、就地预缴、汇总清算、财政调库的企业所得税征收管理办法。

(二) 税款分摊

纳税企业当期应纳所得税额的分摊如图5-5所示。

图5-5 纳税企业当期应纳所得税额的分摊

【提示】

(1) 总机构应按照上年度二级分支机构的营业收入、职工薪酬和资产总额三个因素计算各二级分支机构分摊所得税款的比例。三因素的权重依次为0.35、0.35、0.30。

计算公式如下:

某二级分支机构分摊比例＝(该二级分支机构营业收入/各二级分支机构营业收入之和)×0.35＋(该二级分支机构职工薪酬/各二级分支机构职工薪酬之和)×0.35＋(该二级分支机构资产总额/各二级分支机构资产总额之和)×0.30

(2) 总机构和具有主体生产经营职能的二级分支机构就地分摊缴纳企业所得税。

【考点小贴士】对于企业所得税税款分摊的计算,按照总结的税款分摊计算的方法进行确认计算。

(三) 税款预缴

总机构要将本期企业应纳所得税额的50%部分,在每月或季度终了后15日内就地申报预缴。各二级分支机构(将应纳税所得额的50%按照一定的比例分摊),应在每月或季度终了之日起15日内,就其分摊的所得税额就地申报预缴。

(四)汇算清缴

汇总纳税企业应当自年度终了之日起5个月内,由总机构汇总计算企业年度应纳所得税额。扣除总机构和各二级分支机构已预缴的税款,计算出应缴应退税款,按照分摊方法计算总机构和各二级分支机构的企业所得税应缴应退税款。

> **经典例题**
>
> [2013年真题·案例分析题] 某跨地区经营汇总缴纳企业所得税的企业。总公司设在北京。在上海和南京分别设有一个分公司,2013年6月共实现应纳税所得额2 000万元,假设企业按月预缴,企业所得税率为25%。另外,上海分公司2012年度的营业收入、职工薪酬和资产总额分别为400万元、100万元、500万元;南京分公司2012年度的营业收入、职工薪酬和资产总额分别为1 600万元、300万元、2 000万元。营业收入、职工薪酬和资产总额的权重依次为0.35、0.35和0.30。2013年7月,该企业按规定在总机构和分支机构之间计算分摊税款就地预缴。
>
> 1. 该企业2013年6月的应纳企业所得税额为( )万元。
>   A. 300 B. 400 C. 500 D. 600
>
>   [答案] C
>   [解析] 本题考查企业所得税征收管理。应纳税额按照应纳税所得额的25%计算缴纳。2 000×25%=500(万元)。
>
> 2. 总公司在北京就地分摊预缴的企业所得税款为( )万元。
>   A. 50 B. 150 C. 200 D. 250
>
>   [答案] D
>   [解析] 本题考查企业所得税征收管理。总机构分摊50%的应纳税所得额=500×50%=250(万元)。
>
> 3. 上海分公司就地分摊预缴的企业所得税款为( )万元。
>   A. 54.375 B. 75.000 C. 87.500 D. 125.000
>
>   [答案] A
>   [解析] 本题考查企业所得税征收管理。上海分公司分摊比例=0.35×(该二级分支机构营业收入/各二级分支机构营业收入之和)+0.35×(该二级分支机构工资总额/各二级分支机构职工薪酬之和)+0.30×(该二级分支机构资产总额/各二级分支机构资产总额之和)=0.35×[400/(400+1 600)]+0.35×[100/(100+300)]+0.30×[500/(500+2 000)]=0.07+0.087 5+0.06=0.217 5=21.75%,因此,上海分公司应预缴企业所得税=250×21.75%=54.375(万元)。
>
> 4. 南京分公司就地分摊预缴的企业所得税款为( )万元。
>   A. 125.000 B. 162.500 C. 175.000 D. 195.625
>
>   [答案] D
>   [解析] 本题考查企业所得税征收管理。南京分公司分摊比例=0.35×[1 600/(400+1 600)]+0.35×[300/(100+300)]+0.30×[2 000/(500+2 000)]=0.28+0.262 5+0.24=0.782 5=78.25%,因此,南京分公司应预缴企业所得税=250×78.25%=195.625(万元)。
>
> 5. 关于跨地区(指跨省、自治区、直辖市和计划单列市)经营汇总纳税企业所得税征收管理的说法,正确的有( )。
>   A. 总机构和二级分支机构,就地分摊缴纳企业所得税
>   B. 二级分支机构不就地分摊企业汇算清缴应缴应退税款
>   C. 企业所得税分月或者分季预缴,由总机构和二级分支机构所在地主管税务机关分别核定
>   D. 总机构应将本期企业应纳所得税额的50%部分,在每月或季度终了后15日内就地申报预缴

[答案] AD

[解析] 本题考查企业所得税征收管理。二级分支机构应当就地分摊企业汇算清缴应缴应退税款，B项错误。企业所得税分月或者分季预缴，由总机构预缴50%，另外的50%按照二级分支机构应分摊的比例在二级分支机构之间进行分摊，C项错误。

【考点十三】个人所得税纳税人

中国公民，个体工商户，个人独资企业和合伙企业的个人投资者，在华取得所得的外籍人员和港、澳、台同胞都是个人所得税的纳税人。

按照住所和居住时间两个标准，个人所得税的纳税人分为居民纳税人和非居民纳税人。

【考点十四】个人所得税征税对象和税率

个人所得税的征税对象和税率如表5-12所示。

表5-12　个人所得税的征税对象和税率

征税对象	税率
工资、薪金所得	3%—45%的超额累进税率
个体工商户的生产、经营所得和对企事业单位的承包经营、承租经营所得，个人独资企业和合伙企业个人投资者的生产、经营所得	5%—35%的超额累进税率
劳务报酬所得	适用20%的比例税率，一次收入畸高的，实行加成征收
稿酬所得	20%的比例税率，并按应纳税额减征30%，实际税率为14%
特许权使用费所得，利息、股息、红利所得，财产租赁所得，财产转让所得，偶然所得和其他所得	适用20%的比例税率

【考点十五】个人所得税计税依据

个人所得税的计税依据如表5-13所示。

表5-13　个人所得税的计税依据

所得来源	计税依据及计算公式
工资、薪金所得	应纳税额＝应纳税所得额×适用税率－速算扣除数 ＝（每月收入－3 500（或4 800））×适用税率－速算扣除数
个体工商户的生产、经营所得	应纳税额＝应纳税所得额×适用税率－速算扣除数 ＝（每一纳税年度的收入总额－成本－费用－损失－税金－其他支出－允许弥补的以前年度亏损）×适用税率－速算扣除数 【注意】费用中可扣除3 500元的生计费用
个人独资企业和合伙企业个人投资者的生产、经营所得	应纳税额＝应纳税所得额×适用税率－速算扣除数 ＝（每一纳税年度的收入总额－成本－费用－损失）×适用税率－速算扣除数 【注意】费用中可扣除3 500元的生计费用
对企业事业单位承包经营、承租经营所得	应纳税额＝应纳税所得额×适用税率－速算扣除数 ＝（每一纳税年度收入总额－必要费用3 500）×适用税率－速算扣除数
劳务报酬所得、稿酬所得、特许权使用费所得、财产租赁所得	每次收入≤4 000，则应纳税额＝（每次收入－800）×20% 每次收入＞4 000，收入总额减除20%的费用的余额为应纳税所得额，则应纳税额＝每次收入×（1－20%）×20%

续表

所得来源	计税依据及计算公式
财产转让所得	应纳税额＝（转让财产的收入总额－财产原值－合理费用）×20％
股权转让所得	应纳税额＝应纳税所得额×20％ 　　　　＝（股权转让收入－股权原值－合理费用）×20％
利息、股息、红利所得，偶然所得和其他所得	应纳税额＝每次收入额×20％
公益事业捐赠扣除	（1）一般公益、救济性捐赠额（个人将所得通过中国境内的社会团体、国家机关向教育和其他社会公益事业单位以及遭受严重自然灾害地区、贫困地区的捐赠）的扣除以未超过纳税人申报应纳税所得额的30％为限 （2）个人通过国家机关和非营利的社会团体向红十字事业、福利性非营利性的老年服务机构、农村义务教育，或者公益性青少年活动场所的捐赠，准予在缴纳个人所得税前全额扣除

【提示1】工资、薪金所得中扣除4 800的具体情形如下：
（1）在中国境内的外商投资企业和外国企业中工作的外籍人员。
（2）应聘在中国境内的企业、事业单位、社会团体、国家机关中工作的外籍专家。
（3）在中国境内有住所而在中国境外任职或者受雇取得工资、薪金所得的个人。
（4）国务院财政、税务主管部门确定的其他人员。

【提示2】个体工商户的生产、经营所得中，对于生产经营与个人、家庭生活混用不能分清的费用，其中40％视为与生产经营有关费用，可以扣除；若发生亏损，可以用以后5个纳税年度所得进行弥补。

【提示3】股权转让收入应当按照公平交易原则确定。
（1）符合下列情形之一的，主管税务机关可以核定股权转让收入。
　1）申报的股权转让收入明显偏低且无正当理由的。
　2）未按照规定期限办理纳税申报，经税务机关责令限期申报，逾期仍不申报的。
　3）转让方无法提供或拒不提供股权转让收入的有关资料。
　4）其他应核定股权转让收入的情形。
（2）符合下列情形之一的，视为股权转让收入明显偏低。
　1）申报股权转让收入低于股权对应净资产份额的。
　2）申报股权转让收入低于初始投资成本或低于取得该股权所支付的价款及相关税费的。
　3）申报股权转让收入低于相同或类似条件下同一企业同一股东或其他股东股权转让收入的。
　4）申报股权转让收入低于相同或类似条件下同类行业的企业股权转让收入的。
　5）申报股权转让收入不具有合理性的无偿让渡股权或股份。
（3）符合下列条件之一的股权转让收入明显偏低，视为有正当理由。
　1）能够出具有效文件，证明被投资企业是由于国家政策调整，生产经营受到影响，导致低价转让股权。
　2）继承或将股权转让给能提供具有法律效力身份关系证明的配偶、父母、子女、祖父母、外祖父母、孙子女、外孙子女、兄弟姐妹以及对转让人承担直接抚养或者赡养义务的抚养人或者赡养人。
　3）相关法律、政府文件或企业章程规定，而且相关资料充分证明转让价格合理且真实的本企业员工持有的不能对外转让股权的内部转让。
　4）股权转让双方能够提供有效证据证明其合理性的其他合理情形。

经典例题

[2016年真题·多选题] 根据个人所得税法，下列情形中，主管税务机关可以核定个人股权转让收入的有（ ）。

A. 转让方拒不提供股权转让收入的有关资料
B. 申报的股权转让收入等于股权对应的净资产份额
C. 未按照规定期限办理纳税申报的
D. 将股权低价转让给自己的妹妹
E. 转让方无法提供股权转让收入的有关资料

[答案] AE

[解题思路] 根据[提示1]和[提示3]中股权转让所得的情况总结，对比题目的不同要求，对号入座。

[2013年真题·多选题] 关于个人所得税应纳税所得额的说法，正确的有（ ）。

A. 在中国境内的外商投资企业中工作的外籍人员，其每月的工资、薪金收入额允许减除4 800元的费用，余额为应纳税所得额
B. 个体工商户业主每月可扣除3 000元的生计费用
C. 个人独资企业的个人投资者每月可扣除4 000元的生计费用
D. 合伙企业的个人投资者每月可扣除5 000元的生计费用
E. 个人通过非营利的社会团体向公益性青少年活动场所的捐赠准予在缴纳个人所得税前全额扣除

[答案] AE

[解析] 个体工商户业主、个人独资企业的个人投资者、合伙企业的个人投资者每月可扣除的都是3 500元的生计费用，故 B、C、D 三项错误。

【考点十六】个人所得税税收优惠

一、免纳个人所得税的个人所得项目（节选）

（1）省级人民政府、国务院部委和中国人民解放军军级以上单位，以及外国组织颁发的科学、教育、技术、文化、体育、环境保护等方面的奖金。

（2）国家发行的金融债券利息和国债，教育储蓄存款利息以及国务院财政部门确定的其它专项储蓄存款或者储蓄性专项基金存款利息。

（3）2012年及以后年度发行的地方政府债券利息收入。

（4）储蓄存款2008年10月9日后孳生的利息所得。

（5）依照国家统一规定发给的补贴、津贴。

（6）福利费、抚恤金、救济金。

（7）保险赔款。

（8）军人的转业费、复员费。

（9）按国家统一规定发给干部、职工的安家费、退职费、退休工资、离休工资、离休生活补助费。

（10）转让上市公司股票取得的所得。

二、下列各项个人所得，减征个人所得税

（1）自2013年1月1日起，个人从公开发行和转让市场取得的上市公司股票，税率为20%。

（2）自2014年7月1日起至2019年6月30日止，个人持有全国中小企业股份转让系统挂牌公司的股票，税率为20%。

上述第（1）和（2）项根据不同的持股期限，均有减征个人所得税的情况，具体减免如表 5-14 所示。

表 5-14　减征个人所得税应纳税所得额的确认

持股期限	应纳税所得额的确认
持股期限在 1 个月以内（含 1 个月）的	股息红利所得全额计入应纳税所得额
持股期限在 1 个月以上至 1 年（含 1 年）的	暂减按 50% 计入应纳税所得额
持股期限超过 1 年的	暂减按 25% 计入应纳税所得额

（3）对个人投资者持有 2016—2018 年发行的铁路债券取得的利息收入，减按 50% 计入应纳税所得额计征个人所得税。

三、经批准可以减征个人所得税的情形

（1）残疾、孤老人员和烈属的所得。
（2）因严重自然灾害造成重大损失的。
（3）其他经国务院财政部门批准减税的。

四、适用分期缴纳税款政策的情形

（1）自 2016 年 1 月 1 日起，全国范围内的中小高新技术企业以未分配利润、盈余公积、资本公积向个人股东转增股本时，个人股东获得转增的股本，按照"利息、股息、红利所得"项目，适用 20% 税率缴纳个人所得税。

（2）自 2016 年 1 月 1 日起，全国范围内的高新技术企业转化科技成果，给予本企业相关技术人员的股权奖励。按照"工资薪金所得"项目计算缴纳个人所得税。

【提示】以上两种情况，若个人一次缴纳个人所得税确有困难的，可根据实际情况在不超过 5 个公历年度内（含）分期缴纳，并将有关资料报主管税务机关备案。

五、适用递延纳税政策的情形

非上市公司授予本公司员工的股票期权、股权期权、限制性股票和股权奖励，可实行递延纳税政策，即员工在取得股权激励时可暂不纳税，递延至转让该股权时纳税。股权转让时，按股权转让收入减除股权取得成本以及合理税费后的差额，适用"财产转让所得"项目，按照 20% 的税率计算缴纳个人所得税。

经典例题

[2015 年真题·多选题] 2014 年 6 月，中国公民李某购入深交所上市的某互联网金融公司股票，根据个人所得税法，下列应纳税所得额的说法中，正确的有（　　）。
A. 持股期限少于 1 个月的，其股息红利所得不计入应纳税所得额
B. 持股期限 1 个月的，其股息红利所得全额计入应纳税所得额
C. 持股期限 6 个月的，其股息红利所得减按 50% 计入应纳税所得额
D. 持股期限 1 年的，其股息红利所得减按 25% 计入应纳税所得额
E. 持股期限超过 1 年的，其股息红利所得减按 20% 计入应纳税所得额
[答案] BC
[解题思路] 根据表 5-14 中列出的不同持股期限，记忆时注意一下持有期限≤1 个月、>1 个月及≤1 年、>1 年的三种情形下，应纳税所得额的确认时间。

【考点十七】个人所得税征收管理

个人所得税的征收包括自行申报纳税和代扣代缴。其中，自行申报纳税的内容是考试中经常考查的，具体如表 5-15 所示。

表 5-15　自行申报缴纳个人所得税

项目	具体内容
纳税人	(1) 年应纳税所得额在 12 万元以上的（需要在年度终了后 3 个月内到主管税务机关办理纳税申报） (2) 从中国境内两处或两处以上取得工资、薪金所得的 (3) 从中国境外取得所得的（应当在年度终了后 30 日内，将应纳税款缴入国库） (4) 取得应纳税所得，没有扣缴义务人的
申报期限	(1) 个体工商户的生产、经营所得，按年计算，分月预缴，由纳税人在次月 15 日内预缴，年度终了后的 3 个月汇算清缴 (2) 企事业单位的承包经营、承租经营，由纳税人在年度终了后的 30 日缴入国库。如承包经营、承租经营所得为一年内分次取得，应在每次所得后的 15 日内预缴，年度终了后的 3 个月汇算清缴
申报地点	任职、受雇单位所在地，实际经营所在地，经常居住地，户籍所在地或劳务发生地
方式	数据电文方式、邮寄方式、直接申报方式

【提示】"代扣代缴"的内容在学习时掌握以下要点：①个人所得税以支付所得的单位或个人为扣缴义务人；②扣缴义务人每月所扣的税款，应当在次月 15 日内缴入国库；③扣缴义务人要按国家规定办理全员全额扣缴申报；④对扣缴义务人按所扣缴的税款，付给 2% 的手续费。

经典例题

[2012年真题·多选题] 关于个人所得税的说法，正确的有（　　）。
A. 按照住所和居住时间两个标准，个人所得税的纳税人分为居民纳税人和非居民纳税人
B. 从中国境外取得所得的纳税人，应当在年度终了后 30 日内向中国境内主管税务机关办理纳税申报
C. 从中国境外取得所得的纳税人不属于自行纳税申报的纳税人
D. 在中国境内两处取得工资、薪金所得的，应纳税所得额应合并计算
E. 扣缴义务人没有义务办理全员全额扣缴申报
[答案] ABD
[解析] 从中国境外取得的应纳税所得应自行申报纳税，C 项错误。扣缴义务人应当按照国家规定办理全员全额扣缴申报，E 项错误。

本章易错易混考点

【易错易混考点】不征税收入和免税收入

不征税收入和免税收入的区别如表 5-16 所示。

表 5-16　不征税收入和免税收入的区别

不征税收入	免税收入
(1) 财政拨款 (2) 依法收取并纳入财政管理的行政事业性收费 (3) 依法收取并纳入财政管理的政府性基金 (4) 国务院规定的专项用途财政性资金 【注意】上述专项用途财政性资金应同时符合下列条件：①企业能够提供规定资金专项用途的资金拨付文件；②财政部门或其他拨付资金的政府部门对该资金有专门的资金管理办法；③企业对该资金以及以该资金发生的支出单独进行核算	(1) 国债利息收入 (2) 地方政府债券利息收入 (3) 符合条件的居民企业之间的股息、红利等权益性投资收益 (4) 在中国境内设立机构、场所的非居民企业从居民企业取得与该机构、场所有实际联系的股息、红利等权益性投资收益（不包括连续经营持有居民企业公开发行并上市流通的股票不足 12 个月取得的投资收益） (5) 符合条件的非营利组织的收入（捐赠收入、政府补助收入、会费等）

[2011年真题·单选题] 下列收入中，属于企业所得税法规定的不征税收入是（　　）。
A. 国债利息收入　　　　　　　　B. 从居民企业分回的股息
C. 财政拨款　　　　　　　　　　D. 非营利组织的收入
[答案] C
[解题思路] 本题参考表5-16区分记忆不征税收入和免税收入。

历年经典真题回顾

一、单项选择题（每题1分，每题备选项中，只有1个最符合题意）

1. 企业所得税法规定应当源泉扣缴所得税，但扣缴义务人未依法缴扣，纳税人也未依法缴纳的，税务机关可以从该纳税人在中国境内其他收入项目的支付人应付的款项中，追缴该纳税人的应纳税额，这种行为属于企业所得税源泉扣缴的（　　）。[2016年真题]
A. 法定扣缴　　　　　　　　　　B. 特定扣缴
C. 指定扣缴　　　　　　　　　　D. 商定扣缴
[答案] B
[解析] 特定扣缴是规定应当依法扣缴所得税，但扣缴义务人未依法扣缴，纳税人也未依法缴纳的，税务机关可以从该纳税人在中国境内其他收入项目的支付人应付的款项中，追缴该纳税人的应纳税额。

2. 2015年6月，某劳务派遣公司购置价值4 000元的电脑一台，作为固定资产处理，会计折旧年限2年，该公司2015年可在企业所得税前扣除电脑折旧（　　）元。[2016年真题]
A. 1 000　　　　　　　　　　　B. 2 000
C. 3 000　　　　　　　　　　　D. 4 000
[答案] D
[解析] 本题考查企业所得税税收优惠。自2014年1月1日起，对所有行业企业持有的单位价值不超过5 000元的固定资产，允许一次性计入当期成本费用在计算应纳税所得额时扣除，不再分年度计算折旧。

3. 某个体工商户从事餐饮业务，其业主将自己名下的一辆汽车用于送餐服务，导致该辆汽车费用难以分清生产经营与家庭用途，2015年该辆汽车共发生相关费用95 000元，在计算个人所得税时，准予税前扣除的费用是（　　）元。[2016年真题]
A. 38 000　　　　　　　　　　B. 42 000
C. 47 500　　　　　　　　　　D. 57 000
[答案] A
[解题思路] 对于个体工商户的生产、经营所得，参考"[考点十五]个人所得税的计税依据"中[提示2]中的内容强化记忆。则准予税前扣除的费用 95 000×40％＝38 000（元）。

4. 香港某财务公司2015年4月通过沪港通投资上海证券交易所上市股票，当月实现股票买卖所得税3 000万元，该公司应缴纳企业所得税（　　）万元。[2015年真题]
A. 0　　　　　　　　　　　　　B. 300
C. 450　　　　　　　　　　　　D. 750
[答案] A
[解析] 自2014年11月17日起，对香港市场投资者通过沪港通投资上交所上市A股的转让差价所得暂免征收企业所得税。

5. 根据个人所得税法，在计算个体工商个人所得税时，可按年扣除业主的生计费用为（　　）元。[2015年真题]
A. 3 500　　　　　　　　　　　B. 9 600

C. 42 000　　　　　　　　　　　D. 48 000

[答案] C

[解析] 在计算个体工商户的生产、经营所得时，个体工商户业主每月可扣除3 500元的生计费用，则每年应扣除的生计费用＝3 500×12＝42 000（元）。

6. 中国居民张某2015年4月2日购买在全国中小型企业股份转让系统挂牌的某公司股票，6月3日分得股息红利5 000元，持股期限3个月，张某该项股息红利所得应缴纳个人所得税（　　）元。[2015年真题]

A. 150　　　　　　　　　　　　B. 250

C. 500　　　　　　　　　　　　D. 1 000

[答案] C

[解析] 本题考查个人所得税税收优惠。个人购买全国中小型企业股份转让系统挂牌的某公司股票，股息红利所得减免参考表5-14。本题股息红利所得税应缴个人所得税＝5 000×50%×20%＝500（元）。

7. 根据个人所得税法，对于某些特定人员，允许其每月的工资、薪金收入，在统一减除基本费用的基础上，再减除一定的附加减除费用，计算工资薪金所得。上述特定人员是指（　　）。[2013年真题]

A. 在中国境内的外商投资企业中工作的中方人员

B. 在中国境内外商投资企业举办讲座，取得劳务报酬收入的外籍专家

C. 应聘在中国境内的社会团体中工作的外籍专家

D. 应聘在中国境内的社会团体中工作的中方专家

[答案] C

[解析] 应聘在中国境内的社会团体中工作的外籍专家，允许其每月的工资、薪金收入，在统一减除基本费用的基础上，再减除一定的附加减除费用，计算工资薪金所得。

8. 决定企业之间合并缴纳企业所得税的权限集中在（　　）。[2011年真题]

A. 财政部　　　　　　　　　　　B. 国家税务总局

C. 国务院　　　　　　　　　　　D. 全国人民代表大会常务委员会

[答案] C

[解析] 本题考查征收管理。除国务院另有规定外，企业之间不得合并缴纳企业所得税。

二、多项选择题（每题2分，每题备选项中，有2个或2个以上符合题意，至少有1个错项。错选，本题不得分；少选，所选的每个选项得0.5分）

1. 个人取得的下列所得中，按规定可以减免个人所得税的有（　　）。[2014年真题]

A. 科技部颁发的科技创新奖金　　B. 救济金

C. 福利彩票中奖所得　　　　　　D. 国债利息

E. 信托投资收益

[答案] ABD

[解析] A、B、D三项属于可以免征个人所得税的项目。

2. 企业所得税法所称小型微利企业，除了不能从事国家限制和禁止的行业之外，还需要符合的条件是（　　）。[2012年真题]

A. 工业企业，年度应纳税所得额不超过50万元，从业人数不超过100人，资产总额不超过3 000万元

B. 非工业企业，年度应纳税所得额不超过40万元，从业人数不超过80人，资产总额不超过1 000万元

C. 工业企业，年度应纳税所得额不超过30万元，从业人数不超过100人，资产总额不超过3 000万元

D. 非工业企业，年度应纳税所得额不超过30万元，从业人数不超过80人，资产总额不超过1 000万元

E. 非工业企业，年度应纳税所得额不超过20万元，从业人数不超过80人，资产总额不超过1 000万元

[答案] CD

[解析] 本题考查企业所得税税率。符合条件的小型微利企业，是指从事国家非限制和禁止行业，并符合下列条件的企业：①工业企业，年度应纳税所得额不超过30万元，从业人数不超过100人，资产总额不超过3 000万元；②其他企业，年度应纳税所得额不超过30万元，从业人数不超过80人，资产总额不超过1 000万元。

三、案例分析题（每题2分。由单选和多选组成。错选，本题不得分；少选，所选的每个正确选项得0.5分）

中国公民章先生2016年7月从中国境内取得收入的情况如下：

（1）从任职公司取得工资收入8 500元；

（2）出版学术著作一部，出版社支付稿酬80 000元；

（3）一次性取得会计咨询收入40 000元；

（4）参加某电视台举办的有奖竞猜活动取得中奖所得8 000元；

（5）取得保险赔偿30 000元；

（6）取得国债利息收入5 000元；

（7）转让上海证交所上市股票取得所得15 000元；通过沪港通投资香港联交所上市股票取得转让所得8 000元。

工资薪金所得适用个人所得税税率表如下所示。

级数	全月应纳税所得额	税率（%）	速算扣除数（元）
1	不超过1 500元的	3	0
2	超过1 500元~4 500元的部分	10	105
3	超过4 500元~9 000元的部分	20	555
4	超过9 000元~35 000元的部分	25	1 005
5	超过35 000元~55 000元的部分	30	2 755
6	超过55 000元~80 000元的部分	35	5 505
7	超过80 000元的部分	45	13 505

根据以上材料，回答下列问题。[2016年真题]

1. 章先生取得工资收入应缴纳个人所得税（　　）元。

　　A. 395　　　　　　　　　　B. 445

　　C. 545　　　　　　　　　　D. 745

[答案] B

[解析] 对于个人薪资所得，按照个人所得税税率表进行确认计算，则章先生取得工资收入应缴纳个人所得税＝（8 500－3 500）×20%－555＝445（元）。

2. 章先生取得稿酬收入应缴纳个人所得税（　　）元。

　　A. 8 960　　　　　　　　　B. 11 200

　　C. 12 800　　　　　　　　D. 16 000

[答案] A

[解析] 稿酬所得按照20%的税率减征30%确认相关的个人所得税应纳税额,则章先生取得稿酬收入应缴纳个人所得税＝80 000×(1－20%)×20%×(1－30%)＝8 960(元)。

3. 章先生取得会计咨询收入应缴纳个人所得税( )元。
   A. 6 400　　　　　　　　　　　B. 7 600
   C. 8 000　　　　　　　　　　　D. 9 600

[答案] B

[解析] 会计咨询收入属于劳务报酬所得,则章先生取得会计咨询收入应缴纳个人所得税＝40 000×(1－20%)×30%－2 000＝7 600(元)。

4. 章先生参加有奖竞猜活动取得中奖所得应缴纳个人所得税( )元。
   A. 0　　　　　　　　　　　　　B. 1 280
   C. 1 600　　　　　　　　　　　D. 2 000

[答案] C

[解析] 有奖竞猜活动属于偶然所得,要将全部所得按照20%的税率计算缴纳,则章先生参加有奖竞猜活动取得中奖所得应缴纳个人所得税＝8 000×20%＝1 600(元)。

5. 关于章先生涉税事务的说法,正确的有( )。
   A. 章先生取得的国债利息收入应缴纳1 000元的个人所得税
   B. 章先生取得的保险赔款属于偶然所得,适用20%的个人所得税率
   C. 章先生通过沪港通投资香港联交所上市股票取得转让所得,免纳个人所得税
   D. 章先生是自行申报纳税的纳税义务人

[答案] CD

[解析] 国债利息收入和保险赔款属于免税收入,不用缴纳个人所得税,A、B两项错误。

本章同步练习

一、**单项选择题**(每题1分,每题备选项中,只有1个最符合题意)

1. 某调查公司为符合条件的小型微利企业,假设2017年全年实现应纳税所得额50万元,该公司2017年应缴纳企业所得税( )万元。
   A. 2　　　　　　　　　　　　　B. 5
   C. 7　　　　　　　　　　　　　D. 10

2. 根据个人所得税法,从中国境外取得所得的纳税义务人,应当在年度终了后( )日内,将应纳税款缴入国库。
   A. 7　　　　　　　　　　　　　B. 15
   C. 30　　　　　　　　　　　　 D. 60

3. 居民企业以非货币性资产对外投资确认的非货币性资产转让所得,可以在不超过( )年期限内,分期均匀计入相应年度的应纳税所得额,按规定计算缴纳企业所得税。
   A. 1　　　　　　　　　　　　　B. 3
   C. 5　　　　　　　　　　　　　D. 10

4. 某企业2010年度亏损20万元,2011年度亏损10万元,2012年度盈利5万元,2013年度亏损15万元,2014年度盈利8万元,2015年度盈利6万元,2016年度盈利74万元,则2016年度的应纳税所得额为( )万元。
   A. 47　　　　　　　　　　　　 B. 48
   C. 49　　　　　　　　　　　　 D. 74

5. 与生产经营活动有关的器具、工具、家具折旧的最低年限为（　　）年。
   A. 2　　　　　　　　　　　　　　B. 4
   C. 5　　　　　　　　　　　　　　D. 10

6. 某专门从事技术转让的公司2016年度取得符合条件的技术转让所得900万元，不考虑其他因素，则该公司2016年度应缴纳企业所得税（　　）万元。
   A. 0　　　　　　　　　　　　　　B. 50
   C. 112.5　　　　　　　　　　　　D. 225

7. 张某2016年取得特许权使用费收入两次，分别为2 000元、5 000元。张某两次特许权使用费所得应纳的个人所得税税额为（　　）元。
   A. 1 040　　　　　　　　　　　　B. 920
   C. 912　　　　　　　　　　　　　D. 914

8. 在天津一外商投资企业中工作的美国专家（为非居民纳税人），2015年6月份取得由该企业发放的工资收入10 000元人民币。其6月份应纳的个人所得税为（　　）元。
   A. 745　　　　　　　　　　　　　B. 2 000
   C. 1 040　　　　　　　　　　　　D. 485

9. 对扣缴义务人所扣缴的个人所得税税款，付给（　　）的手续费。
   A. 1%　　　　　　　　　　　　　B. 2%
   C. 5%　　　　　　　　　　　　　D. 8%

二、多项选择题（每题2分，每题备选项中，有2个或2个以上符合题意，至少有1个错项。错选，本题不得分；少选，所选的每个选项得0.5分）

1. 下列所得中适用20%的比例税率的是（　　）。
   A. 工资薪金所得
   B. 特许权使用费所得
   C. 稿酬所得
   D. 个体工商户的生产经营所得
   E. 中奖所得

2. 根据企业所得税法，销售收入确认的条件包括（　　）。
   A. 收入的金额能够可靠地计量
   B. 已发生或将发生的销售方的成本能够可靠地核算
   C. 企业已在财务账上做销售处理
   D. 相关经济利益流入
   E. 销售合同已签订，并将商品所有权相关的主要风险和报酬转移给购货方

3. （　　）发生的职工教育经费支出，不超过工资薪金总额8%的部分，准予扣除；超过部分，准予在以后纳税年度结转扣除。
   A. 经认定的技术先进型服务企业
   B. 高新技术企业
   C. 设备制造企业
   D. 汽车生产企业
   E. 信息服务企业

4. 下列关于固定资产税务处理的表述中，正确的有（　　）。
   A. 停止使用的固定资产，应当从停止使用月份的次月起，停止计提折旧
   B. 未使用的房屋不得计提折旧
   C. 以经营租赁方式租入的固定资产，承租方可以计提折旧
   D. 以融资租赁方式租出的固定资产，出租方不再计提折旧

E. 已足额提取折旧仍继续使用的固定资产不得计提折旧

三、案例分析题（每题2分。由单选和多选组成。错选，本题不得分；少选，所选的每个正确选项得0.5分）

一家在北京设立的高新技术企业，2016年实际支付合理的工资薪金总额300万元，实际发生职工福利费60万元，职工教育经费20万元。另外，企业为全体员工购买补充养老保险支付50万元，购买补充医疗保险支付20万元。

1. 该企业2016年度职工福利费不准予税前扣除的金额为（　　）万元。
   A. 0　　　　　　　　　　　　B. 18
   C. 42　　　　　　　　　　　　D. 60

2. 该企业2016年度允许税前扣除的职工教育经费金额为（　　）万元。
   A. 1　　　　　　　　　　　　B. 6
   C. 7.5　　　　　　　　　　　D. 20

3. 该企业2016年度对于补充养老保险费的不准予税前扣除的金额为（　　）万元。
   A. 15　　　　　　　　　　　B. 20
   C. 30　　　　　　　　　　　D. 35

4. 该企业2016年度允许税前扣除的补充医疗保险费金额为（　　）万元。
   A. 7.5　　　　　　　　　　　B. 15
   C. 17.5　　　　　　　　　　D. 20

本章同步练习参考答案及解析

一、单项选择题

1. [答案] B
   [解析] 自2017年1月1日到2019年12月31日，对年应纳税所得额低于50万元（含50万元）的小型微利企业，其所得减按50%计入应纳税所得，按20%的税率缴纳企业所得税。该公司2017年应缴纳企业所得税＝50×50%×20%＝5（万元）。

2. [答案] C
   [解析] 从中国境外取得所得的，应当在年度终了后30日内，将应纳的税款缴入国库，并向税务机关报送纳税申报表。

3. [答案] C
   [解析] 居民企业以非货币性资产对外投资确认的非货币性资产转让所得，可以在不超过5年期限内，分期均匀计入相应年度的应纳税所得额，按规定计算缴纳企业所得税。

4. [答案] C
   [解析] 企业纳税年度发生的亏损，准予以后年度的所得弥补，但结转年限最长不得超过5年。因此2010年度的亏损不得用2016年度的盈利弥补。2016年度的应纳税所得额＝74－10－15＝49（万元）。

5. [答案] C
   [解析] 与生产经营活动有关的器具、工具、家具等固定资产折旧的最低年限为5年。

6. [答案] B
   [解析] 一个纳税年度内，居民企业技术转让所得不超过500万元的部分免征企业所得税，超过500万元的部分，减半征收企业所得税。则该公司2016年度应纳企业所得税＝（900－500）/2×25%＝50（万元）。

7. [答案] A
   [解析] 特许权使用费以个人每次取得的收入计算应纳税所得额；每次收入不足4 000元的，减除费用800元，余额为应纳税所得额；每次收入为4 000元以上的，准予扣除20%的费用，余额为应纳税所得额。张某两次特许权使用费所得应缴纳个人所得税＝（2 000－800）×20%＋5 000×（1－20%）×20%＝1 040（元）。

8. [答案] D

[解析] 在中国境内的外商投资企业和外国企业中工作的外籍人员，其每月的工资、薪金收入，在统一减除3 500元费用的基础上，再允许减除1 300元的附加减除费用。所以应纳税所得额＝10 000－3 500－1 300＝5 200（元）。工资、薪金所得超过4 500—9 000元的部分，税率为20%，速算扣除数为555元，所以应纳的个人所得税为5 200×20%－555＝485（元）。

9. [答案] B

[解析] 对个人所得税的扣缴义务人所扣缴的税款，付给2%的手续费。

二、多项选择题

1. [答案] BCE

[解析] A、D两项适用超额累进税率。

2. [答案] ABE

[解析] 企业所得税法中销售货物收入确认的条件包括：①货物销售合同已经签订，企业已将商品所有权相关的主要风险和报酬转移给购货方；②企业对已售出的货物既没有保留通常与所有权相联系的继续管理权，也没有实施有效控制；③收入的金额能够可靠地计量；④已发生或将发生的销售方的成本能够可靠地核算。

3. [答案] AB

[解析] 经认定的技术先进型服务企业、高新技术企业发生的职工教育经费支出，不超过工资薪金总额8%的部分，准予扣除；超过部分，准予在以后纳税年度结转扣除。

4. [答案] ADE

[解析] 未使用的房屋可以计提折旧，B项错误。以经营租赁方式租入的固定资产，由出租方计提折旧，C项错误。

三、案例分析题

1. [答案] B

[解析] 企业发生的职工福利费支出，不超过工资薪金总额14%的部分，准予扣除。扣除限额＝300×14%＝42（万元），纳税调整额＝实际发生额－扣除限额＝60－42＝18（万元）。

2. [答案] D

[解析] 本题考查企业所得税的税前扣除。高新技术企业发生的职工教育经费，不超过工资薪金总额8%的部分，准予在计算企业所得税应纳税所得额时扣除。扣除限额＝300×8%＝24（万元），限额大于实际发生的金额，所以准予扣除20万元。

3. [答案] D

[解析] 补充养老保险，在不超过职工工资总额5%标准内的部分，准予扣除，超过部分，不予扣除。扣除限额＝300×5%＝15（万元），实际发生50万元，所以不准予税前扣除的金额＝50－15＝35（万元）。

4. [答案] B

[解析] 补充医疗保险，在不超过职工工资总额5%标准内的部分，准予扣除，超过部分，不予扣除。扣除限额＝300×5%＝15（万元），实际发生20万元，大于扣除限额，所以按照扣除限额15万元进行扣除。

✐ 错题收集

第六章　其他税收制度

本章考情分析

年份	单项选择题	多项选择题	案例分析题	合计
2017 年	5 题 5 分	1 题 2 分	5 题 10 分	17 分
2016 年	5 题 5 分	1 题 2 分	5 题 10 分	17 分
2015 年	4 题 4 分	2 题 4 分	5 题 10 分	18 分
2014 年	5 题 5 分	1 题 2 分	5 题 10 分	17 分
2013 年	4 题 4 分	1 题 2 分	5 题 10 分	16 分

本章考点概览

本章学习提示

本章主要讲述的是各种税的相关税收制度。本辅导书详细讲解了历年常考的十一种税的税收制度。学习本章内容时切忌急躁，对于税种的学习需要根据税制要素的内容分类对比记忆，避免由于税种太多记忆混淆。

本章考点详解

【考点一】房产税
一、房产税的纳税人
不同类型的房产的纳税人如表 6-1 所示。

扫码听课

表 6-1　不同类型的房产的纳税人

房产	纳税人
产权属全民所有的	由经营管理单位纳税
产权归集体和个人所有的	由集体单位和个人纳税
产权出典的	由承典人按照房产余值纳税
纳税单位和个人无租使用房产管理部门、免税单位及纳税单位的房产的	由房产使用人纳税
产权所有人、承典人不在房屋所在地的	由房产代管人或者使用人纳税
产权未确定及租典纠纷未解决的	由房产代管人或者使用人纳税
融资租赁的房产	（1）由承租人自融资租赁合同约定开始日的次月起按照房产余值缴纳房产税 （2）合同未约定开始日的，由承租人自合同签订的次月起按照房产余值缴纳房产税

【提示】

（1）外商投资企业、外国企业和组织以及外籍个人依照《中华人民共和国房产税暂行条例》缴纳房产税。

（2）房产税的征税范围包括城市、县城、建制镇和工矿区，不包括农村。

二、房产税应纳税额的计算

房产税应纳税额的计算如图 6-1 所示。

图 6-1　房产税应纳税额的计算

三、房产税的减免

（1）国家机关、人民团体、军队自用的房产，免征房产税。

（2）由国家财政部门拨付事业经费的单位自用的房产，免征房产税；但对经费来源实行自收自支的事业单位，要按规定征收房产税。

（3）宗教寺庙、公园、名胜古迹自用的房产，免征房产税。

（4）个人所有的非营业用房产，免征房产税。

（5）对行使国家行政管理职能的中国人民银行总行（含国家外汇管理局）所属分支机构自用的房产，免征房产税。

（6）2011 年至 2020 年，为支持国家天然林资源保护二期工程的实施，对天然林资源保护二期工程免征房产税。

(7) 对按政府规定价格出租的公有住房和廉租住房，暂免征收房产税。

(8) 不在开征地区范围之内的工厂、仓库，不应征收房产税。

(9) 经财政部批准免税的其他房产，可免征房产税。

1) 企业办的各类学校、医院、托儿所、幼儿园自用的房产，免征房产税。

2) 经有关部门鉴定，对毁损不堪居住的房屋和危险房屋，在停止使用后，可免征房产税。

3) 自2004年8月1日起，对军队空余房产租赁收入暂免征收房产税。

4) 凡是在基建工地为基建工地服务的各种工棚、材料棚、休息棚和办公室、食堂、茶炉房、汽车房等临时性房屋，在施工期间，一律免征房产税。

5) 纳税人因房屋大修导致连续停用半年以上的，在房屋大修期间免征房产税，免征税额由纳税人在申报缴纳房产税时自行计算扣除。

6) 纳税单位与免税单位共同使用房屋，按各自使用的部分划分，分别征收或免征房产税。

7) 老年服务机构自用的房产免征房产税。

8) 对非营利性医疗机构、疾病控制机构和妇幼保健机构等卫生机构自用的房产，免征房产税。

9) 房地产开发企业开发的商品房在出售前，免征房产税。但对出售前房地产开发企业已经使用或出租、出借的商品房要按规定征收房产税。

【考点小贴士】由于房产税的减免内容较多，仅根据历年考试的重点内容进行总结。本章减免税的内容有一个共同点，国家机关事业单位一般都免税。

经典例题

[2016年真题·案例分析题] 某市房地产开发企业现有未出售房产A、B、C三套，A房产建于2016年初，原值4 000万元（含地价600万元），闲置待售；B房产已完工三年，原值600万元，1月初出借给乙公司，乙公司将其作为办公楼使用，合同预定出租期为一年，前两个月为免租期，后10个月租金共100万元；C房产用于开办幼儿园，原值800万元，市场价年租金10万元。当地规定按房产原值一次扣缴30%后的余值计税。

1. 该企业就A房产2016年应缴纳房产税（　　）万元。

A. 48.00　　　　　　　　B. 33.60

C. 28.56　　　　　　　　D. 0

[答案] D

[解析] 房地产开发企业开发的商品房在出售之前，不征收房产税。

2. 该企业就B房产2016年应缴纳房产税（　　）万元。

A. 12.84　　　　　　　　B. 12.00

C. 0.84　　　　　　　　D. 0

[答案] A

[解析] 房地产开发企业开发的商品房在出售之前，不征收房产税。但对出售前房地产开发企业已使用或出租、出借的商品房应按规定征收房产税。缴纳房产税 = $600 \times (1-30\%) \times 1.2\% / 12 \times 2 + 100 \times 12\% = 12.84$（万元）。

3. 该企业就C房产2016年应缴纳房产税（　　）万元。

A. 6.72　　　B. 4.5　　　C. 1.2　　　D. 0

[答案] D

[解析] 该企业房产用于开办幼儿园使用，不用缴纳房产税。

[解题思路] 本道案例分析题考查的是房产税应纳税额的计算和房产税的税收优惠，一般性税收优惠可根据[考点小贴士]分析，特殊的税收优惠依据房产税的减免对号入座。

【考点二】契税

一、契税的征税范围

契税的具体征税范围如表 6-2 所示。

扫码听课

表 6-2　契税的具体征税范围

征税范围	具体内容
国有土地使用权出让	土地使用者向国家交付土地使用权出让费用，国家将国有土地使用权在一定年限内让与土地使用者的行为
土地使用权转让	包括出售、赠与、交换或者其他方式将土地使用权转让的行为（不包括农村集体土地承包经营权的转让）
房屋买卖	(1) 以房产抵债或实物交换房屋，由产权承受人按房屋现值缴纳契税 (2) 以房产作为投资或作股权转让，由产权承受方按投资房产价值或房产买价缴纳契税（自有房屋作股权投入本人经营企业的，免征契税） (3) 买房拆料或翻建新房，应照章征收契税
房屋赠与	受赠人按规定缴纳契税（包括获奖方式取得的房产）
房屋交换	交换价值相等的不征收契税；价值不等的，按超出部分由支付差价方缴纳契税
房屋附属设施	(1) 对于承受与房屋相关的附属设施（包括停车位、汽车库、自行车库、顶层阁楼和储藏室）所有权或土地使用权的行为，要按契税法律、法规的规定征收契税；如果不涉及土地使用权和房屋所有权转移变动的，不征收契税 (2) 承受的房屋附属设施权属单独计价的，应该按当地的适用税率征收契税；与房屋统一计价的，适用与房屋相同的契税税率

【提示】境内转移土地、房屋权属，承受的单位和个人为契税的纳税人；契税实行的是3%—5%的幅度比例税率，应纳税额的计算公式为：应纳税额＝计税依据×税率。

二、契税的计税依据

土地使用权出售、房屋买卖的，计税依据为<u>成交价格</u>；土地使用权交换、房屋交换，计税依据为所交换的土地使用权、房屋的<u>价格差额</u>。

出让国有土地使用权的计税依据如表 6-3 所示。

表 6-3　出让国有土地使用权的计税依据

出让方式	计税依据
以协议出让方式的	成交价格
以竞价出让方式的	竞价的成交价格（包括土地出让金、市政建设配套费以及各种补偿费用）
通过"招、拍、挂"程序承受土地使用权	土地成交总价款（土地前期开发成本不得扣除）
先以划拨方式取得土地使用权，后改为出让方式取得该土地使用权的	补缴的土地出让金和其他出让费用
已购公有住房经补缴土地出让金和其他出让费用成为完全产权住房的	免征契税

三、契税的减免

（一）减免契税的基本规定

(1) 国家机关、事业单位、社会团体、军事单位承受土地、房屋用于办公、教学、医疗、科研和军事设施的，免征契税。

(2) 城镇职工按规定<u>第一次购买公有住房</u>的,免征契税。

(3) 承受荒山、荒沟、荒丘、荒滩土地使用权,并用于农、林、牧、渔业生产的,免征契税。

(4) 因不可抗力丧失住房而重新购买住房的,酌情减免。

(5) 土地、房屋被县级以上人民政府征用、占用后,重新承受土地、房屋权属的,由省级人民政府确定<u>是否减免</u>。

(二) 财政部规定的其他减征、免征契税的项目

(1) 如果拆迁居民因拆迁重新购置住房的,对购房成交价格中相当于拆迁补偿款的部分免征契税;成交价格超过拆迁补偿款的,对超过部分征收契税。

(2) 对于个人购买住房,2016 年 2 月 2 日起根据下列规定征收契税:①对个人购买家庭唯一住房(家庭成员范围包括购房人、配偶以及未成年子女),面积为 90 平方米及以下的,<u>减按 1%</u>的税率征收契税;面积为 90 平方米以上的,<u>减按 1.5%</u>的税率征收契税。②对个人购买家庭第二套改善性住房,面积为 90 平方米及以下的,<u>减按 1%</u>的税率征收契税;面积为 90 平方米以上的,<u>减按 2%</u>的税率征收契税。

【考点小贴士】由于契税的减免内容较多,仅根据历年考试的重点进行总结。

经典例题

[2010 年真题改编·案例分析题] 居民甲有两套住房,将其中一套住房出售给居民乙,成交价格为 200 万元,将另一套住房与居民丙交换,换得一套三室两厅两卫住房。同时,居民甲向居民丙支付差价款 100 万元。此后,居民甲将此三室两厅两卫住房出租给居民丁居住,2016 年全年租金为 5 万元(与市场租金水平相当),居民丙取得房屋后,将此房屋等价交换给居民丙的同事。(假设该省规定按房产原值一次扣除 30% 后的余值计税,契税税率为 3%)

1. 应缴纳契税的居民有( )。
A. 甲 B. 乙 C. 丙 D. 丁
[答案] AB
[解析] 契税的纳税人应该是承受房产的一方,作为互换房屋,支付差价的一方缴纳契税。甲将其中一套住房出售给乙,承受房产的一方是乙;甲将另一套房屋与丙交换并支付差价,由支付差价方甲缴纳契税。所以,应缴纳契税的是甲、乙。

2. 甲与丙交换得到一套三室两厅两卫住房,并将其出租给丁居住,则( )。
A. 2016 年丁无需缴纳房产税
B. 2016 年丁缴纳的房产税为 0.6 万元
C. 2016 年丁缴纳的房产税为 0.24 万元
D. 2016 年丁缴纳的房产税为 0.2 万元
[答案] A
[解析] 拥有房产的一方缴纳房产税,所以应该是甲缴纳房产税。

3. 甲出租房屋应缴纳的房产税为( )万元。
A. 0 B. 0.2 C. 0.3 D. 0.64
[答案] B
[解析] 对个人出租住房的,按照 4% 的税率计算,房产税 $=5 \times 4\% = 0.2$(万元)。

4. 上述居民缴纳的契税合计为( )万元。
A. 1.8 B. 4.8 C. 9 D. 10.8
[答案] C
[解析] 上述居民的应纳税额 = 计税依据 × 税率 $= 200 \times 3\% + 100 \times 3\% = 9$(万元)。

【考点三】车船税

一、车船税概述

车船税概述如表 6-4 所示。

表 6-4　车船税概述

项目	具体内容
纳税人	车辆、船舶的所有人或者管理人，即在我国境内拥有车船的单位和个人
征税范围	车辆和船舶
税率	车船税采用的是定额税率
	挂车按照货车税额的50%进行计征；拖船、非机动驳船按照机动船舶税额的50%计算
计税依据	(1) 电（汽）车、摩托车、自行车、人力车、畜力车以辆为计税标准 (2) 载货汽车、挂车、三轮汽车和低速货车以整备质量为计税标准 (3) 船舶以净吨位为计税标准 (4) 游艇以艇身长度为计税标准

二、车船税的税收优惠

（一）车船税减免的基本规定

(1) 捕捞、养殖渔船免征车船税。

(2) 军队、武装警察部队专用的车船免征车船税。

(3) 警用车船免征车船税。

(4) 对节约能源的车船减半征收车船税，使用新能源的车船免征车船税；对受严重自然灾害影响纳税困难以及有其他特殊原因确需减税、免税的，可以减征或者免征车船税。

(5) 依照法律规定应当予以免税的外国驻华使馆、领事馆、国际组织驻华机构及其有关人员的车船。

(6) 境内单位和个人租入外国籍船舶的，不征收车船税。境内单位和个人将船舶出租到境外的，应依法征收车船税。

（二）特定减免

经批准临时入境的外国车船和香港特别行政区、澳门特别行政区、台湾地区的车船，不征收车船税。

经典例题

[2016年真题·单选题] 境内某单位将船舶出租到境外的，相应车船的车船税应（　　）。

A. 正常征收　　　　　　　　B. 减半征收

C. 不征收　　　　　　　　　D. 省人民政府根据当地实际情况决定是否征收

[答案] A

[解析] 本题考查车船税。境内单位和个人租入外国籍船舶的，不征收车船税。境内单位和个人将船舶出租到境外的，应依法征收车船税。

[2015年真题·单选题] 根据车船税法，应缴车船税的是（　　）。

A. 商场待售的载货汽车　　　B. 武装警察部队专用车

C. 无偿出借的载客汽车　　　D. 经批准临时入境的外国车船

[答案] C

[解析] 本题考查车船税。A项，商场待售的载货汽车不征收车船税。B项，军队、武装警察部队专用的车船免征车船税。D项，经批准临时入境的外国车船和香港特别行政区、澳门特别行政区、台湾地区的车船，不征收车船税。

【考点四】资源税

一、资源税的纳税人和征税范围

资源税的纳税人和征税范围如表 6-5 所示。

表 6-5 资源税的纳税人和征税范围

项目	具体内容
纳税人	在中华人民共和国领域及管辖海域开采应税矿产品或者生产盐的单位和个人,以及除《资源税暂行条例》规定不缴纳水资源税的情形外,其他直接取用地表水、地下水的单位和个人
征税范围	(1) 矿产品(原油、天然气、煤炭、其他非金属矿原矿、黑色金属矿原矿、有色金属矿原矿) (2) 盐(固体盐和液体盐) (3) 水资源
注意事项	(1) 进口的矿产品和盐不征收资源税,出口应税产品不免征或退还已纳资源税 (2) 水资源税纳税人应当按照相关规定申领取水许可证

【提示】水资源税仅涉及北京、天津、山西、内蒙古、山东、河南、四川、陕西、宁夏等 9 个省（自治区、直辖市）扩大水资源税改革试点,采取水资源费改税方式,将地表水和地下水纳入征税范围,实行从量定额计征。

二、资源税的计税依据和应纳税额的计算

资源税的计税依据和应纳税额的计算如表 6-6 所示。

表 6-6 资源税的计税依据和应纳税额的计算

征税范围	计税依据	应纳税的计算
矿产品和盐	从价计征	应纳税额＝销售额×适用税率
	从量定额计征,仅用于粘土、砂石	应纳税额＝课税数量×单位税额
	销售额的特殊规定: (1) 纳税人开采应税产品由其关联单位对外销售的,按关联单位的销售额征收资源税 (2) 纳税人既有对外销售应税产品,又有将应税产品自用于除连续生产应税产品以外的其他方面的,自用部分按纳税人对外销售应税产品的平均价格计算销售额征收资源税	
水资源	一般情况	按照课税数量从量定额征收	应纳税额＝实际取用水量×适用税额
	特殊形式	水力和火力发电贯流式冷却取用水,从量定额征收	应纳税额＝实际发电量×适用税额
	其中水资源税中的适用税额为取水口所在地的适用税额		

【提示】水资源税试点省份的中央直属和跨省（区、市）水力发电取用水税额为每千瓦时 0.005 元,具体省份有特殊规定的适用当地的特殊规定。

三、资源税的减免

(1) 对油田范围内运输稠油过程中用于加热的原油、天然气免征资源税;稠油、高凝油和高含硫天然气资源税减征 40%;对三次采油、深水油气田资源税减征 30%;低丰度油气田资源税暂减征 20%。

(2) 对衰竭期煤矿开采的煤炭,资源税减征 30%;对充填开采置换出来的煤炭,资源税减征 50%。

(3) 开采原油过程中用于加热、修井的原油,免税。

(4) 对依法在建筑物下、铁路下、水体下通过填充开采方式采出的矿产资源,资源税减征 50%。对实际开采年限在 15 年以上的衰竭期矿山开采的矿产资源,资源税减征 30%。

(5) 自 2015 年 5 月 1 日起,将铁矿石资源税由减按规定税额标准的 80% 征收调整为减按规定税额标准的 40% 征收。

(6) 对纳税人开采销售共伴生矿,共伴生矿与主矿产品销售额分开核算的,对共伴生矿暂不

计征资源税；没有分开核算的，共伴生矿按主矿产品的税目和适用税率计征资源税。

(7) 水资源的减免税项目。

水资源的减免税项目如表 6-7 所示。

表 6-7 水资源的减免税项目

优惠项目	具体内容
不缴纳水资源税	(1) 农村集体经济组织及其成员从本集体经济组织的水塘、水库中取用水的 (2) 家庭生活和零星散养、圈养畜禽饮用等少量取用水的 (3) 水利工程管理单位为配置或者调度水资源取用水的 (4) 为保障矿井等地下工程施工安全和生产安全必须进行临时应急取用（排）水的 (5) 为消除对公共安全或者公共利益的危害临时应急取水的 (6) 为农业抗旱和维护生态与环境必须临时应急取水的
从低确定税额	(1) 对超过规定限额的农业生产取用水，以及主要供农村人口生活用水的集中式饮水工程取用水 (2) 对回收利用的疏干排水和地源热泵取用水
免征水资源税	(1) 规定限额内的农业生产取用水 (2) 取用污水处理再生水 (3) 除接入城镇公共供水管网以外，军队、武警部队通过其他方式取用水的 (4) 抽水蓄能发电取用水 (5) 采油排水经分离净化后在封闭管道回注的 (6) 财政部、税务总局规定的其他免征或者减征水资源税情形

【提示】纳税人的减免税项目，应当单独核算销售额或者销售数量；未单独核算或者不能准确提供销售额或者销售数量的，不予减税或免税。

经典例题

[例题·单选题] 下列各项中，关于资源税的说法错误的是（ ）。

A. 资源税的征税范围包括矿产品、盐和水资源
B. 水资源税按照从量定额的办法计征
C. 取用污水处理再生水的从低确定税额
D. 规定限额内的农业生产取用水免征水资源税

[答案] C

[解析] 根据表 6-7 可知，取用污水处理再生水的属于免征资源税的项目，而非从低适用税额的项目，故 C 项错误。

[2015 年真题·多选题] 根据资源税暂行条例，下列说法正确的有（ ）。

A. 出口的应税矿产品免征资源税
B. 开采原油过程中用于加热、修井的原油，免税
C. 资源税采取从量定额的办法计征
D. 纳税人的减免税项目无须单独核算销售额或销售数量
E. 对衰竭期煤矿开采的煤炭，资源税减征 30%

[答案] BE

[解析] 资源税进口不征，出口不免征或退征已纳资源税，故 A 项错误。资源税采用从量和从价的计征方法，故 C 项错误。纳税人的减免税项目必须单独核算，故 D 项错误。

【考点五】城镇土地使用税

一、城镇土地使用税概述

城镇土地使用税概述如表 6-8 所示。

表 6-8 城镇土地使用税概述

项目	具体内容
纳税人	(1) 城镇土地使用税由拥有土地使用权的单位或个人缴纳 (2) 土地使用权未确定或权属纠纷未解决的，由实际使用人纳税 (3) 土地使用权共有的，由共有各方分别纳税
征税范围	城市、县城、建制镇和工矿区，不包括农村
税率	实行分级幅度税额税率
应纳税额的计算	应纳税额＝计税土地面积（平方米）×适用单位税额

【提示】

(1) 经济落后地区的城镇土地使用税适用税额标准可以适当降低，但降低额不得超过规定的最低税额的 30％。经济发达地区城镇土地使用税的适用税额标准可以适当提高，但须报经财政部批准。

(2) 对在城镇土地使用税征税范围内单独建造的地下建筑用地，给予税收优惠，暂按应征税额的 50％征收。

二、城镇土地使用税的减免

(一) 城镇土地使用税免税的基本规定

(1) 国家机关、人民团体、军队自用的土地。

(2) 由国家财政部门拨付事业经费的单位自用的土地。

(3) 宗教寺庙、公园、名胜古迹自用的土地。

(4) 市政街道、广场、绿化地带等公共用地。

(5) 直接用于农、林、牧、渔业的生产用地。

(6) 经批准开山填海整治的土地和改造的废弃土地，从使用的月份起免缴土地使用税 5 年至 10 年。

(二) 城镇土地使用税减免的特殊规定

(1) 对非营利性医疗机构、疾病控制机构和妇幼保健机构等卫生机构自用的土地，免征城镇土地使用税。

(2) 企业办的学校、医院、托儿所、幼儿园，其用地能与企业其他用地明确区分的，免征城镇土地使用税。

(3) 免税单位无偿使用纳税单位的土地，免征城镇土地使用税。

(三) 城镇土地使用税其他减免税的规定

(1) 凡是缴纳了耕地占用税的，从批准征用之日起满 1 年后征收城镇土地使用税；征用非耕地的，应从批准征用之次月起征收城镇土地使用税。

(2) 房地产开发公司建造商品房的用地，除经批准开发建设经济适用房的用地外，一律不得减免城镇土地使用税。

(3) 凡在开征范围内的土地，除直接用于农、林、牧、渔业的，按规定免予征税外，一律不得减免城镇土地使用税。

(4) 对企业的铁路专用线、公路等用地，除另有规定外，在企业厂区以内的，应照章征收土地使用税；在厂区以外、与社会公用地段未加隔离的，暂免征收土地使用税。

(5) 对企业厂区以内的绿化用地，应照章征收土地使用税，厂区以外的公共绿化用地和向社会开放的公园用地，暂免征收城镇土地使用税。

（6）对盐场的盐滩、盐矿的矿井用地，暂免征收城镇土地使用税。

（7）对改造安置住房建设用地免征城镇土地使用税。

（8）对火电厂厂区围墙内的用地，均应照章征收土地使用税。对厂区围墙外的灰场、输灰管、输油（气）管道、铁路专用线用地，免征土地使用税；厂区围墙外的其他用地，应照章征税。

1）水电站的发电厂房用地（包括坝内、坝外式厂房）、生产、办公、生活用地，照章征收土地使用税；对其他用地给予免税照顾；水库库区用地，属于"其他用地"的范围，免征城镇土地使用税。

2）对供电部门的输电线路用地、变电站用地，免征城镇土地使用税。

（9）对军队自用的土地免征土地使用税。

1）军需工厂用地，凡专门生产军品的，免征土地使用税。

2）生产经营民品的，依照规定征收土地使用税；既生产军品又生产经营民品的，可按各占的比例划分征免土地使用税。

（10）个人出租房屋，不分用途，免征城镇土地使用税。

（11）自2017年1月1日起至2019年12月31日，对物流企业自有的（包括自用和出租）大宗商品仓储设施用地，减按所属土地等级适用税额标准的50%计征城镇土地使用税。

【考点小贴士】

（1）城镇土地使用税和房产税的减免规定有相似处，可对比进行记忆（一般国家机关，以及一些事业单位的土地都免税）。

（2）由于城镇土地使用税的减免内容较多，仅根据历年考试的重点进行总结。

经典例题

[2016年真题·单选题] 某市一大型水电站的下列用地应免予征收城镇土地使用税的是（　　）。

A. 生产用地　　　　　　　　　　B. 水库库区用地

C. 生活用地　　　　　　　　　　D. 境内厂房用地

[答案] B

[解析] 企业内部用地除另有规定外，均需征收城镇土地使用税。水库库区用地，属于"其他用地"的范围，免征土地使用税。

[2016年真题·案例分析题] 某镇企业2014年12月底经批准征用一块耕地，占地面积5 000平方米，五等地段，用于厂区内绿化，2015年12月经批准征用一块非耕地，占地面积3 000平方米，属于三等地段。其中医院、托儿所各占1 000平方米，其余为工作区。三等地段年城镇土地使用税税额3元/平方米，五等地段年城镇土地使用税税额2元/平方米。

1. 该企业绿化用地2016年全年应缴纳城镇土地使用税（　　）元。

A. 15 000　　　　　　　　　　B. 12 500

C. 10 000　　　　　　　　　　D. 0

[答案] C

[解析] 凡是缴纳了耕地占用税的，从批准征用之日起满一年后征收城镇土地使用税，所以本企业2015年不用缴纳城镇土地使用税，但2016年需要征收的土地使用税为5 000×2＝10 000（元）。

2. 该企业征用的非耕地2016年全年应缴纳城镇土地使用税（　　）元。

A. 6 000　　　B. 3 000　　　C. 1 000　　　D. 0

[答案] B

[解析] 征用非耕地因不需要缴纳耕地占用税，应从批准征用之次月起征收城镇土地使用税。由于该企业的医院、幼儿园各占1 000平方米，免征城镇土地使用税。所以该企业需要缴纳的城镇土地使用税为（3 000－1 000×2）×3＝3 000（元）。

【考点六】耕地占用税

一、耕地占用税概述

耕地占用税概述如表 6-9 所示。

表 6-9 耕地占用税概述

项目	具体内容
纳税人	占用耕地建房或者从事其他非农业建设的单位和个人,包括各类性质的企业、事业单位、社会团体、国家机关、军队以及其他单位,也包括个体工商户以及其他个人
征税范围	建房或从事其他非农业建设而占用的国家所有和集体所有的耕地
	耕地是指种植农业作物的土地,包括菜地、园地。园地包括花圃、苗圃、茶园、果园、桑园和其他种植经济林木的土地
税率	耕地占用税实行地区差别定额税率
	经济特区、经济技术开发区和经济发达且人均占有耕地较少的地区,税额可以适当提高,但是最多不得超过规定税额标准的50%
应纳税额的计算	应纳税额＝纳税人实际占用的耕地面积（平方米）×适用定额税率

二、耕地占用税的税收优惠

耕地占用税的税收优惠如图 6-2 所示。

图 6-2 耕地占用税的税收优惠

【提示】

(1) 免征或减征耕地占用税后,纳税人改变原占地用途,不再属于免征或者减征耕地占用税情形的,应当按照当地适用税额*补缴耕地占用税*。

(2) 耕地占用税由地方税务机关负责征收。

(3) 纳税人*临时占用耕地*,应当依照规定缴纳耕地占用税。纳税人在批准临时占用耕地的期限内*恢复所占用耕地原状*的,*全额退还*已缴纳的耕地占用税。

经典例题

[例题·单选题] 根据耕地占用税有关规定,下列各项土地中不属于耕地的有（　　）。

A. 果园　　　　　B. 花圃　　　　　C. 茶园　　　　　D. 工业用地

[答案] D

[解析] 本题考查耕地占用税的征税范围。耕地是指种植农业作物的土地,包括菜地、园地。其中,园地包括花圃、苗圃、茶园、果园、桑园和其他种植经济林木的土地。

> **经典例题**

[例题·多选题] 下列各项中，应征收耕地占用税的有（   ）。
A. 铁路线路占用耕地　　　　　B. 养老院占用耕地
C. 医院占用耕地　　　　　　　D. 军事设施占用耕地
E. 公路线路占用耕地
[答案] AE
[解题思路] 判断是否需要征收耕地占用税，可以参考图 6-2 总结的耕地占用税税收优惠的相关内容，运用排除法记忆分析。

【考点七】土地增值税

一、土地增值税概述

土地增值税概述如表 6-10 所示。

表 6-10　土地增值税概述

项目	具体内容
纳税人	转让国有土地使用权、地上建筑物及其附着物并取得收入的单位（内、外资企业，行政事业单位）和个人（中、外籍个人）
征税范围	对转让国有土地使用权、地上建筑物及其附着物征税
计税依据	收入额减除国家规定的各项扣除项目后的余额，即在转让房地产中获取的增值额
	应税收入包括货币收入、实物收入、其他收入
应纳税额的计算	应纳税额＝增值额×适用的税率－扣除项目金额×速算扣除系数

【提示】土地增值税四级超率累进税率如表 6-11 所示。

表 6-11　土地增值税四级超率累进税率

级数	增值额与扣除项目金额的比率	税率（％）	速算扣除系数（％）
1	不超过50％的部分	30	0
2	超过50％—100％的部分	40	5
3	超过100％—200％部分	50	15
4	超过200％的部分	60	35

二、土地增值税的税收优惠

（1）建造普通标准住宅出售，其增值额未超过扣除项目金额20％的，予以免税。增值额超过扣除项目金额20％的，应就其全部增值额按规定计税。

（2）对企事业单位、社会团体以及其他组织转让旧房作为改造安置住房房源，且增值额未超过扣除项目金额20％的，免征土地增值税。

（3）因国家建设需要依法征用、收回的房地产，免征土地增值税。

（4）因城市实施规划、国家建设需要而搬迁，由纳税人自行转让原房地产的，免征土地增值税。

（5）自2008年11月1日起，对居民个人转让住房一律免征土地增值税。

> **经典例题**

[2016年真题·单选题] 关于土地增值税的说法，错误的是（   ）。
A. 企业转让旧房作为改造安置住房房源，且增值额未超过扣除项目金额20％的，免征土地增值税

B. 纳税人建造普通标准住宅出售，增值税超过扣除项目金额20％的，未超过部分免征土地增值税，就其超过部分计税
C. 因城市规划而搬迁，由纳税人自行转让原房地产的，免征土地增值税
D. 居民个人转让住房免征收土地增值税

[答案] B

[解题思路] 土地增值税的税收优惠是历年考查的重点内容，大家可参考已总结的税收优惠记忆，其中有关数字的部分是考查的重点，须记牢。

【考点八】印花税

一、印花税的征税范围和税率

印花税的征税范围和税率如表6-12所示。

表6-12 印花税的征税范围和税率

征税范围	税率
经济合同	(1) 税率为1‰：财产租赁合同、仓储保管合同、财产保险合同 (2) 税率为0.3‰：购销合同、建筑安装工程承包合同、技术合同 (3) 税率为0.5‰：加工承揽合同、建设工程勘察设计合同、货物运输合同、记载资金的营业账簿 (4) 税率为0.05‰：借款合同
产权转移书据	产权转移书据的税率为0.5‰
营业账簿	营业账簿中除记载资金账簿以外的其他营业账簿，采取每件5元的固定税额
权利许可证照	权利许可证照包括房屋产权证、土地使用证、工商营业执照、商标注册证等，采取固定税额，单位税额为每件5元

【提示】
(1) 自2008年9月19日起，证券（股票）交易印花税改为单边征收，由出让方缴纳，受让方不缴纳，税率为1‰。
(2) 印花税的纳税人包括立合同人、立账簿人、立据人、领受人和使用人。

二、印花税应纳税额的计算

印花税应纳税额的计算如表6-13所示。

表6-13 印花税应纳税额的计算

应税凭证	计税依据	应纳税额计算
各类经济合同	合同上所记载的金额、收入或费用（从价计征）	应纳税额＝计税金额×适用税率
产权转移书据	书据中所载的金额（从价计征）	
记载资金的营业账簿	实收资本和资本公积的两项合计金额（从价计征）	
"权利、许可证照"和"营业账簿"税目中的其他账簿	以"件数"为计税依据（从量计征）	应纳税额＝凭证数量×单位税额

三、印花税的税收优惠

(1) 已缴纳印花税的凭证副本或抄本，免征印花税。
(2) 财产所有人将财产赠给政府、社会福利单位、学校所立的书据，免征印花税。
(3) 国家指定的收购部门与村民委员会、农民个人书立的农副产品收购合同，免征印花税。

(4) 无息、贴息贷款合同，免征印花税。

(5) 外国政府或国际金融组织向我国政府及国家金融机构提供优惠贷款所书立的合同，免征印花税。

(6) 房地产管理部门与个人订立的房租合同，凡房屋属于用于生活居住的，暂免贴花。

(7) 军事物资运输、抢险救灾物资运输，以及新建铁路临管线运输等的特殊货运凭证，免征印花税。

(8) 企业**因改制签订的产权转移书据，免征**印花税。

(9) 特殊货运凭证，免征印花税。

(10) 农牧业保险合同，免征印花税。

(11) 对投资者买卖封闭式证券基金，免征印花税。

(12) 对个人出租、承租住房签订的租赁合同，免征印花税。

(13) 自2018年1月1日至2020年12月31日，对金融机构与小型、微型企业签订的借款合同，免征印花税。

【提示】对开展融资租赁业务签订的融资租赁合同（含融资性售后回租），统一按照其所载明的租金总额依照"借款合同"（税率0.05‰）税目计税贴花。在融资性售后回租业务中，对承租人、出租人因出售租赁资产及购回租赁资产所签订的合同，不征收印花税。

【考点小贴士】由于印花税的减免内容较多，仅根据历年考试的重点进行总结。

经典例题

[2015年真题·案例分析题] 甲公司为新成立的企业，营业账簿中记载实收资本300万元，资本公积200万元，新启用其他营业账簿4本，当年发生活动如下：

(1) 因改制签订产权转移书据2份。

(2) 签订以物易物合同一份，用库存7 000元的A材料换取对方同等金额的B材料。

(3) 签订贴息贷款合同一份，总金额50万元。

(4) 签订采购合同一份，合同金额为6万元，但因故合同未能兑现。

已知：购销合同的印花税税率为0.3‰；借款合同的印花税税率为0.05‰；记载资金的营业账簿的印花税税率为0.5‰，除此之外的其他营业账簿税额为每件5元。

1. 甲公司设置营业账簿应缴纳印花税（　　）元。

A. 1 500　　　　B. 1 520　　　　C. 2 500　　　　D. 2 520

[答案] D

[解析] 甲公司设置营业账簿应缴纳印花税为（3 000 000＋2 000 000）×0.5‰＋4×5＝2 520（元）。

2. 甲公司签订产权转移书据应缴纳印花税（　　）元。

A. 0　　　　B. 5　　　　C. 10　　　　D. 15

[答案] A

[解析] 企业因改制签订的产权转移书据免征印花税。

3. 甲公司签订以物易物合同应缴纳印花税（　　）元。

A. 0　　　　B. 2.1　　　　C. 4.2　　　　D. 6.0

[答案] C

[解析] 以物易物合同按照两次计算缴纳印花税，7 000×0.3‰×2＝4.2（元）。

4. 甲公司签订的贴息贷款合同应缴纳印花税（　　）元。

A. 0　　　　B. 25　　　　C. 150　　　　D. 250

[答案] A

[解析] 贴息贷款合同免征印花税。

5. 甲公司签订采购合同应缴纳印花税（　　）元。
A. 0　　　　　B. 18　　　　　C. 30　　　　　D. 60
[答案] B
[解析] 甲公司签订采购合同应缴纳印花税为 60 000×0.3‰＝18（元）。

【考点九】烟叶税

烟叶税概述如表 6-14 所示。

表 6-14　烟叶税概述

项目	具体内容
纳税人	在中华人民共和国境内，依照《中华人民共和国烟草专卖法》的规定收购烟叶的单位为烟叶税的纳税人
征税范围	烟叶，包括烤烟叶、晾晒烟叶
税率	20%
计税依据	纳税人收购烟叶实际支付的价款总额，包括纳税人支付给烟叶销售者的收购价款和价外补贴
应纳税额的计算	应纳税额＝收购金额（即收购价款＋价外补贴）×20%
纳税义务发生时间	纳税人应当向烟叶收购地的主管税务机关申报缴纳烟叶税，纳税义务发生时间为纳税人收购烟叶的当日
税收优惠	暂未规定减免税项目

经典例题

[例题·单选题] 某市一家烟草公司向甲县收购烟叶，2018 年 4 月 3 日支付烟叶收购价款 100 万元，同时对烟农按照收购价款的 10% 支付了价外补贴，该烟草公司应纳的烟叶税税额为（　　）。
A. 20　　　　　B. 22　　　　　C. 24　　　　　D. 26
[答案] B
[解析] 烟叶税的计税依据为纳税人收购烟叶实际支付的价款总额，包括纳税人支付给烟叶销售者的收购价款和价外补贴，所以该烟草公司应纳烟叶税税额＝100×（1＋10%）×20%＝22（万元）。

【考点十】船舶吨税

船舶吨税概述如表 6-15 所示。

表 6-15　船舶吨税概述

项目	具体内容
纳税人	自中华人民共和国境外港口进入境内港口的船舶的负责人，应当依法缴纳船舶吨税
征税范围	自中华人民共和国境外港口进入境内港口的船舶
税率	(1) 中华人民共和国国籍的应税船舶，船籍国与中华人民共和国签订含有相互给予船舶税费最惠国待遇条款的条约或协定的应税船舶，适用优惠税率 (2) 除适用优惠税率以外的其他应税船舶，适用普通税率 (3) 拖船和非机动驳船分别按相同净吨位船舶税率的 50% 计征税款
计税依据	计税依据为船舶净吨位和船舶吨税执照期限 【注意】应税船舶在船舶吨税执照期满后尚未离开港口的，应当申领新的船舶吨税执照，自上一次执照期满的次日起续缴船舶吨税
应纳税额的计算	应纳税额＝船舶净吨位×适用税率

续表

项目	具体内容
税收优惠	下列船舶免征船舶吨税： （1）应纳税额在人民币 50 元以下的船舶 （2）自境外以购买、受赠、继承等方式取得船舶所有权的初次进口到港的空载船舶 （3）船舶吨税执照期满后 24 小时内不上下客货的船舶 （4）非机动船舶（不包括非机动驳船） （5）捕捞、养殖渔船 （6）军队、武装警察部队专用或者征用的船舶、警用船舶

经典例题

[例题·单选题] 下列关于船舶吨税的说法，错误的是（　　）。
A. 船舶吨税的征税范围是指由我国境外港口进入境内港口的船舶
B. 军队的车辆免征船舶吨税
C. 应纳税额在人民币 100 元以下的船舶，免征船舶吨税
D. 船舶吨税执照期满后 24 小时内不上下客货的船舶，免征船舶吨税
[答案] C
[解析] 应纳税额在人民币 50 元以下的船舶免征船舶吨税，C 项错误。

【考点十一】环境保护税

一、环境保护税的纳税人和征税范围

（一）纳税人

在中华人民共和国领域和中华人民共和国管辖的其他海域，直接向环境排放应税污染物的企业事业单位和其他生产经营者。

（二）征税范围

（1）应税污染物，包括大气污染物、水污染物、固体废物和噪声。
（2）依法设立的城乡污水集中处理、生活垃圾集中处理场所超过国家和地方规定的排放标准向环境排放应税污染物的。
（3）企业事业单位和其他生产经营者贮存或放置固体废物不符合国家和地方环境保护标准的。

二、环境保护税的税目、税额、计税依据及应纳税额的计算

环境保护税的税目、税额、计税依据及应纳税额的计算如表 6-16 所示。

表 6-16　环境保护税的税目、税额、计税依据及应纳税额的计算

税目	税额	计税依据	应纳税额的计算
大气污染物	每污染当量 1.2 元至 12 元	按照污染物排放量折合的污染当量数确定	应纳税额＝污染当量数×适用税额
水污染物	每污染物当量 1.4 元至 14 元	按照污染物排放量折合的污染当量数确定	应纳税额＝污染当量数×适用税额
固体废物	煤矸石每吨 5 元，尾矿每吨 15 元，危险废物每吨 1 000 元，冶炼渣、粉煤灰等固体废物每吨 25 元	按照固体废物的排放量确定	应纳税额＝固体废物排放量×适用税额
噪声	按照超标分贝数分为六档税额	按照超过国家规定标准的分贝数确定	应纳税额为超过国家规定标准的分贝数对应的具体适用税额

三、环境保护税的税收优惠

(一) 暂免征收环境保护税的情况

(1) 农业生产（不包括规模化养殖）排放应税污染物的。

(2) 机动车、铁路机车、非道路移动机械、船舶和航空器等流动污染源排放应税污染物的。

(3) 依法设立的城乡污水集中处理、生活垃圾集中处理场所排放相应应税污染物，不超过国家和地方规定的排放标准的。

(4) 纳税人综合利用的固体废物，符合国家和地方环境保护标准的。

(二) 减征环境保护税的情况

(1) 纳税人排放应税大气污染物或者水污染物的浓度值低于国家和地方规定的污染物排放标准30%的，减按75%征收环境保护税。

(2) 纳税人排放应税大气污染物或者水污染物的浓度值低于国家和地方规定的污染物排放标准50%的，减按50%征收环境保护税。

> **经典例题**
>
> [例题·单选题] 甲化工厂是环境保护税纳税人，该厂只有一个污水口排放且直接向黄河排放污水，已安装使用符合国家固定和监测规范的污染物自动监测设备。2018年5月，该排放口共排放污水8万吨，应税污染物当量为2 000，该厂应纳环境保护税为（　　）元。（该厂所在省的水污染物税率为5元/污染当量）
> A. 2 000　　　B. 5 000　　　C. 8 000　　　D. 10 000
> [答案] D
> [解析] 应税水污染物按照污染物排放量折合的污染当量数确定，应纳税额＝污染当量数×适用税额＝2 000×5＝10 000（元）。

本章易错易混考点

【易错易混考点】城市维护建设税和教育费附加

城市维护建设税和教育费附加概述如表6-17所示。

表6-17　城市维护建设税和教育费附加概述

要点		城市维护建设税	教育费附加
纳税人		负有缴纳"两税（增值税、消费税）"义务的单位和个人，包括国有企业、集体企业、私营企业、行政单位、事业单位、军事单位、社会团体以及个体工商户及其他人	对缴纳增值税、消费税的单位和个人
税率		(1) 纳税人所在地在市区的，税率为7% (2) 纳税人所在地在县城、镇的，税率为5% (3) 纳税人所在地不在市区、县城或镇的，税率为1%	征收率为3%
计税依据		纳税人实际缴纳的消费税、增值税税额之和	
应纳税额		城市维护建设税应纳税额＝纳税人实际缴纳的"两税"税额×适用税率 应纳教育费附加费用＝纳税人实际缴纳的"两税"税额×征收比率	
税收优惠	不同点	(1) 城市维护建设税按减免后实际缴纳的"两税"税额计征，即随"两税"的减免而减免 (2) 海关对进口产品代征的增值税、消费税，不征收城市维护建设税	(1) 对海关出口的产品征收的增值税、消费税不征收教育费附加 (2) 对出口产品退还增值税、消费税的，不退还已征的教育费附加

续表

要点		城市维护建设税	教育费附加
税收优惠	相同点	(1) 对于因减免税而需进行"两税"退税的，城市维护建设税、教育费附加也同时退还 (2) 经国务院批准，为支持国家重大水利工程建设，对国家重大水利工程建设基金免征城市维护建设税和教育费附加	

【提示】

（1）由受托方代扣代缴、代收代缴"两税"的单位和个人，其代扣代缴、代收代缴的城市维护建设税<u>按受托方所在地</u>适用税率执行。

（2）流动经营等无固定纳税地点的单位和个人，在经营地缴纳"两税"的，其城市维护建设税的缴纳<u>按经营地适用税率</u>执行。

（3）城市维护建设税的计税依据不包括滞纳金和罚款，城市维护建设税与"两税"同时征收，要免征或者减征"两税"，同时免征或减征城市维护建设税。

[2014年真题改编·单选题] 关于城市维护建设税和教育费附加的说法，错误的是（　　）。

A. 纳税人违反增值税、消费税有关税法规定加收的罚款不作为城市维护建设税的计税依据

B. 纳税人违反增值税、消费税有关税法规定加收的滞纳金作为城市维护建设税的计税依据

C. 对海关出口的产品征收的增值税、消费税，不征收教育费附加

D. 出口产品退还增值税、消费税的，不退还已征的教育费附加

[答案] B

[解析] 城市维护建设税的计税依据是纳税人实际缴纳的消费税、增值税两税税额之和，不包括滞纳金和罚款。城市维护建设税与"两税"同征同免，如果要免征或者减征"两税"，也要同时免征或者减征城市维护建设税，故B项错误。

历年经典真题回顾

一、单项选择题（每题1分，每题备选项中，只有1个最符合题意）

1. 通过"招、拍、挂"程序承受土地使用权的应按（　　）计征契税。[2016年真题]

　　A. 土地成交总价款

　　B. 土地成交总价款扣除土地前期开发成本

　　C. 土地成交总价款扣除土地开发成本

　　D. 土地成交总价款扣除开发成本

[答案] A

[解析] 通过"招、拍、挂"程序承受土地使用权，应按土地成交总价款计征契税，其中土地前期开发成本不得扣除。

2. 下列产品中，不征收资源税的是（　　）。[2016年真题]

　　A. 国有矿山开采的矿产品

　　B. 外商投资企业开采的矿产品

　　C. 进口的矿产品

　　D. 个体工商户开采的矿产品

[答案] C

[解析] 资源税的征税范围包括矿产品、盐和水资源。同时进口的矿产品和盐不征收资源税，出口应税产品不免征或退还已纳资源税。

3. 位于农村的甲企业受市区的乙企业委托加工桌椅，乙企业提供原材料，甲企业提供加工劳务并收取加工费，下列对乙企业城市维护建设税的税务处理中正确的是（　　）。[2015年真题]

　　A. 由乙企业在市区按7%的税率缴纳城市维护建设税

B. 由乙企业按7%的税率自行选择纳税地点

C. 由甲企业在市区按1%的税率代收代缴乙企业的城市维护建设税

D. 由甲企业在市区按7%的税率代收代缴乙企业的城市维护建设税

[答案] C

[解析] 由受托方代扣代缴、代收代缴"两税"的单位和个人，其代扣代缴、代收代缴的城建税按受托方所在地适用税率执行。纳税人所在地不在市区、县城或镇的，税率为1%。

4. 根据印花税条例，按定额税率征收印花税的是（　　）。[2014年真题]

　　A. 产权转移书据　　　　　　　　B. 借款合同

　　C. 房屋产权证　　　　　　　　　D. 建筑安装工程承包合同

[答案] C

[解析] "权利、许可证照"和"营业账簿"税目中的其他账簿，以"件数"为计税依据。

5. 李某在北京拥有一套临街商铺，由于急需用钱将商铺卖给王某，由于王某长期居住在天津，随即将商铺交给其朋友刘某使用，目前该商铺的房产税纳税人是（　　）。[2014年真题]

　　A. 李某　　　　　　　　　　　　B. 王某

　　C. 刘某　　　　　　　　　　　　D. 王某和刘某

[答案] C

[解析] 产权所有人、承典人不在房屋所在地的由房产代管人或者使用人纳税。产权所有人王某长期居住在天津，房产在北京，因此由房产使用人刘某缴纳房产税。

6. 关于土地增值税税收优惠的说法，错误的是（　　）。[2014年真题]

　　A. 对企事业单位、社会团体以及其他组织转让旧房作为改造安置住房房源，且增值额未超过扣除项目基金20%的，免征土地增值税

　　B. 纳税人建造普通标准住宅出售，增值税未超过扣除项目基金20%的，免征土地增值税

　　C. 纳税人建造普通标准住宅出售，增值税超过扣除项目基金20%的，对超过部分征收土地增值税

　　D. 对于纳税人员既建造普通标准住宅，又建造其他房地产开发的，未分别核算增值额的，其建造的普通标准住宅不能适用免税的规定

[答案] C

[解析] 纳税人建造普通标准住宅出售，增值税超过扣除项目基金20%的，应就其全部增值额按规定计税。

7. 下列房产中，不属于房产税征税范围的是（　　）。[2013年真题]

　　A. 位于城市的房产　　　　　　　B. 位于县城的房产

　　C. 位于农村的房产　　　　　　　D. 位于建制镇的房产

[答案] C

[解析] 本题考查房产税的纳税人和征税范围。房产税征税范围为在城市、县城、建制镇和工矿区范围内的房产。

8. 居民甲由于原有住房拆迁获得拆迁款60万元，后又重新购买一套新住房，房价为80万元，下列说法中，正确的是（　　）。（当地契税税率为3%）[2012年真题]

　　A. 居民甲不需缴纳契税　　　　　B. 居民甲应缴纳契税1.8万元

　　C. 居民甲应缴纳契税2.4万元　　D. 居民甲应缴纳契税0.6万元

[答案] D

[解析] 对拆迁居民因拆迁重新购置住房的，对购买成交价格相当于拆迁补偿款的部分免征契税，成交价格超过拆迁补偿款的，对超过部分征收契税。则居民甲应缴纳契税为（80−60）×3%＝0.6（万元）。

9. 下列机构和个人中,属于房产税纳税人的是( )。[2011年真题]
   A. 产权不明的房屋的使用人
   B. 拥有农村房产的农民
   C. 允许他人无租使用房产的房管部门
   D. 房屋的出典人

   [答案] A

   [解析] 本题考查房产税。B项,房产税在城市、县城、建制镇和工矿区征收,不包括农村,因此农民不是房产税纳税人。C项,房产税纳税人应为房产使用人。D项,房产纳税人应为房产承典人。

10. 关于车船税计税依据的说法,错误的是( )。[2011年真题]
    A. 畜力车以辆为计税依据
    B. 船舶以净吨位为计税依据
    C. 摩托车以辆为计税依据
    D. 电车以自重吨位为计税依据

    [答案] D

    [解析] 本题考查车船税。电车以辆为计税依据。

11. 下列资源项目中,不属于资源税征收范围的是( )。[2011年真题]
    A. 石油
    B. 天然气
    C. 液体盐
    D. 成品油

    [答案] D

    [解析] 资源税征税范围包括矿产品、盐和水资源。其中矿产品包括原油、天然气、煤炭、其他非金属矿原矿、黑色金属矿原矿、有色金属矿原矿;盐主要是固体盐和液体盐;水资源仅指本书中所列9个省份的水资源。

二、多项选择题(每题2分,每题备选项中,有2个或2个以上符合题意,至少有1个错项。错选,本题不得分;少选,所选的每个选项得0.5分)

1. 纳税人在购买房屋时,下列与房屋相关的附属设施应属于契税征收范围的有( )。[2016年真题]
   A. 自行车库
   B. 储藏室
   C. 停车位
   D. 顶层阁楼
   E. 制冷设备

   [答案] ABCD

   [解析] 对于承受与房屋相关的附属设施(包括停车位、汽车位、自行车库、顶层阁楼以及储藏室)所有权或土地使用权的行为,按照相关契税法律、法规的规定征收契税,对于不涉及土地使用权和房屋所有权转移变动的,不征收契税。

2. 下列用途的土地,应缴纳城镇土地使用税的有( )。[2015年真题]
   A. 建立在城市、县城、建制镇和工矿区以外的企业用地
   B. 学校附设的影剧院用地
   C. 军队的训练场用地
   D. 农副产品加工场地
   E. 企业厂区内的绿化用地

   [答案] BDE

   [解析] 在城市、县城、建制镇、工矿区范围外的工矿企业不缴纳城镇土地使用税,故A项错误。军队的训练场地免征城镇土地使用税,故C项错误。

3. 免征城镇土地使用税的土地包括（　　）。[2014年真题]
   A. 企业开办托儿所使用的土地
   B. 中国人民银行总行使用的土地
   C. 向居民供热并收取采暖费的供热企业使用的土地
   D. 公园内商品部使用的土地
   E. 企业研发部门使用的土地
   [答案] ABC
   [解析] D、E两项应征收城镇土地使用税。

4. 城镇土地使用税的纳税人不包括（　　）。[2013年真题]
   A. 土地的实际使用人　　　　B. 农用耕地的承包人
   C. 拥有土地使用权的单位　　D. 土地使用权共有的各方
   E. 林地的承包人
   [答案] BE
   [解析] 城镇土地使用税的纳税人是在城市、县城、建制镇、工矿区范围内使用土地的单位和个人，不包括农村。

本章同步练习

一、单项选择题（每题1分，每题备选项中，只有1个最符合题意）

1. 几个单位共同拥有一块土地的使用权，则城镇土地使用税的纳税人为（　　）。
   A. 其中实际占用土地面积最大的单位
   B. 税务机关核定的单位
   C. 协商确定纳税人
   D. 对这块土地拥有使用权的每一个单位

2. 下列各项中，不属于耕地占用税的纳税人的是（　　）。
   A. 占用耕地建住宅的某公司董事长　　B. 从事高科技研发的外商投资企业
   C. 从事农业建设的集体企业　　　　　D. 军工企业

3. 关于印花税税率，下列说法正确的是（　　）。
   A. 对A股股权转让书据的交易双方征收印花税
   B. 对B股股权转让书据的受让方征收印花税
   C. 营业账簿均适用比例税率
   D. 适用定额税率时，单位税额一律相同

4. 在融资性售后回租业务中，对承租人、出租人因出售租赁资产及购回租赁资产所签订的合同的印花税处理为（　　）。
   A. 依照"借款合同"税目照章缴纳　　B. 减半征收印花税
   C. 不征收印花税　　　　　　　　　　D. 由省级人民政府决定是否减免

5. 下列车船中，不属于免征车船税的是（　　）。
   A. 警用车辆　　　　　　　　　　　　B. 捕鱼机动船舶
   C. 商用客车　　　　　　　　　　　　D. 军队专用车辆

6. 下列关于耕地占用税的说法，错误的是（　　）。
   A. 耕地占用税是以纳税人实际占用耕地面积为计税依据，按照规定税额一次性征收
   B. 耕地占用税实行地区差别幅度比例税率
   C. 占用果园、桑园、竹园、药材种植园等园地从事非农业建设应照章征税

D. 个人占用耕地建房应缴纳耕地占用税

7. 根据契税的相关规定，以下不视同买卖房屋征收契税的是（   ）。
   A. 以房产抵债或实物交换房屋   B. 以房产作为投资或作股权转让
   C. 买房拆料或翻建新房   D. 房屋赠与

8. 某生产企业本年拥有2辆六座载客汽车和4辆整备质量为5吨的货车。当地车船税的年税额为：载重汽车每吨60元，乘人汽车每辆360元。该公司的应纳车船税为（   ）元。
   A. 960   B. 1 020
   C. 1 920   D. 2 160

9. 关于印花税的说法，错误的是（   ）。
   A. 书立各类经济合同时，以合同当事人为纳税人
   B. 应税凭证虽在境内有效，但在中国境外书立，则不需要缴纳印花税
   C. 现行印花税纳税人包括外商投资企业和外国企业
   D. 建立营业账簿，以立账簿人为纳税人

10. 关于房屋附属设施涉及契税政策的说法，错误的是（   ）。
    A. 对于承受与房屋有关的附属设施所有权的行为，应征收契税
    B. 对于承受与房屋有关的附属设施土地使用权的行为，应征收契税
    C. 采用分期付款方式购买房屋附属设施土地使用权，应按照合同规定的总价款计征契税
    D. 承受的房屋附属设施权属单独计价的，适用与房屋相同的契税税率

11. 下列各项中关于环境保护税的说法，错误的是（   ）。
    A. 应税大气污染物的计税依据为污染当量数
    B. 在我国领域直接向环境排放应税污染的企业为环境保护税的纳税人
    C. 机动车产生的流动污染源排放应税污染物的免征环境保护税
    D. 纳税人排放应税大气污染物的浓度值低于国家规定污染物排放标准50%的，减按75%征收环境保护税

二、**多项选择题**（每题2分，每题备选项中，有2个或2个以上符合题意，至少有1个错项。错选，本题不得分；少选，所选的每个选项得0.5分）

1. 下列税额税款中，不属于城市维护建设税计税依据的有（   ）。
   A. 销售产品征收的增值税税额   B. 因减免税退库的消费税税款
   C. 进口产品征收的消费税税额   D. 进口产品征收的增值税税额
   E. 减免的消费税税款

2. 以下属于经财政部批准免征房产税的房产有（   ）。
   A. 房地产开发企业未出售的商品房 B. 经鉴定已停止使用的危房
   C. 老年服务机构自用的房产   D. 权属有争议的房产
   E. 大修停用3个月以上的房产

3. 下列各项中，属于资源税纳税人的有（   ）。
   A. 开采应税矿产品的国有企业   B. 生产盐的个体工商户
   C. 进口矿产品的股份制企业   D. 经营已税矿产品的私有企业
   E. 进口盐的社会团体

4. 印花税按照征税项目划分的具体纳税人有（   ）。
   A. 立合同人   B. 使用人
   C. 立账簿人   D. 立据人
   E. 代理人

5. 下列凭证中,应缴纳印花税的有(   )。
   A. 财产所有人将财产赠给学校所立的书据
   B. 合同的正本
   C. 房地产管理部门与个人订立的生活居住房租赁合同
   D. 国家指定的收购部门与农民个人书立的农业产品收购合同
   E. 外国政府或国际金融组织向我国企业提供优惠贷款所书立的合同

本章同步练习参考答案及解析

一、单项选择题

1. [答案] D
   [解析] 土地使用权共有的,共有各方均为城镇土地使用税的纳税人,由共有各方分别纳税。

2. [答案] C
   [解析] 耕地占用税的纳税人是占用耕地建房或从事非农业建设的单位(包括国有企业、集体企业、私营企业、股份制企业、外商投资企业、外国企业以及其他企业和事业单位、社会团体、国家机关、军队以及其单位)和个人(包括个体工商户以及其他个人)。

3. [答案] D
   [解析] 自2008年9月19日起,对买卖、继承、赠与所书立的A股、B股股权转让书据的出让方按1‰的税率征收证券(股票)交易印花税,对受让方不再征收。适用定额税率的是权利、许可证照和营业账簿中除记载资金账簿以外的其他账簿,采取按件规定固定税额,单位税额均为每件5元。除记载资金账簿以外的账簿,印花税税率为0.5‰。

4. [答案] C
   [解析] 在融资性售后回租业务中,对承租人、出租人因出售租赁资产及购回租赁资产所签订的合同,不征收印花税。

5. [答案] C
   [解析] 本题考查车船税减免的范围。商用客车不属于车船税的减免范围。

6. [答案] B
   [解析] B项,耕地占用税实行地区差别定额税率。

7. [答案] D
   [解析] 视同房屋买卖的情况包括:①以房产抵债或实物交换房屋;②以房产作为投资或股权转让;③买房拆料或翻建新房。根据契税的相关规定,房屋赠与不视同买卖房屋征收契税。

8. [答案] C
   [解析] 本题考查车船税应纳税额的计算。该公司应纳车船税=360×2+5×4×60=1 920(元)。

9. [答案] B
   [解析] 本题考查印花税的规定。B项,适用于中国境内,并在中国境内具备法律效力的应税凭证,无论在中国境内或者境外书立,均应依照印花税的规定贴花。

10. [答案] D
    [解析] 承受的房屋附属设施权属单独计价的,按照当地确定的适用税率征收契税;与房屋统一计价的,适用与房屋相同的契税税率。

11. [答案] D
    [解析] 纳税人排放应税大气污染物或者水污染物的浓度值低于国家和地方规定的污染物排放标准30%的,减按75%征收环境保护税;纳税人排放大气污染物或者水污染物的浓度值低于国家和地方规定的污染物排放标准50%的,减按50%征收环境保护税,D项错误。

二、多项选择题

1. [答案] CDE
   [解析] 城市维护建设税税收减免具体有以下几种情况:①城市维护建设税按减免后实际缴纳的"两税"税额计征,即随"两税"的减免而减免;②对于因减免税而需要进行"两税"退库的,城市维护建设税

也可以同时退库；③海关对进口产品代征的增值税、消费税，不征城市维护建设税；④对"两税"实行先征后返、先征后退、即征即退办法的，除另有规定外，对随"两税"附征的城市维护建设税和教育费附加，一律不予退（返）还。

2. ［答案］ABC
［解析］本题考查经财政部批准免税的其他财产。产权未确定的由房产代管人或者使用人缴纳房产税，故 D 项错误。纳税人因房屋大修导致连续停用半年以上的，在房屋大修期间免征房产税，故 E 项错误。

3. ［答案］AB
［解析］资源税的纳税人是在中华人民共和国领域及管辖海域开采应税矿产品或者生产盐的单位和个人，为资源税的纳税人。上述"单位"是指国有企业、集体企业、私有企业、股份制企业、其他企业和行政单位、事业单位、军事单位、社会团体及其他单位。"个人"是指个体工商户及其他个人。除上述单位和个人以外，进口矿产品或盐以及经营已税矿产品或盐的单位和个人均不属于资源税纳税人。

4. ［答案］ABCD
［解析］印花税按照征税项目划分的具体纳税人是立合同人、受领人、使用人、立账簿人以及立据人。

5. ［答案］BE
［解析］A、C、D 三项属于免征印花税。需要注意的是，只有外国政府或国际金融组织向我国政府及国家金融机构提供优惠贷款所书立的合同免征印花税，而向我国企业提供的优惠贷款所书立的合同要征收印花税。

错题收集

第七章　税务管理

本章考情分析

年份	单项选择题	多项选择题	案例分析题	合计
2017 年	4 题 4 分	2 题 4 分	—	8 分
2016 年	5 题 5 分	2 题 4 分	—	9 分
2015 年	5 题 5 分	2 题 4 分	—	9 分
2014 年	5 题 5 分	2 题 4 分	—	9 分
2013 年	5 题 5 分	2 题 4 分	—	9 分

本章考点概览

本章学习提示

本章税务管理多为文字性内容，其中税务登记的分类，账簿、凭证管理，发票管理是历年常考点。税款征收的管理中税收保全措施和税收强制执行措施同样也是历年考查的重点，本辅导用书均给出了不同的总结记忆方法，通过理解关键词，用习题及时巩固理解。本章第三节历年未考查过，故不做讲解。

本章考点详解

【考点一】税务登记

一、税务登记的范围

（1）实行独立的经济核算，经过工商部门批准发放营业执照的<u>企业和个体户</u>。

（2）领取企业法人营业执照的社会性团体和事业单位。

（3）企业在外地设立的分支机构和从事生产、经营的场所。

(4) 依法负有纳税义务的非从事生产、经营的单位和个人。

【提示】

(1) 税务登记是税务机关对纳税人实施税收管理的首要环节和基础工作。

(2) 一些临时取得应税收入或发生应税行为（不包括企事业单位和个人），或者只缴纳个人所得税、车船税的单位和个人，可以不办理税务登记或者只登记不发证。

经典例题

[2017年真题·单选题] 下列行为中，属于需要办理税务登记的是（   ）。

A. 公司职员将自有旧汽车卖掉　　B. 农民在农贸市场销售自种蔬菜

C. 高校教授在企业授课　　　　　D. 高校教工亲属在校内开设超市

[答案] D

[解析] 本题考查税务登记。实行独立的经济核算，经过工商部门批准发放营业执照的企业和个体户属于税务登记的范围。高校教工亲属在校内开设超市，是作为独立的主体进行经济核算，需要办理相关的营业执照同时进行税务登记，故D项正确。

二、税务登记的种类

（一）设立税务登记（所在地税务机关，时限 **30 天**）

设立税务登记的时间如表 7-1 所示。

表 7-1　设立税务登记的时间

不同的主体	设立税务登记的时间
从事生产、经营活动的纳税人	自领取营业执照之日起 30 日内
其他纳税人	应当自依法成立或纳税义务发生之日起 30 日内（税务机关核发税务登记证及副本）
扣缴义务人	应当自扣缴义务发生之日起 30 日内，向机构所在地税务机关申报办理扣缴税款登记

（二）变更税务登记（原税务机关，时限 **30 天**）

(1) 需要在工商管理部门办理变更的，自工商部门办理变更登记之日起 **30 日内**持相关证件到原税务登记机关申报办理变更税务登记。

(2) 不需在工商管理部门办理变更，或其变更登记的内容与工商登记内容无关的，应当自税务登记内容和实际发生变化之日起 **30 日内**或有关机关批准变更或发布变更之日起 **30 日内**持相关证件到原税务登记机关申报办理变更税务登记。

（三）注销税务登记

注销税务登记的具体内容如表 7-2 所示。

表 7-2　注销税务登记

受理机关	具体内容
原税务登记机关	纳税人发生解散、破产、撤销以及其他情形，依法终止纳税义务的，应当在向工商行政管理机关或者其他机关办理注销登记前，持有关证件和资料向原税务登记机关申报办理注销税务登记
	按规定不需要在工商行政管理机关或者其他机关办理注册登记的，应当自有关机关批准或者宣告终止之日起 15 日内，持有关证件和资料向原税务登记机关申报办理注销税务登记
	纳税人被工商行政管理机关吊销营业执照或者被其他机关予以撤销登记的，应当自营业执照被吊销或者被撤销登记之日起 15 日内，向原税务登记机关申报办理注销税务登记
	境外企业在中国境内承包建筑安装、装配勘探工程和提供劳务的，应当在项目完工、离开中国前 15 日内，持有关证件和资料，向原税务登记机关申报办理注销税务登记

第二篇　考点精讲及同步练习

续表

受理机关	具体内容
原税务登记机关和迁达地税务机关	纳税人因住所、经营地点变动，涉及改变税务登记机关的，应当在向工商行政管理机关或者其他机关申请办理变更、注销登记前，或者住所、经营地点变动前，持有关证件和资料，向原税务登记机关申报办理注销税务登记，并自注销税务登记之日起 30 日内向迁达地税务机关申报办理税务登记

【提示】纳税人办理注销税务登记前，应当向税务机关提交相关证明文件和资料，<u>结清应纳税款</u>、多退（免）税款、滞纳金和罚款，<u>缴销发票</u>、税务登记证件和其他税务证件，经税务机关核准后，办理注销税务登记手续。

（四）停业、复业登记

（1）实行<u>定期定额</u>征收方式的个体工商户，在营业执照核准的经营期限内需要停业的，应办理停业登记。纳税人的停业期限不得超过一年。

（2）纳税人需要在恢复生产、经营之_____提出复业登记申请。

（五）外出经营报验登记

（1）纳税人到外县、市_____出生产经营以前，持税务登记证向主管税务机关申请开具《外_____经营活动税收管理证明》的有效期<u>一般为 30 天</u>，最长不超过_____。

（2）《外出经营活动税收管_____《外出经营活动税收管理证明》回原税务登记地税务机关办理_____手续。

三、税务登记证的使用

税务登记证的使用要求如表 7－_____。

使用要求	
要亮证经营	
要遵守使用规定	税务登记证只限_____买卖或伪造
办理涉税事宜要持登记证	涉税事宜包括：_____税；③申请办理延期申报、延期缴纳税_____出经营活动税收管理证明》；⑥办理停业、歇业_____
要定期验换	税务登记证件一年_____次，三年更换一次
遗失需声明作废	税务登记证遗失后，应当在 15 日内书面报告主管税务机关并登报声明作废

四、税务登记法律责任

（1）纳税人未按规定的期限申报办理税务登记、变更或者注销登记的，需要由税务机关责令限期改正，可以处 2 000 元以下的罚款；情节严重的，处 2 000 元以上 10 000 元以下的罚款。

（2）纳税人不办理税务登记的，由税务机关责令限期改正；超过期限不改正的，经税务机关提请，由工商行政管理机关吊销其营业执照。

（3）纳税人未按规定使用税务登记证件，或者转借、涂改、损毁、买卖、伪造税务登记证件的，处 2 000 元以上 10 000 元以下的罚款；情节严重的，处 10 000 元以上 50 000 元以下的罚款。

> **经典例题**
>
> [2017 年真题·单选题] 纳税人的下列行为中，不需办理变更税务登记的是（　　）。
> A. 企业扩大经营范围，由单一生产销售 A 电子产品转为生产销售 A、B、C 三种电子产品并提供设计劳务

B. 企业由于进行股份制改造，由有限责任公司变更为股份有限公司
C. 由于经济效益良好，企业的股东决定追加投资，从500万元增资为700万元
D. 企业由于经营范围扩大，总机构从北京市迁至河北省
[解析] 本题考查税务登记。D项，由于经营范围扩大，总机构从北京市迁至河北省，需要办理注销税务登记而非变更税务登记。

[2016年真题·单选题] 纳税人《个体工商户》不办理税务登记证，由税务机关责令限期改正，逾期不改的，由（　　）。
A. 税务机关责令停业整顿
B. 税务机关处2 000元以下罚款
C. 税务机关提请工商行政管理机关吊销其营业执照
D. 税务机关处2 000元以上10 000元以下罚款
[答案] C
[解析] 本题考查税务登记的法律责任。如果纳税人不办理税务登记证，由税务机关责令限期改正，逾期不改的，由税务机关提请工商行政管理机关吊销其营业执照。

[2013年真题·单选题] 纳税人到外县（市）临时从事生产经营活动时，经申请，由税务机关核发的《外出经营活动税收管理证明》，其有效期限一般为（　　）天。
A. 30　　　　B. 60　　　　C. 90　　　　D. 180
[答案] A
[解析] 本题考查税务登记。《外出经营活动税收管理证明》的有效期限一般为30天，最长不得超过180天。

【考点二】账簿、凭证管理

一、账簿管理

账簿设置的具体要求如表7-4所示。

表7-4　账簿设置

不同的主体	具体要求
一般的纳税人	应该在领取营业执照之日起15日内设置账簿
扣缴义务人	需要自发生扣缴义务之日起10日内，按照所代扣、代收的税种，分别设置代扣代缴、代收代缴税款账簿
生产经营规模小又确无建账能力的纳税人	可以聘请专业机构或财会人员代为建账和办理账务；聘请机构或者人员有实际困难的，经县以上税务机关批准，建立收支凭证粘贴簿、进货销货登记簿或者税控装置

【提示】账簿、进销货登记簿、收支凭证粘贴簿等资料，最少要保存10年，未经税务机关批准，不得销毁（除一些特殊的规定外）。保管期满需要销毁时，应编造销毁清册，报主管部门和税务机关批准然后在其监督下销毁。

二、凭证管理

凭证管理的具体内容如表7-5所示。

表7-5　凭证管理

凭证类型	分类	具体内容
会计凭证	原始凭证	(1) 原始凭证有错误的，应由出具单位重开或者更正，更正处应当加盖出具单位印章 (2) 原始凭证如果金额有错误的，应由出具单位重开，不允许在原始凭证上更正
	记账凭证	包括收款凭证、付款凭证和转账凭证

续表

凭证管理	分类	具体内容
税收凭证	完税凭证	主要包括各种完税凭证和缴款书
	综合凭证	包括各种提退减免证、罚款收据、票款结算单、代扣代缴税款专用发票、纳税保证金收据、税票调换证

> **经典例题**
>
> [2014年真题·单选题] 关于账簿设置的说法,错误的是( )。
> A. 纳税人、扣缴义务人会计制度健全,能够通过计算机正确、完整计算其收入和所得或者代扣代缴、代收代缴税款情况的,其计算机输出的完整的书面会计记录,可视同会计账簿
> B. 账簿、收支凭证粘贴簿、进销货登记簿等资料应一律保存10年以上,未经财政主管部门批准,不得销毁
> C. 扣缴义务人应当自税收法律、行政法规规定的扣缴义务发生之日起10日内,按照所代扣、代收的税种,分别设置代扣代缴、代收代缴税款账簿
> D. 生产经营规模小又确无建账能力的纳税人,若聘请专业机构或者人员有实际困难的,经县以上税务机关批准,可以按照规定建立收支凭证粘贴簿,进货销货登记簿或者税控装置
>
> [答案] B
>
> [解析] 账簿、收支凭证粘贴簿、进销货登记簿等资料,除另有规定外,至少要保存10年,未经税务机关批准,不得销毁。保管期满需要销毁时,应编造销毁清册,报主管部门和税务机关批准后在其监督下销毁,故B项错误。

【考点三】 发票管理

一、发票管理的内容

扫码听课

发票分为<u>增值税专用发票和普通发票</u>。税务机关是发票的主管机关,负责发票的印制、采购、开具、取得、保管、缴销的管理及监督。

(一) 发票印制管理

发票印制管理如表7-6所示。

表7-6 发票印制管理

要点	具体内容
文字使用	发票应当使用<u>中文</u>印制,同时禁止在境外印制发票
印制企业的确定	税务机关应当以<u>招标方式</u>确定印制发票的企业取得发票准印证
不同发票的印制管理	(1) 增值税专用发票由<u>国务院税务主管部门</u>确定的企业来印制 (2) 其他发票由省、自治区、直辖市税务机关确定的企业印制
管理规定	(1) 国务院税务主管部门要统一确定全国的发票防伪专用品 (2) 禁止非法制造发票防伪专用品和伪造发票监制章 (3) 发票应当套印全国统一发票监制章,实行<u>不定期换版</u>制度

(二) 发票领购管理

不同经营主体领购发票的要求如表7-7所示。

表7-7 不同经营主体领购发票的要求

项目	领购要求
固定业户领购	领购发票的单位和个人需要持税务登记证件、经办人身份证明、按税主管部门规定式样制作的发票专用章的印模,向主管税务机关办理发票领购手续。主管税务机关在5个工作日内发给发票领购簿

续表

项目	领购要求
临时经营领购	税务机关对外省、自治区、直辖市来本辖区从事临时经营活动的单位和个人领购发票的，可以要求其提供保证人或者根据所领购发票的票面限额以及数量，交纳不超过1万元的保证金，并限期缴销发票

【提示】发票领购的方式包括：交旧领新、验旧领新（为主要方式）、批量供应。交旧领新、验旧领新两种方法的区别在于前者发票存根联由税务机关留存，后者由用票单位自己保管。

（三）发票的开具和保管

（1）一般情况下，收款方应向付款方开具发票；特殊情况下，由付款方向收款方开具发票。

（2）取得发票时，不得要求变更品名和金额。

（3）不符合规定的发票，不得作为财务报销凭证，任何单位和个人有权拒收。

（4）开具发票时，应全部联次一次性如实开具，并加盖发票专用章；不得虚开发票。

【提示】任何单位和个人不得有虚开发票行为，即不得为他人、为自己，让他人为自己开具以及介绍他人开具与实际经营业务情况不符的发票。

（5）任何单位和个人应当按照发票管理规定使用发票，不得有下列行为：①转借、转让、介绍他人转让发票、发票监制章和发票防伪专用品；②知道或者应当知道是私自印制、伪造、变造、非法取得或者废止的发票而受让、开具、存放、携带、邮寄、运输；③拆本使用发票；④扩大发票使用范围；⑤以其他凭证代替发票使用。

（6）发票限于领购单位和个人在本省、自治区、直辖市内开具（除国务院税务主管部门规定的特殊情形）。

（7）除特殊情形外，任何单位和个人不得跨规定的使用区域携带、邮寄、运输空白发票，同时禁止携带、邮寄或者运输空白发票出入境。

（8）开具发票不得擅自损毁。已经开具的发票存根联和发票登记簿，应当保存5年。保存期满，报经税务机关查验后销毁。

经典例题

[2016年真题·单选题] 关于发票管理的说法，正确的是（　　）。
A. 税务机关是发票的主管机关，负责发票的印制、采购、开具、取得、保管、缴销的管理及监督
B. 有固定经营场所的纳税人申请购买发票，主管税务机关有权要求其提供纳税担保人，不能提供纳税担保人的，可以视其情况，要求其提供保证金，并限期缴销发票
C. 发票登记簿应该保存3年
D. 发票可以跨省、直辖市、自治区使用
[答案] A
[解析] 本题考查发票管理。无固定经营场所的纳税人申请购买发票，主管税务机关有权要求其提供纳税担保人，不能提供纳税担保人的，可以视其情况，要求其提供保证金，并限期缴销发票，B项错误。发票登记簿应该保存5年，C项错误。除特殊情形外，发票限于领购单位和个人在本省、自治区、直辖市内开具，D项错误。

[2011年真题·单选题] 增值税专用发票由（　　）确定的企业印制。
A. 审计机关　　　　　　　　B. 国务院税务主管部门
C. 财政部门　　　　　　　　D. 工商部门
[答案] B
[解题思路] 根据发票印制管理的表7-6具体理解记忆。

二、发票检查

（一）基本规定

（1）税务机关在发票管理中有进行检查的权利，如可调出发票查验，查阅、复制相关凭证资料，向当事各方询问与发票有关的问题和情况，对相关资料可记录、录音、录像、照相等。

（2）印制、使用发票的单位和个人，一定要接受税务机关依法检查，如实反映情况，提供有关资料，不得拒绝、隐瞒。税务人员进行检查时，应当出示税务检查证。

（3）税务机关需要将已开具的发票调出查验时，应当向被查验的单位和个人开具发票换票证。税务机关需要将空白发票调出查验时，应当开具收据；经查无问题的，应当及时返还。

【提示】发票检查的方法包括对照检查法、票面逻辑推理法、顺向检查法、逆向检查法、增值税专用发票的一般检查方法（如鉴别真伪、逻辑审核、就地调查、交叉传递、双重稽核等）。

（二）处罚规定

（1）由税务机关责令改正，可以处1万元以下的罚款；有违法所得的予以没收的情形包括：

1）应当开具而未开具发票，或者未按规定的时限、顺序、栏目，全部联次一次性开具发票，或者没有加盖发票专用章的。

2）使用税控装置开具发票，未按期向主管税务机关报送开具发票的数据的。

3）使用非税控电子器具开具发票，未将非税控电子器具使用的软件程序说明资料报主管税务机关备案，或未按规定保存、报送开具发票的数据的。

4）拆本使用发票的。

5）扩大发票使用范围的。

6）以其它凭证代替发票使用的。

7）跨规定区域开具发票的。

8）未按照规定缴销发票的。

9）未按规定存放和保管发票的。

（2）跨规定的使用区域携带、邮寄、运输空白发票，以及携带、邮寄或者运输空白发票出入境的，由税务机关责令改正，可以处1万元以下的罚款；情节严重的，处1万元以上3万元以下的罚款；有违法所得的予以没收。

（3）违反发票管理办法规定虚开发票的，由税务机关没收违法所得；虚开金额在1万元以下的，可以并处5万元以下的罚款；虚开金额超过1万元的，并处5万元以上50万元以下的罚款；构成犯罪的，依法追究刑事责任。

（4）私自印制、伪造、变造发票的，非法制造发票防伪专用品的，伪造发票监制章的，由税务机关没收违法所得，没收、销毁作案工具和非法物品，并处1万元以上5万元以下的罚款；情节严重的，并处5万元以上50万元以下的罚款；对印制发票的企业，可以并处吊销发票准印证；构成犯罪的，依法追究刑事责任。

（5）由税务机关处1万元以上5万元以下的罚款；情节严重的，处5万元以上50万元以下的罚款；有违法所得的予以没收的情形包括：

1）转借、转让、介绍他人转让发票、发票监制章和发票防伪专用品的。

2）知道或者应当知道是私自印制、伪造、变造、非法取得或者废止的发票而受让、开具、存放、携带、邮寄、运输的。

（6）对违反发票管理规定2次以上或者情节严重的单位和个人，税务机关可以向社会公告。

（7）违反发票管理法规，导致其他单位或者个人未缴、少缴或者骗取税款的，由税务机关没收违法所得，可以并处未缴、少缴或者骗取的税款1倍以下的罚款。

（8）当事人对税务机关的处罚决定不服的，可以依法申请行政复议或者向人民法院提起行政诉讼。

（9）税务人员利用职权之便，故意刁难印制、使用发票的单位和个人，或者有违反发票管理法规行为的，依照国家有关规定给予处分；构成犯罪的，依法追究刑事责任。

> **经典例题**
>
> [2014年真题·单选题] 根据发票管理办法，违法后由税务机关处1万元以上5万元以下的罚款，情节严重的，处5万元以上50万元以下的罚款，并处没收违法所得的行为是（　　）。
> A. 私自印制发票的
> B. 跨规定区域开具发票的
> C. 非法代开发票的
> D. 转借、转让、介绍他人转让发票、发票监制章和发票防伪专用品的
> [答案] D
> [解析] 有下列情形之一的，由税务机关处1万元以上5万元以下的罚款；情节严重的，处5万元以上50万元以下的罚款；有违法所得的予以没收：①转借、转让、介绍他人转让发票、发票监制章和发票防伪专用品的；②知道或者应当知道是私自印制、伪造、变造、非法取得或者废止的发票而受让、开具、存放、携带、邮寄、运输的。
>
> [2013年真题·单选题] 关于发票检查的说法，错误的是（　　）。
> A. 税务机关有权查阅、复制与发票有关的凭证、资料
> B. 税务机关在查处发票案件时，对于案件有关的情况和资料，可以记录、录音、录像、照相和复制
> C. 税务机关进行检查时，应当出示税务检查证
> D. 税务机关需要将空白发票调出查验时，无需出具任何凭证即可调出，经查无问题后予以返还纳税人
> [答案] D
> [解析] 税务机关需要将空白发票调出查验时，应当开具收据；经查无问题的，应当及时返还，故D项错误。
>
> [2010年真题·单选题] 下列检查方法中，不属于发票检查方法的是（　　）。
> A. 盘存法　　　　　　　　　　B. 对照审查法
> C. 票面逻辑推理法　　　　　　D. 发票真伪鉴别法
> [答案] A
> [解析] 参考[提示]总结的记忆发票检查的方法，盘存法不属于其中，故A项错误。

【考点四】纳税申报

纳税申报的具体内容如表7-8所示。

表7-8　纳税申报

项目	主要内容
对象	（1）负有纳税义务的单位和个人 （2）取得临时应税收入或者发生应税行为的纳税人 （3）享有减税、免税待遇的纳税人（在减免税期间也需办理纳税申报） （4）扣缴义务人
方式	直接申报、邮寄申报、数据电文申报、委托代理申报
期限	企业所得税申报期限为月份或季度终了之日起15日内申报预缴，年度终了之日起5个月内向其主管机关报送年度企业所得税纳税申报表并汇算清缴

续表

项目	主要内容
期限	延期申报的相关规定： (1) 延期的具体期限一般是一个申报期限内，最长不超过 3 个月 (2) 核准延期办理纳税申报的，应当在纳税期限内预缴税款，并在核准的延期内办理纳税结算 (3) 纳税人、扣缴义务人因不可抗力，不能按期办理纳税申报或者报送代扣代缴、代收代缴税款报告表的，可以延期办理
法律责任	纳税人没有按照规定的期限办理纳税申报和报送纳税资料的，或扣缴义务人未按规定的期限向税务机关报送代扣代缴、代收代缴税款报告和有关资料的，由税务机关责令限期改正，可处 2 000 元以下罚款；情节严重的，可处 2 000 元以上 10 000 元以下的罚款

经典例题

[2015 年真题·单选题] 关于纳税申报和缴纳税款的说法，正确的是（　　）。

A. 甲公司 2015 年 1 月份成立，1—4 月份由于其他原因没有进行生产经营，没有取得应税收入，所以，应该从 6 月份开始进行纳税申报

B. 乙公司属于增值税免税纳税人，在免税期间仍坚持办理纳税申报

C. 丙公司因管理不善发生火灾，将准备进行纳税申报的资料不慎烧毁，经过税务机关批准，丙公司可以延期办理纳税申报，并且可以延期缴纳税款

D. 丁公司企业所得税申报期限为月份或季度终了之日起 15 日内申报预缴，年度终了之日起 4 个月内向其主管机关报送年度企业所得税纳税申报表并汇算清缴，结清应缴应退税款

[答案] B

[解题思路] 本题考查的内容比较综合，建议大家准确掌握不同税种纳税申报的具体内容。

[解析] 纳税人、扣缴义务人在办理了税务登记后，不论当期是否发生纳税义务，除经税务机关批准外，均应按规定办理纳税申报或者报送代扣代缴、代收代缴税款报告表，故 A 项错误。经核准延期办理纳税申报、报送事项的，应当在纳税期内按照上期实际缴纳的税额或者税务机关核定的税额预缴税款，并在核准的延期内办理税款结算，故 C 项错误。企业所得税申报期限为月份或季度终了之日起 15 日内申报预缴，年度终了之日起 5 个月内向其主管机关报送年度企业所得税纳税申报表并汇算清缴，结清应缴应退税款，故 D 项错误。

【考点五】 税收征收管理的形式

税收征收管理的形式如表 7-9 所示。

表 7-9　税收征收管理的形式

形式	适用范围
行业管理	适用于工商户集中、行业分工清楚、归口管理明确的城市的税收征收管理
区域管理	适用于大城市和县城的税收征收管理
按经济性质管理	适用于大中城市和县城工商户的税收征收管理
巡回管理	适用于农村和集贸市场的税收征收管理
驻厂管理	适合于大型企业或重点税源单位的税收征收管理

【考点六】 税款征收的管理

一、税款征收方式及适用范围

税款征收方式及适用范围如表 7-10 所示。

表7-10 税款征收方式及适用范围

征收方式	适用范围
查账征收	适用于财务会计制度较为健全，能够认真履行纳税义务的纳税单位
查定征收	适用于账册不够健全，但是能够控制原材料或者进销货的纳税单位
查验征收	适用于经营品种比较单一，经营地点、时间和商品来源不固定的纳税人
定期定额征收	适用于无完整考核依据的纳税人

> **经典例题**
>
> [2016年真题·多选题] 下列措施中，属于税款征收措施的有（　　）。
> A. 限额征收　　　B. 查定征收　　　C. 查验征收　　　D. 定期定额征收
> E. 查账征收
> [答案] BCDE
> [解析] 本题考查税款征收的方式。税款征收的方式包括查账征收、查定征收、查验征收和定期定额征收。
>
> [2012年真题·单选题] 对一些无完整考核依据的纳税人，一般采用的税款征收方式是（　　）。
> A. 代扣代缴　　　　　　　　　B. 定期定额征收
> C. 查定征收　　　　　　　　　D. 查账征收
> [答案] B
> [解析] 本题考查税款征收的管理，参考表7-10对号入座。对一些无完整考核依据的纳税人，一般采用定期定额征收方式，故B项正确。

二、税款征收的内容

（一）应纳税额的核定

纳税人有下列情形之一的，税务机关有权核定其应纳税额：

（1）依法可以不设置账簿的。

（2）依法应当设置但未设置账簿的。

（3）擅自销毁账簿或者拒不提供纳税资料的。

（4）虽设置账簿，但账目混乱或者成本资料、收入凭证、费用凭证残缺不全，难以查账的。

（5）发生纳税义务，未按照规定的期限办理纳税申报，经税务机关责令限期申报，逾期仍不申报的。

（6）纳税人申报的计税依据明显偏低，又无正当理由的。

（二）扣缴义务人代扣、代收税款的制度

扣缴义务人代扣、代收税款的制度如图7-1所示。

图7-1 扣缴义务人代扣、代收税款的制度

三、纳税担保

（一）纳税担保的适用对象

（1）税务机关有根据认为从事生产、经营的纳税人有逃避纳税义务行为的。

【提示】有上述情况时，税务机关可以在规定的纳税期限之前，责令限期缴纳税款；在限期内发现纳税人有明显的转移、隐匿其应纳税的商品、货物以及其他财产或应纳税收入的迹象的，税务机关可责令纳税人提供纳税担保。

(2) 欠缴税款的纳税人需要出境的。

(3) 纳税人从事临时经营以及未领取营业执照从事工程承包或提供劳务的。

(4) 外来经营者需要在本地购买发票的。

(二) 纳税担保的具体形式

(1) 纳税担保人担保。

(2) 纳税保证金担保。

(3) 纳税担保物担保（动产、权利证书）。

【提示】纳税担保人是指在中国境内具有纳税担保能力的公民、法人或其他经济组织，不包括国家权力机关、行政机关、审判机关和检察机关等国家机关。

四、税款追征与退还

税款追征与退还的具体内容如表 7-11 所示。

表 7-11 税款追征与追还

项目	产生原因	具体内容
税款追征	税务机关的责任	因税务机关的责任，致使纳税人、扣缴义务人未缴或者少缴税款的，税务机关在 3 年内可以要求纳税人、扣缴义务人补缴税款，但是不得加收滞纳金
	纳税人、扣缴义务人的责任	因纳税人、扣缴义务人计算错误等失误，未缴或者少缴税款的，税务机关在 3 年内可以追征税款、滞纳金；有特殊情况的，追征期可以延长到 5 年
		对偷税、抗税、骗税的，税务机关追征其未缴或者少缴的税款、滞纳金或者所骗取的税款，不受规定期限的限制
税款退还	税务机关发现	纳税人超过应纳税额缴纳的税款，税务机关发现后应当立即退还
	纳税人自己发现	纳税人自结算缴纳税款之日起 3 年内发现的，可以向税务机关要求退还多缴的税款并加算银行同期存款利息，税务机关及时查实后应当立即退还

> **经典例题**

[2017年真题·多选题] 纳税人下列行为中，属于税务机关有权核定其应纳税额的有（ ）。

A. 依照法律法规的规定可以不设置账簿的

B. 虽设置了账簿，但是账目混乱，难以查账的

C. 发生纳税义务，未按照规定期限办理纳税申报的

D. 纳税人申报的计税依据明显偏低，但是有正当理由的

E. 擅自销毁账簿的

[答案] ABE

[解析] 本题考查税款征收的管理。发生纳税义务，未按照规定期限办理纳税申报的，经税务机关责令限期申报，逾期仍不申报的需要税务机关核定其应纳税额，故 C 项错误。纳税人申报的计税依据明显偏低，且无正当理由的，需要税务机关核定其应纳税额，故 D 项错误。

[2014年真题·单选题] 关于税款追征的说法，错误的是（ ）。

A. 因税务机关责任，致使纳税人少缴纳税款的，税务机关在 5 年内可要求补缴税款，但不加收滞纳金

B. 因税务机关责任，致使纳税人少缴纳税款的，税务机关在 3 年内可要求纳税人补缴税款，但是不得加收滞纳金

C. 对于纳税人偷税、抗税和骗取税款的，税务机关可无限期追征税款、滞纳金，不受规定期限的限制

D. 因纳税人计算等失误，未缴或者少缴税款的，税务机关在3年内可以追征税款、滞纳金；有特殊情况的，追征期可延长至5年

[答案] A

[解析] 因税务机关的责任，致使纳税人少缴纳税款的，税务机关在3年内可以要求纳税人、扣缴义务人补缴税款，但是不得加收滞纳金，故A项错误。

[解题思路] 税款追征的考查中应注意具体的时限要求以及主体的区分。

【考点七】减免税的管理

一、减免税种类的划分

（1）法定减免。即在税收法律和行政法规中明确规定的减税、免税。有关税种的法规中规定的起征点、免征额也属于法定减免范围。

（2）特案减免。即特别的、专门的法规文件规定的减税、免税。

（3）临时减免。通常是定期的减税、免税，或是一次性的减税、免税。

二、减免税管理规程

减免税分为报批类减免税和备案类减免税。本辅导用书重点讲解报批类减免的内容。

报批类减免税的具体规定如下：

（1）纳税人可以向主管税务机关申请减免税，也可以直接向有权审批的税务机关申请。

（2）由纳税人所在地主管税务机关受理、应由上级税务机关审批的减免税申请，主管税务机关应当自受理申请之日起10个工作日内直接上报有权审批的上级税务机关。

（3）有审批权的税务机关对纳税人的减免税申请，应按如表7-12所示的规定时限及时完成审批工作。

表7-12 具体的审批时限

不同的级次划分	审批时限
县、区级税务机关负责审批的减免税	须在20个工作日内做出审批决定
地级市税务机关负责审批的减免税	须在30个工作日内做出审批决定
省级税务机关负责审批的减免税	须在60个工作日内做出审批决定
税务机关需要做出减免税审批决定的	应当自做出决定之日起10个工作日内向纳税人送达减免税审批书面决定

【考点八】出口退税的管理

一、出口退税的范围

出口退税的范围如图7-2所示。

图7-2 出口退税的货物和企业范围

二、出口退税的形式

免、抵、退形式主要适用于具有出口经营权的生产企业自营出口或委托出口的自产货物。当期应退税额和当期免抵退税额的计算如表 7-13 所示。

表 7-13　当期应退税额和当期免抵退税额的计算

不同情况	计算公式
当期期末留抵税额≤当期免抵退税额	当期免抵税额＝当期免抵退税额－当期应退税额 ＝当期免抵退税额－当期期末留抵税额
当期期末留抵税额＞当期免抵退税额	当期应退税额＝当期免抵退税额 当期免抵税额＝0

【提示】不征不退的形式主要是指对来料加工、进料加工采取进口免税和出口不退税的做法。其中，典型的例子是保税区内加工企业出口货物。

经典例题

[2016 年真题·单选题] 某具有出口经营权的电器生产企业（增值税一般纳税人）自营出口自产货物，2016 年 5 月末未退税前计算出的期末留抵税额为 19 万元，当期免抵退税额为 15 万元，当期免抵税额为（　　）万元。

A. 0　　　　　　B. 6　　　　　　C. 9　　　　　　D. 15

[答案] A

[解题思路] 本题根据表格中的公式对号入座。当期期末留抵税额大于当期免抵退税额时，则当期应退税额＝当期免抵退税额，当期抵免税额＝0。

本章易错易混考点

【易错易混考点】税收保全措施和税收强制执行措施

一、税收保全措施

税收保全措施的实施条件和适用范围如表 7-14 所示。

表 7-14　税收保全措施的实施条件和适用范围

要点	主要内容
实施条件	(1) 从事生产、经营的纳税人确实有逃避纳税义务的行为（转移、隐匿商品、货物或者其他财产） (2) 纳税人在规定的纳税期之前有逃避纳税义务的行为，或是在限期内发现后，责令其提供纳税担保但未能提供的
适用范围	主要是从事生产、经营的纳税人，不包括非从事生产、经营的纳税人，也不包括扣缴义务人和纳税担保人

【提示】纳税人在不能提供纳税担保的情况下，税务机关经县级以上税务局（分局）局长批准，可以采取税收保全措施。

二、税收强制执行措施

税收强制执行措施的适用范围和适用情形如表 7-15 所示。

表 7-15　税收强制执行措施的适用范围和适用情形

要点	主要内容
适用范围	未按照规定的期限缴纳或者解缴税款，经责令限期缴纳，逾期仍未缴纳的从事生产、经营的纳税人、扣缴义务人和纳税担保人

续表

要点	主要内容
适用情形	（1）从事生产、经营的纳税人、扣缴义务人未按照规定的期限缴纳或者解缴税款，可对其实行税收强制执行措施 （2）纳税担保人未按照规定的期限缴纳担保的税款，由税务机关责令限期缴纳，逾期仍未进行缴纳税款的，经县以上税务局（分局）局长批准，可对其实行税收强制执行措施

【提示】税务机关采取强制执行措施时，对有关纳税人、扣缴义务人、纳税担保人未缴纳税款的滞纳金同时强制执行。

三、税收保全措施与税收强制执行措施的比较

税收保全措施和税收强制执行措施的比较如表 7-16 所示。

表 7-16 税收保全措施和税收强制执行措施的比较

项目	税收保全措施	税收强制执行措施
不同点	书面通知纳税人的开户银行或其他金融机构冻结纳税人的相当于应纳税款的存款	书面通知纳税人的开户银行或者其他金融机构从其存款中扣缴税款
	扣押、查封纳税人的价值相当于应纳税款的商品、货物或者其他财产	拍卖或变卖所得抵缴税款、滞纳金、罚款及扣押、查封、保管、拍卖、变卖等费用后，剩余部分应当在 3 日内退还被执行人
相同点	个人及其所扶养家属维持生活必需的住房和用品（包括单价 5 000 元以下的其他生活用品），不在税收保全措施和强制执行措施的范围之内	

【提示】生活必需的住房和用品不包括机动车辆、金银饰品、古玩字画、豪华住宅或者一处以外的住房。

[2015 年真题·单选题] 李某因未按规定提供纳税担保，税务机关依法对其采取税收保全措施时，不在保全措施范围之内的财产和用品是（ ）。

A. 李某收藏的古玩字画

B. 李某接送小孩上学必需的小汽车

C. 李某送给爱人纪念结婚十周年的钻戒

D. 李某的叔叔年轻时因车祸致残，无工作能力，一直与李某共同生活，李某为其购买的电动轮椅

[答案] D

[解析] 本题考查税款征收的管理。个人及其所扶养家属维持生活必需的住房和用品，不在税收保全措施的范围之内。生活必需的住房和用品不包括机动车辆、金银饰品、古玩字画、豪华住宅或者一处以外的住房。单价 5 000 元以下的其他生活用品，不采取税收保全措施和强制执行措施。

[2015 年真题·多选题] 关于税收强制执行措施的说法，正确的是（ ）。

A. 个人唯一住房不在强制执行范围内

B. 税收强制执行措施只能由公安机关做出

C. 如果纳税人未按照规定期限缴纳税款，税务机关就采取税收强制执行措施

D. 税务机关采取强制执行措施可书面通知纳税人开户银行从其存款中扣缴税款

E. 税务机关采取强制执行措施时，主要针对纳税人未缴税款，不包括其未缴纳税款的滞纳金

[答案] AD

[解析] 税收强制执行措施由税务机关做出，故 B 项错误。从事生产经营的纳税人、扣缴义务人未按照规定的期限缴纳或者解缴税款，由税务机关责令限期缴纳，逾期仍未缴纳的，经县以上税务局（分局）局长批准，税务机关可以采取税收强制执行措施，故 C 项错误。税务机关采取强制执行措施时，对纳税人、扣缴义务人、纳税担保人未缴纳税款的滞纳金同时强制执行，故 E 项错误。

历年经典真题回顾

一、单项选择题（每题1分，每题备选项中，只有1个最符合题意）

1. 关于税收强制执行的措施说法，正确的是（　　）。[2016年真题]
   A. 税收强制执行措施不适用于扣缴义务人
   B. 作为家庭唯一的代步工具的轿车，不在税收的强制执行范围之内
   C. 税务机关可以对工资薪金收入未按期缴纳个人所得税的个人实行税收强制执行措施
   D. 税务机关采取税收强制执行措施时，可以对纳税人未缴纳税款的滞纳金同时执行
   [答案] D
   [解析] 税务机关采取强制执行措施时，对有关纳税人、扣缴义务人、纳税担保人未缴纳税款的滞纳金同时强制执行。

2. 关于发票印制管理的说法，正确的是（　　）。[2016年真题]
   A. 发票应当套印全国统一发票监制章
   B. 发票实行定期换版制度
   C. 发票只能使用中文印制
   D. 在境外从事生产经营的企业，经批准可以在境外印制发票
   [答案] A
   [解析] 发票实行不定期换版制度，B项错误。发票可以同时使用中外两种文字印制，C项错误。禁止在境外印制发票，D项错误。

3. 纳税人需先将已填用过的发票存根联交主管税务机关审核无误后，再领购新发票，已填用过的发票存根联由用票单位自己保管，这种发票领购方式称为（　　）。[2015年真题]
   A. 交旧领新　　B. 定额供应　　C. 验旧领新　　D. 批量供应
   [答案] C
   [解析] 交旧领新、验旧领新两种方法的区别在于前者发票存根联由税务机关留存，后者由用票单位自己保管。

4. 纳税人不办理税务登记的，由税务机关责令限期改正；逾期不改的，由税务机关（　　）。[2014年真题]
   A. 责令停业整顿
   B. 处2 000元以下的罚款
   C. 提请工商行政管理机关吊销其营业执照
   D. 处2 000元以上1万元以下的罚款
   [答案] C
   [解析] 本题考查税务登记的法律责任。纳税人不办理税务登记的由税务机关责令限期改正；逾期不改正的，经税务机关提请，由工商行政管理机关吊销营业执照。

5. 关于账簿设置的说法，正确的是（　　）。[2013年真题]
   A. 纳税人、扣缴义务人的会计制度健全，能够通过计算机正确、完整计算其收入和所得或者代扣代缴、代收代缴税款情况的，其计算机储存的会计记录视同会计账簿，不必打印成书面资料
   B. 账簿、收支凭证粘贴簿、进销货登记簿等资料，除另有规定者外，至少要保存5年
   C. 扣缴义务人应当自税收法律、行政法规规定的扣缴义务发生之日起15日内，按照所代扣、代收的税种，分别设置代扣代缴、代收代缴税款账簿
   D. 生产经营规模小又确无建账能力的纳税人，若聘请专业机构或者人员有实际困难的，经县以上税务机关批准，可以按照规定建立收支凭证粘贴簿、进货销货登记簿或使用税控装置

[答案] D

[解析] 纳税人、扣缴义务人会计制度健全，能够通过计算机正确、完整计算收入和所得或者代扣代缴、代收代缴税款情况的，其计算机输出的完整的书面会计记录，可视为会计账簿，必须打印成书面资料，A项错误。账簿、收支凭证粘贴簿、进销货登记簿等资料，除另有规定者外，至少要保存10年，B项错误。扣缴义务人，自发生扣缴义务之日起10日内，按照所代扣、代缴的税种，分别设置代扣代缴、代收代缴税款账簿，C项错误。

6. 下列行为中，属于违反发票管理办法的规定，由税务机关责令限期改正，可处1万元以下罚款，有违法所得予以没收的情形是（　　）。[2013年真题]
   A. 私自印制发票的
   B. 跨规定区域开具发票的
   C. 非法代开发票的
   D. 转借、转让、介绍他人转让发票、发票监制章和发票防伪专用品的

[答案] B

[解题思路] 本题参考"发票检查"中违反发票管理办法的具体规定。正确区分不同的处罚规定。

7. 下列企业变动情形中，需要注销原有税务登记的是（　　）。[2012年真题]
   A. 某企业改变经营范围　　　　B. 某企业被工商部门吊销营业执照
   C. 李某接替张某担任公司法人代表　D. 某企业由国有企业改制为股份制企业

[答案] B

[解析] 纳税人发生解散、破产、撤销以及其他情形，依法终止纳税义务的，应当在向工商行政管理机关或者其他机关办理注销登记前，持有关证件和资料向原税务登记机关申报办理。

8. 纳税人超过应纳税额多缴纳的税款，自结算税款之日起（　　）年内发现的，可以向税务机关要求退还多缴的税款，并加算银行同期存款利息。[2012年真题]
   A. 10　　　　B. 5　　　　C. 4　　　　D. 3

[答案] D

[解析] 纳税人超过应纳税额的税款，税务机关发现后应当立即退还；纳税人自结算缴纳税款之日起3年内发现的，可以向税务机关要求退还多缴的税款并加算银行同期存款利息，税务机关及时查实后应当立即退还；涉及从国库中退库的，依照法律、法规有关国库管理的规定退还。

9. 纳税人被工商行政管理机关吊销营业执照，应当自营业执照被吊销之日起（　　）日内，向原税务登记机关申请办理注销税务登记。[2011年真题]
   A. 15　　　　　　　　　　　B. 30
   C. 45　　　　　　　　　　　D. 60

[答案] A

[解析] 纳税人被工商行政管理机关吊销营业执照，应当自营业执照被吊销之日起15日内，向原税务登记机关申请办理注销税务登记。

二、多项选择题（每题2分，每题备选项中，有2个或2个以上符合题意，至少有1个错项。错选，本题不得分；少选，所选的每个选项得0.5分）

1. 关于纳税申报的说法，错误的有（　　）。[2017年真题]
   A. 纳税人、扣缴义务人可采用邮寄申报的方式申报纳税
   B. 纳税人和扣缴义务人不论当期是否发生纳税义务，都必须办理纳税申报
   C. 纳税人依法享受免税政策，在免税期间仍应按规定办理纳税申报
   D. 纳税人因不可抗力不能按期办理纳税申报的，可在不可抗力情形消除后15日内办理

E. 纳税人未按照规定的期限办理纳税申报和报送纳税资料，且情节严重的，税务机关可以处 2 000元以上 10 000元以下的罚款

[答案] BD

[解析] 本题考查纳税申报。纳税人、扣缴义务人，不论当期是否发生纳税义务，除经税务机关批准外，均应按规定办理纳税申报或者报送代扣代缴、代收代缴税款报告表，而不是必须进行纳税申报，故 B 项错误。纳税人因不可抗力不能按期办理纳税申报的，应在不可抗力情形消除后立即向税务机关报告，故 D 项错误。

2. 企业因法人资格被依法终止，在办理注销税务登记之前，应履行的手续有（　　）。[2016 年真题]

A. 缴销发票 　　　　　　　　B. 结清应纳税款

C. 结清税收滞纳金 　　　　　 D. 缴纳税收罚款

E. 缴销企业所得税纳税申报表

[答案] ABCD

[解析] 纳税人在办理注销税务登记前，应当向税务机关提交相关证明文件和资料，结清应纳税款、多退（免）税款、滞纳金和罚款，缴销发票、税务登记证件和其他税务登记证件，经税务机关核准后，办理注销税务登记手续。

3. 关于税务机关实施税收保全措施的说法，正确的有（　　）。[2013 年真题]

A. 税收保全措施仅限于从事生产、经营的纳税人

B. 只有在事实全部查清，取得充分证据的前提下才能进行

C. 冻结纳税人的存款时，其数额要以相当于纳税人应纳税款的数额为限

D. 个人及其扶养家属维持生活必需的住房和用品，不在税收保全措施的范围之内

E. 税务机关对单价 10 000元以下的其他生活用品，不采取税收保全措施

[答案] ACD

[解析] 税务机关有根据认为从事生产、经营的纳税人有逃避纳税义务行为的，可以在规定的纳税期之前，责令限期纳税；在限期内发现纳税人有明显的转移、隐匿其应纳税的商品、货物以及其他财产迹象的，税务机关应责令提供纳税担保。如果未提供担保的，经县级以上税务局局长批准，税务机关可以采取保全措施，B 项错误。5 000元以下的其他生活用品，不采取税收保全措施和强制执行措施，E 项错误。

4. 企业变更税务登记适用的范围包括（　　）。[2013 年真题]

A. 改变纳税人名称的

B. 增减注册资金的

C. 改变经济性质或企业类型的

D. 因住所、经营地点或产权关系变更而涉及改变主管税务机关的

E. 改变法定代表人的

[答案] ABCE

[解析] 因住所、生产经营场所变动而涉及改变主管税务机关的，先向原税务登记机关办理注销登记，并在 30 日内向迁达地税务登记机关申报办理税务登记。

5. 下列行为中，属于税款征收方式的有（　　）。[2012 年真题]

A. 查账征收 　　　　　　　　B. 查定征收

C. 查验征收 　　　　　　　　D. 定期定额征收

E. 由主管税务机关核定应纳税额

[答案] ABCD

[解析] 税款征收的方式包括查账征收、查定征收、查验征收、定期定额征收。

6. 在我国，通行的纳税申报方式有（   ）。[2011年真题改编]
   A. 直接申报   B. 邮寄申报
   C. 汇总申报   D. 委托代理申报
   E. 数据电文申报
   [答案] ABDE
   [解析] 纳税申报的方式包括直接申报、邮寄申报、数据电文、委托代理申报。

本章同步练习

一、单项选择题（每题1分，每题备选项中，只有1个最符合题意）

1. 对于变更税务登记，税务机关应当自受理之日起（   ）内，审核办理变更税务登记。
   A. 10日   B. 15日   C. 30日   D. 60日

2. 下列情形中，纳税人需要到税务机关申报办理注销税务登记的是（   ）。
   A. 增设或撤销分支机构的
   B. 改变生产经营期限和隶属关系的
   C. 改变开户银行和账号的
   D. 改变住所或经营地点需要改变主管税务机关的

3. 关于发票管理的说法，错误的是（   ）。
   A. 不能自行扩大专业发票的使用范围   B. 未经税务机关批准，不能拆本使用发票
   C. 开具发票不得加盖单位财务印章   D. 不能转借、转让、代开发票

4. 通常情况下，税务登记证件换证的周期是（   ）。
   A. 1年   B. 2年
   C. 3年   D. 5年

5. 纳税人未按规定的期限办理税务登记手续，情节严重的，可处以（   ）的罚款。
   A. 2 000元以下   B. 2 000元以上，10 000元以下
   C. 1 000元以上，5 000元以下 D. 5 000元以上，12 000元以下

6. 税务机关在采取税收保全措施时，不在保全措施的范围之内的物品是（   ）。
   A. 高档消费品   B. 金银首饰
   C. 单价在5 000元以上的生活用品 D. 个人及其所扶养家属维持生活必需的住房和用品

7. 关于原始凭证，下列说法中正确的是（   ）。
   A. 记账凭证是登记账簿的原始资料和重要依据
   B. 原始凭证所记载的各项内容，除摘要外，不得涂改
   C. 原始凭证有错误的，应当由单位重开，不准在原始凭证上更改
   D. 原始凭证是经济业务发生时取得或者填制的用以记录或证明经济业务或完成情况的书面证明

8. 关于纳税申报的对象，下列说法中错误的是（   ）。
   A. 负有纳税义务的单位和个人应及时办理纳税申报
   B. 取得临时应税收入的纳税人要立即办理纳税申报
   C. 享有免税待遇的纳税人，可以不办理纳税申报
   D. 扣缴义务人必须按规定报送相关资料

9. （   ）是税务机关按照纳税人提供的账表所反映的情况，依照适用税率计算缴纳税款的办法。
   A. 查定征收   B. 查账征收
   C. 查验征收   D. 定期定额征收

10. 税务机关采取强制执行措施将扣押、查封的商品、货物或者其他财产变价抵缴税款,拍卖或者变卖所得抵缴税款、滞纳金、罚款以及扣押、查封、保管、拍卖、变卖等费用后剩余部分应当在( )日内退还被执行人。
    A. 3　　　　　B. 7　　　　　C. 10　　　　　D. 15

二、**多项选择题**(每题2分,每题备选项中,有2个或2个以上符合题意,至少有1个错项。错选,本题不得分;少选,所选的每个选项得0.5分)
1. 纳税人需要办理变更税务登记的情形有( )。
    A. 改变名称　　　　　　　　　B. 改变法人代表
    C. 被工商行政机关吊销营业执照　D. 增加注册资金
    E. 改变住所或经营地点而涉及主管税务机关变动的
2. 下列不得作为纳税担保人的有( )。
    A. 国家权力机关　　　　　　　B. 从事生产经营的企业单位
    C. 行政机关　　　　　　　　　D. 审判机关
    E. 检察机关
3. 减免税种类包括( )。
    A. 法定减免　　　　　　　　　B. 特案减免
    C. 临时减免　　　　　　　　　D. 公开减免
    E. 强制减免
4. 下列财务资料中,除另有规定者外,至少要保存10年的有( )。
    A. 账簿　　　　　　　　　　　B. 发票的存根联
    C. 收支凭证粘贴簿　　　　　　D. 发票登记簿
    E. 进销货登记簿
5. 下列属于增值税专用发票检查的一般方法的有( )。
    A. 鉴别真伪　　　　　　　　　B. 逻辑审核
    C. 逆向检查　　　　　　　　　D. 就地调查
    E. 交叉传递

本章同步练习参考答案及解析

一、单项选择题
1. [答案] C
   [解析] 对于变更税务登记,税务机关应当自受理之日起30日内,审核办理变更税务登记。
2. [答案] D
   [解析] 改变住所或经营地点涉及主管税务机关变动的,需要向原主管税务机关申报办理注销税务登记,并在规定的期限内向迁达地税务机关申报办理税务登记。
3. [答案] C
   [解析] C项,开具发票要加盖单位财务印章或发票专用章。
4. [答案] C

[解析] 税务登记证件一年一验证,三年一换证。
5. [答案] B
   [解析] 未按照规定的期限办理税务登记、变更或者注销税务登记的,责令限期改正,可以处2 000元以下的罚款,情节严重的,处2 000—10 000元的罚款。
6. [答案] D
   [解析] 个人及其所扶养家属维持生活必需的住房和用品,不在税收保全措施范围之内。个人及其所扶养家属维持生活必需的住房和用品不包括机动车辆、金银饰品、古玩字画、豪华住宅或者一处以外的住房。税务机关对单价5 000元以下的其他生活用

品，不采取税收保全措施和强制执行措施。

7. [答案] D

[解析] A项，原始凭证是进行会计核算的原始资料和重要依据，记账凭证是登记账簿的依据。B项，原始凭证记载的各项内容均不得涂改。C项，原始凭证有错误的，应当由出具单位重开或者更正，更正处应当加盖出具单位印章；原始凭证金额有错误的，应当由出具单位重开，不准在原始凭证上更正。

8. [答案] C

[解析] C项，享有减税、免税待遇的纳税人，在减税、免税期间也应当依法办理纳税申报。

9. [答案] B

[解析] 查账征收是指税务机关按照纳税人提供的账表所反映的情况，依照适用税率计算缴纳税款的办法。

10. [答案] A

[解析] 拍卖或者变卖所得抵缴税款、滞纳金、罚款以及扣押、查封、保管、拍卖、变卖等费用后，剩余部分应当在3日内退还被执行人。

二、多项选择题

1. [答案] ABD

[解析] C项，纳税人被工商行政机关吊销营业执照，应当自营业执照被吊销之日起15日内，向原税务机关申报办理注销税务登记。E项，纳税人因住所、经营地点变动，涉及改变税务登记机关的，应当在向工商行政管理机关或者其他机关申请办理变更、注销登记前，或者住所、经营地点变动前，持有关证件和资料，向原税务登记机关申报办理注销税务登记，并自注销税务登记之日起30日内向迁达地税务机关申报办理税务登记。

2. [答案] ACDE

[解析] 国家机关，包括国家权力机关、行政机关、审判机关和检察机关，由于其所处地位的特殊性，不论其是否具备纳税担保能力，均不得作为纳税担保人，以保证税务机关依法执行职务，防止权力干预和各种违纪情况的发生。

3. [答案] ABC

[解析] 本题考查减免税的管理。减免税分为法定减免、特案减免、临时减免。

4. [答案] ACE

[解析] 账簿、收支凭证粘贴簿和进销货登记簿至少要保存10年。

5. [答案] ABDE

[解析] 增值税专用发票检查的一般方法包括鉴别真伪、逻辑审核、就地调查、交叉传递、双重稽核。

错题收集

第八章　纳税检查

本章考情分析

年份	单项选择题	多项选择题	案例分析题	合计
2017 年	6 题 6 分	2 题 4 分	5 题 10 分	20 分
2016 年	5 题 5 分	2 题 4 分	5 题 10 分	19 分
2015 年	5 题 5 分	2 题 4 分	5 题 10 分	19 分
2014 年	5 题 5 分	2 题 4 分	5 题 10 分	19 分
2013 年	6 题 6 分	2 题 4 分	5 题 10 分	20 分

本章考点概览

本章学习提示

本章需要掌握纳税检查的方法、账务调整的方法。增值税、消费税、企业所得税是纳税检查的重点对象，由于不同税种的检查要点不一样，所以要结合本辅导书中归纳的方法理解记忆。

本章考点详解

扫码听课

【考点一】　纳税检查

纳税检查的概述如表 8-1 所示。

表 8-1 纳税检查的概述

项目	具体内容
主体	税务机关
客体	纳税义务人、代扣代缴义务人、代收代缴义务人、纳税担保人等
基本方法	(1) 按照检查的范围、内容、数量和查账粗细划分为详查法和抽查法 (2) 按照查账的顺序划分为顺查法和逆查法 (3) 按照与检查资料之间的相互关系划分为联系查法和侧面查法 (4) 分析法包括比较分析法、推理分析法和控制分析法（分析法不能作为查账定案结论的依据） (5) 盘存法
检查范围	(1) 检查纳税人的账簿、记账凭证、报表和有关资料，检查扣缴义务人代扣代缴、代收代缴税款账簿、记账凭证和有关资料 (2) 到纳税人的生产、经营场所和货物存放地检查纳税人应纳税的商品、货物或者其他财产，检查扣缴义务人与代扣代缴、代收代缴税款有关的经营情况 (3) 责成纳税人、扣缴义务人提供与纳税或者代扣代缴、代收代缴税款有关的文件、证明材料和有关资料 (4) 询问纳税人、扣缴义务人与纳税或者代扣代缴、代收代缴税款有关的问题和情况 (5) 到车站码头、机场、邮政企业及其分支机构检查纳税人托运、邮寄应纳税商品、货物或者其他财产的有关单据凭证和有关资料 (6) 经县以上税务局（分局）局长批准，凭全国统一格式的检查存款账户许可证明，查询从事生产、经营的纳税人、扣缴义务人在银行或者其他金融机构的存款账户

【提示1】税务机关在调查税收违法案件时，经设区的市、自治州以上税务局（分局）局长批准，可以查询案件涉嫌人员的储蓄存款。

【提示2】税务机关查询所获得的资料，不得用于税收以外的用途。

> **经典例题**
>
> [2017年真题·多选题] 关于纳税检查的说法，正确的有（　　）。
> A. 纳税检查的主体是税务机关
> B. 纳税检查的客体包括代扣代缴义务人
> C. 查询从事生产、经营的纳税人的银行存款账户，需要经过税务所所长的批准
> D. 查询从事生产、经营的纳税人的银行存款账户，需凭全国统一格式的检查存款账户许可证明
> E. 经县税务局局长批准，可以查询案件涉嫌人员的储蓄存款
> [答案] ABD
> [解析] 经县以上税务局局长批准，税务检查人员按全国统一格式的检查存款账户许可证明，查询从事生产、经营的纳税人、扣缴义务人在银行或其他金融机构的存款账户。税务机关在调查税收违法案件时，经设区的市、自治州以上税务局（分局）局长批准，可以查询案件涉嫌人员的储蓄存款。故 C、E 两项错误。
>
> [2016年真题·多选题] 纳税检查的范围包括（　　）。
> A. 纳税人应纳税的商品
> B. 扣缴义务人的财产
> C. 扣缴义务人代扣代缴税款账簿
> D. 经税务所长批准，查询纳税人的银行存款账户
> E. 经县以上税务局局长批准，查询案件涉嫌人员的储蓄存款
> [答案] AC
> [解题思路] 纳税检查的范围参考表 8-1 所列内容。D 项，查询纳税人的银行存款账户是经税务局局长批准，而不是税务所所长批准。

> **经典例题**
>
> [2015年真题·多选题] 纳税检查的客体包括（ ）。
> A. 纳税人 B. 负税人
> C. 代扣代缴义务人 D. 代收代缴义务人
> E. 纳税担保人
> [答案] ACDE
> [解析] 纳税检查的客体包括纳税义务人，还包括代扣代缴义务人、代收代缴义务人、纳税担保人等。

【考点二】会计凭证、会计账簿和会计报表的检查

一、会计凭证的检查

会计凭证主要包括原始凭证和记账凭证。会计凭证的检查的具体内容如表 8-2 所示。

表 8-2 会计凭证的检查

凭证		具体类型	检查事项
原始凭证	外来原始凭证	进货发票、进账单、汇款单、运费发票	①审查凭证的合法性；②审查凭证的真实性；③审查凭证的完整性；④审查凭证手续是否完备；⑤对多联式发票，要注意是否系报销联，防止用其他联作报销
	自制原始凭证	（1）对外自制凭证：现金收据、实物收据 （2）对内自制凭证：收料单、领料单、支出证明单、差旅费报销单、成本计算单	①检查自制原始凭证的种类、格式、使用是否符合有关主管机关和财务制度的规定，审批手续是否齐全，有无利用白条代替凭证的现象；②检查自制原始凭证的内容是否真实，处理是否符合规定；③检查凭证手续是否完备，应备附件是否齐全；④检查自制支出凭证的报销金额是否遵守制度规定的开支标准和开支范围
会计凭证			（1）记账凭证是否附有原始凭证，两者的内容是否一致 （2）会计科目及其对应关系是否正确 （3）会计记录所反映的经济内容是否完整，处理是否及时

二、会计账簿的检查

会计账簿检查包括序时账的审查分析、总分类账的审查分析和明细分类账的检查。其中，总分类账的审查分析包括账账关系、账表关系、纵向关系、横向关系等的查核。需要注意的是从总账中审查发现问题，只能作为查账的线索。

三、会计报表的检查

（1）资产负债表的审查分析。具体包括应收、预收、应付、预付等账款，各项存货，固定资产等项目的审查。

（2）损益表的检查分析。具体包括主营业务收入、主营业务成本和营业费用项目的审查。

> **经典例题**
>
> [2014年真题·单选题] 下列凭证中，属于自制原始凭证的是（ ）。
> A. 进账单 B. 汇款单
> C. 差旅费报销单 D. 运费发票
> [答案] C
> [解题思路] 原始凭证包括自制原始凭证和外来原始凭证两类，外来原始凭证相比较自制原始凭证包括的种类比较少，所以可仅记忆外来原始凭证，其余为自制原始凭证。

【考点三】增值税会计科目的设置

一、"应交税费"科目中与增值税核算有关的明细科目

"应交税费"科目中与增值税核算有关的明细科目如图 8-1 所示。

```
（1）应交增值税              （6）未交增值税
（2）预交增值税              （7）待抵扣进项税额
（3）待认证进项税额   "应交税费"中与增值税   （8）待转销项税额
（4）增值税留抵税额     核算有关的明细科目    （9）简易计税
（5）转让金融商品应交增值税   （10）代扣代交增值税
```

图 8-1 "应交税费"中与增值税核算有关的明细科目

二、"应交增值税"明细科目

"应交增值税"明细科目如表 8-3 所示。

表 8-3 "应交增值税"明细科目

借方	贷方
进项税额	销项税额
销项税额抵减	出口退税
已交税金	进项税额转出
转出未交增值税	转出多交增值税
减免税款	—
出口抵减内销产品应纳税额	—

三、重要的增值税会计科目

重要的增值税会计科目如表 8-4 所示。

表 8-4 重要的增值税会计科目

会计科目	具体内容
"预交增值税"明细科目	核算一般纳税人转让不动产、提供不动产经营租赁服务、提供建筑服务、采用预收款方式销售自行开发的房地产项目等
"待抵扣进项税额"明细科目	核算一般纳税人已经取得增值税扣除凭证并经税务机关认证，按规定准予以后期间从销项税额中抵扣的进项税额
"待认证进项税额"明细科目	核算一般纳税人由于未经税务机关认证而不得从当期销项税额中抵扣的进项税额，包括： （1）一般纳税人已取得增值税扣税凭证、按照现行增值税制度规定准予从销项税额中抵扣，但尚未经税务机关认证的进项税额 （2）一般纳税人已申请稽核但尚未取得稽核相符结果的海关缴款书进项税额

"待转销项税额"明细科目	核算一般纳税人销售货物、加工修理修配劳务、服务、无形资产或不动产，已确认相关收入（或利得）但尚未发生增值税纳税义务而需要于以后期间确认为销项税额的增值税额。相应会计分录为：
	借：应收账款/应收票据
	    贷：主营业务收入
	        应交税费——待转销项税额

【考点小贴士】"待抵扣进项税额"具体的会计处理为新增考点，需要根据提供的会计处理方式记忆（四六抵扣法）。具体内容如下：

（1）2016年5月1日后取得，按固定资产核算的不动产、不动产在建工程进项税额分2年抵扣，取得扣税凭证当月抵扣60%；第13个月抵扣40%计入待抵扣进项税额。
（2）购入不动产或购进物资用于在建工程，取得发票并经税务机关认证，其会计处理为：
借：固定资产/在建工程
　　应交税费——应交增值税（进项税额）（60%部分，认证相符当月）
　　　　　　——待抵扣进项税额（40%部分）
　　贷：银行存款/应付账款
（3）第13个月时，从"待抵扣进项税额"转入"进项税额"，计入当期实际可抵扣进项税额。
借：应交税费——应交增值税（进项税额）
　　贷：应交税费——待抵扣进项税额

> **经典例题**
>
> [2017年真题·多选题] 增值税一般纳税人在"应交增值税"明细账内设置的专栏包括（　　）。
> A. 待认证进项税额　　　　　　B. 待转销项税额
> C. 已交税金　　　　　　　　　D. 出口退税
> E. 代扣代交增值税
> [答案] CD
> [解析] 本题考查增值税会计科目的设置。"应交增值税"的借方科目包括进项税额、销项税额抵减、已交税金、转出未交增值税、减免税款、出口抵减内销产品应纳税额。贷方科目包括销项税额、出口退税、进项税额转出、转出多交增值税。故C、D两项正确。

【考点四】销项税额的检查

一、一般销售方式的检查

（一）销售货物

不同销售货物方式的账务处理如表8-5所示。

表8-5　不同销售货物方式的账务处理

销售货物方式	纳税义务发生时间	账务处理
缴款提货销售方式	在缴款提货销售的情况下，如果货款已经收到，发票账单和提货单也交给买方，无论商品、产品是否已经发出，都作为销售的实现	（1）收到货款时： 借：银行存款 　　贷：主营业务收入 　　　　应交税费——应交增值税（销项税额） （2）结转主营业务成本时： 借：主营业务成本 　　贷：库存商品
预收货款销售方式	采用预收货款方式销售产品（商品），在企业发出产品（商品）时作为销售的实现	（1）企业收到货款时，其账务处理为： 借：银行存款 　　贷：预收账款 （2）货物发出时转作收入，计算相应的增值税： 借：预收账款 　　贷：主营业务收入 　　　　应交税费——应交增值税（销项税额） （3）月底，结转相应的成本： 借：主营业务成本 　　贷：库存商品

续表

销售货物方式	纳税义务发生时间	账务处理
分期收款结算方式	按书面合同规定的收款日期作为销售收入的实现时间。不论企业在合同规定的收款日期是否收到货款，均应结转收入，计算应纳税款，并按分期收款销售的比例结转相应的成本	(1) 发出商品时： 借：发出商品 　　贷：库存商品 (2) 到合同规定的收款日期时： 借：银行存款/应收账款 　　贷：主营业务收入 　　　　应交税费——应交增值税（销项税额） (3) 结转成本： 借：主营业务成本 　　贷：发出商品

【提示】

(1) 对缴款提货销售的检查，主要检查"应收账款""应付账款""其他应收款""其他应付款"等明细账户。

(2) 分期收款方式中有一种特别的方式需要加以注意，即具有融资性质的分期收款销售商品的处理方式。

具有融资性质的分期收款销售商品，发出商品时按照应收的合同或协议价款的公允价值确定收入金额，剩余部分计入"未实现融资收益"，同时结转成本。

在发出商品时确认收入，结转成本：

借：长期应收款

　　贷：主营业务收入

　　　　未实现融资收益

　　　　应交税费——待转销项税额

借：主营业务成本

　　贷：库存商品

（二）销售服务

(1) 纳税人销售服务的，纳税义务发生时间为纳税人销售服务并收讫销售款项或者取得索取销售款项凭据的当天。

(2) 先开发票的，纳税义务发生时间为开具发票的当天。

(3) 纳税人提供建筑服务、租赁服务采取预收款方式的，其纳税义务发生时间为收到预收款的当天。

(4) 纳税人从事金融商品转让的，其纳税义务发生时间为金融商品所有权转移的当天。

销售服务的账务处理如下：

借：银行存款/应收票据/应收账款等

　　贷：主营业务收入/其他业务收入

　　　　应交税费——应交增值税（销项税额）

采用预收款方式销售服务的账务处理如表8-6所示。

表8-6　采用预收款方式销售服务的账务处理

销售服务	账务处理
采取预收款方式提供建筑服务、租赁服务的企业，纳税义务发生时间为收到预收款时	借：银行存款 　　贷：预收账款 　　　　应交税费——应交增值税（销项税额）

续表

销售服务	账务处理
对于采取预收款方式销售服务 （建筑服务、租赁服务除外）	（1）收到预收款项时： 　借：银行存款 　　贷：预收账款 （2）发生服务时，确认收入及补缴款项： 　借：预收账款/银行存款 　　贷：应交税费——应交增值税（销项税额） 　　　　主营业务收入/其他业务收入

【举例】某建筑工程公司为增值税一般纳税人，2017年3月中标某建筑工程项目，并签订了合同。4月30日项目开工，同时收到业主的含税开工预付款1 332万元，款项已经存入银行。请做出正确的账务处理。

【分析】采用预收款方式提供建筑服务，增值税纳税义务发生为收到对方的预付款当天。则4月30日收到预付款时的账务处理为：

借：银行存款　　　　　　　　　　　　　　　　　　　　　　　13 320 000
　贷：预收账款——工程款　　　　　　　　　　　　　　　　　　12 000 000
　　　应交税费——应交增值税（销项税额）　　　　　　　　　　　1 320 000

二、视同销售方式下销项税额的检查

视同销售方式下销项税额的检查如表8-7所示。

表8-7　视同销售方式下销项税额的检查

视同销售方式	纳税义务发生时间	账务处理
委托代销	代销双方要视同销售，按照收到代销清单的当天、收到全部或者部分货款的当天，或者发出代销货物满180天的当天，三种形式中较早发生的一天作为纳税义务发生时间	采用收取手续费的形式 （1）当发出委托代销商品时： 　借：委托代销商品 　　贷：库存商品 （2）收到代销清单时（按代销清单上注明的商品数量，确认收入）： 　借：应收账款 　　贷：主营业务收入 　　　　应交税费——应交增值税（销项税额） （3）结转成本： 　借：主营业务成本 　　贷：委托代销商品 （4）收到扣除手续费后的货款时： 　借：银行存款 　　　销售费用 　　　应交税费——应交增值税（进项税额） 　　贷：应收账款
自产自用产品	企业将产品移送使用时计算销项税额	借：应付职工薪酬/长期股权投资 　贷：库存商品（按成本结转）/主营业务收入（售价） 　　　应交税费——应交增值税（销项税额）（按销售额计算）
将货物用于对外投资	将自产、委托加工或购买的货物作为投资提供给其他单位或个体工商户，视同销售，缴纳增值税，纳税义务发生时间为货物移送的当天	借：长期股权投资 　贷：主营业务收入 　　　应交税费——应交增值税（销项税额） 借：主营业务成本 　贷：库存商品

续表

视同销售方式	纳税义务发生时间	账务处理
将货物无偿赠送他人	企业将自产、委托加工或购买的货物无偿赠送他人，视同销售货物计算增值税销项税额，其纳税义务发生时间及开具增值税专用发票的时间均为货物移送的当天	借：营业外支出 　　贷：库存商品［成本结转］ 　　　　应交税费——应交增值税（销项税额）

【提示】

（1）企业委托代销商品，一般有两种形式：①收取手续费的形式。对于委托方支付的手续费计入销售费用。②视同买断方式。销售价格由代销方定，代销合同中，规定一个代销价格，实际销售价格高于代销价格的部分为代销方的报酬。

（2）自产自用的产品适用于视同销售的情形，需要按照规定缴纳增值税，计税依据按照先售价再组成计税价格的顺序进行确认。

三、包装物的检查

包装物检查的处理如表8-8所示。

表8-8　包装物检查的处理

不同的包装物形式	账务处理
随同货物出售单独计价的包装物	借：银行存款 　　贷：其他业务收入 　　　　应交税费——应交增值税（销项税额）
包装物收取押金 （单独记账核算的，不并入销售额征税）	借：银行存款 　　贷：其他应付款——包装物押金
对因逾期未收回包装物不再退还的押金，应按所包装货物的适用税率计算销项税额	借：其他应付款——包装物押金 　　贷：其他业务收入 　　　　应交税费——应交增值税（销项税额）

【提示】对销售除啤酒、黄酒外的其他酒类产品而收取的包装物押金，无论是否返还以及会计上如何核算，均应并入当期销售额征税。

> 经典例题
>
> [2017年真题·单选题] 某机床厂为增值税一般纳税人，本月有已逾期不再退还的包装物押金20 000元，已知该机床厂适用的增值税税率为17%，则企业正确的账务处理为（　　）。
>
> A. 借：其他应付款　　　　　　　　　　　　　　　　　　　　　　20 000
> 　　贷：营业外收入　　　　　　　　　　　　　　　　　　　　　20 000
> B. 借：其他应付款　　　　　　　　　　　　　　　　　　　　　　20 000
> 　　贷：其他业务收入　　　　　　　　　　　　　　　　　　　　20 000
> C. 借：其他应付款　　　　　　　　　　　　　　　　　　　　　　20 000
> 　　贷：其他业务收入　　　　　　　　　　　　　　　　　　　　16 600
> 　　　　应交税费——应交增值税（销项税额）　　　　　　　　　3 400
> D. 借：其他应付款　　　　　　　　　　　　　　　　　　　　　　20 000
> 　　贷：其他业务收入　　　　　　　　　　　　　　　　　　　　17 094
> 　　　　应交税费——应交增值税（销项税额）　　　　　　　　　2 906

[答案] D

[解析] 本题考查销项税额的检查。对因逾期未收回包装物不再退还的押金，应按所包装货物的适用税率计算销项税额。相关会计处理为：
借：其他应付款——包装物押金
　　贷：其他业务收入
　　　　应交税费——应交增值税（销项税额）
本题中的包装物押金含税，需要换算为不含税的，再计算相应的销项税额。

四、销售额的检查

销售额的检查如表8-9所示。

表 8-9　销售额的检查

检查对象	具体内容
不含税销售额的检查	销售额＝含税销售额／（1＋税率）
价外费用的检查	价外费用常常在"其他应付款""其他业务收入""营业外收入"等科目中核算

经典例题

[2011年真题·单选题] 甲企业为增值税一般纳税人，适用增值税税率为17％。2011年6月收取乙企业的预付货款23 400元，甲企业应做的正确账务处理为（　　）。

A. 借：银行存款　　　　　　　　　　　　　　　　　　23 400
　　贷：主营业务收入　　　　　　　　　　　　　　　20 000
　　　　应交税费——应交增值税（销项税额）　　　　3 400

B. 借：银行存款　　　　　　　　　　　　　　　　　　23 400
　　贷：预收账款　　　　　　　　　　　　　　　　　23 400

C. 借：银行存款　　　　　　　　　　　　　　　　　　23 400
　　贷：预收账款　　　　　　　　　　　　　　　　　20 000
　　　　应交税费——应交增值税（销项税额）　　　　3 400

D. 借：银行存款　　　　　　　　　　　　　　　　　　23 400
　　贷：其他应付款——预付账款　　　　　　　　　　23 400

[答案] B

[解析] 企业采取预收货款方式销售产品，在产品发出时才确认收入的实现。在企业仅收到预收款未发出商品时，预收款计入"预收账款"科目。

【考点五】进项税额的检查

一、进项税额抵扣凭证的检查

可以作为增值税的抵扣凭证的有增值税专用发票、海关增值税专用缴款书、农产品收购发票或销售发票等。

【提示】企业未取得抵扣凭证，不能计算进项税额。

二、准予抵扣的进项税额的检查

（1）从销售方取得的增值税专用发票上注明的增值税额。

（2）从海关取得的海关进口增值税专用缴款书上注明的增值税额。

（3）购进免税农业产品的按照农产品收购发票或者销售发票上注明的农产品买价和11％的扣除率计算的进项税额。

（4）自境外单位或者个人购进劳务、服务、无形资产或者境内的不动产，从税务机关或者扣缴义务人取得的代扣代缴税款的完税凭证上注明的增值税额。

进项税额的账务处理如表8-10所示。

表8-10　进项税额的账务处理

业务类型	账务处理
取得合法的抵扣凭证并认证通过的，一次抵扣进项税额的	借：原材料/固定资产 　　应交税费——应交增值税（进项税额） 　贷：银行存款/应付账款
按规定准予从销项税额中抵扣，尚未经税务机关认证的	借：原材料/固定资产 　　应交税费——待认证进项税额 　贷：银行存款/应付账款
按规定准予从销项税额中抵扣，认证通过的	借：应交税费——应交增值税（进项税额） 　贷：应交税费——待认证进项税额
取得合法的抵扣凭证并认证通过的，分期抵扣进项税额的	借：固定资产/在建工程 　　应交税费——应交增值税（进项税额）［按照增值税专用发票上注明的增值税额的60%（认证相符的当月）］ 　　　　　——待抵扣进项税额［剩余的40%（认证相符的当月起第13个月）］ 　贷：银行存款/应付账款
进项税额已经抵扣，需要做进项税额转出处理的	借：应付职工薪酬/管理费用/待处理财产损溢 　贷：原材料/库存商品 　　应交税费——应交增值税（进项税额转出）

> **经典例题**
>
> ［2017年真题·单选题］某企业为增值税一般纳税人，2017年7月将前期购进的原材料（棉布）用于职工福利，已知原材料成本为10 000元，其进项税额已进行了抵扣。企业正确的会计处理为（　　）。
>
> A. 借：应付职工薪酬　　　　　　　　　　　　　　　　　　10 000
> 　　贷：原材料　　　　　　　　　　　　　　　　　　　　10 000
> B. 借：管理费用　　　　　　　　　　　　　　　　　　　　10 000
> 　　贷：原材料　　　　　　　　　　　　　　　　　　　　10 000
> C. 借：应付职工薪酬　　　　　　　　　　　　　　　　　　11 700
> 　　贷：原材料　　　　　　　　　　　　　　　　　　　　10 000
> 　　　应交税费——应交增值税（进项税额转出）　　　　　1 700
> D. 借：管理费用　　　　　　　　　　　　　　　　　　　　11 700
> 　　贷：原材料　　　　　　　　　　　　　　　　　　　　10 000
> 　　　应交税费——应交增值税（销项税额）　　　　　　　1 700
>
> ［答案］C
> ［解析］本题考查进项税额的检查。外购的原材料用于职工福利，不视同销售。进项税额需要做转出处理，故C项正确。

三、不得抵扣的进项税额的检查

（1）购进货物、劳务服务、无形资产和不动产，未按规定取得并保存增值税扣税凭证的。

（2）购进货物、劳务服务、无形资产和不动产，增值税扣税凭证上未按规定注明增值税额及其他有关事项，或者虽有注明，但不符合规定的。

（3）用于简易计税方法计税项目、免征增值税项目、集体福利或者个人消费的购进货物、加工修理修配劳务、服务、无形资产和不动产的所属增值税税额。

（4）非正常损失的购进货物以及相关的劳务和交通运输服务的所属增值税税额。

（5）非正常损失的在产品、产成品所耗用的购进货物、劳务和交通运输服务的所属增值税税额。

经典例题

[2010年真题·单选题] 北达公司（增值税一般纳税人）2010年5月从小规模纳税人处购进一批原材料，取得增值税普通发票，发票上注明价款117 000元，货款通过银行转账支付，其正确的账务处理为（　　）。

A. 借：原材料　　　　　　　　　　　　　　　　　　　117 000
　　贷：银行存款　　　　　　　　　　　　　　　　　　　　117 000

B. 借：原材料　　　　　　　　　　　　　　　　　　　100 000
　　　应交税费——应交增值税（进项税额）　　　　　　17 000
　　贷：银行存款　　　　　　　　　　　　　　　　　　　　117 000

C. 借：原材料　　　　　　　　　　　　　　　　　　　113 490
　　　应交税费——应交增值税（进项税额）　　　　　　3 510
　　贷：银行存款　　　　　　　　　　　　　　　　　　　　117 000

D. 借：原材料　　　　　　　　　　　　　　　　　　　117 000
　　贷：应付账款　　　　　　　　　　　　　　　　　　　　117 000

[答案] A

[解题思路] 从小规模纳税人处购进一批原材料，开具的是普通发票，需要全部计入原材料。

【考点六】销售收入的检查

扫码听课

一、一般销售方式的检查

一般销售方式包括缴款提货、预收货款、分期收款等，对此检查的内容与增值税检查基本相同。与增值税不同的是，消费税实行价内税，其计提税金的账务处理为：

借：税金及附加
　　贷：应交税费——应交消费税

【提示】"税金及附加"账户反映的是消费税、城市维护建设税、教育费附加、资源税等（不包括增值税）。

二、视同销售方式的检查

视同销售方式的检查如表8-11所示。

表8-11　视同销售方式的检查

视同销售方式	账务处理
自产货物用于在建工程	借：在建工程/长期投资 　　贷：库存商品［按成本结转］ 　　　　应交税费——应交增值税（销项税额） 　　　　　　　　——应交消费税
自产货物用于职工福利	借：应付职工薪酬 　　贷：主营业务收入 　　　　应交税费——应交增值税（销项税额） 借：税金及附加 　　贷：应交税费——应交消费税 借：主营业务成本 　　贷：库存商品

【提示】
（1）企业发生视同销售行为，在计算增值税的同时，计算相应的消费税。其计税价格与增值税的计税价格确定方法一致，先确定售价，若无售价，则为计税价格。
（2）组成计税价格的确定方式如表8-12所示。

表8-12 组成计税价格的确定方式

计税方法	组成计税价格的确认
从价定率	组成计税价格＝（成本＋利润）／（1－比例税率）
复合计税	组成计税价格＝（成本＋利润＋自产自用数量×定额税率）／（1－比例税率）

> **经典例题**
>
> [2017年真题·单选题] 某企业新试制一批高档化妆品用于职工奖励，无同类产品的对外售价，已知其生产成本为20 000元，成本利润率为5%，消费税税率为15%。企业计提消费税的正确会计分录为（ ）。
>
> A. 借：应付职工薪酬　　　　　　　　　　　　　　　　　　　3 000
> 　　贷：应交税费——应交消费税　　　　　　　　　　　　　3 000
> B. 借：管理费用　　　　　　　　　　　　　　　　　　　　　3 000
> 　　贷：应交税费——应交消费税　　　　　　　　　　　　　3 000
> C. 借：税金及附加　　　　　　　　　　　　　　　　　　　　3 705.88
> 　　贷：应交税费——应交消费税　　　　　　　　　　　　　3 705.88
> D. 借：应付职工薪酬　　　　　　　　　　　　　　　　　　　3 705.88
> 　　贷：应交税费——应交消费税　　　　　　　　　　　　　3 705.88
>
> [答案] C
> [解析] 本题考查销售收入的检查。该企业需要计提的消费税＝20 000×（1＋5%）／（1－15%）×15%＝3 705.88（元）。计提的消费税需要计入"税金及附加"科目。故C项正确。

三、委托加工方式的检查

（一）对受托方的检查

委托加工应税消费品在受托方交货时由受托方代收代缴消费税，确定计税依据：
（1）有同类消费品的，按照受托方的同类消费品的销售价格计税。
（2）没有同类消费品销售价格的，按组成计税价格计税。
委托加工方式的组成计税价格如表8-13所示。

表8-13 委托加工方式的组成计税价格

计税方法	组成计税价格的确认
从价定率	组成计税价格＝（材料成本＋加工费）／（1－比例税率）
复合计税	组成计税价格＝（材料成本＋加工费＋委托加工数量×定额税率）／（1－比例税率）

【提示1】委托加工方式中，由受托方代收代缴消费税，所以对受托方重点检查。
【提示2】"加工费"是受托方加工应税消费品向委托方收取的全部费用（包括代垫辅助材料的实际成本，不包括增值税税金）。

（二）对委托方的检查

在对委托方进行税务检查中，主要是检查委托方是否缴纳了相关的税款，如果发现其委托加工的应税消费品受托方没有代收代缴税款，委托方要补缴税款。

【提示】委托方是消费税的纳税人，而受托方是消费税的代收代缴义务人，注意区分。

经典例题

[2016年真题·单选题] 企业委托加工材料发生的加工费，应计入的会计科目为（   ）。
A. 管理费用　　　　　　　　　B. 销售费用
C. 委托加工物资　　　　　　　D. 材料成本差异
[答案] C
[解析] 企业委托加工材料发生的加工费，应计入的会计科目为委托加工物资。

[2014年真题·单选题] 企业销售应税消费品，计提消费税时应记入的科目为（   ）。
A. 管理费用　　B. 销售费用　　C. 税金及附加　　D. 主营业务成本
[答案] C
[解题思路] 对于同一个纳税人的同一项经济行为而言，消费税和增值税的计税销售额相同，但是所记的科目不同，要根据提供的内容区别记忆。

【考点七】销售数量的检查

销售数量的检查方法如表8-14所示。

表8-14　销售数量的检查方法

检查方法	计算公式	适用情况
以盘挤销倒挤法	本期产品销售数量＝上期产品结存数量＋本期产品完工数量－本期产品结存数量	主要适用于产成品管理制度不够健全的企业
以耗核产，以产核销测定法	本期应出产品数量＝本期实耗材料量/单位产品材料消耗定额	适用于产品管理制度比较健全的企业

经典例题

[2011年真题·单选题] 甲企业5月份账面记载A产品销售数量1 000件，不含税销售单价为200元。已知A产品月初结存数量100件，本月完工入库数量1 500件，通过实地盘点得知A产品月末库存数量为300件，甲企业应调增销售收入（   ）元。
A. 20 000　　　　　　　　　　B. 50 000
C. 60 000　　　　　　　　　　D. 100 000
[答案] C
[解析] 本题提供了相关的销售数量，根据提供的销售数量的检查方法对号入座。本期产品销售数量＝100＋1 500－300＝1 300（件），题目中销售数量为1 000件，所以要调增300件，调增的收入为300×200＝60 000（元）。

【考点八】年度收入总额的检查

年度收入总额的检查如表8-15所示

表8-15　年度收入总额的检查

检查项目	具体内容
销售货物收入的检查	(1) 检查销售货物收入确认的标准是否正确 (2) 检查销售货物收入确认的时间是否正确 (3) 检查销售货物收入的入账金额是否正确 (4) 检查销售折让、折扣及销售退回处理是否规范 (5) 检查视同销售收入的确认是否正确
提供劳务收入的检查	主要通过"主营业务收入"账户核算，主要是检查其入账时间以及入账金额是否准确

续表

检查项目	具体内容
转让财产收入的检查	(1) 转让固定资产收入的检查。主要检查"固定资产清理""累计折旧""资产处置收益"账户 (2) 转让有价证券、股权以及其他财产收入的检查
股息、红利等权益性投资收益的检查	按照被投资方做出利润分配决定的日期确认收入的实现（除国务院财政、税务主管部门另有规定外）
利息收入的检查	应按照合同约定的债务人应付利息的日期确认收入的实现
租金收入的检查	按照合同约定的承租人应付租金的日期确认收入的实现
接受捐赠收入的检查	按照实际收到捐赠资产的日期确认收入的实现
不征税收入和免税收入的检查	不征税收入包括财政拨款、依法收取并纳入财政管理的行政事业性收费和政府性基金、国务院规定的其他不征税收入 免税收入包括国债利息收入、地方政府债券利息收入、符合条件的居民企业之间的股息、红利等权益性投资收益和符合条件的非营利组织收入
其他收入的检查	其他收入包括企业资产溢余收入、逾期未退包装物押金收入、确实无法偿付的应付款项、已做坏账损失处理后又收回的应收款项、债务重组收入、补贴收入、违约金收入、汇兑收益等
特许权使用费收入的检查	收入确认时间按照合同约定的特许使用人应付特许权使用费的日期确认 特许权使用费收入主要通过"其他业务收入"核算

【提示】销售货物的账务处理为：

借：银行存款/库存现金/应收账款/应收票据

　　贷：主营业务收入

　　　　应交税费——应交增值税（销项税额）

经典例题

[2014年真题·单选题] 某工业企业转让商标所有权时，其净收入应计入的科目为（　　）。

A. 主营业务收入　　　　　　B. 其他业务收入
C. 营业外收入　　　　　　　D. 投资收益

[答案] B

[解析] 特许权使用费收入，是指企业提供专利权、非专利技术、商标权、著作权以及其他特许权的使用权取得的收入。特许权使用费收入主要通过"其他业务收入"核算。

【考点九】税前准予扣除项目的检查

一、成本项目的检查

(1) 材料成本的检查（包括委托加工的运杂费、加工费）。
(2) 工资成本的检查（检查所提取的职工福利费、工会经费和职工教育经费）。
(3) 制造费用的检查。

二、成本计算的检查

（一）直接材料归集遵循的原则

直接材料归集遵循的原则如表8-16所示。

表 8-16　直接材料归集遵循的原则

不同情况的直接材料	归集原则
属于制造产品耗用的直接材料费用	直接计入"生产成本——基本生产成本"
属于辅助生产车间为进行产品或劳务生产而耗用的直接材料费用	直接计入"生产成本——辅助生产成本"
属于几种产品共同耗用的直接材料费用	计入"生产成本——基本生产成本"或"生产成本——辅助生产成本"

【提示】生产成本包括直接材料、直接人工和制造费用。

（二）生产成本在完工产品和在产品之间的分配

(1) **品种法**适用于**大量大批的单步骤生产企业**（生产成本计入完工产品成本）。

(2) **分批法**适用于**单件、小批生产的企业**。

(3) **分步法**适用于**大量大批的多步骤生产企业**。

（三）完工产品成本的结转

(1) 完工入库的产成品的成本。

借：库存商品
　　贷：生产成本

(2) 完工自制材料、工具、模型等的成本。

借：原材料
　　贷：生产成本

(3) 为企业在建工程提供的劳务费用，月末不论是否完工。

借：在建工程
　　贷：生产成本

三、期间费用的检查

(1) 对管理费用的检查。

(2) 对销售费用的检查。包括广告费、运输费、装卸费、包装费、差旅费、工资。

(3) 对财务费用的检查。包括利息净支出、汇兑净损失、金融机构手续费以及其他资本化支出。

四、税金的检查

税金的检查，主要是检查企业的税金扣除项目是否正确，有无将不属于扣除范围的税金计入其中。税金的检查费用包括消费税、城市维护建设税、关税、资源税、土地增值税、房产税、车船税、城镇土地使用税、印花税、教育费附加等。

五、损失的检查

损失的检查包括：①发生的损失是否真实；②计入损失的金额是否准确。

六、亏损弥补的检查

企业纳税年度发生的亏损，可以向以后年度结转，用以后年度的所得弥补，但结转年限最长不得超过 5 年。

【考点小贴士】税前扣除项目的检查，本书中仅列举了一些经常考查的要点，需要大家重点理解记忆，其他部分内容在企业所得税部分已经讲解过，两者可对比理解记忆。

> **经典例题**

[2016年真题·多选题] 生产成本的构成内容主要包括（　　）。
A. 直接材料　　　B. 直接人工　　　C. 制造费用　　　D. 管理费用
E. 销售费用
[答案] ABC
[解析] 生产成本包括直接材料、直接人工和制造费用。

[2013年真题·单选题] 制造产品所耗用的直接材料费用，应记入的会计账户为（　　）。
A. 生产成本——基本生产成本　　　B. 生产成本——辅助生产成本
C. 制造费用　　　D. 管理费用
[答案] A
[解题思路] 不同情况耗用的直接材料，在进行归集时，遵循的原则不一样，建议大家根据表格8-16对比记忆。

【考点十】不得税前扣除项目的检查

一、不允许扣除项目的检查

（1）资本性支出。
（2）无形资产受让开发支出。
未形成资产的部分，作为支出准予扣除；形成无形资产的，按直线法摊销。
（3）违法经营罚款和被没收财物损失。
（4）税收滞纳金、罚金、罚款（计算应纳税所得额时不得扣除）。
（5）灾害事故损失赔偿。
（6）非公益救济性捐赠。
（7）赞助支出。通过"营业外支出"进行核算，非广告性质的赞助支出不得税前列支。

二、超过规定标准项目的检查

不同项目的扣除标准如表8-17所示。

表8-17　不同项目的扣除标准

项目	扣除标准
工资薪金	企业发生的合理的工资薪金支出，准予扣除 【注意】一定是实际发放的才能扣除，计提的不能扣除
职工福利费支出	不超过工资薪金总额14%的部分准予扣除
工会经费	不超过工资薪金总额2%的部分准予扣除
职工教育经费支出	不超过工资薪金总额2.5%的部分准予扣除，超过的部分可以结转到以后年度扣除
业务招待费	按照发生额的60%扣除，但不超过当年销售（营业）收入的5‰
广告费和业务宣传费	不超过当年销售（营业）收入15%的部分，准予扣除；超过的部分可以结转以后年度扣除
公益性捐赠支出	不超过年度利润总额12%的部分，准予扣除

> **经典例题**

[2015年真题·单选题] 关于企业赞助支出的说法，错误的是（　　）。
A. 非广告性质的赞助支出不得税前扣除
B. 企业发生的赞助支出通过"营业外支出"科目核算
C. 不得税前扣除的赞助支出应通过"利润分配"科目核算
D. 不得税前扣除的赞助支出应全额调增应纳税所得额

[答案] C
[解析] 不得税前扣除的赞助支出应通过"营业外支出"科目核算。

[2016年真题·案例分析题] 甲机械厂为增值税一般纳税人，适用的增值税税率为17%，2016年发生如下经济业务：

(1) 销售一批零部件，取得含税收入234 000元，同时收取包装物租金20 000元，包装物押金50 000元。

(2) 将自产的一台设备用于职工福利，已知其生产成本为100 000元，无同类产品对外售价，成本利润率为10%。

(3) 2016年度发生广告费支出100万元，全年销售收入1 000万元。

(4) 2016年度发生合同违约金支出5万元。

根据以上提供的企业资料，回答下列问题。

1. 企业收取的包装物租金，其正确的账务处理为（　　）。
A. 贷记"其他业务收入"17 094.02元
B. 贷记"其他业务收入"20 000元
C. 贷记"其他应付款"20 000元
D. 借记"其他业务收入"17 094.02元

[答案] A
[解题思路] 包装物租金作为价外费用，在做账务处理的时候要通过"其他业务收入"科目进行核算，收取的包装物租金收入是含税的，要换算为不含税的进行计算。

2. 企业收取的包装物押金，其正确的账务处理为（　　）。
A. 贷记"其他应付款"42 735.04元　　B. 贷记"应交税费——应交增值税"7 264.96元
C. 贷记"其他应付款"50 000元　　D. 贷记"其他业务收入"42 735.04元

[答案] C
[解析] 企业收取的包装物押金，通过"其他应付款——包装物押金"科目的贷方发生额，进行核算。

[提示] 前两道小题分别考查了包装物的租金和包装物押金，处理方式略有不同，需要看清题意，多加区分记忆。

3. 将自产设备用于职工福利，其正确的账务处理为（　　）。
A. 借记"应付职工薪酬"100 000元　　B. 借记"应付职工薪酬"117 000元
C. 计提增值税销项税额17 000元　　D. 计提增值税销项税额18 700元

[答案] D
[解析] 自产的设备用于职工福利，应该作视同销售处理。

借：应付职工薪酬　　　　　　　　　　　　　　　　　　　　　　　128 700
　　贷：主营业务收入　　　　　　　　　　　　　　　　　　　　　110 000
　　　　应交税费——应交增值税（销项税额）　　　　　　　　　　18 700

4. 企业发生的广告费支出，其正确的账务处理为（　　）。
A. 全额计入"销售费用"科目　　B. 全额税收扣除
C. 不得税前扣除　　D. 税前扣除金额为15万元

[答案] AB
[解析] 企业发生的广告费的扣除限额为1 000×15%＝150（万元），该企业发生的广告费为100万元，小于扣除限额，所以可以全额在企业所得税税前扣除，并且发生的广告费全额计入"销售费用"。

5. 关于合同违约金的账务处理，正确的是（   ）。
A. 记入"主营业务成本"科目
B. 记入"营业外支出"科目
C. 记入"利润分配"科目
D. 记入"管理费用"科目

[答案] B

[解析] 对于企业的合同违约金支出不属于企业生产经营发生的业务支出的内容，属于非日常经营活动损失的支出，所以计入"营业外支出"。

本章易错易混考点

【易错易混考点】账务调整的基本方法

账务调整的基本方法如表8-18所示。

表8-18　账务调整的基本方法

基本方法	具体内容
红字冲销法	用红字冲销原错误的会计分录，再用蓝字重新编制分录，登记账簿
	适用于会计科目用错或者会计科目正确但核算金额大于应计金额的情况
补充登记法	通过编制转账分录，把调整金额直接入账，从而更正错账
	适用于漏计或错账所涉及的会计科目正确，但核算金额小于应计金额的情况
综合账务调整法	主要适用于所得税纳税检查后的账务调整
	如果涉及会计所得，当月发现错误，可以直接调整损益类科目；当年月度结算后发现错误，可以直接调整"本年利润"账户；年度决算后发现错误，对于影响上年度的所得的直接调整"以前年度损益调整"账户

【提示1】账务调整的方法中一定要注意"红字冲销法"和"补充登记法"的区别。

【提示2】对于"以前年度损益调整"账户调账时应注意：多计的收入，少计的费用调整"以前年度损益调整"的借方；少计的收入，多计的费用调整"以前年度损益调整"的贷方。

[2016年真题·单选题] 对于影响上年度的所得，在账务调整时可计入的会计科目为（   ）。
A. 营业利润
B. 本年利润
C. 利润分配
D. 以前年度损益调整

[答案] D

[解析] 对于影响上年度的所得，在账务调整时可计入的会计科目为"以前年度损益调整"。

[2016年真题·单选题] 税务机关对某企业进行纳税检查时，发现该企业将生产领用的原材料5 000元误记为50 000元，企业应做的账务调整为（   ）。
A. 红字借记"原材料"5 000元
B. 红字借记"原材料"45 000元
C. 红字贷记"原材料"5 000元
D. 红字贷记"原材料"45 000元

[答案] D

[解题思路] 对于账务调整的基本方法参考表8-18，对号入座。对于会计科目正确但核算金额大于应计金额的应采用红字冲销法。

历年经典真题回顾

一、单项选择题（每题1分，每题备选项中，只有1个最符合题意）

1. 企业收取的包装物押金，应计入的会计科目为（   ）。[2016年真题]
A. 主营业务收入
B. 其他业务收入
C. 其他应收款
D. 其他应付款

[答案] D

[解析] 企业收取的包装物押金的处理方式与包装物租金的处理方式不同，包装物押金通过"其他应付款——包装物押金"科目的贷方发生额计算。

2. 在纳税检查中发现某企业当期有一笔属于职工福利费的费用支出 30 000 元记入到财务费用之中，对此应做的会计账务调整分录为（　　）。[2015 年真题]

A. 借：财务费用　　　　　　　　　　　　　　　　　　　　30 000
　　　贷：银行存款　　　　　　　　　　　　　　　　　　　　30 000
B. 借：应付职工薪酬　　　　　　　　　　　　　　　　　　　30 000
　　　贷：银行存款　　　　　　　　　　　　　　　　　　　　30 000
C. 借：应付职工薪酬　　　　　　　　　　　　　　　　　　　30 000
　　　贷：财务费用　　　　　　　　　　　　　　　　　　　　30 000
D. 借：财务费用　　　　　　　　　　　　　　　　　　　　　30 000
　　　贷：应付工资　　　　　　　　　　　　　　　　　　　　30 000

[答案] C

[解析] 本题考查账务调整的基本方法。

正确的账务处理为：
借：应付职工薪酬　　　　　　　　　　　　　　　　　　　　30 000
　　贷：银行存款　　　　　　　　　　　　　　　　　　　　30 000

错误的账务处理为：
借：财务费用　　　　　　　　　　　　　　　　　　　　　　30 000
　　贷：银行存款　　　　　　　　　　　　　　　　　　　　30 000

账务调整如下：
借：应付职工薪酬　　　　　　　　　　　　　　　　　　　　30 000
　　贷：财务费用　　　　　　　　　　　　　　　　　　　　30 000

3. 对于大量大批的单步骤生产企业，计算产品成本时主要采用的方法为（　　）。[2014 年真题]
A. 品种法　　　　B. 分批法　　　　C. 分步法　　　　D. 综合法

[答案] A

[解题思路] 品种法、分批法、分步法要根据本书中总结的内容区分进行记忆，避免混淆。

4. 当发现漏记会计账目时，可以采用的账务调整方法为（　　）。[2014 年真题]
A. 红字冲销法　　　　　　　　B. 补充登记法
C. 综合账务调整法　　　　　　D. 反向记账法

[答案] B

[解题思路] 账务调整的处理方法参考"易错易混考点"总结的内容理解记忆，做到举一反三。

5. 税务机关查询案件涉嫌人员的储蓄存款时，需要履行的程序是（　　）。[2013 年真题]
A. 经税务所所长批准　　　　　　B. 经县级税务局（分局）局长批准
C. 经稽查局局长批准　　　　　　D. 经设区的市、自治州以上税务局（分局）局长批准

[答案] D

[解析] 本题考查税务机关查询涉案人员的储蓄存款。税务机关在调查税收违法案件时，经设区的市、自治州以上税务局（分局）局长批准，可以查询案件涉嫌人员的储蓄存款，故 D 项正确。

6. 某企业当期应摊销无形资产 1 000 元，实际摊销 500 元。应做的账务调整分录为（　　）。[2013 年真题]

A. 借：管理费用　　　　　　　　　　　　　　　　　　　　　1 000

    贷：累计摊销   1 000
  B. 借：管理费用   500
    贷：累计摊销   500
  C. 借：累计摊销   500
    贷：管理费用   500
  D. 借：累计摊销   1 000
    贷：管理费用   1 000

[答案] B
[解析] 本题考查账务调整的基本方法。
正确的账务处理为：
 借：管理费用   1 000
  贷：累计摊销   1 000
错误的账务处理为：
 借：管理费用   500
  贷：累计摊销   500
账务调整如下：
 借：管理费用   500
  贷：累计摊销   500

7. 关于纳税检查的说法，错误的是（ ）。[2012年真题]
  A. 纳税检查的主体是税务师事务所
  B. 纳税检查的客体包括纳税担保人
  C. 纳税检查的对象是纳税人所从事的经济活动和各种应税行为
  D. 纳税检查的依据是国家的各种税收法规、会计法规和企业财务制度

[答案] A
[解析] 纳税检查的主体是税务机关，而非税务师事务所，故A项错误。

8. 某企业（增值税一般纳税人）外购一批原材料，取得的增值税专用发票上注明价款为10 000元，增值税1 700元，入库前的挑选整理费用500元，则该批材料的采购成本为（ ）元。[2011年真题]
  A. 10 000   B. 10 200   C. 10 500   D. 11 700

[答案] C
[解析] 本题中的采购成本包括购买价款和挑选整理费，不包括增值税款，所以采购成本为10 000+500=10 500（元）。

9. 某服装企业为增值税一般纳税人，某月在销售产品的同时向购货方收取包装物押金1 170元，正确的账务处理为（ ）。[2011年真题]
  A. 借：银行存款   1 170
    贷：其他应付款   1 170
  B. 借：银行存款   1 170
    贷：其他业务收入   1 170
  C. 借：银行存款   1 170
    贷：其他应付款   1 000
      应交税费——应交增值税（销项税额）   170
  D. 借：银行存款   1 170

    贷：其他业务收入   1 000
      应交税费——应交增值税（销项税额）   170

[答案] A

[解析] 企业销售货物收取的包装物押金，需要计入"其他应付款"科目。

二、多项选择题（每题2分，每题备选项中，有2个或2个以上符合题意，至少有1个错项。错选，本题不得分；少选，所选的每个选项得0.5分）

1. 存货项目包括（ ）。[2015年真题]

 A. 原材料   B. 低值易耗品

 C. 自制半成品   D. 发出商品

 E. 递延资产

 [答案] ABCD

 [解析] 存货项目包括原材料、包装物、低值易耗品、自制半成品、产成品、发出商品。E项不属于存货。

2. 关于纳税检查的说法，正确的有（ ）。[2014年真题]

 A. 纳税检查的主体是税务机关

 B. 纳税检查的客体包括代扣代缴义务人

 C. 纳税检查的客体包括纳税担保人

 D. 经税务局局长批准，可以查询纳税人的存款账户

 E. 纳税检查的范围包括纳税人的账簿、记账凭证、报表和有关资料

 [答案] ABCE

 [解析] 经县以上税务局（分局）局长的批准，凭全国统一格式的检查存款账户许可证明，查询从事生产、经营的纳税人、扣缴义务人在银行或其他金融机构的存款账户，故D项错误。

3. 可以在企业所得税前扣除的项目包括（ ）。[2013年真题改编]

 A. 消费税   B. 房产税   C. 企业违约金   D. 印花税

 E. 税收滞纳金

 [答案] ABCD

 [解题思路] 税前准予扣除和不能扣除的项目可根据第五章和本章总结的内容对比记忆，本题中的税收滞纳金不得在税前扣除，故E项错误。

4. 下列会计凭证中，属于外来原始凭证的有（ ）。[2011年真题]

 A. 进货发票   B. 进账单

 C. 领料单   D. 差旅费报销单

 E. 汇款单

 [答案] ABE

 [解析] 外来原始凭证包括进货发票、进账单、汇款单、运费发票等。

5. 某企业被工商部门处以罚款10 000元，正确的涉税会计处理有（ ）。[2011年真题]

 A. 计入"营业外支出"科目

 B. 不得在税前列支

 C. 计入"利润分配"科目

 D. 不超过利润总额12%的部分，可以税前列支

 E. 冲减"营业外收入"科目

 [答案] AB

 [解析] 企业的罚款支出通过"营业外支出"科目计算，同时是属于税前不得扣除的项目。

本章同步练习

一、单项选择题（每题1分，每题备选项中，只有1个最符合题意）

1. 企业辅助生产工人工资应通过（　　）科目处理。
   A. 制造费用　　　　　　　　　B. 产品成本的直接工资
   C. 销售费用　　　　　　　　　D. 管理费用

2. 按照检查的范围、内容、数量和查账粗细的不同，纳税检查的基本方法可以分为（　　）。
   A. 顺查法与逆查法　　　　　　B. 比较分析法与推理分析法
   C. 联系查法与侧面查法　　　　D. 详查法与抽查法

3. 某增值税一般纳税人购进一批原材料，取得增值税专用发票，但尚未认证，其进项税额应通过（　　）核算。
   A. 应交税费——待认证进项税额　　B. 应交税费——待抵扣进项税额
   C. 应交税费——应交增值税（进项税额）　　D. 原材料

4. 某服装企业（增值税一般纳税人）取得销售服装（含税）收入100 000元，企业的会计处理为：
   借：银行存款　　　　　　　　　　　　　　　　　　　　100 000
   　　贷：资本公积　　　　　　　　　　　　　　　　　　100 000
   下列关于该笔账务处理的表述，正确的为（　　）。
   A. 造成少缴增值税17 000元　　B. 造成少缴增值税14 529.91元
   C. 造成少缴消费税5 000元　　　D. 造成少缴消费税3 000元

5. 某食品加工企业（增值税一般纳税人）取得销售食品（含税）收入200 000元，企业的会计处理为：
   借：银行存款　　　　　　　　　　　　　　　　　　　　200 000
   　　贷：资本公积　　　　　　　　　　　　　　　　　　200 000
   下列关于该账务处理的表述，正确的为（　　）。
   A. 造成少缴增值税34 000元　　B. 造成少缴增值税29 059.83元
   C. 造成少缴消费税10 000元　　 D. 造成少缴消费税6 000元

6. 账务调整的基本方法中，一般适用于错用会计科目情况的是（　　），而且其主要用于所得税纳税检查后的账务调整。
   A. 红字冲销法　　　　　　　　B. 综合账务调整法
   C. 补充登记法　　　　　　　　D. 内部调整法

7. 某企业为增值税一般纳税人，增值税税率为17%。今年6月份在销售货物时另向购买方收取优质费100 000元，企业应做的账务处理为（　　）。
   A. 借：银行存款　　　　　　　　　　　　　　　　　　100 000
   　　　贷：销售费用　　　　　　　　　　　　　　　　 100 000
   B. 借：银行存款　　　　　　　　　　　　　　　　　　100 000
   　　　贷：主营业务收入　　　　　　　　　　　　　　 83 000
   　　　　　应交税费——应交增值税（销项税额）　　　 17 000
   C. 借：银行存款　　　　　　　　　　　　　　　　　　100 000
   　　　贷：主营业务收入　　　　　　　　　　　　　　 85 470.09
   　　　　　应交税费——应交增值税（销项税额）　　　 14 529.91
   D. 借：银行存款　　　　　　　　　　　　　　　　　　100 000
   　　　贷：主营业务收入　　　　　　　　　　　　　　 95 000

　　　　应交税费——应交增值税　　　　　　　　　　　　　　　　　　　5 000

8. 某酒厂销售白酒缴纳的消费税应计入的会计科目为（　　）。
　　A. 主营业务成本　　　　　　　　　B. 税金及附加
　　C. 管理费用　　　　　　　　　　　D. 销售费用
9. 企业销售货物发生的现金折扣，正确的账务处理为（　　）。
　　A. 折扣发生时借记"财务费用"科目　　B. 折扣发生时借记"销售费用"科目
　　C. 货物发出时借记"财务费用"科目　　D. 签订合同时借记"财务费用"科目

二、多项选择题（每题2分，每题备选项中，有2个或2个以上符合题意，至少有1个错项。错选，本题不得分；少选，所选的每个选项得0.5分）

1. 某合伙企业将自产的高档化妆品用于职工福利，该项行为应缴纳的税种包括（　　）。
　　A. 增值税　　　B. 消费税　　　C. 企业所得税　　　D. 城市维护建设税
　　E. 教育费附加
2. 以下属于纳税检查的客体的有（　　）。
　　A. 纳税义务人　　　　　　　　　　B. 代扣代缴义务人
　　C. 代收代缴义务人　　　　　　　　D. 税务机关
　　E. 纳税担保人
3. 在纳税检查中若发现以前年度有多计费用少计收入的现象，正确的会计处理方法有（　　）。
　　A. 对于多计的费用，应调增"本年利润"科目的借方金额
　　B. 对于多计的费用，应调增"以前年度损益调整"科目的贷方金额
　　C. 对于少计的收入，应调增"本年利润"科目的借方金额
　　D. 对于少计的收入，应调增"以前年度损益调整"科目的贷方金额
　　E. 对于少计的收入，应调增"以前年度损益调整"科目的借方金额
4. 企业税前准予扣除的项目包括（　　）。
　　A. 生产成本　　　B. 损失　　　C. 管理费用　　　D. 税金
　　E. 灾害事故损失赔偿
5. 一般纳税人进口材料的采购成本包括（　　）。
　　A. 买价　　　　　　　　　　　　　B. 增值税
　　C. 运输途中的合理损耗　　　　　　D. 关税
　　E. 入库前的挑选整理费用

三、案例分析题（每题2分。由单选和多选组成。错选，本题不得分；少选，所选的每个正确选项得0.5分）

　　甲企业为增值税一般纳税人，适用税率为17%，主要生产并销售A产品，A产品的对外含税售价为每件800元，成本为每件500元。2014年8月，甲企业的有关财务资料如下：
　　（1）销售产品100件给小规模纳税人，开具普通发票。
　　（2）将自产产品200件捐赠给山区。
　　（3）销售产品1 000件给一般纳税人，同时收取包装物使用费20 000元。另外收包装物押金10 000元，合同规定三个月后退回，款项已收到并送交银行。
　　（4）企业从小规模纳税人处购进原材料，取得的普通发票上注明金额1 000 000元。
　　根据以上提供的企业资料，回答下列问题。
1. 甲企业销售产品给小规模纳税人，应做的账务处理为（　　）。
　　A. 贷记"主营业务收入"80 000元

B. 贷记"主营业务收入"77 669.9元
C. 贷记"主营业务收入"68 376.07元
D. 贷记"应交税费——应交增值税（销项税额）"2 330.1元

2. 甲企业将自产产品捐赠给山区，应做的账务处理为（　　）。
   A. 贷记"主营业务收入"160 000元
   B. 贷记"主营业务收入"100 000元
   C. 贷记"应交税费——应交增值税（销项税额）"272 000元
   D. 贷记"应交税费——应交增值税（销项税额）"23 247.86元

3. 甲企业收取的包装物使用费，应做的账务处理为（　　）。
   A. 贷记"应交税费——应交营业税"1 000元
   B. 贷记"应交税费——应交增值税（销项税额）"3 400元
   C. 贷记"应交税费——应交增值税（销项税额）"582.52元
   D. 贷记"应交税费——应交增值税（销项税额）"2 905.98元

4. 甲企业收取的包装物押金，应做的账务处理为（　　）。
   A. 借记"银行存款"10 000元
   B. 贷记"其他应付款"10 000元
   C. 贷记"其他应付款"8 300元
   D. 贷记"应交税费——应交增值税（销项税额）"1 700元

5. 甲企业从小规模纳税人购进原材料，应做的账务处理为（　　）。
   A. 借记"应交税费——应交增值税（进项税额）"130 000元
   B. 借记"应交税费——应交增值税（进项税额）"170 000元
   C. 借记"应交税费——应交增值税（进项税额）"30 000元
   D. 借记"原材料"1 000 000元

本章同步练习参考答案及解析

一、单项选择题

1. [答案] A
   [解析] 制造费用指企业车间为生产产品和提供劳务而发生的各项间接费用。

2. [答案] D
   [解析] 按照检查的范围、内容、数量和查账粗细的不同，纳税检查的基本方法可以分为详查法与抽查法。

3. [答案] A
   [解析] 某增值税一般纳税人购进一批原材料，取得增值税专用发票，但尚未认证，其进项税额应通过"应交税费——待认证进项税额"核算。

4. [答案] B
   [解析] 销售货物应缴纳增值税，应纳增值税 = 100 000 / (1+17%) × 17% = 14 529.91（元），该企业会计处理不正确，销售收入未计入主营业务收入，而是计入资本公积，造成少缴14 529.91元增值税。

5. [答案] B
   [解析] 食品加工企业销售食品收入应计入主营业务收入，并按17%税率计算增值税销项税，该企业的会计处理不正确，少缴的增值税 = 200 000 / (1+17%) × 17% = 29 059.83（元）。

6. [答案] B
   [解析] 综合账务调整法主要用于所得税纳税检查后的账务调整，如果涉及会计所得，对于影响本年度的所得可以直接调整"本年利润"账户，而对于影响上年度的所得可以直接调整"以前年度损益调整"账户。

7. [答案] C
   [解析] 销售货物时收取的优质费属于价外费用，应计算缴纳增值税。增值税销项税额 =

100 000/（1＋17％）×17％＝14 529.91（元）。

8. [答案] B

   [解析] 本题考查销售收入的检查。应缴纳的消费税做如下账务处理：

   借：税金及附加
   　　贷：应交税费——应交消费税

9. [答案] A

   [解析] 企业销售货物发生的现金折扣，正确的账务处理为折扣发生时借记"财务费用"科目。

二、多项选择题

1. [答案] ABDE

   [解析] 将自产的化妆品用于职工福利需要缴纳增值税、消费税、城市维护建设税和教育费附加。合伙企业不是企业所得税的纳税人。

2. [答案] ABCE

   [解析] 纳税检查的客体是纳税义务人、代扣代缴义务人、代收代缴义务人、纳税担保人。

3. [答案] BD

   [解析] 本题考查账务调整的基本方法。对于以前年度多计的费用、少计的收入，应调增"以前年度损益调整"科目的贷方金额。

4. [答案] ABCD

   [解析] 企业税前准予扣除的项目包括生产成本、管理费用、销售费用、财务费用、损失、税金等，灾害事故损失赔偿不允许扣除。

5. [答案] ACDE

   [解析] 本题考查税前准予扣除项目的检查。一般纳税人进口材料的采购成本不包括增值税。

三、案例分析题

1. [答案] C

   [解析] 本题考查销项税额的检查。一般纳税人销售商品给小规模纳税人，按一般销售处理，税率为17％。应交税费（销项税额）＝[（800×100）/（1＋17％）]×17％＝11 623.93（元），主营业务收入＝80 000－11 623.93＝68 376.07（元）。

   借：应收账款　　　　　　　80 000
   　　贷：主营业务收入　　　68 376.07
   　　　　应交税费——应交增值税（销项税额）　　　　　　　11 623.93

2. [答案] D

   [解析] 本题考查销项税额的检查。自产产品用于捐赠，作视同销售处理。应税费＝（800×200）/（1＋17％）×17％＝23 247.86（元）。

   借：营业外支出　　　　　123 247.86
   　　贷：库存商品　　　　　100 000
   　　　　应交税费——应交增值税（销项税额）　　　　　　　23 247.86

3. [答案] D

   [解析] 本题考查销项税额的检查。甲企业收取的包装物使用费属于价外费用，应并入销售额中计算增值税。包装物使用费的销项税：20 000/（1＋17％）×17％＝2 905.98（元）

   借：银行存款　　　　　　　20 000
   　　贷：应交税费——应交增值税（销项税额）　　　　　　　2 905.98
   　　　　其他业务收入　　　17 094.02

4. [答案] AB

   [解析] 本题考查销项税额的检查。

   借：银行存款　　　　　　　10 000
   　　贷：其他应付款——包装物押金　　　　　　　　　　　　10 000

5. [答案] D

   [解析] 本题考查增值税税率。小规模纳税人不能抵扣进项税，因此，账务处理为：

   借：原材料　　　　　　　1 000 000
   　　贷：银行存款　　　　1 000 000

错题收集

第九章 公 债

本章考情分析

年份	单项选择题	多项选择题	案例分析题	合计
2017 年	2 题 2 分	1 题 2 分	—	4 分
2016 年	1 题 1 分	1 题 2 分	—	3 分

【提示】因 2016 年教材内容变动较大，所以考情仅用 2016 和 2017 年两年的作为参考，以前年份的不再涉及。

本章考点概览

本章学习提示

第九章是 2016 年新变动的章节，内容做了大幅度调整，整体章节内容发生变化，考点更加突出。所以针对这章内容的特点，将教材的重点进行了提炼，希望大家根据提炼的重点，集中掌握。

本章考点详解

【考点一】公债的含义及产生

一、公债的含义

公债的含义如图 9-1 所示。

图 9-1 公债的含义

二、公债产生的基本条件

(1) 财政支出需要。

（2）社会闲置资金的存在。

【提示】有市场的需求、资金的供给，公债才会产生。

【考点二】公债制度

一、公债的发行

公债的发行是指公债售出和被个人或企业认购的过程。其目的是使公债得以顺利发行，筹集到相应的财政收入，充分发挥公债的职能，并使公债成为调节经济运行的手段。

（一）公债发行的原则

公债发行的原则如表9-1所示。

表9-1　公债发行的原则

原则	定义	具体阐释
景气发行原则	是指发行公债要根据社会经济状况确定，而且一定要有利于社会经济的稳定和发展	（1）当社会总需求大于总供给、经济增长速度过快时，发行公债要起到抑制社会总需求、降低经济增长速度的作用 （2）当社会总供给大于总需求、经济不景气、增长速度过慢时，发行公债会起到刺激总需求、提高经济增长速度、促进经济复苏的作用
稳定市场秩序原则	是指发行公债不应该引起证券市场的巨大波动，特别是要维持债券市场价格的稳定	公债发行的规模一定要适度，且要在一定规模下正确确定公债的发行对象、次数和发行地域
发行成本最小原则	是指证券的利息支出及其相关的发行费用支出要尽量节约，使其能够最大限度地降低筹集资金的成本	（1）每次公债发行时都能够使用当时条件下的最低成本来筹集所需要的资金 （2）降低全部公债的成本 （3）降低其他各种发行费用 【提示】通过改进公债发行方法，加强债务的管理，完全有可能降低公债发行成本
发行有度原则	是指公债的发行量要适度，既要考虑到财政资金运用的需要，同时要考虑到社会、居民的应债能力，换言之，就是需要考虑到其所能筹集到的资金	（1）公债发行量过多，超过了国民经济的应债能力，不利于国民经济长期、持续、稳定发展 （2）公债发行量过少，不能满足公众对公债的要求，不能充分利用债务手段筹集社会建设资金

───── 经典例题 ─────

[例题·多选题] 公债发行原则主要包括（　　）。
A. 景气发行原则　　　　　　　B. 稳定市场秩序原则
C. 发行成本最小原则　　　　　D. 支出弹性原则
E. 发行有度原则
[答案] ABCE
[解析] 公债发行原则包括四大原则：景气发行原则、稳定市场秩序原则、发行成本最小原则、发行有度原则。

（二）公债发行的方式

公债发行的方式如表9-2所示。

表9-2　公债发行的方式

发行方式	具体内容
直接发行方式	发行主体直接向个人或机构投资者售卖公债

续表

发行方式	具体内容
承购包销方式	发行主体与承销人一起协商发行条件，签订承销合同，明确双方权利义务关系，最后由承销人向投资者分销
公募招标方式	通过金融市场公开招标、投标确定发行条件（主导发行方式）
连续发行方式	发行主体不提前确定发行条件，而是委托发行网点和代理经销机构根据情况确定，并且随时调整发行条件，调节发行流量

经典例题

[例题·单选题]（　　）是发行主体与承销人共同协商发行条件，签订承销合同，明确双方权利义务关系，由承销人向投资者分销。
A. 直接发行方式　　B. 承购包销方式　　C. 公募招标方式　　D. 连续发行方式
[答案] B
[解题思路] 对于公债发行方式定义的区分，可根据具体发行方式的字面意思结合叙述中的关键字、词区分记忆即可。

二、公债的偿还

公债的偿还如表9-3所示。

表9-3　公债的偿还

要点		具体内容
公债偿还的资金来源		通过预算安排、设立偿债基金、举借新债
偿还本金的方式	市场购销偿还法	政府按照市价从债券市场回收公债券，进而使公债免除
	抽签偿还法	政府在发行公债时规定要定期抽签，分期分批予以偿还
		这一方法不考虑公债券号码顺序的先后和认购公债的早晚，而是以中签年度作为偿还期
	比例偿还法	将公债总额分成若干份，逐年按既定份额偿还
	到期一次偿还法	实行在债券到期日按票面额一次性偿清全部本金和利息的办法
	调换偿还法	政府发行新债券偿还即将到期的旧债券
公债的付息	按期分次支付法	适用于期限较长或在持有期限内不准兑现的债券
	到期一次支付法	适用于期限较短或超过一定期限后可随时兑现的债券

三、公债的发行管理权限

公债的发行管理权限如图9-2所示。

图9-2　公债的发行管理权限

【提示】地方政府举借债务的具体规定如下：
（1）经国务院批准的省、自治区、直辖市的预算中需要的建设投资的部分资金，要<u>在国务院确定的限额内</u>，通过发行地方政府债券举借债务的方式筹措。
（2）举借债务的规模，由国务院报全国人民代表大会或者全国人民代表大会常务委员会批准。
（3）举借的债务应当有偿还计划和稳定的偿还资金来源，只可以用于<u>公益性资本支出</u>，不得用于经常性支出。
（4）省、自治区、直辖市依照国务院下达的限额举借的债务，要列入本级预算调整方案，报本级人民代表大会常务委员会批准。
（5）地方政府及其所属部门不得以任何方式举借债务。
（6）地方政府及其所属部门不得为任何单位和个人的债务以任何方式提供担保。

经典例题

[例题·单选题] 根据预算法，我国对地方政府发行公债管理权限的规定是（　　）。
A. 地方政府可自行发行公债
B. 地方政府发行公债的规模经国务院确定
C. 地方政府所属部门可根据实际情况发行公债
D. 地方公债用于解决本地区财政经费的不足
[答案] B
[解题思路] 根据[提示]中关于地方公债举借债务的具体规定，来对应判断本题的各个选项的正确与否。

四、公债的收入使用

社会主义国家的公债资金用于社会主义建设事业。

五、公债的持有者

公债的持有者指的是<u>政府的债权人</u>或<u>公债的发行对象</u>。其一般包括中央银行、商业银行、非银行金融机构、政府机构、公司（企业）和个人。

【提示】<u>居民个人也是应债资金的主要来源</u>。

六、公债券流通

（1）广义的公债券流通包括公债券<u>发行</u>、<u>转让</u>和<u>偿还</u>的全过程。
（2）狭义的公债券流通仅指公债券在流通市场上的转让。
（3）公债券的流通制度包括对公债券流通范围、办法、渠道以及价格决定方式等的一系列规定。

【考点三】公债市场的分类

公债市场按照构成分为发行市场和流通市场，具体内容如表9-4所示。

表9-4　公债市场的分类

分类	定义	注意
发行市场	又称为一级市场或者初级市场，为发行新债券提供销售场所，国家在该市场中从认购者手中筹集到所需资金	公债发行市场的存在是公债流通市场存在的前提条件
流通市场	又称二级市场，是公债交易的第二阶段，是公债承购机构与认购者之间的交易，也包括公债持有者与政府或者公债认购者之间的交易	流通市场分为证券交易所交易和场外交易

> **经典例题**
>
> [例题·单选题] 公债市场中，（　　）也称为一级市场或初级市场。
> A. 发行市场　　　B. 流通市场　　　C. 二级市场　　　D. 投资市场
> [答案] A
> [解析] 公债市场按构成分为发行市场和流通市场。其中，发行市场称为一级市场或初级市场。

【考点四】公债市场的功能

（1）实现公债的顺利发行和偿还。
（2）合理有效地调节社会资金的运行，提高社会资金效率。其主要体现在以下方面：
　1）公债市场是一国金融市场的重要组成部分。
　2）公债市场拓宽了居民的投资渠道。
　3）公债市场的发展促进了商业银行资本结构的完善，降低不良资产率，提高抗风险能力。
　4）公债市场是连接货币市场和资本市场的渠道。
　5）公债是央行在公开市场上最重要的操作工具。

【考点五】直接隐性债务和或有债务

政府承担的债务包括直接债务和或有债务。

直接债务是指无论在哪种情况下都要承担的债务，不依附于任何事件，需要根据某些特定的因素来预测和控制的负债，如政府的 内、外债 及由法律规定的 养老金负债 等。

或有债务是指由某一或有事项引发的债务，能否成为现实，需要看或有事项是否发生以及由此引发的债务能否最终要由政府来承担。或有债务的特点说明，政府不能完全控制或有债务，或有债务最终也不会完全转化为财政负担，这主要取决于转化的面和转化的概率。

【考点小贴士】直接债务和或有债务最好的区分方法就是从字面意思上理解并且区分，"直接"就是"一定、必须、无论如何"都要承担的债务；"或有"即为"也许、大概、可能、不一定"的情况。

直接债务和或有债务从债务风险角度划分为 显性债务 和 隐性债务。其具体内容如表9-5所示。

表9-5　显性债务和隐性债务

项目	定义	类型	对应的债务风险	债务承担主体
显性债务	是指被法律或者合同所认可的政府债务	直接显性债务	直接债务风险	财政直接承担的债务
		或有显性债务		
隐性债务	是指反映公众和利益集团压力的政府道义上的债务	直接隐性债务	间接债务风险	政府间接承担的国家预算体系以外的债务
		或有隐性债务		

> **经典例题**
>
> [例题·单选题] 从债务风险的角度看，由财政直接承担的债务是（　　）。
> A. 直接显性债务　　　　　　B. 直接隐性债务
> C. 或有显性债务　　　　　　D. 或有隐性债务
> [答案] A
> [解析] 直接债务和或有债务可以从债务风险的角度进一步划分为两种类型：显性债务和隐性债务。直接债务风险，即由财政直接承担的债务，相当于世界银行所指的直接显性债务，故A项正确。

本章易错易混考点

【易错易混考点】我国政府直接隐性债务和或有债务

我国政府直接隐性债务和或有债务的划分如表9-6所示。

表 9-6　我国政府直接隐性债务和或有债务的划分

债务分类	具体内容
直接显性债务	由公债、欠发工资而形成的债务、粮食收购和流通中的亏损挂账、乡镇财政债务
直接隐性债务	是指由社会保障资金缺口所形成的债务
或有显性债务	公共部门的债务（主要是政策性金融债券）、公债投资项目的配套资金
或有隐性债务	金融机构不良资产、国有企业未弥补亏损、对供销社系统及对农村合作基金会的援助

[例题·单选题] 我国政府的直接隐性债务主要是（　　）。
A. 基层单位欠发的教师工资形成的债务　　B. 乡镇财政债务
C. 社会保障资金缺口形成的债务　　D. 政策性金融债券
[答案] C
[解析] 直接隐性债务主要是社会保障资金缺口所形成的债务，目前随着我国老龄化社会的形成，养老保险资金的缺口是较为严重的问题。另外，随着经济结构的调整和经济增长速度变缓等，失业救济的负担也在不断加重，这些都形成了政府的直接隐性债务，故 C 项正确。

━━━━━━━━━━━━━━━━ 历年经典真题回顾 ━━━━━━━━━━━━━━━━

【提示】由于本章是2016年变动较大章节，所以真题只涉及到2016年、2017年的真题。

一、单项选择题（每题1分，每题备选项中，只有1个最符合题意）

1. 根据社会经济状况且利于社会经济稳定和发展的公债发行原则是（　　）。[2017年真题]
　　A. 景气发行原则　　　　　　B. 干预市场秩序原则
　　C. 发行成本最小原则　　　　D. 发行有度原则
[答案] A
[解析] 本题考查公债的发行原则。景气发行原则是指发行公债要根据社会经济状况确定，而且一定要有利于社会经济的稳定和发展，故 A 项正确。

2. 下列政府债务中，构成政府直接隐性债务的是（　　）。[2017年真题]
　　A. 粮食收购和流通中的亏损挂账　　B. 乡镇财政债务
　　C. 政策性金融债券　　　　　　　　D. 养老保险资金的缺口
[答案] D
[解析] 本题考查我国政府直接隐性债务和或有债务。直接隐性债务是指由社会保障资金所形成的债务，养老保险资金属于社会保障资金的一种，故 D 项正确。

3. 社会保障资金的缺口所形成的政府债务属于（　　）。[2016年真题]
　　A. 直接显性债务　　　　　　B. 直接隐性债务
　　C. 或有显性债务　　　　　　D. 或有隐性债务
[答案] B
[解析] 本题考查的是直接隐性债务的定义。直接隐性债务是指社会保障资金的缺口所形成的债务。

二、多项选择题（每题2分，每题备选项中，有2个或2个以上符合题意，至少有1个错项。错选，本题不得分；少选，所选的每个选项得0.5分）

1. 关于公债制度的说法，正确的有（　　）。[2017年真题]
　　A. 我国地方公债由四级组成
　　B. 发行有度是发行公债应遵循的原则之一
　　C. 商业银行持有公债是成熟公债市场的主要标志之一
　　D. 居民个人也是应债资金的主要来源

E. 地方政府可以为国有企业的债务提供担保

[答案] BCD

[解析] 本题考查公债制度。因为我国公债制度发展并不完善，地方公债不一定由四级组成，故 A 项错误。地方政府及其所属部门不得以任何方式举借债务，同时不得为任何单位和个人的债务以任何方式提供担保，故 E 项错误。

2. 政府直接显性债务包括（　　）。[2016年真题]

　　A. 政策性金融债券　　　　　　B. 乡镇财政债务
　　C. 欠发公办学校教师的工资　　D. 金融机构不良资产
　　E. 国有企业未弥补亏损

[答案] BC

[解析] 政府的显性债务包括公债、欠发职工工资而形成的债务、粮食收购和流通中的亏损挂账以及乡镇财政债务，故 B、C 两项正确。金融机构不良资产和国有企业未弥补亏损属于或有隐性债务。政策性金融债券属于或有显性债务。

本章同步练习

一、单项选择题（每题1分，每题备选项中，只有1个最符合题意）

1. 决定公债发行条件的过程和关键环节是（　　）。
　　A. 公债的持有者　　　　　　B. 公债的收入使用
　　C. 公债的偿还方式　　　　　D. 公债的发行方式

2. 发行公债既要考虑到财政资金运用的需要，也要考虑到社会居民的应债能力，所遵循的原则是（　　）。
　　A. 景气发行原则　　　　　　B. 稳定市场秩序原则
　　C. 发行成本最小原则　　　　D. 发行有度原则

3. 公债偿还本金的方式中，政府发行新债券以偿还即将到期的旧债券指的是（　　）。
　　A. 调换偿还法　　　　　　　B. 抽签偿还法
　　C. 比例偿还法　　　　　　　D. 到期一次偿还法

4. 以下不属于我国或有隐性债务的是（　　）。
　　A. 金融机构不良资产　　　　B. 国有企业未弥补亏损
　　C. 公共部门的债务　　　　　D. 对供销社系统及对农村合作基金会的援助

二、多项选择题（每题2分，每题备选项中，有2个或2个以上符合题意，至少有1个错项。错选，本题不得分；少选，所选的每个选项得0.5分）

1. 公债产生具备的两个基本条件是（　　）。
　　A. 财政支出需要　　　　　　B. 财政收入需要
　　C. 社会闲置资金的存在　　　D. 社会保障制度的健全
　　E. 社会相关法律制度的完善

2. 公债市场具有调节社会资金的运行、提高社会资金效率的功能，这种功能具体表现在（　　）。
　　A. 公债市场是一国金融市场的重要组成部分
　　B. 公债市场拓宽了居民的投资渠道
　　C. 公债市场的发展有利于商业银行资本结构的完善
　　D. 公债市场是连接货币市场和资本市场的渠道
　　E. 公债市场的发展扩大商业银行的贷款规模

3. 偿还公债的资金来源主要有（　　）。
   A. 设置偿债基金
   B. 财政盈余
   C. 通过预算安排
   D. 举借新债
   E. 增加税收

本章同步练习参考答案及解析

一、单项选择题

1. [答案] D
   [解析] 公债既是政府筹集资金的手段，又是认购者的投资工具，发行者的目标是以最小的成本筹集所需资金，认购者的目标是以既定的投资获取最大的收益，协调双方利益目标的手段是公债的发行条件，包括票面利率、偿还期限和发行价格，而决定发行条件的过程和关键环节则是公债的发行方式。

2. [答案] D
   [解析] 公债发行应遵循的发行有度原则，即公债发行量要适度，既要考虑到财政资金运用的需要，也要考虑到社会、居民的应债能力，即所能筹集到的资金。

3. [答案] A
   [解析] 调换偿还法即政府发行新债券以偿还即将到期的旧债券。

4. [答案] C
   [解析] 我国政府的或有隐性债务包括：①金融机构不良资产；②国有企业未弥补亏损；③对供销社系统及对农村合作基金会的援助。

二、多项选择题

1. [答案] AC
   [解析] 公债的产生要具备两个基本条件包括：①财政支出需要；②社会闲置资金的存在。

2. [答案] ABCD
   [解析] 公债市场可以有效调节社会资金的运行，提高社会资金效率，体现在以下方面：①公债市场是一国金融市场的重要组成部分；②公债市场拓宽了居民的投资渠道；③公债市场的发展有利于商业银行资本结构的完善，有利于降低不良资产率，使其抗风险能力大大增强；④公债市场是连接货币市场和资本市场的渠道；⑤公债是央行在公开市场上最重要的操作工具。

3. [答案] ACD
   [解析] 偿还公债的资金来源主要有通过预算安排、设置偿债基金、举借新债。

✎ 错题收集

第十章 政府预算理论与管理制度

本章考情分析

年份	单项选择题	多项选择题	案例分析题	合计
2017 年	5 题 5 分	2 题 4 分	—	9 分
2016 年	5 题 5 分	2 题 4 分	—	9 分
2015 年	6 题 6 分	2 题 4 分	—	10 分
2014 年	5 题 5 分	—	—	5 分
2013 年	5 题 5 分	3 题 6 分	—	11 分

本章考点概览

本章学习提示

第十章是政府预算制度的相关内容，文字性内容比较多。这部分内容在理解记忆时，需要重点掌握常考点，注意【提示】和【考点小贴士】的相关重点内容。

本章考点详解

【考点一】政府预算的含义及调控作用

一、政府预算的含义

(1) 从形式上看,政府预算是以年度政府财政收支计划的形式存在的。按照计划的时间跨度划分,预算可分为年度预算(典型)、多年预算。
(2) 从性质上看,政府预算是(经立法机关审批的)具有法律效力的文件。
(3) 从内容上看,政府预算反映公共资源的分配和政府职能范围。
(4) 从作用上看,政府预算是政府调控经济和社会发展的重要手段。

二、政府预算的调控作用

(1) 通过预算收支规模的变动,调节社会总供给与总需求的平衡。
(2) 通过调整政府预算支出结构,调节国民经济和社会发展中的各种比例关系结构,即通过预算机制引导公共的资源配置。
(3) 公平社会分配。

> **经典例题**
>
> [2017年真题·单选题] 从性质上看,政府预算是( )。
> A. 政府财政收支计划　　　　B. 具有法律效力的文件
> C. 反映公共资源分配的工具　　D. 政府调控经济的手段
> [答案] B
> [解题思路] 政府预算的含义从不同的角度分析,内容不同,参考【考点一】总结的内容理解分析。
> [解析] 从形式上看,政府预算是以年度政府财政收支计划的形式存在的。从性质上看,政府预算是具有法律效力的文件。从内容上看,政府预算反映公共资源的分配和政府职能范围。从作用上看,政府预算是政府调控经济和社会发展的重要手段。故 B 项正确。

【考点二】政府预算的基本特征

(1) 法律性。这是现代预算最鲜明的特征。
(2) 预测性。预测技术手段包括专家预测法、趋势预测法、决定因子预测法和计量预测法。
(3) 集中性。政府预算对政府性资金统筹安排,集中进行分配。
(4) 综合性。政府预算是财政收支的汇集点和枢纽。

> **经典例题**
>
> [2015年真题·单选题] 相对于封建专制的预算来说,现代预算最鲜明的特征是( )。
> A. 预测性　　　B. 综合性　　　C. 法律性　　　D. 集中性
> [答案] C
> [解析] 本题考查政府预算的基本特征,在其四大特征中,最鲜明的特征为法律性,C项正确。

【考点三】现代政府预算的多重研究视角

现代政府预算的多重研究视角如表 10-1 所示。

表 10-1　现代政府预算的多重研究视角

研究视角	具体内容
经济学视角下	政府预算要解决的主要是如何通过非市场化决策确定公共资源的配置问题,最为注重的是政府预算的配置和资金使用效率问题

续表

研究视角	具体内容
政治学视角下	从政治学角度研究的重点在于预算过程的政治性本身，主要考察政治制度、政治行为与预算过程、结果之间的因果关系
法学视角下	考察法律对政府预算各利益相关主体间权利与义务关系的调节与规范
管理学视角下	主要强调政府预算的功能性特征，即预算的控制、管理和计划等功能
社会学视角下	社会学对政府预算的研究主要强调预算与整个社会之间的互动关系

经典例题

[例题·单选题] 注重研究政府预算的配置和资金使用的效率问题，是从（　　）视角研究的政府预算。
A. 经济学　　　　B. 政治学　　　　C. 管理学　　　　D. 法学
[答案] A
[解题思路] 各个现代政府预算的研究视角都是从自身的情况出发，需要根据不同的经济、政治、管理学角度的情况进行分析。
[解析] 经济学角度研究和注重的是政府预算的配置和资金使用的效率问题，故 A 项正确。

【考点四】政府预算管理中的共同治理

政府预算相关利益主体及行为特征如表 10-2 所示。

表 10-2　政府预算相关利益主体及行为特征

利益相关主体	定义	行为特征
预算资金需求方	各政府部门和组织、财政拨款的事业单位和部分享受政府垄断管制或财政补贴的企业、享受政府转移支付的居民个人	(1) 总体上是追求自身利益最大化即追求预算规模最大化的利益集团 (2) 有追求预算规模最大化的内在冲动
预算资金供给方	履行向资金需求者配置预算资金职能的政府预算部门	(1) 具有双重委托—代理关系 (2) 政府预算管理活动可能会诱发设租寻租的行为
预算资金监督制衡方	立法监督机构，代表了公众的根本利益	(1) 代表人民利益（监督制衡方最基本的行为特征） (2) 具有委员会决策机制的特点 (3) 面临偏好加总的困难和组织协调的交易成本

【考点小贴士】对于政府预算相关利益主体的不同各方，常考点是其不同行为特征的比较，为避免混淆，要从各相关利益主体的自身的角度分析比较，比如：需求方需要争取利益的最大化；监督制衡方要站在公正的位置，代表人民的利益。

经典例题

[2017年真题·单选题] 关于预算资金需求方行为特征的说法，正确的是（　　）。
A. 预算资金需求方具有集体决策机制的特点
B. 预算资金需求方具有双重的委托—代理关系
C. 预算资金需求方有追求预算资金规模最大化的倾向
D. 预算资金需求方有诱发设租寻租的可能
[答案] C
[解题思路] 此类型的题目遵循谨慎性原则，结合表 10-2 以及 [考点小贴士] 区分不同利益主体的相关特征，判断各选项的正误。

[解析] 预算资金需求方的行为特征包括两方面：追求自身利益最大化和追求预算规模最大化的内在冲动，故 C 项正确。

[2016年真题·单选题] 预算资金的监督制衡方最基本的行为特征是（ ）。
A. 代表人民的利益　　　　　　　　B. 具有委员会决策机制特点
C. 面临不同偏好加总的困难　　　　D. 需要组织协调的交易成本
[答案] A
[解题思路] 本题考查政府预算相关利益主体的特征，参考表 10-2 以及 [考点小贴士] 区分记忆。

【考点五】政府预算的决策程序

一、政府预算决策程序的法定性
(1) 预算决策依据的特征及决策程序具有法定性。
(2) 预算方案的编制、审议通过和调整必须遵循法定的程序。

二、政府预算决策过程的实质是对公共偏好的选择

（一）政府预算决策的对象是公共偏好
(1) 预算决策是对公共偏好的选择。
(2) 公共偏好以个人为评价基础。
(3) 公共偏好采取政治程序决策。

（二）政府预算的政治决策程序具有强制性
政府预算的政治决策程序的强制性具体体现如表 10-3 所示。

表 10-3　政府预算的政治决策程序的强制性的具体体现

体现	具体内容
偏好表达的强制性	政府决策要设计公众可以参与表达偏好的机制
投票规则的强制性	选择少数服从多数的规则，形成多数对少数的强制性
政策意志的强制性	政治决策将归集的公共需要转换为国家意志，决策时应力求公共偏好与当权者意志的一致
决策结果的强制性	政府预算决策形成后具有强制性，个人必须服从

三、优化政府预算决策的路径
(1) 以民主改进政治决策程序。
(2) 适当以市场化方式弥补预算决策政治缺陷。
(3) 明确权力边界，建立制衡机制。

经典例题

[2016年真题·单选题] 政府预算决策的对象是（ ）。
A. 程序合理　　　B. 依据合法　　　C. 公共偏好　　　D. 政府需要
[答案] C
[解析] 政府预算决策过程的实质是对公共偏好的选择，政府预算决策的对象是公共偏好。

[2016年真题·多选题] 政府预算政治决策程序的强制性主要表现在（ ）。
A. 预算标准的强制性　　　　　　　B. 偏好表达的强制性
C. 投票规则的强制性　　　　　　　D. 政策意志的强制性
E. 决策结果的强制性

[答案] BCDE

[解题思路] 政府预算的政治决策程序的强制性反映在四个方面,用下面提供的方法进行记忆,"在偏好表达、投票规则和政策意志的作用下,导致决策结果具有强制性"。

[解析] 政府预算的政治决策程序的强制性具体包括偏好表达的强制性、投票规则的强制性、政策意志的强制性和决策结果的强制性,故B、C、D、E四项正确。

【考点六】政府预算编制模式

一、政府预算编制模式的类型

按不同标准划分的政府预算编制模式如表10-4所示。

表10-4 按不同标准划分的政府预算编制模式

分类标准	类型	具体阐释
按政府预算编制的结构划分	单式预算	是将政府全部财政收支编入一个总预算之内(不区分各项收支性质)
	复式预算	是把预算年度内全部财政收支按收入来源和支出性质,编成两个或两个以上的预算(最早实行复式预算的国家是丹麦、瑞典)
按预算编制的方法划分	基数预算	以上年度或基期的收支为基数,综合考虑预算年度国家政策等变化情况调整确定
	零基预算	不考虑该指标以前年度收支的状况或基数,根据当年的具体情况编制
按预算编制的政策导向划分	投入预算	只能反映投入项目的用途和支出金额,不考虑其支出的经济效果的预算(典型特征是限制甚至禁止资金在不同预算项目之间的转移)
		其决策重点在于如何控制资源的投入和使用
	绩效预算	政府首先制定有关计划,再制定执行方案,在成本效益分析的基础上确定实施方案所需要支出的费用(最早产生于美国)
按政府预算编制的时间跨度划分	年度预算	包括历年制和跨历年制
	多年预算	通常为3—5年的滚动的、对年度预算具有约束力的预算规划

【提示1】复式预算的典型模式是双重预算,即经常预算和资本预算。其具体内容如表10-5所示。

表10-5 双重预算

双重预算	预算收入	预算支出
经常预算	以税收为主要来源	行政经费支出、各项事业费和社会保障支出
资本预算	国有资产经营收益、资产处置收入、债务收入、经常预算结余转入	政府的各项资本性支出

【提示2】零基预算的优点包括:预算收支安排不受以往年度收支的约束,预算编制有较大的回旋余地,能够突出当年政府经济社会政策重点,防止出现预算收支结构僵化和财政拖累。

【提示3】单式预算的优缺点。

(1)单式预算的优点包括:有利于反映预算的整体性、统一性,明确体现政府财政收支规模和基本结构,便于立法机构审议和公众监督。

(2)单式预算的缺点包括:不能反映各项财政收支的经济性质,不利于监督和管理,也不利于体现政府在不同领域活动的性质、特点。

经典例题

[2017年真题·多选题] 最早实行复式预算的国家有( )。

A. 中国   B. 英国   C. 丹麦   D. 瑞典

E. 印度

[答案] CD

[解析] 最早实行复式预算的国家是丹麦和瑞典,后来英国、法国、印度等国陆续采用。

[2012年真题·单选题] 关于预算模式的说法,属于投入导向预算模式的典型特征的是(   )。
A. 全部预算收支汇集编入一个总预算中　B. 以上年度预算收支作为编制预算的依据
C. 限制资金在不同预算项目间的转移　D. 在成本效益分析基础上确定支出预算
[答案] C
[解析] 按政府预算编制的政策导向划分,分为投入预算和绩效预算。投入预算是指在编制、执行传统的线性预算时主要强调严格遵守预算控制规则,限制甚至禁止资金在不同预算项目之间转移,只能反映投入项目的用途和支出金额,而不考虑其支出的经济效果的预算,故C项正确。

二、中国全口径预算模式的选择

全口径预算体系包括一般公共预算、政府性基金预算、国有资本经营预算、社会保险基金预算。各预算之间应该保持完整、独立。

(一) 一般公共预算

一般公共预算的支出重点包括政权建设、事业发展、公共投资以及部门的收入分配调节四大领域。

(二) 政府性基金预算

(1) 纳入政府性基金预算管理的基金,按照收入来源划分为向社会征收的基金(铁路建设基金、港口建设费)和其他收入来源的基金(国有土地使用权出让收入、彩票公益金)。

(2) 政府性基金预算的编制按基金项目编制,做到以收定支。

【提示1】盘活存量资金,将政府性基金项目中结转较多的资金,调入一般公共预算。

【提示2】政府性基金预算专项用于特定公共事业发展的收支预算。

(三) 国有资本经营预算

(1) 国有资本经营预算的范围:①收入方面包括国有企业上缴的利润;②支出方面包括资本性支出、费用性支出、其他支出和补充公共财政(调入一般公共预算和补充全国社保基金)。

(2) 国有资本经营预算单独编制,预算支出按照当年预算收入规模安排,不列赤字。

(3) 国有资本经营预算的实施原则包括:①统筹兼顾、适度集中(企业上缴国有资本经营预算的利润比例是按照行业差异化的);②相对独立,相互衔接;③分级编制,逐步实施。

(4) 加大国有资本经营预算与一般公共预算的统筹力度。国有资本经营预算支出范围除调入一般公共预算和补充社保基金外,限定用于解决国有企业历史遗留问题及相关改革成本支出、对国有企业的资本金注入及国有企业政策性补贴等方面。

(四) 社会保险基金预算

社会保险基金预算的具体内容如图10-1所示。

图10-1　社会保险基金预算

【提示】我国的社会保险基金预算自2010年开始试行。社会保险基金<u>不能平衡</u>一般公共预算，一般公共预算能补助社会保险基金。

经典例题

[2017年真题·多选题] 国际上社会保障预算的编制模式主要有（　　）。
A. 基金预算　　　　　　　　　　B. 政府公共预算
C. 一揽子社会保障预算　　　　　D. 资本预算下的二级预算
E. 公共预算下的二级预算
[答案] ABCE
[解析] 参考图10-1。编制社会保障预算的国际模式包括基金预算、政府公共预算、一揽子社会保障预算、政府公共预算下的二级预算等形式。

[2011年真题·多选题] 全口径预算管理体系中的政府公共预算支出的重点应集中于（　　）。
A. 政权建设　　　B. 事业发展　　　C. 公共投资　　　D. 社会保障
E. 收入分配调节
[答案] ABCE
[解析] 本题考查一般公共预算支出的重点。政府公共预算的支出重点主要集中在政权建设、事业发展、公共投资以及部门的收入分配调节四大领域，故A、B、C、E四项正确。

【考点七】 政府预算的原则

政府预算的原则如图10-2所示。

图10-2　政府预算的原则

【提示1】政府预算的统一性要求收支要以<u>总额</u>列入预算，不能只列收支相抵的净额。

【提示2】政府预算的年度性体现为：
(1) 历年制，按公历自每年的<u>1月1日起到12月31</u>日止，采用历年制的国家如我国和法国。
(2) 跨年制，预算年度跨越两个日历年度，采用跨年制的国家如英国、日本、印度、美国。

【提示3】早期的预算原则把预算作为监督和控制政府的工具，比较<u>注重控制性</u>。

经典例题

[2016年真题·单选题] 就预算年度来说，属于历年制的是（　　）。
A. 1月1日至12月31日　　　　　　B. 4月1日至次年3月31日
C. 7月1日至次年6月30日　　　　D. 10月1日至次年9月30日
[答案] A
[解析] 对于政府预算原则中的年度性来说，历年制指的是1月1日至12月31日，故A项正确。

[2013年真题·单选题] 要求预算部门的收支应以总额列入预算，而不应当只列入收支相抵后的净额，这体现了政府预算的（　　）原则。
A. 可靠性　　　　B. 完整性　　　　C. 统一性　　　　D. 年度性

[答案] C

[解析] 本题考查政府预算的原则。统一性要求任何单位的收支一定要以总额列入预算，不要只列入收支相抵的净额，故 C 项正确。

【考点八】 政府预算的政策

政府预算的政策如表 10-6 所示。

表 10-6 政府预算的政策

政策类型	要点提示
健全财政政策	(1) 产生于资本主义自由竞争时期 (2) 将年度预算收支平衡作为衡量财政是否健全的标志 (3) 观点代表：亚当·斯密、巴斯坦布尔
功能财政预算政策	(1) 20 世纪 40 年代由美国经济学家勒纳提出 (2) 应当运用财政支出、税收、债务等作为调节经济的重要工具 (3) 政府最重要的工作是保持国民经济整体的平衡，采用相机抉择方式来实现政策目标（核心内容）
周期平衡预算政策	(1) 20 世纪 40 年代由美国经济学家阿尔文·汉森提出 (2) 我国《预算法》规定，各级政府应当建立跨年度预算平衡机制
充分就业预算平衡政策	要求按充分就业条件下估计的国民收入规模来安排预算收支，达到预算平衡
预算平衡政策	某些倾向于自由主义的经济学家针对凯恩斯主义的赤字预算理论存在的问题，提出预算平衡原则，要求有效地控制政府支出

【提示】财政政策的核心是政府预算政策。

经典例题

[2011 年真题·单选题] 根据经济社会发展的政策目标，采用相机抉择方式安排预算收支的政策称为（　　）。
A. 健全财政政策　　　　　　　B. 功能财政预算政策
C. 周期平衡预算政策　　　　　D. 充分就业预算平衡政策

[答案] B

[解析] 本题考查政府预算的政策。功能财政预算政策的核心内容是要说明政府不必局限于预算收支之间的对比关系，保持预算收支的平衡，而重要的是为保持国民经济整体的平衡，采用相机抉择方式来实现政策目标，故 B 项正确。

【考点九】 部门预算制度

一、部门预算的基本含义

(1) 要把部门作为预算编制的基础单元，财政预算从部门编起，从基层单位编起。
(2) 财政预算要落实到每一个具体部门，预算管理以部门为依托。
(3) 部门本身有严格的资质要求，限定那些与财政直接发生经费领拨关系的一级预算会计单位为预算部门。

【提示】部门预算是市场经济国家财政预算管理的基本组织形式，是总预算的基础，由各预算部门编制，同时部门预算是一个综合预算。

二、部门预算的原则

(1) 合法性原则。
(2) 真实性原则。
(3) 完整性原则。

(4) 科学性原则。
(5) 稳妥性原则。即量入为出，收支平衡，不得编制赤字预算。
(6) 重点性原则。即先基本支出、后项目支出；先重点、急需项目，后一般项目。
(7) 透明性原则。
(8) 绩效性原则。

> **经典例题**
>
> [2014年真题·单选题] 部门预算编制首先要保证基本支出需要，体现的原则是（ ）。
> A. 合法性原则　　B. 科学性原则　　C. 稳妥性原则　　D. 重点性原则
> [答案] D
> [解题思路] 在部门预算的八项原则中，除记忆内容外，有两项原则的具体阐释需要特别注意，稳妥性原则和重点性原则，而本题中的叙述强调的即为重点性原则的内容。

三、部门预算的基本内容

（一）部门收入预算

部门收入预算主要包括：上年结转资金、财政拨款收入、上级补助收入、事业收入、事业单位经营收入、下级单位上缴收入、用事业基金弥补收支差额和其他收入。

（二）部门支出预算

部门支出预算的具体内容如表 10-7 所示。

表 10-7　部门支出预算

分类 （按支出的管理要求划分）	编制原则	具体内容
基本支出预算	综合预算的原则	人员经费和日常公用经费
	优先保障的原则 （先保障基本支出的合理需要）	
	定员定额管理的原则	
项目支出预算	综合预算的原则	基本建设、有关事业发展专项计划、专项业务费、大型修缮、大型购置、大型会议等项目支出
	科学论证、合理排序的原则	
	追踪问效的原则	

【考点小贴士】基本支出预算和项目支出预算的编制原则是考试重点，综合预算的原则为两者共有的编制原则，着重比较另外两项原则，容易混淆，要区分记忆。

> **经典例题**
>
> [2016年真题·多选题] 下列原则中，属于基本支出预算的编制原则的是（ ）。
> A. 综合预算的原则　　　　　　B. 成本效益的原则
> C. 优先保障的原则　　　　　　D. 追踪问效的原则
> E. 定员定额管理的原则
> [答案] ACE
> [解题思路] 部门预算原则中，基本支出预算的编制原则具体参考表10-7，避免和项目支出预算的编制原则混淆。

【考点十】跨年度预算平衡机制

一、预算超收及短收的平衡机制

(1) 一般公共预算执行中出现的超收收入，在冲减赤字或化解债务后用于补充预算稳定调节基金。

(2) 出现短收收入，采取调入预算稳定调节基金或其他预算资金进行补充、削减支出等实现平衡。如若仍不能平衡则通过 调整预算增列赤字。

二、预算赤字的弥补机制

（1）中央预算赤字在经全国人大或其常委会批准的国债余额限额内发债平衡。

（2）省级政府报本级人大或其常委会批准后增列赤字，并报财政部门备案，在下一年度预算中予以弥补。

（3）市、县级政府通过申请上级政府临时救助实现平衡，并在下一年度预算中归还。

三、实施中期财政规划管理

我国将实施的中期财政规划按照 三年滚动方式 编制。

【提示】年度预算平衡（每一年的财政收支结果）和跨年度预算平衡（一定的经济周期内保持平衡）进行比较，跨年度预算平衡的优点是有利于 政策的长期可持续性，使决策者尽早发现问题，鉴别风险，采取措施。

经典例题

[2015年真题·单选题] 一般公共预算中出现超收收入的通常处理方式是（　　）。
A. 冲减赤字或化解债务后用于补充预算稳定调节基金
B. 直接加入政府性基金
C. 补充预算周转金
D. 增加预备费
[答案] A
[解析] 跨年度预算平衡机制中一般公共预算的超收收入和短收收入可以作为一个重点进行考查。一般公共预算执行中出现的超收收入，在冲减赤字或化解债务后用于补充预算稳定调节基金。

【考点十一】地方债务预算管理

《预算法》对于地方债务管理的具体规定如下：

（1）经国务院批准的省、自治区、直辖市的预算中必需的建设投资的部分资金，可以在国务院确定的限额内，通过发行地方政府债券举借债务的方式筹措。

（2）由国务院报全国人大或全国人大常委会批准举借债务的规模。

（3）地方政府举借的债务列入本级预算调整方案，报本级人大常委会批准。

（4）地方政府举借的债务只可以用于 公益性资本支出，不能用于经常性支出。

地方政府债务纳入预算管理的具体规定如表10-8所示。

表10-8　地方政府债务纳入预算管理的具体规定

债务分类	具体规定
一般债务收支	纳入一般公共预算管理
专项债务收支	纳入政府性基金预算管理
政府与社会资本合作项目中的财政补贴等支出	按性质纳入相应政府预算管理

经典例题

[2017年真题·单选题] 关于地方政府举借债务的说法，错误的是（　　）。
A. 地方政府所需的建设资金都可以通过债务形式融资
B. 地方政府举借的债务要列入本级预算调整方案
C. 地方政府举借的债务只能通过发行地方政府债券筹措
D. 地方政府债券只能用于公益性资本支出

[答案] A

[解析] 本题考查地方债务预算管理。地方债务在国务院确定的限额内，可以通过地方政府债券举借债务的方式进行筹措。除此之外，地方政府及其所属部门不得以任何方式举借债务。故 A 项错误。

【考点十二】政府采购制度

政府采购指的是由国家机关、事业单位和团体组织，使用财政性资金采购依法制定的集中采购目录以内的或采购限额标准以上的货物、工程和服务的行为。

一、政府采购的原则

（1）公开透明原则。
（2）公平竞争原则。这是市场经济运行和政府采购的基本原则。
（3）公正原则。为保证公平原则，政府采购应采用回避制度。
（4）诚实信用原则。

经典例题

[2014年真题·单选题] 我国政府采购法对政府采购主体所做的界定中不包括（　　）。
A. 国家机关　　　　　　　　B. 事业单位
C. 社会团体　　　　　　　　D. 国有企业

[答案] D

[解析] 政府采购是指国家机关、事业单位和团体组织，使用财政性资金采购依法制定的集中采购目录以内的或者采购限额标准以上的货物、工程和服务的行为，D 项不包括其中。

二、政府采购的基本方式

我国政府采购实行集中采购和分散采购相结合。纳入集中采购目录或在采购限额标准以上的政府采购项目，实行集中采购。政府主要的采购方式是公开招标。

政府采购方式按是否具备招标性质分为招标采购和非招标采购。

（一）招标采购

招标采购的具体内容如表 10-9 所示。

表 10-9　招标采购

分类标准	类型	具体内容
按照招标公开的程度划分	公开招标采购	通过公开程序，邀请所有有兴趣的供应商参加投标
	选择性招标采购	通过公开招标程序，并确定投标人的资格，只选有资格的供应商参加招标采购的方式
	限制性招标采购	预先不通过刊登公告程序，直接邀请一家或两家以上的供应商参加投标
按投标人的范围划分	国际竞争性招标采购	分别在国际和国内发公告，邀请所有符合条件的供应商参加
	国内竞争性招标采购	
	国际限制性招标采购	不发公告，直接邀请国内外供应商参加
	国内限制性招标采购	

（二）非招标采购

非招标采购的具体内容如表 10-10 所示。

表 10-10　非招标采购

类别	适用情况
单一来源采购 （直接采购、无竞争采购）	适用于所购商品的来源渠道单一，或属专利、首次制造、合同追加、原有项目的后续扩充等特殊情况，只能由一家供应商供货
竞争性谈判采购	适用于紧急情况或涉及高科技应用产品和服务的采购
国内或国外询价采购 （货比三家）	适用于采购的货物规格、标准统一，现货货源充足且价格变化幅度小的政府采购项目

【提示】政府采购的其他分类包括：
(1) 按采购规模进行划分，政府采购包括小额采购、批量采购和大额采购。
(2) 按招标的阶段进行划分，政府采购包括单阶段招标采购和两阶段招标采购。

经典例题

[2017年真题·单选题] 政府采购中，适用于紧急情况（如招标后没有供应商投标等特殊情况）或涉及高科技应用产品和服务的采购方式称为（　　）。
A. 单一来源采购　　　　　　　　B. 选择性招标采购
C. 竞争性谈判采购　　　　　　　D. 限制性招标采购
[答案] C
[解析] 本题考查政府采购制度。竞争性谈判采购适用于紧急情况或涉及高科技应用产品和服务的采购，故 C 项正确。

【考点十三】现代国库制度

一、国库集中收付管理

国库集中收付管理是现代国库管理的基本制度，实行国库单一账户体系。

(一) 国库集中收付管理的主要内容

(1) 完善的国库单一账户体系。
(2) 规范的财政资金收付程序和方式。财政收入按照规范的收入程序和方式直接缴入国库单一账户。
(3) 对财政收支活动进行有效的监控。

(二) 我国财政国库管理制度的改革

(1) 改革账户管理体系。建立科学、可控、集中的国库单一账户体系。
(2) 改革资金收缴方式。采用直接缴库和集中汇缴方式。
(3) 改革资金支付方式。实行财政直接支付和财政授权支付方式。

二、公债管理

(1) 各国对公债规模的控制分为公债发行额管理和公债余额管理两种。公债余额管理又分为公债限额管理和预算差额管理两种。
(2) 我国全国人大常委会批准 2006 年开始实施公债余额管理。
(3) 公债管理与国库现金管理密切配合，可以极大地提高资产负债管理的效率和效益。

三、国库现金管理

(1) 国库现金管理的对象包括库存现金、活期存款和与现金等价的短期金融资产。
(2) 国库现金管理的操作方式包括商业银行定期存款、买回公债、公债回购和逆回购等。在国库现金管理初期，主要实施商业银行定期存款和买回公债两种操作方式。

> **经典例题**
>
> [2015年真题·单选题] 有利于提高现代国库资产负债管理效益的举措是（　　）。
> A. 公债管理与国库集中收付相结合　　B. 公债管理与国库现金管理相结合
> C. 公债管理与财政直接支付相结合　　D. 公债管理与财政授权支付相结合
> [答案] B
> [解析] 本题考查现代国库制度。公债管理是现代国库管理制度负债管理职能的重要体现，它与国库现金管理密切配合，可以极大提高资产负债管理的效率和效益。
>
> [2013年真题·单选题] 现代国库管理的基本制度是（　　）。
> A. 财政收入的收纳制度　　　　　　B. 财政收入的划分和报解办法
> C. 库款的支拨程序　　　　　　　　D. 国库的集中收付管理
> [答案] D
> [解析] 国库集中收付管理是现代国库管理的基本制度，故D项正确。

【考点十四】政府预算的审查、批准和监督制度

一、政府预算的审查和批准

（一）发达国家的预算审批

（1）行政机关负责预算编制和执行以及决算。
（2）立法机关负责预算审批。

（二）我国立法机关的预算审批程序及内容

我国各级人民代表大会是法定的预算审批部门。人大审批预算的过程分为初审和终审两阶段。
（1）初审是指在各级人民代表大会召开前，由各级人民代表大会的相关部门对预算草案的主要内容进行初步审查。
（2）终审是指各级人民代表大会对预算草案的审查和批准。

二、政府预算的监督

（一）政府预算监督的概念

政府预算监督的概念有广义和狭义之分，具体如表10-11所示。

表10-11　政府预算监督的概念

	项目	狭义的政府预算监督	广义的政府预算监督
区别	预算监督的主体范围不同	财政机关	除财政机关外，还包括国家权力机构、法定的有关国家监督机构、社会中介机构、社会舆论以及司法机关
	监督方式和监督内容的不同	政府内部的监督	除政府内部监督外，还包括来自政府外部的权力机构的监督、司法机构的监督及社会监督等
相同点		两者所指的监督对象是一致的，均为接受财政管理的相关组织，包括国家机关、事业单位、国有企业和其他组织	

（二）政府预算监督的特点

（1）预算监督体系的层次性。
（2）预算监督主体的多元性。
（3）预算监督对象的广泛性。
（4）预算监督过程的全面性。
（5）预算监督依据的法律性。

(6)预算监督形式的多样性。

(三)政府预算监督的分类

政府预算监督的分类如表 10-12 所示。

表 10-12　政府预算监督的分类

分类标准	具体类型
按照政府预算监督体系的构成来划分	立法机关监督、财政部门监督、审计部门监督、社会中介机构监督、社会舆论监督和司法监督
按照政府预算监督的时间顺序来划分	事前监督、事中监督和事后监督

(四)政府预算监督的主要内容

(1)立法机关预算监督。即对预算编制、调整、变更的监督等。
(2)财政部门预算监督。即对预算编制、收支执行的监督等。
(3)审计部门预算监督。即对预算编制、执行、决算的审计等。

【提示】现代公共预算制度最重要、最基本的核心功能是法定授权。

【考点十五】政府预算绩效管理的前提

政府预算绩效管理的前提包括五大部分:

(1)构建绩效评价框架体系。
绩效评价框架体系包括年度绩效计划、提交绩效报告、进行绩效评价、反馈绩效评价结果。

(2)赋予部门管理者充分的自主权。

(3)强化部门管理者的责任。

(4)以权责发生制计量政府成本。
美国、法国、加拿大采用改良的或修正的权责发生制。澳大利亚、新西兰、英国实行完全的权责发生制。

(5)建立绩效预算管理的制度和组织保障。
下面以新西兰不断完善的法律体系来举例说明建立绩效管理的制度和组织保障,具体如图 10-3 所示。

图 10-3　新西兰不断完善的法律体系

经典例题

[2013 年真题·多选题]政府预算绩效管理的前提有(　　)。
A. 构建绩效评价框架体系　　B. 赋予部门管理者充分的自主权
C. 强化部门管理者的责任　　D. 以收付实现制计量政府成本
E. 建立绩效预算管理的制度和组织保障

[答案]　ABCE

[解析]　政府预算绩效管理的前提包括五大部分:构建绩效评价框架体系、赋予部门管理者充分的自主权、强化部门管理者的责任、以权责发生制计量政府成本、建立绩效预算管理的制度和组织保障,故 A、B、C、E 四项正确,D 项错误。

> **经典例题**
>
> [2011年真题·单选题] 确立绩效预算作为公共财政改革重要组成部分的新西兰财政法律是（　　）。
> A.《国家部门法案》　　　　B.《公共财政法案》
> C.《财政责任法案》　　　　D.《预算与会计法》
> [答案] B
> [解析] 本题考查政府预算绩效管理制度中制度的完善。确立绩效预算作为公共财政改革重要组成部分的新西兰财政法律是《公共财政法案》。

【考点十六】我国政府预算的绩效管理

我国政府预算绩效管理的主要内容包括：

（1）绩效目标管理。其中包括绩效目标设定（预算单位制定）、绩效目标审核（财政部门审核）、绩效目标批复（各级人民代表大会批复）。

绩效目标是预算绩效管理的基础。其具体内容如图10-4所示。

图10-4　绩效目标设定的主要内容

（2）绩效运行跟踪监控管理。
（3）绩效评价实施管理。预算绩效管理的核心是预算支出绩效评价。
（4）绩效评价结果反馈和应用管理。

> **经典例题**
>
> [2013年真题·单选题] 政府预算绩效管理的核心是（　　）。
> A. 设定绩效目标　　　　B. 跟踪绩效运行
> C. 进行绩效评价　　　　D. 注重结果反馈
> [答案] C
> [解析] 预算支出绩效评价是预算绩效管理的核心，故C项正确。

本章易错易混考点

【易错易混考点】国有资本经营预算与一般公共预算的区别

国有资本经营预算与一般公共预算的区别如表10-13所示。

表 10-13 国有资本经营预算与一般公共预算的区别

项目	国有资本经营预算	一般公共预算
区别	(1) 主要体现政府的生产资料所有者代表的身份，从性质上看属于经营型预算 (2) 相对独立于公共预算，不列赤字 (3) 收支规模较小，仅包括自然垄断行业和一般竞争性领域的经营性企业的国有资产	(1) 主要体现政府社会管理者的身份，从性质上看属于供给型预算 (2) 行政事业性资产主要由财政拨款形成，适于纳入一般公共预算的范畴

【提示】自然资源资产不宜纳入国有资本经营预算，由于其性质特殊，自然资源的管理体制与一般的资本管理有所不同，应保持独立性。

[2015年真题·单选题] 就其性质来说，行政事业性国有资产更适于纳入（　　）。
A. 一般公共预算　　　　　　　B. 政府性基金预算
C. 国有资本经营预算　　　　　D. 社会保险基金预算
[答案] A
[解析] 国有资本经营预算的收支规模比较小，仅包括自然垄断行业和一般竞争性领域的经营性企业的国有资产，而相对于行政事业性国有资产来说，更适合于纳入一般公共预算的范畴，故 A 项正确。

历年经典真题回顾

一、单项选择题（每题1分，每题备选项中，只有1个最符合题意）

1. 关于部门预算编制范围的说法，正确的是（　　）。[2016年真题]
    A. 部门预算只包括预算内资金
    B. 部门预算只包括财政性资金
    C. 部门预算按财政资金性质归口管理
    D. 不同性质来源的资金统一编入部门预算
    [答案] D
    [解析] 本题根据部门预算的含义理解。财政预算要落实到每一个具体部门，预算管理以部门为依托。改变财政资金按性质归口管理的做法，财政将各类不同性质的财政资金统一编制到使用这些资金的部门，故 D 项正确。

2. 从预算发展来说，早期的预算原则比较注重（　　）。[2015年真题]
    A. 功能性　　　　　　　　　B. 周密性
    C. 控制性　　　　　　　　　D. 公开性
    [答案] C
    [解析] 本题考查政府预算的原则。早期的预算原则比较注重控制性。

3. 政府预算决策过程的实质是（　　）。[2014年真题]
    A. 决策程序的法定性　　　　B. 对公共偏好的选择
    C. 优化预算决策路径　　　　D. 提高决策的透明度
    [答案] B
    [解析] 政府预算决策过程的实质是对公共偏好的选择。

4. 关于我国社会保险基金预算的说法，正确的是（　　）。[2013年真题]
    A. 等同于社会保障预算　　　B. 全国统一编制执行
    C. 其内容包括社会福利与救济　　D. 不能用于平衡政府公共预算
    [答案] D
    [解析] 我国国务院决定2010年起试行社会保险基金预算，待条件成熟后，再逐步推行社保

障预算，故 A 项错误。社会保险基金预算按统筹地区编制执行，统筹地区根据预算管理方式，明确本地区各级人民政府及相关部门责任，故 B 项错误。社会保险基金预算按险种分别编制，目前主要包括基本养老保险基金、失业保险基金、基本医疗保险基金、工伤保险基金、生育保险基金等内容，不包括社会福利与救济，故 C 项错误。

5. 现代政府预算与封建专制政府的预算相比较所具有的鲜明特征是（　　）。[2012 年真题]
   A. 集中性　　　　　　　　　　B. 法律性
   C. 计划性　　　　　　　　　　D. 年度性
   [答案] B
   [解析] 政府预算的基本特征包括四个方面：法律性、预测性、集中性、综合性等。在这四个特征中，法律性是现代政府预算与封建专制的预算相比较为鲜明的特征。

6. 目前我国国有企业上缴国有资本经营预算的利润比例是（　　）。[2012 年真题]
   A. 按行业确定　　　　　　　　B. 按企业确定
   C. 按地区确定　　　　　　　　D. 按性质确定
   [答案] A
   [解析] 本题考查国有资本经营预算。企业上缴国有资本经营资本预算的利润比例是按行业差异化的，且比例较低，故 A 项正确。

7. 下列不属于政府预算的原则是（　　）。[2012 年真题]
   A. 公开性　　B. 可靠性　　C. 完整性　　　　D. 及时性
   [答案] D
   [解析] 本题考查政府预算的原则。政府预算的原则包括公开性、可靠性、完整性、统一性、年度性，不包括及时性，故 D 项错误。

8. 投入预算的政策重点是（　　）。[2010 年真题]
   A. 是否实现政府的政策目标　　B. 控制资源的投入和使用
   C. 资金投入与产出比较的效率　　D. 反映资金使用结果
   [答案] B
   [解析] 本题考查政府预算编制模式。按照政府预算编制的政策导向划分为投入预算和绩效预算。其中，投入预算的政策重点是控制资源的投入和使用。

9. 部门支出预算的优先保障编制原则要求是（　　）。[2010 年真题]
   A. 优先保障合理的基本支出需要　　B. 优先保障国务院已研究确定的项目支出
   C. 优先保障经常性专项业务费支出　　D. 优先保障新增项目支出
   [答案] A
   [解析] 本题需要清楚部门预算包括基本支出预算和项目支出预算。对于部门支出预算的优先保障编制原则要求是优先保障合理的基本支出需要。

10. 我国《政府采购法》中建立的回避制度符合（　　）。[2010 年真题]
    A. 公开透明原则　　　　　　　B. 公平竞争原则
    C. 公正原则　　　　　　　　　D. 诚实信用原则
    [答案] C
    [解析] 政府采购包括四项原则，其中建立的回避制度符合公正原则。

二、多项选择题（每题 2 分，每题备选项中，有 2 个或 2 个以上符合题意，至少有 1 个错项。错选，本题不得分；少选，所选的每个选项得 0.5 分）

1. 国债余额管理包括（　　）。[2013 年真题]
   A. 国债限额管理　　　　　　　B. 国债全额管理

C. 预算差额管理 D. 国债发行额管理
E. 国债储备额管理

[答案] AC

[解析] 本题考查现代国库制度。国债余额管理分为国债限额管理和预算差额管理两种，故A、C两项正确。

2. 政府预算的决策是对公共偏好的选择，其特征有（　　）。[2013年真题]
   A. 公共偏好以个人偏好为基础　　B. 公共偏好以国家偏好为基础
   C. 公共偏好由公民直接决策　　　D. 公共偏好由政治程序决策
   E. 公共偏好由国家进行归集

[答案] AD

[解析] 政府预算决策过程的实质是对公共偏好的选择，其特征包括：①预算决策是对公共偏好的选择；②公共偏好以个人为评价基础；③公共偏好采取政治程序决策。

3. 关于各种性质预算间资金往来关系的说法，正确的有（　　）。[2012年真题]
   A. 公共财政预算可以补助社会保险基金
   B. 国有资本经营预算必要时可部分用于社会保障支出
   C. 社会保障基金预算可以用于平衡公共财政预算
   D. 国有资本经营预算必要时可以安排赤字
   E. 国有企业上缴利润列入政府公共预算中

[答案] AB

[解析] 本题考查政府预算编制模式。社会保障基金预算不能平衡一般公共预算，但是一般公共预算可补助社会保险基金，故A项正确，C项错误。国有资本经营预算必要时可部分用于社会保障支出，国有企业上缴利润列入国有资本经营预算中，故B项正确，D、E两项错误。

4. 我国现代国库制度有（　　）。[2012年真题]
   A. 国库集中收付管理　　B. 国债管理
   C. 国库现金管理　　　　D. 改革资金支付方式
   E. 改革资产管理方式

[答案] ABC

[解析] 现代国库制度包括国库集中收付管理、国债管理、国库现金管理，故A、B、C三项正确。

5. 关于复式预算的说法，正确的是（　　）。[2010年真题]
   A. 复式预算的典型形式是双重预算
   B. 丹麦是最早实行复式预算的国家之一
   C. 复式预算便于立法机构的审议和监督
   D. 复式预算有利于反映预算的整体性
   E. 复式预算的产生是政府职责范围扩大的结果

[答案] ABE

[解析] 本题考查政府预算编制模式。单式预算便于立法机构审议和公众监督，故C项错误。单式预算有利于反映预算的整体性，故D项错误。

本章同步练习

一、**单项选择题**（每题1分，每题备选项中，只有1个最符合题意）

1. 经济学对政府预算的研究，最为注重的是政府预算的（　　）。
   A. 公平问题　　B. 政治性问题　　C. 效率问题　　D. 功能性问题

2. 按照政府财政收支计划的时间跨度，预算可分为（　　）。
   A. 年度预算和多年预算　　　　B. 复式预算和单式预算
   C. 短期预算和中期预算　　　　D. 重点预算和一般预算
3. 主张运用财政支出、税收、债务作为调节经济重要工具的预算政策是（　　）。
   A. 健全财政政策　　　　　　　B. 功能财政预算政策
   C. 充分就业预算政策　　　　　D. 预算平衡政策
4. （　　）是指预先不通过刊登公告程序，直接邀请一家或两家以上的供应商参加投标。
   A. 公开招标采购　　　　　　　B. 限制性招标采购
   C. 竞争性谈判采购　　　　　　D. 选择性招标采购
5. 新西兰制定的（　　）要求各部门定期提交财政报告，要求实现中长期预算，要求在政府会计和预算中引入权责发生制等。
   A. 《国家部门法案》　　　　　B. 《公共财政法案》
   C. 《财政责任法案》　　　　　D. 《政府预算绩效管理法案》
6. 我国政府预算绩效管理的核心是（　　）。
   A. 绩效目标管理　　　　　　　B. 预算支出绩效评价
   C. 预算绩效运行跟踪监控管理　D. 绩效评价结果反馈和应用管理
7. （　　）主要体现政府的生产资料所有者代表的身份，从性质上看属于经营型预算。
   A. 单式预算　　　　　　　　　B. 一般公共预算
   C. 国有资本经营预算　　　　　D. 社会保险预算
8. 适用于紧急情况或涉及高科技应用产品和服务的采购方式是（　　）。
   A. 单一来源采购　　　　　　　B. 竞争性谈判采购
   C. 公开招标采购　　　　　　　D. 国内国外询价采购

二、多项选择题（每题2分，每题备选项中，有2个或2个以上符合题意，至少有1个错项。错选，本题不得分；少选，所选的每个选项得0.5分）

1. 预算资金供给方的行为特征包括（　　）。
   A. 有追求预算资金最大化的冲动　　B. 具有双重委托—代理关系
   C. 具有委员会决策机制的特点　　　D. 可以为各方提供充分交换意见的平台
   E. 政府预算管理活动中有诱发设租寻租收益的可能
2. 预算绩效管理是一个由（　　）共同组成的综合系统。
   A. 绩效目标管理　　　　　　　B. 绩效运行跟踪监控管理
   C. 预算编制　　　　　　　　　D. 绩效评价实施管理
   E. 绩效评价结果反馈和应用管理
3. 我国《政府采购法》确立的基本原则有（　　）。
   A. 公开透明　　　　　　　　　B. 公平竞争
   C. 公正　　　　　　　　　　　D. 诚实信用
   E. 招标采购

本章同步练习参考答案及解析

一、单项选择题

1. [答案] C
   [解析] 经济学对政府预算的研究，最为注重的是政府预算的效率问题。

2. [答案] A
   [解析] 政府预算按照财政收支计划的时间

跨度划分，可分为年度预算和多年预算。

3. [答案] B

   [解析] 功能财政预算政策是由美国经济学家勒纳于20世纪40年代提出的，勒纳认为应当运用财政支出、税收、债务等作为调节经济的重要工具，即应以财政措施实施的后果对宏观经济所产生的作用为依据来安排政府的预算收支。

4. [答案] B

   [解析] 限制性招标采购是指预先不通过刊登公告程序，直接邀请一家或两家以上的供应商参加投标。

5. [答案] C

   [解析] 新西兰不断完善绩效预算法律体系，相继制定了《国家部门法案》《公共财政法案》《财政责任法案》等多部法律。其中，《财政责任法案》要求各部门定期提交财政报告，要求实现中长期预算，要求在政府会计和预算中引入权责发生制等。

6. [答案] B

   [解析] 在我国政府预算绩效管理中，预算支出绩效评价是预算绩效管理的核心。

7. [答案] C

   [解析] 在一般公共预算与国有资本经营预算的区别比较中，有具体的介绍，国有资本经营预算主要体现政府的生产资料所有者代表的身份，从性质上看属于经营型预算。

8. [答案] B

   [解析] 竞争性谈判采购适用于紧急情况或涉及高科技应用产品和服务。

二、多项选择题

1. [答案] BE

   [解析] 本题考查政府预算管理中的共同治理。预算资金供给方的主要行为特征包括：①具有双重委托—代理关系；②政府预算管理活动中有诱发设租寻租收益的可能。故B、E两项正确。

2. [答案] ABDE

   [解析] 预算绩效管理是一个由绩效目标管理、绩效运行跟踪监控管理、绩效评价实施管理、绩效评价结果反馈和应用管理共同组成的综合系统，故A、B、D、E四项正确。

3. [答案] ABCD

   [解析] 我国《政府采购法》确立的基本原则包括四项内容，主要有公开透明、公平竞争、公正和诚实信用。

错题收集

第十一章 政府间财政关系

本章考情分析

年份	单项选择题	多项选择题	案例分析题	合计
2017 年	5 题 5 分	1 题 2 分	—	7 分
2016 年	4 题 4 分	1 题 2 分	—	6 分
2015 年	3 题 3 分	1 题 2 分	—	5 分
2014 年	4 题 4 分	2 题 4 分	—	8 分
2013 年	2 题 2 分	—	—	2 分

本章考点概览

本章学习提示

第十一章主要研究的是政府间财政关系，要了解四大财政理论，政府间事权、财政的收入和支出的划分需掌握，我国的分税制管理体制的主要内容和政府转移支付制度可根据表格和图示的总结理解记忆。

本章考点详解

【考点一】公共物品和服务理论

公共物品和服务的类型如表 11-1 所示。

表 11-1　公共物品和服务的类型

类型	具体内容
全国性公共物品和服务	全国性公共物品和服务的受益范围限定在整个国家的疆域之内
	公共物品和服务的提供者是中央政府（不能是某一级地方政府）
地方性公共物品和服务	公共物品和服务由地方政府提供
	受益范围具有地方局限性

（1）分析公共物品和服务的受益范围的层次性是研究财政分权问题的出发点。

（2）公共物品和服务理论的代表人物有沃伦斯·欧茨和查尔斯·提布特。

【考点二】集权分权理论

不论在任何制度的国家，中央政府（联邦政府）都是国家利益（整体利益）的代表者，地方政府是地方利益（局部利益）的代表者，为了处理好整体利益与局部利益、政府的集权与分权问题，引出了集权分权理论。

【考点三】财政联邦主义

一、财政联邦主义的定义

（1）财政联邦主义在一定程度上指的就是财政分权，主要是指给予地方政府一定的税收权力和支出责任范围。

（2）允许地方政府自主决定其预算支出的规模与结构。

（3）财政联邦主义的精髓在于使地方政府拥有合适与合意的财政自主权进行决策。

【提示】查尔斯·提布特在其著作《地方支出的纯理论》中提出了地方政府之间的竞争理论。

二、关于财政联邦主义的结论

（1）为了实现资源配置的有效性与分配的公平性，一些公共决策应该在较低层次的政府进行。

（2）地方政府之间也会存在竞争，而这种竞争更有利于资源配置效率的提高。

经典例题

[2016 年真题·单选题] 精髓在于使地方政府拥有合适与合意的财政决策自主权的理论是（　　）。

A. 公共物品及服务理论　　　B. 重商主义理论

C. 财政联邦主义　　　　　　D. 俱乐部理论

[答案] C

[解析] 财政联邦主义的精髓在于使地方政府拥有合适与合意的财政决策自主权，故 C 项正确。

[2012 年真题·单选题] 查尔斯·提布特提出地方政府之间竞争理论的著作是（　　）。

A.《国富论》　　　　　　　　B.《财政联邦主义》

C.《地方支出的纯理论》　　　D.《政府间财政关系：理论与实践》

[答案] C

[解析] 提布特在《地方支出的纯理论》一文中提出了地方政府之间的竞争理论，故 C 项正确。

【考点四】俱乐部理论

（1）俱乐部理论是指研究非纯公共品的供给、需求与均衡数量的理论。

（2）俱乐部理论的基本目的是研究非纯公共品的配置效率问题。
（3）现代俱乐部经济理论的代表人是布坎南和蒂鲍特。
（4）俱乐部理论实际上论证了地方政府的适当规模问题。

> **经典例题**
>
> [2014年真题·单选题] 下列理论中，研究非纯公共品的供给、需求与均衡数量的理论是（　　）。
> A. 公共物品及服务理论　　　　　　B. 集权分权理论
> C. 财政联邦主义　　　　　　　　　D. 俱乐部理论
> [答案] D
> [解析] 在四个财政分权理论中，俱乐部理论是指研究非纯公共品的供给、需求与均衡数量的理论，故 D 项正确。

【考点五】政府间事权的划分

一、政府间事权划分的原则

政府间事权划分的原则如表 11-2 所示。

表 11-2　政府间事权划分的原则

原则	具体内容
外部性原则	各项公共服务的提供，应该由控制着这一服务提供的效益与成本内部化的最小地理区域的辖区来进行（实现成本和受益在地理范围上的完全内部化，不至于外溢到其他辖区）
信息复杂性原则	（1）信息处理越复杂、越可能造成信息不对称的事项，越应让地方政府管理 （2）信息复杂程度低一点的，属于全局性的事务适合国家来管理
激励相容原则	实行激励相容的条件包括地方政府自治条件、共同市场条件、预算硬约束条件、权利制度化条件 从政府角度出发，假如在某种制度安排下，各级政府都按划定的职责做好自己的事情，就会达到全局利益最大化，那么这种制度安排就是激励相容原则

【提示】预算管理体制是财政管理体制的主导环节，占有核心的地位。

【考点小贴士】政府事权划分原则的记忆口诀"由于事情复杂，所以建议采取激励措施，避免外部化"。

二、政府间事权划分的具体做法

政府间事权划分的具体做法如表 11-3 所示。

表 11-3　政府间事权划分的具体做法

项目	具体做法
国防事务	国防事务的立法权为中央专有，国防事务的行政权以中央直接管辖为主
外交事务	绝大部分国家将外交事务划归中央专门管理，只有部分联邦制国家容许成员国保留部分外交权
公安事务	中央对事关国家主权的公安事务，如国籍管理、出入境管理实行专门管理，对于维护国家安全与秩序的主要工具——警察，则由中央与地方共同管辖
内政事务	中央机构的建制由中央决定，地方与中央分别建立；地方机构的建制由地方决定并建立
司法事务	世界各国的司法体制分为高度集权、集权为主和分权三类
经济事务	在财政金融方面，世界各国都实行以中央集中管理为主、地方协助管理为辅的财政金融管理体制，由国家统一管理信用、货币和银行体系
文化教育事务	有的国家是由中央负责执行的，有的国家则纳入地方政府的职责范围，还有的国家由中央和地方共同负责

经典例题

[2017年真题·单选题] 财政管理体制中居于核心地位的是（ ）。
A. 预算管理体制
B. 税收管理体制
C. 投资管理体制
D. 债务管理体制
[答案] A
[解析] 预算管理体制是财政管理体制的主导环节，占有核心的地位，故A项正确。

[2015年真题·单选题] 能够使各级政府在按照所赋职能做好自己事情的同时，又能使全局利益最大化的政府间事权划分原则是（ ）。
A. 外部性原则
B. 内部性原则
C. 激励相容原则
D. 信息复杂性原则
[答案] C
[解题思路] 本题考查的是政府间事权划分的原则，题干中的叙述根据事权划分具体原则中的[提示]的内容记忆。

[2016年真题·多选题] 下列原则中，属于政府间事权划分的原则有（ ）。
A. 外部性原则
B. 公平性原则
C. 激励相容原则
D. 经济利益原则
E. 信息复杂性原则
[答案] ACE
[解析] 政府间事权划分的原则是历年的常考点，要和财政支出和财政收入原则进行区分，主要包括外部性原则、激励相容原则和信息复杂性原则。本题可通过[考点小贴士]中归纳的关键词记忆。

【考点六】政府间的财政支出划分

财政支出的划分指的是财政支出在中央财政与地方各级财政之间的划分。其具体内容如表11-4所示。

表11-4 政府间财政支出划分

要点		具体内容
财政支出划分原则	与事权相对称原则	一级事权一定要保证有一级的财力
	公平性原则	指各级政府间的财权财力划分要相对平衡，包括纵向平衡和横向平衡
	权责结合原则	是划分支出的依据，即解决财权财力与财政责任的结合问题
我国财政支出划分的做法		统收统支、收入分类分成、总额分成、定额上缴、分税制

经典例题

[2016年真题·单选题] 下列原则中，不属于财政支出的原则是（ ）。
A. 与事权相对称原则
B. 公平性原则
C. 总额分成原则
D. 权责结合原则
[答案] C
[解析] 本题考查政府间财政支出的划分。A、B、D三项属于财政支出划分原则。C项属于我国财政支出划分的具体做法。

【考点七】政府间收入的划分
一、税收收入划分的原则

税收收入划分的原则如图11-1所示。

效率原则	适应原则	恰当原则	经济利益原则
以征税效率的高低作为划分中央与地方政府收入的依据。比如所得税归中央政府征收，土地税或房产税归地方征收	以税基的宽窄作为划分中央与地方政府收入的标准。通常，税基宽的税种归中央政府，税基狭窄的税种归地方政府	以税收负担的分配是否公平作为划分中央与地方政府收入的标准	以增进经济利益作为划分中央与地方政府收入的标准。消费税划归中央政府

图 11-1　税收收入划分的原则

【考点小贴士】在税收收入划分的原则中，各原则中划分中央收入和地方收入的标准为常考点，需多加注意。

二、税收收入划分的方式

税收收入划分的方式主要包括分割税额（总额分成）、分割税率（按税源实行分率计征）、分割税种、分割税制、混合型。

三、税收收入划分的具体做法

（1）将一些与稳定国民经济有关以及和收入再分配有关的税种，划归中央政府，如个人所得税和企业所得税。

（2）将一些税基流动性大的税种划归中央政府，如个人所得税、增值税等。

（3）对一些与自然资源有关的税种（如资源税），假如在地区间分布不均匀，需要划归中央政府，假如某些自然资源在地区间分布均匀，则更适合于划归地方政府。

（4）进出口关税和其他收费全部归中央政府。

（5）对于税基流动性较小的，税源分布较广的税种（如房产税、土地税、土地增值税等）划归地方政府。

经典例题

[2015 年真题·单选题] 以税收负担的分配是否公平为标准划分中央与地方收入的原因是（　　）。
A. 效率原则　　　　B. 适应原则　　　　C. 恰当原则　　　　D. 经济利益原则
[答案] C
[解析] 税收收入划分的四个原则为：效率原则（以征税效率的高低作为标准）、适应原则（以税基宽窄为标准）、恰当原则（以税收负担的分配是否公平为标准）、经济利益原则（以增进经济利益为标准），故 C 项正确。

[2014 年真题·单选题] 在税收收入划分方式中，"总额分成"属于（　　）。
A. 分割税制　　　　B. 分割税种　　　　C. 分割税率　　　　D. 分割税额
[答案] D
[解析] "总额分成"是分割税额的一个具体形式。

【考点八】政府间收支的调节制度

政府间收支的调节制度如表 11-5 所示。

表 11-5　政府间收支的调节制度

调节制度	具体内容
纵向均衡	是指各级政府的财政资金来源与各自的支出责任或事权范围相对称，使各级政府在履行各自的职责时有必要的财力作为保障
横向均衡	是指基本公共物品的供给数量和供给标准在各地区的均等化

【提示】

（1）财政预算收支的划分**不能完全解决**各级次和各地方政府财政收支均衡的全部问题，所以要进行收支水平的调节。

（2）政府间的转移支付是调节的主要手段，调节的目标是使公共资金公平分配和有效使用，并最终达到各级政府事权和财权的统一。

【考点九】政府间的财政管理权的划分

政府间的预算管理权限的划分如表 11-6 所示。

表 11-6 政府间的预算管理权限的划分

预算管理主体	职权	具体内容
各级人民代表大会及常委会	审批与决算的权力机关	（1）审查总预算草案和总预算执行情况的报告；批准本级预算和本级预算执行情况的报告 （2）各级人大常委会监督预算的执行；审查和批准预算的调整方案；审查和批准决算 （3）各级人大财经委进行初审
各级人民政府	预算管理的国家行政机关	编制预算、决算草案；向本级人民代表大会做出关于预算草案的报告；组织预算的执行；决定预备费的动用；编制预算调整方案；监督预算执行等
各级财政部门	预算管理的职能部门	具体编制预算、决算草案；具体组织预算的执行；提出预算预备费动用方案；具体编制预算的调整方案；定期报告预算的执行情况等
各部门	预算管理权	各部门编制本部门预算、决算草案；组织和监督本部门预算的执行；定期向本级政府财政部门报告预算的执行
各单位	预算管理权	各单位编制本单位预算、决算草案；按照国家规定上缴预算收入，安排预算支出，并接受国家有关部门的监督

【提示】我国实行一级政府一级预算，分为中央、省、市、县、乡五级。全国预算由中央预算和地方预算组成。

> **经典例题**
>
> [2012 年真题·单选题] 决定动用本级政府预备费的权力属于（　　）。
> A. 上级人民代表大会　　　　　B. 本级人民代表大会
> C. 上级政府　　　　　　　　　D. 本级政府
> [答案] D
> [解析] 在政府的各级预算主体中，决定动用预备费属于本级政府的权力，故 D 项正确。

【考点十】分税制财政管理体制的基本问题

分税制财政管理体制的基本问题如图 11-2 所示。

图 11-2　分税制

> **经典例题**

[2014年真题·多选题] 分税制的含义包括（   ）。
A. 分事　　　　B. 分税　　　　C. 分权　　　　D. 分管
E. 分利
[答案] ABCD
[解析] 分税制主要包括分事、分税、分权、分管四个方面。

【考点十一】我国分税制管理体制的主要内容

一、中央与地方政府的事权和支出责任的划分

中央与地方政府的事权和支出责任的划分如表11-7所示。

表11-7　中央与地方政府的事权和支出责任的划分

项目	具体内容
社会保障	(1) 养老保险由中央负责管理 (2) 工伤、生育、失业保险由地方自行管理 (3) 在我国医疗保险的实行方式为地方管理为主，中央提供帮助
公共卫生	(1) 传染病及免疫业务具有明显的外部性特征，该类支出责任由中央承担或中央委托地方实施 (2) 普通的公共卫生支出和管理信息处理较复杂，由地方政府负担
教育	(1) 义务教育支出由地方政府管理 (2) 高等教育支出和科研支出服务范围较广，跨地域外部性特征明显，主要由中央和省级政府管理
跨区域重大项目的建设和维护	(1) 中央负责交通建设，跨境重点项目；地方政府负责地方性交通基础设施建设 (2) 中央负责海域和流域管理、航运、水利调度、大江大河治理、全国性生态和环保重点项目建设，将其外部性内部化
涉及全国市场统一标准的管理	由中央来承担相应的支出责任及管理执行责任，才能使外部性问题内部化
关系国家安全的支出	国防、边境安全、界河管理等支出应由中央统一协调和监管及承担相应的支出责任
司法支出	司法支出主要由中央政府负责

> **经典例题**

[2015年真题·单选题] 适合地方政府管理的事权及支出责任的是（   ）。
A. 外交　　　　　　　　　　　B. 跨境高速公路
C. 边境安全　　　　　　　　　D. 义务教育
[答案] D
[解析] 国防、边境安全、界河管理等支出应由中央统一协调和监管及承担相应的支出责任，故A、B、C三项由中央政府负责。适合地方政府管理的事权及支出责任的是义务教育，故D项正确。

二、中央与地方收入的划分

(1) 中央固定收入（中央税）。

中央固定收入主要包括关税、海关代征的增值税和消费税、消费税、中央企业所得税和上缴的利润、外贸企业的出口退税等。

(2) 地方固定收入。

地方固定收入主要包括城镇土地使用税、耕地占用税、土地增值税、房产税、车船税、契税等。

（3）中央与地方共享收入。

同经济发展直接相关的主要税种包括：①增值税（中央50％，地方50％）；②资源税（海洋石油资源税归中央，其余资源税归地方）；③证券交易印花税（全部归中央收入）；④所得税收入（中央60％，地方40％）。

【提示】
（1）铁路运输、国家邮政、中国工商银行、中国农业银行、中国银行、中国建设银行、国家开发银行、中国农业开发银行、中国进出口银行以及海洋石油天然气企业缴纳的企业所得税归中央政府。
（2）中央财政对地方财政税收返还的形式包括基数返还和递增返还。

【考点十二】政府间转移支付

一、政府间转移支付概述

政府间转移支付概述如图11-3所示。

图11-3 政府间转移支付概述

【提示1】最早提出转移支付概念的是著名经济学家庇古。
【提示2】我国转移支付主要有补助支出、捐赠支出和债务利息支出。

经典例题

[2016年真题·单选题] 下列支出中，不属于转移支付支出的是（　　）。
A. 补助支出　　B. 捐赠支出　　C. 工资支出　　D. 债务利息支出
[答案] C
[解析] 本题考查的是转移支付的主要内容，我国转移支付的特点是单方面的、无偿的支出，主要包括补助支出、捐赠支出和债务利息支出。

二、实行政府间转移支付的理论依据

（1）纠正政府间的纵向财政失衡（上下级之间）。
（2）纠正政府间的横向财政失衡（各地方政府之间）。
（3）纠正某些公共物品或服务的外部性。
　1）地方性公共物品或服务的受益或受损范围极有可能会超出地方政府辖区的界限，导致其他地区在受益或受损的同时并不承担任何成本或者没有得到任何补偿。
　2）一些地方性公共物品或服务出现提供数量不足和质量不佳的问题。如义务教育、公共卫生等。
（4）加强中央财政对地方财政的宏观调控。

三、政府间转移支付的种类

政府间转移支付的种类如表11-8所示。

表 11-8　政府间转移支付的种类

划分标准	分类	具体内容
根据地方政府使用补助资金权限的大小划分	无条件转移支付（一般性补助）	是指中央政府向地方政府拨款，不附带使用条件，或者也不规定资金的用途
		下级政府的财政收入与责任不对称是无条件转移支付重点解决的问题
	有条件转移支付（专项补助）	是指附有关于资金使用的附加条件的政府间转移支付形式
		体现了上级政府对下级政府定向支援或者委托下级政府办理某项公共服务供给的意图
		有条件转移支付分为配套补助和非配套补助
根据政府间的关系划分	纵向转移支付	主要方法是拨付补助金（一般补助金和专项补助金）
	横向转移支付	其功能在于调整横向失衡
	混合转移支付	纵向转移支付为主，横向转移支付为辅

四、政府间转移支付的一般方法

（1）财政收入能力均等化模式。

此模式不考虑地区的支出需求，只考虑地区间财政能力的均等化，依照某种收入指标确定转移支付对象与转移支付额。

（2）支出均衡模式。

此模式不考虑地区间财政收入能力的差异，只考虑地区间的支出需求的差异。

（3）收支均衡模式。

此模式根据收支之间的差额来确定对各个地区的财政转移支付额。

（4）有限的财政收入能力—支出需求均衡模式。

"有限"是指确定影响财政收入与支出的因素都在有限的范围内。

经典例题

[2013年真题·单选题] 关于政府间转移支付制度理论依据的说法，错误的是（　　）。

A. 纠正政府间的纵向财政失衡　　B. 纠正政府间的横向财政失衡

C. 赋予地方政府更大的自主权　　D. 纠正某些公共产品与服务的外部性

[答案] C

[解析] 政府间转移支付制度理论依据包括四个方面，即纠正政府间的纵向和横向财政失衡，纠正某些公共物品或服务的外部性以及中央对地方财政的宏观调控。

[提示] 本题中D项"公共产品"的说法是2013年的教材未变更时的说法，后期教材进行了变更，将"公共产品"调整为"公共物品"。

【考点十三】我国政府间转移支付制度

我国中央对地方转移支付的类型如表11-9所示。

表 11-9　我国中央对地方转移支付的类型

分类	具体内容
一般性转移支付	（1）均衡地区间财力差距的均衡性转移支付 （2）民族地区转移支付 （3）作为国家增支减收政策配套措施的调整工资转移支付 （4）农村税费改革转移支付

续表

分类	具体内容
专项转移支付 （按照事权和支出责任划分）	(1) 委托类（属于中央事权） (2) 共担类（属于中央与地方共同事权） (3) 引导类（属于地方事权） (4) 救济类（应对自然灾害，属于地方事权） (5) 应急类（处理突发状况，属于地方事权）

【提示】
(1) 专项转移支付的资金实行的是专款专用。
(2) 我国在基础设施建设、农业、教育卫生、社会保障以及环境保护等方面均设立了专项转移支付项目。

> **经典例题**
>
> [例题·单选题] 下列转移支付项目中，属于专项转移支付的是（　　）。
> A. 农村税费改革转移支付　　　　B. 民族地区转移支付
> C. 均衡性转移支付　　　　　　　D. 国债补助
> [答案] D
> [解析] 本题主要考查一般性转移支付和专项转移支付的内容归类问题，参考表11-9，A、B、C三项属于一般性转移支付的内容。

【考点十四】中央与地方共同财政事权和支出责任划分

一、基本原则

(1) 坚持以人民为中心。
(2) 坚持财政事权划分由中央决定。
(3) 坚持保障标准合理适度。
(4) 坚持差别化分担。
(5) 坚持积极稳妥推进。

二、主要内容

（一）明确基本公共服务领域中央与地方共同财政事权范围

纳入中央与地方共同财政事权范围的主要内容如表11-10所示。

表11-10　纳入中央与地方共同财政事权范围的主要内容

类别	具体项目
义务教育（4项）	公用经费保障、免费提供教科书、家庭经济困难学生生活补助、贫困地区学生营养膳食补助
学生资助（4项）	中等职业教育国家助学金、中等职业教育免学费补助、普通高中教育国家助学金、普通高中教育免学杂费补助
基本就业服务（1项）	基本公共就业服务
基本养老保险（1项）	城乡居民基本养老保险补助
基本医疗保障（2项）	城乡居民基本医疗保险补助、医疗救助
基本卫生计生（2项）	基本公共卫生服务、计划生育扶助保障
基本生活救助（3项）	困难群众救助、受灾人员救助、残疾人服务
基本住房保障（1项）	城乡保障性安居工程

（二）制定基本公共服务保障国家基础标准

国家基础标准所需资金按中央确定的 支出责任分担方式 负担，目前国家制定了 9 项基本公共服务保障的国家基础标准，包括：义务教育公用经费保障、免费提供教科书、家庭经济困难学生生活补助、贫困地区学生营养膳食补助、中等职业教育国家助学金、城乡居民基本养老保险补助、城乡居民基本医疗保险补助、基本公共卫生服务、计划生育扶助保障。

（三）规范基本公共服务领域中央与地方共同财政事权的支出责任分担方式

中央与地方共同财政事权支出责任分担方式如表 11-11 所示。

表 11-11 中央与地方共同财政事权支出责任分担方式

中央与地方共同财政事权	责任分担方式
学生资助、基本养老保险、基本卫生计生 3 类中的 7 项	实行中央分档分担办法
义务教育公用经费保障、家庭经济困难学生生活补助、城乡居民基本养老保险补助	中央与地方按比例分担支出责任
免费提供教科书，免费提供国家规定课程教科书和免费为小学一年级新生提供正版学生字典所需经费	中央财政承担
免费提供地方课程教科书所需经费	地方财政承担
基本公共就业服务、医疗救助、困难群众救助、残疾人服务、城乡保障性安居工程 5 个事项	中央分担比例主要依据地方财力状况、保障对象数量等因素确定

【提示】上述共同财政事权支出责任 地方承担部分，由地方通过 自有财力和中央转移支付 统筹安排。

（四）调整完善转移支付制度

在一般性转移支付下设立共同财政事权 分类分档转移支付，原则上将改革前一般性转移支付和专项转移支付安排的 基本公共服务领域共同财政事权事项，统一纳入共同财政事权分类分档转移支付。

（五）推进省以下支出责任划分改革

县级政府要将自有财力和上级转移支付优先用于 基本公共服务，承担提供基本公共服务的组织落实责任；上级政府要通过 调整收入划分、加大转移支付力度，增强县级政府基本公共服务保障能力。

经典例题

[例题·单选题] 下列关于中央与地方共同财政事权和支出责任划分的原则中，说法错误的是（ ）。

A. 坚持差别化分担　　　　　　B. 坚持财政事权划分由中央与地方协商确定
C. 坚持以人民为中心　　　　　D. 坚持保障标准合理适度

[答案] B

[解析] 中央与地方共同财政事权和支出责任划分的原则包括：坚持以人民为中心、坚持财政事权划分由中央决定、坚持保障标准合理适度、坚持差别化分担、坚持积极稳妥推进。采用排除法筛选后，B 项错误。

本章易错易混考点

【易错易混考点】《预算法》中关于中央政府对地方转移支付的主要措施

中央政府对地方转移支付的主要措施如表 11-12 所示。

表 11-12　中央政府对地方转移支付的主要措施

主要措施	具体内容
优化转移支付结构	—
完善一般性转移支付制度	(1) 清理整合一般性转移支付 (2) 建立一般性转移支付稳定增长机制，逐步将一般性转移支付占比提高到60％以上 (3) 加强一般性转移支付管理
从严控制专项转移支付、规范专项转移支付分配和使用	(1) 严格控制新设专项 (2) 规范资金分配 (3) 建立健全专项转移支付定期评估和退出机制 (4) 取消地方资金配套要求 (5) 严格资金使用
强化转移支付预算管理	(1) 及时下达预算 (2) 推进信息公开 (3) 做好绩效评价

【考点小贴士】《预算法》中应重点区分哪些是一般性转移支付制度的规定，哪些是专项转移支付的规定，避免混淆。

[2017年真题·单选题] 根据预算法，我国政府一般性转移支付要逐步提高，应达到的比例是（　　）。

A. 40％以上　　　　　　　　　B. 50％以上
C. 60％以上　　　　　　　　　D. 70％以上

[答案] C

[解析] 完善一般性转移支付制度，应增加一般性转移支付规模和比例，逐步将一般性转移支付占比提高到60％以上，故C项正确。

[2015年真题·多选题] 我国新修订的《预算法》对规范专项转移支付的规定包括（　　）。

A. 建立专项转移支付稳定增长机制　　B. 建立专项转移支付定期评估机制
C. 建立专项转移支付退出机制　　　　D. 规范资金分配
E. 取消地方资金配套要求

[答案] BCDE

[解析] 本题考查我国政府间转移支付制度。B、C、D、E四项属于《预算法》对规范政府间转移支付的规定。A项不属于预算法对规范政府间专项转移支付制度的规定。对于完善一般性转移支付制度，应建立一般性转移支付稳定增长机制。

历年经典真题回顾

【提示】由于2017年教材发生变化，2017年以前年份的真题中会涉及"公共产品"，为了避免产生混淆，2017年以前的真题中的"公共产品"调整为"公共物品"。

一、**单项选择题**（每题1分，每题备选项中，只有1个最符合题意）

1. 关于财政转移支付的说法，错误的是（　　）。[2017年真题]

　　A. 政府间转移支付只限于政府之间
　　B. 政府间转移支付是无偿的支出
　　C. 政府间转移支付不是政府的最终支出
　　D. 政府间转移支付只是上级政府对下级政府的补助

[答案] D

[解析] 本题考查政府间转移支付概述。根据政府间的关系，政府间转移支付分为纵向转移支

付、横向转移支付和混合转移支付三种类型。所以不止包括上级政府对下级政府的补助，还包括地区间的互助形式等。

2. 下列权力中，不属于各级人民代表大会常务委员会权力的是（　　）。[2016年真题]

　　A. 预算审批权　　　　　　　　B. 预算调整权
　　C. 预算编制权　　　　　　　　D. 预算撤销权

　　[答案] C

　　[解析] 各级人大常务委员会监督预算的执行；审查和批准预算的调整方案；同时也可以撤销审查和批准决算，A、B、D三项属于人民代表大会常务委员的权力。C项，编制预算是政府及其职能部门的职责。

3. 以税基的宽窄为标准划分中央与地方收入，这所体现的原则是（　　）。[2014年真题]

　　A. 效率原则　　　　　　　　　B. 适应原则
　　C. 恰当原则　　　　　　　　　D. 经济利益原则

　　[答案] B

　　[解析] 税收收入划分的适应原则是以税基的宽窄为标准来划分中央与地方收入，故B项正确。

4. 给予地方政府一定的税收权力和支出责任范围，这个理论属于（　　）。[2011年真题]

　　A. 公共物品及服务理论　　　　B. 集权分权理论
　　C. 财政联邦主义　　　　　　　D. 俱乐部理论

　　[答案] C

　　[解析] 本题考查财政联邦主义的定义。财政联邦主义强调的是在一定程度上进行财政分权，故C项正确。

5. 适于划归地方政府的税种有（　　）。[2010年真题]

　　A. 税基流动性大的税种
　　B. 税源分布较分散的税种
　　C. 与收入再分配有关的税种
　　D. 与在各地区间分布不均的自然资源相关的税种

　　[答案] B

　　[解析] 税源分布较分散的税种适于划归地方政府的税种，故B项正确。A、C、D三项属于适于划归中央政府的税种。

6. 若某个地区出现义务教育提供不足，需要进行政府间转移支付，其理论依据是（　　）。[2010年真题]

　　A. 纠正政府间的纵向财政失衡　　B. 纠正政府间的横向财政失衡
　　C. 纠正公共物品或服务的外部性　D. 加强中央对地方的宏观调控

　　[答案] C

　　[解析] 若某个地区出现义务教育提供不足，需要进行政府间转移支付，其理论依据是纠正公共物品或服务的外部性，故C项正确。

二、多项选择题（每题2分，每题备选项中，有2个或2个以上符合题意，至少有1个错项。错选，本题不得分；少选，所选的每个选项得0.5分）

1. 政府间财政支出划分的原则是（　　）。[2012年真题改编]

　　A. 与事权相对称的原则　　　　B. 公平性原则
　　C. 效率性原则　　　　　　　　D. 适应原则
　　E. 权责结合的原则

　　[答案] ABE

[解析] 政府间财政支出的划分原则包括：与事权相对称原则、公平性原则、权责结合原则。

2. 政府间转移支付的主要模式（　　）。[2011年真题]
   A. 财政收入能力均等化模式
   B. 支出均衡模式
   C. 收支均衡模式
   D. 有限的财政收入能力—支出需求均衡模式
   E. 支出效率均衡模式

   [答案] ABCD

   [解析] 各国所采用的转移支付资金分配方法归纳起来主要有四种模式：①财政收入能力均等化模式；②支出均衡模式；③收支均衡模式；④有限的财政收入能力—支出需求均衡模式。

3. 关于财政联邦主义的理解，正确的是（　　）。[2010年真题]
   A. 政治上一定实行联邦主义
   B. 在上级授权下可以进行地方决策
   C. 地方政府具有独立的宪法所保障的权利
   D. 地方政府提供区域性公共物品更符合帕累托效率
   E. 地方政府间的竞争有利于资源配置效率的提高

   [答案] BCDE

   [解析] 此题是对于财政联邦主义的具体考查。财政联邦主义主要是指政府间财政收入和支出的划分，而并不是指政治上一定要实行联邦主义，故A项错误。

本章同步练习

一、单项选择题（每题1分，每题备选项中，只有1个最符合题意）

1. 在财政分权理论中，论证了地方政府适当规模问题的财政分权理论是（　　）。
   A. 公共物品及服务理论　　B. 集权分权理论
   C. 财政联邦主义　　D. 俱乐部理论

2. 关于地方性公共物品和服务的说法，正确的是（　　）。
   A. 提供者为中央政府
   B. 其受益范围具有地方局限性
   C. 其受益范围被限定在整个国家的疆域之内
   D. 数量巨大

3. 下列各项中，涉及中央与地方各级政府收支范围和管理权限划分的体制是（　　）。
   A. 财政监督管理体制　　B. 税收管理体制
   C. 预算管理体制　　D. 行政事业财务管理体制

4. 根据政府间事权划分的信息复杂性原则，对义务教育管理的正确做法是（　　）。
   A. 完全由地方政府管理
   B. 完全由中央政府管理
   C. 地方政府管理为主，中央政府提供帮助
   D. 中央政府管理为主，地方政府提供帮助

5. 从广义上说，共享税或税收分成属于（　　）。
   A. 混合转移支付　　B. 纵向转移支付
   C. 横向转移支付　　D. 有条件转移支付

6. 各项公共服务的提供，应该由控制着这一服务提供的效益与成本内部化的最小地理区域的辖区

来进行，这体现的原则是（　　）。
A. 外部性原则　　　　　　　　　B. 效率原则
C. 法律规范原则　　　　　　　　D. 信息复杂性原则

7. 解决预算管理体制框架内存在的财政收支纵向非均衡和横向非均衡的手段是（　　）。
A. 配套补贴制度　　　　　　　　B. 无配套补贴制度
C. 财政转移支付制度　　　　　　D. 封顶补贴制度

8. 不考虑地区的支出需求，只考虑地区间财政能力的均等化，依照某种收入指标确定转移支付对象与转移支付额，这种转移支付的模式是（　　）。
A. 支出均衡模式　　　　　　　　B. 收支均衡模式
C. 财政收入能力均等化模式　　　D. 有限的财政收入能力—支出需求均衡模式

9. 按照事权和支出责任划分属于地方事权，中央为帮助地方应对因自然灾害等发生的增支而设立的专项转移支付指的是（　　）。
A. 应急类专项转移支付　　　　　B. 共担类专项转移支付
C. 引导类专项转移支付　　　　　D. 救济类专项转移支付

二、多项选择题（每题2分，每题备选项中，有2个或2个以上符合题意，至少有1个错项。错选，本题不得分；少选，所选的每个选项得0.5分）

1. 以下属于中央税的有（　　）。
A. 与稳定国民经济有关的税种　　B. 与收入再分配有关的税种
C. 税基流动性小的税种　　　　　D. 税源分布较广的税种
E. 与自然资源有关的且地区间分布不均匀的税种

2. 根据政府间的关系，政府间转移支付可分为（　　）。
A. 纵向转移支付　　　　　　　　B. 无条件转移支付
C. 有条件转移支付　　　　　　　D. 横向转移支付
E. 混合转移支付

3. 一般性转移支付的主要目标是增强财力薄弱地区地方政府的财力，促进基本公共服务均等化，以下属于一般性转移支付的有（　　）。
A. 调整工资转移支付　　　　　　B. 均衡性转移支付
C. 民族地区转移支付　　　　　　D. 农村税费改革转移支付
E. 专项转移支付

4. 下列各项中，属于我国中央对地方专项转移支付的有（　　）。
A. 民族地区转移支付　　　　　　B. 农村税费改革转移支付
C. 基础设施建设转移支付　　　　D. 社会保障转移支付
E. 环境保护转移支付

▶▶▶ 本章同步练习参考答案及解析 ◀◀◀

一、单项选择题

1. [答案] D
　[解析] 俱乐部理论论证了地方政府适当规模问题。

2. [答案] B
　[解析] 本题考查财政分权理论。A、C、D三项是关于全国性公共物品和服务的内容。地方性公共物品和服务，是指那些只能满足某一特定区域（而非全国）范围内居民的公共需要的物品和服务，其受益范围具有地方局限性。

3. [答案] C
　[解析] 本题考查政府间事权的划分。预算管理体制是财政管理体制的主导环节，占

有核心的地位。预算管理体制主要就是涉及中央与地方各级政府收支范围和管理权限的划分。

4. [答案] C

[解析] 根据政府间事权划分的信息复杂性原则，如果按照信息的复杂程度，应该由地方政府来管理的事务，但同时又具有跨地区的外部性，那么可以由地方政府管理，中央政府提供帮助，例如义务教育。

5. [答案] B

[解析] 纵向转移支付主要指的就是中央和地方之间的转移支付，从广义上讲，共享税或税收分成属于纵向转移支付。

6. [答案] A

[解析] 本题考查的是外部性原则的定义。外部性原则，体现的是各项公共服务的提供，应该由控制着这一服务提供的效益与成本内部化的最小地理区域的辖区来进行。

7. [答案] C

[解析] 财政转移支付制度主要就是用来解决预算管理体制框架内存在的财政收支纵向非均衡和横向非均衡，故 C 项正确。

8. [答案] C

[解析] 本题考查政府间转移支付的一般方法。财政收入能力均等化模式不考虑地区的支出需求，只考虑地区间财政能力的均等化，依照某种收入指标确定转移支付对象与转移支付额。

9. [答案] D

[解析] 救济类专项转移支付是指按照事权和支出责任划分属于地方事权，中央为帮助地方应对因自然灾害等发生的增支而设立的专项转移支付。

二、多项选择题

1. [答案] ABE

[解析] 税基流动性较小的、税源分布较广的税种，如房产税、土地税、土地增值税等划归地方政府。

2. [答案] ADE

[解析] 本题考查政府间转移支付的种类。根据政府间的关系可把政府间转移支付分为纵向转移支付、横向转移支付、混合转移支付三种类型。

3. [答案] ABCD

[解析] 一般性转移支付主要包括均衡地区间财力差距的均衡性转移支付、民族地区转移支付以及作为国家增支减收政策配套措施的调整工资转移支付、农村税费改革转移支付等。

4. [答案] CDE

[解析] 我国在基础设施建设、农业、教育卫生、社会保障以及环境保护等方面均设立了专项转移支付项目。

错题收集

第十二章 国有资产管理

本章考情分析

年份	单项选择题	多项选择题	案例分析题	合计
2017年	3题3分	1题2分	—	5分
2016年	3题3分	1题2分	—	5分
2015年	3题3分	1题2分	—	5分
2014年	2题2分	1题2分	—	4分
2013年	2题2分	1题2分	—	4分

本章考点概览

本章学习提示

第十二章主要介绍了不同类型的国有资产管理，由于经营性国有资产、行政事业单位国有资产、资源性国有资产具有各自的特点，容易混淆，建议大家采取比较记忆的方法。

本章考点详解

【考点一】国有资产的概念与分类

一、广义的国有资产和狭义的国有资产

广义的国有资产和狭义的国有资产如表12-1所示。

表 12-1　广义的国有资产和狭义的国有资产

项目	具体内容
广义的国有资产	是指国家以各种各样的投资以及其产生的收益、拨款、接受的馈赠、凭借国家权力得到的各种类型的财产或者财产权利
	包括经营性、非经营性国有资产和以自然资源形态存在的国有资产
狭义的国有资产	经营性国有资产

【提示】国有资产是指在法律上由国家代表全民拥有所有权的各种类型的资产。

二、国有资产的分类

国有资产的分类如表 12-2 所示。

表 12-2　国有资产的分类

分类标准	具体内容
按照国有资产与社会经济活动的关系划分	(1) 经营性国有资产，指国家作为投资，投入到社会再生产领域，从事生产经营活动的各类资产 (2) 行政事业性国有资产，指机关、团体、军队、学校等拥有的各项国有资产 (3) 资源性国有资产，指国家依据宪法和法律所拥有的各类自然资源
按照国有资产存在的形态划分	(1) 固定资产，如机器设备、厂房、建筑物 (2) 流动资产，如现金、银行存款、短期投资、应收及预付款项、存货 (3) 无形资产，如专利权、商标权、著作权、土地使用权、非专利技术、商誉 (4) 其他资产，如特准储备物资、银行冻结存款、冻结物资
按照管理体制划分	中央国有资产和地方国有资产
按照存在于境内境外划分	境内国有资产和境外国有资产

经典例题

[2015 年真题·单选题] 国家投资到社会再生产领域，从事生产经营活动的资产是（　　）。
A. 资源性国有资产　　　　　　　B. 行政性国有资产
C. 经营性国有资产　　　　　　　D. 事业性国有资产
[答案] C
[解析] 经营性国有资产是指国家作为投资，投入到社会再生产领域，从事生产经营活动的各类资产，故 C 项正确。

[2014 年真题·多选题] 国有无形资产包括（　　）。
A. 专利权　　　B. 土地使用权　　　C. 商标权　　　D. 非专利技术
E. 应收及预付款项
[答案] ABCD
[解析] 国有无形资产包括专利权、商标权、著作权、土地使用权、非专利技术、商誉等。

【考点二】国有资产管理体制的基本内涵

一、新型的国有资产管理体制

国有资产管理体制是建立国有资产经营管理机构与体系的一项根本制度，是指在中央和地方之间、地方各级政府之间划分国有资产管理权限，在我国经济管理体制中占有重要地位。

2003 年 4 月 6 日，国家国有资产监督管理委员会（简称"国资委"）正式挂牌成立，其职责和任务是由国务院授权代表国家履行出资人职责，监管国有资产，确保国有资产保值增值，进一步搞好国有企业。

新型的国有资产管理体制如表 12-3 所示。

表 12-3 新型的国有资产管理体制

国有资产	具体内容
经营性国有资产	经营性国有资产由国务院授权代表国家履行出资人的职责、监督管理相关的国有资产，确保国有资产保值增值
行政事业性国有资产	各级财政部门是政府负责行政事业单位国有资产管理的职能部门，对行政事业单位国有资产实行综合管理
资源性国有资产	实行国有资产专司机构综合管理与财政部门专项管理、资源主管部门专业管理相结合的方式

二、国有资产管理体制的主要内容

国有资产管理体制的主要内容如表 12-4 所示。

表 12-4 国有资产管理体制的主要内容

主要内容	具体阐述
中央与地方国有资产管理权限的划分	国务院，省、自治区、直辖市人民政府和设区的市、自治州级人民政府分别代表国家对国有和国有控股、国有参股企业，履行出资人职责
国有资产管理部门的职责	（1）各级国有资产监督管理机构代表本级政府履行出资人职责、负责监督管理企业国有资产 （2）上级国有资产监管机构依法对下级国有资产监管工作进行指导和监督
国有资产管理部门资产的监管内容	（1）对企业负责人实施管理 （2）对企业重大事项实施管理 （3）对企业国有资产实施管理 （4）对企业国有资产履行监督职责
企业组织形式	（1）国有独资企业（企业全部资产归国家所有，如军工企业、邮政企业等） （2）国有控股企业（为了发挥国有经济在国民经济中的主导作用） （3）国家参股企业（位于一般性竞争领域）

【提示】国有独资企业存在于关系到国家的国防、经济安全，或者不适合于其他企业组织形式但又要求政府控制的行业、部门。

经典例题

[2016 年真题·单选题] 我国代表国家对国有资产履行出资人职责的机构是各级（　　）。
A. 统计局　　　　　　　　　　B. 税务局
C. 发改委　　　　　　　　　　D. 国资委
[答案] D
[解析] 由国务院授权的国有资产监督管理委员会（即国资委）代表国家对国有资产履行出资人职责，监管国有资产，确保国有资产保值增值，故 D 项正确。

[2015 年真题·多选题] 国有资产管理部门对国有资产管理的主要内容包括（　　）。
A. 对企业负责人进行管理　　　　B. 对企业重大事项进行管理
C. 对企业日常经营进行直接管理　　D. 对企业国有资产进行管理
E. 对企业国有资产进行监督
[答案] ABDE
[解析] 本题考查的是国有资产管理体制的主要内容，根据表 12-4 对该内容加深理解记忆。国有资产管理部门资产的监管内容包括四个方面，对企业负责人、重大事项、国有资产实施管理，对企业国有资产履行监督职责，故 A、B、D、E 四项正确。

【考点三】经营性国有资产管理的主要内容

经营性国有资产管理的主要内容如表12-5所示。

表12-5 经营性国有资产管理的主要内容

主要内容	具体阐述
国有资产基础管理（基础）	包括国有资产的产权界定、产权登记、清产核资和统计等工作
国有资产投资管理（起点）	包括国有资产投资资金来源管理，国有资产投资方向、规模与结构管理等
国有资产运营管理	经营方式包括股份制经营、独资经营、转让经营、授权经营、承包经营、租赁经营等
国有资产收益管理	收益收缴形式主要有利润、租金、股息、红利以及上缴资产占用费等
国有资产管理绩效评价（核心）	效益是国有资产管理的核心内容之一，是衡量国有资产管理目标实现程度的重要手段

【提示】经营性国有资产占我国全部国有资产总量的2/3左右，是国有资产管理的核心内容。

经典例题

[2016年真题·多选题] 国有企业取得的下列收入中，属于国有资产收益的有（　　）。
A. 各项税收　　　　　　B. 企业利润
C. 资产租金　　　　　　D. 投资分红
E. 资产占用费
[答案] BCDE
[解析] 国有资产收益收缴的形式多种多样，主要包括利润、租金、股息、红利以及上缴资产占用费等形式。

[2013年真题·单选题] 国有资产产权登记工作属于国有资产的（　　）。
A. 投资管理　　　　　　B. 基础管理
C. 运营管理　　　　　　D. 收益管理
[答案] B
[解析] 本题考查经营性国有资产管理的主要内容，参考表12-5，国有资产基础管理是整个国有资产管理的基础，包括国有资产的产权界定、产权登记、清产核资和统计等工作，故B项正确。

【考点四】深化我国国有企业改革

一、我国国有经济和国有资产在战略调整中的重点

在国有经济的战略调整中，我国国有经济和国有资产集中的重点区域如表12-6所示。

表12-6 国有经济和国有资产集中的重点区域

重点区域	具体内容
国家安全行业	包括军事装备制造、航天航空、邮政通信、金融保险
重要的资源行业	包括石油、天然气、有色金属、黑色金属等行业
提供重要公共物品和服务的行业	涉及科技、教育、文化、卫生、社会保障、环境保护等公共服务方面
自然垄断行业	主要是指公用事业，包括供电、供水、供气、公共交通、道路、桥梁等
支柱产业和高新技术产业中的骨干企业	比如高新技术领域

> **经典例题**
>
> [2012年真题·多选题] 我国国有经济和国有资产集中的重点区域有（   ）。
> A. 国家安全行业　　　　　　　　B. 自然垄断行业
> C. 提供重要公共物品和服务的行业　　D. 重要的资源行业
> E. 提高法定存款准备金率
> [答案] ABCD
> [解析] 我国国有经济和国有资产集中的重点区域有：国家安全行业、自然垄断行业、提供重要公共物品和服务的行业、重要的资源行业、支柱产业和高新技术产业中的骨干企业。

二、国有经济战略性调整与国有资产营运

（1）加强国有产权转让管理（产权明晰可转让，不受地区、行业、出资或隶属关系限制）。

（2）维护国有产权合法权益。

（3）打破行业的自然垄断，引进社会资本竞争，缩短国有经济过长的战线。

【提示】鼓励跨行政区域的市政公用基础设施共享，特许经营期限最长不得超过30年。

三、继续深化国有企业改革

（一）颁布《中共中央、国务院关于深化国有企业改革的指导意见》

1. 深化国有企业改革过程坚持的基本原则

深化国有企业改革过程坚持的基本原则如图12-1所示。

图12-1　深化国有企业改革过程坚持的基本原则

2.《中共中央、国务院关于深化国有企业改革的指导意见》明确的问题

为深化国有企业改革明确的问题如下：

（1）经营性国有资产要<u>实行统一监管</u>。

（2）商业类国有企业和公益类国有企业实行不同的考核方法。

商业类国有企业重点考核其<u>业绩指标、国有资产保值增值和市场竞争能力</u>。

公益类国有企业重点考核其<u>成本控制、产品服务质量、营运效率和保障能力</u>。

（3）明确企业董事会的<u>独立权</u>。

（4）对国有企业负责人<u>实行分类分层管理</u>。

（5）明确国有资本形态转化的问题。

（6）要保障混合所有制改革企业中小股东的权益。

（7）不搞全员持股（员工不是普遍持股，而是骨干持股）。

【提示】

（1）深化国有企业改革的主要目标是<u>到2020年</u>，在国有企业改革的重要领域和关键环节取得<u>决定性成果</u>。

（2）《中共中央关于全面深化改革若干重大问题的决定》明确了深化国有企业改革的指导思想

是推进混合所有制经济。文件还提出了"完善产权保护制度。产权是所有制的核心。健全归属清晰、责任明确、保护严格、流转顺畅的现代产权制度"。

(二)发布《国务院关于国有企业发展混合所有制经济的意见》

1. 基本经济制度的重要实现形式

基本经济制度的重要实现形式是发展国有资本、集体资本、非公有资本等交叉持股、相互融合的混合所有制经济。

2. 在国有企业混合所有制改革中坚持的基本原则

(1) 要坚持政府引导,市场运作原则。

(2) 要坚持完善制度,保护产权原则。

(3) 要坚持严格程序,规范操作原则。

(4) 要坚持宜改则改,稳妥推进原则。

3. 国有企业混合所有制改革的基本路径

分类、分层推进国有企业混合所有制改革的基本路径,鼓励各类资本,包括非公有资本、集体资本、外资等均可有序参与国有企业混合所有制改革的,推广政府和社会资本合作(PPP)模式。

(三)《关于国有企业功能界定与分类的指导意见》的颁布

《关于国有企业功能界定与分类的指导意见》于2015年12月7日颁发。

【提示】此次国有企业分类改革,遵照"谁出资谁分类"的原则进行。

根据该指导意见,国有企业按照主营业务和核心业务范围的划分如下所示。

(1) 商业类国有企业。

商业类国有企业的具体内容如表12-7所示。

表12-7 商业类国有企业

分类	具体内容
主业处于充分竞争行业和领域的企业	原则上都要实行公司制股份制改革,积极引入其他资本实现股权多元化,国有资本可以绝对控股、相对控股或参股,加大改制上市力度,着力推进整体上市
主业处于关系国家安全、国民经济命脉的重要行业和关键领域、主要承担重大专项任务的企业	要保持国有资本控股地位,支持非国有资本参股
处于自然垄断行业的企业	要以"政企分开、政资分开、特许经营、政府监管"为原则积极推进改革

(2) 公益类国有企业。

公益类国有企业是以保障民生、服务社会、提供公共物品和服务为主要目标的国有企业。其必要的产品或服务价格可以由政府调控。

公益类国有企业采用国有独资形式,但具备条件的可以推行投资主体多元化。

四、创新经营性国有资产配置方式

(1) 优化国有资本布局(建立动态调整机制)。

(2) 完善国有资本授权经营体制。

(3) 建立健全国有资本形态转换机制。

(4) 规范经营性国有资产处置和收益分配。企业重大资产转让应依托统一的公共资源交易平台公开进行。

(5) 强化国有资本基础管理。

> **经典例题**
>
> [2016年真题·单选题] 关于深化国有企业改革的说法，错误的是（　　）。
> A. 改革要到2020年，我国将在国有企业改革的重要领域和关键环节取得决定性成果
> B. 改革要坚持和完善基本经济制度
> C. 经营性国有资产要实行分散监督
> D. 对国有企业负责人应实行分类分层管理
> [答案] C
> [解题思路] 深化国有企业改革明确了多方面的问题，考点四将这几方面的问题进行了细致的归类，分类对应即可。经营性国有资产应实行统一监管，而非分散监督，故C项错误。

【考点五】行政单位国有资产管理

一、行政单位国有资产管理体制

（1）实行国家统一所有，政府分级监管，单位占有、使用的管理体制。

（2）各级财政部门对行政单位国有资产实行综合管理，是政府负责行政单位国有资产管理的职能部门。

（3）行政单位具体管理本单位占有、使用的国有资产。

【提示】

（1）行政单位主要包括权力机关、行政机关、审判机关和检察机关、军队、警察和监狱、党派和社会团体。

（2）同经营性国有资产相比，行政事业单位国有资产具有非盈利性的独特性质。

二、行政单位国有资产管理的内容

（1）行政单位国有资产配置。财政部门对要求配置的资产，能通过调剂解决的，原则上不重新购置。

（2）行政单位国有资产使用。

1）行政单位不能用国有资产对外担保，法律另有规定除外。

2）行政单位的国有资产要做到物尽其用。

3）行政单位不得以任何形式用占有、使用的国有资产举办经济实体。

4）行政单位占有、使用的国有资产对外出租、出借的，须事先报同级财政部门审核批准。

5）行政单位出租、出借的国有资产，所有权归国家所有；所形成的收入，实行"收支两条线"管理。

（3）行政单位需处置的国有资产范围。

1）闲置资产。

2）因技术原因经过科学论证，确需报废、淘汰的资产。

3）因单位分立、撤销、合并、改制、隶属关系改变等原因发生的产权或者使用权转移的资产。

4）盘亏、呆账及非正常损失的资产。

5）已超过使用年限无法使用的资产。

（4）行政单位有以下情形，需对其相关资产进行评估。

1）行政单位取得的没有原始价格凭证的资产。

2）拍卖、有偿转让、置换国有资产。

3）按照国家有关规定需要进行资产评估的其他情形。

（5）行政单位国有资产产权纠纷调处。

（6）行政单位国有资产统计报告。

财政部门、行政单位应建立和完善资产管理信息系统,对国有资产实行动态管理。

经典例题

[2017年真题·多选题] 行政单位国有资产需要进行资产评估的情况有（　　）。
A. 资产拍卖　　B. 资产置换　　C. 资产使用　　D. 资产有偿转让
E. 资产购置
[答案] ABD
[解析] 本题考查行政单位国有资产管理。行政单位国有资产评估的情形包括：①行政单位取得的没有原始凭证的资产；②拍卖、有偿转让、置换国有资产；③依照国家有关规定需要进行资产评估的其他情形。

[2015年真题·单选题] 同经营性国有资产相比,行政事业单位国有资产具有的独特性质是（　　）。
A. 盈利性　　B. 非盈利性　　C. 竞争性　　D. 非公益性
[答案] B
[解析] 本题考查行政单位国有资产管理。同经营性国有资产相比,行政事业单位国有资产具有非盈利性的特点。

[例题·单选题] 国有资产处置的变价收入和残值收入,要按照政府非税收入管理的规定,实行（　　）管理。
A. 收支两条线　　B. 统一账簿　　C. 统一记账　　D. 定量计提
[答案] A
[解析] 本题考查行政单位国有资产管理的主要内容,对行政单位国有资产的使用有具体的规定。其中对国有资产处置的变价收入和残值收入,要按照政府非税收入管理的规定,实行"收支两条线"管理,故 A 项正确。

【考点六】事业单位国有资产管理

一、事业单位国有资产管理体制

（1）事业单位的主管部门对本部门所属事业单位的国有资产实施监督管理。

（2）各级财政部门对事业单位国有资产实行综合管理,是政府负责行政单位国有资产管理的职能部门。

（3）事业单位具体管理本单位占有、使用的国有资产。

二、事业单位国有资产管理的主要内容

（1）事业单位国有资产的配置。

事业单位国有资产的配置应当符合下列条件：

1）现有资产不能满足事业单位履行职能的需要。

2）难以与其他单位共享、共用相关资产。

3）难以通过市场购买产品或者服务的方式代替资产配置,或者实行市场购买方式的成本过高。

（2）事业单位国有资产使用。

事业单位国有资产使用包括单位自用和对外投资、出租、出借、担保等方式。具体内容如下：

1）事业单位利用国有资产对外投资、出租、出借和担保等应当进行必要的可行性论证,并提出申请,经主管部门审核同意后,报同级财政部门审批。

2）事业单位应当对本单位用于对外投资、出租和出借的资产实行专项管理,并在单位财务会计报告中对相关信息进行充分披露。

3) 事业单位对外投资收益以及利用国有资产出租、出借和担保等取得的收入应当纳入单位预算,统一核算,统一管理。

(3) 事业单位国有资产处置。

事业单位国有资产处置包括出售、出让、转让、对外捐赠、报废、报损以及货币性资产损失核销等。具体内容如下:

1) 事业单位处置国有资产,应严格履行审批手续,未经批准不得自行处置。

2) 事业单位国有资产处置应当遵循公开、公正、公平的原则。

3) 事业单位国有资产处置收入属于国家所有,应当按照政府非税收入管理的规定,实行"收支两条线"管理。

(4) 事业单位国有资产产权登记。

事业单位国有资产产权的登记如图12-2所示。

办理占有产权登记：新设立的事业单位

办理变更产权登记：发生分立、合并、部分改制,以及隶属关系、单位名称、住所和单位负责人等产权登记

办理注销产权登记：因依法撤销或者整体改制等原因被清算、注销的事业单位

图12-2 事业单位国有资产产权的登记

【提示】事业单位应当向同级财政部门或者经同级财政部门授权的主管部门申报、办理产权登记,并由财政部门或者授权部门核发《事业单位国有资产产权登记证》。

(5) 事业单位国有资产产权纠纷处理。

1) 事业单位与其他国有单位之间发生国有资产产权纠纷的,由当事人协商解决。协商不能解决的,可以向同级或者共同上一级财政部门申请调解或者裁定,必要时报有管辖权的人民政府处理。

2) 事业单位与非国有单位或者个人之间发生产权纠纷的,事业单位应当提出拟处理意见,经主管部门审核并报同级财政部门批准后,与对方当事人协商解决。协商不能解决的,依照司法程序处理。

(6) 事业单位国有资产评估。

事业单位国有资产评估的具体内容如图12-3所示。

需要对国有资产评估的情形:
(1) 整体或者部分资产租赁给非国有单位
(2) 整体或者部分改制为企业
(3) 合并、分立、清算
(4) 资产拍卖、转让、置换
(5) 以非货币性资产对外投资
(6) 确定涉讼资产价值
(7) 法律、行政法规规定的其他需要进行评估的事项

VS

不用资产评估的情形:
(1) 经批准事业单位整体或者部分资产无偿划转
(2) 行政、事业单位下属的事业单位之间的合并、资产划转、置换和转让
(3) 发生其他不影响国有资产权益的特殊产权变动行为,报经同级财政部门确认能不进行资产评估的

图12-3 事业单位国有资产评估

(7) 事业单位有以下情形,应当进行资产清查。

1) 根据国家专项工作要求或者本级政府实际工作需要,被纳入统一组织的资产清查范围的。

2) 进行重大改革或者整体、部分改制为企业的。

3) 遭受重大自然灾害等不可抗力造成资产严重损失的。

4) 会计信息严重失真或者国有资产出现重大流失的。

5) 会计政策发生重大更改,涉及资产核算方法发生重要变化的。

(8) 事业单位国有资产信息管理与报告。

(9) 事业单位国有资产管理的监督检查。

经典例题

[2016年真题·单选题] 事业单位可不进行资产评估的情况有（ ）。
A. 以非货币性资产对外投资 B. 单位分立或合并
C. 经批准整体或部分无偿划转 D. 整体或部分改制为企业
[答案] C
[解析] A、B、D三项为事业单位国有资产需要进行评估的情形。

【考点七】 资源性国有资产

资源性国有资产的具体内容如表12-8所示。

表12-8 资源性国有资产的具体内容

要点	具体内容
资源归属划分	（1）矿藏、水流、森林、山岭、草原、荒地、滩涂等自然资源（不包括属于集体所有的森林和山岭、草原、荒地、滩涂），都属于国家所有，即全民所有 （2）城市的土地属于国家所有；农村和城市郊区的土地（不包括法律规定属于国家所有的）、宅基地和自留地、自留山，属于集体所有
六大特点	天然性、有用性、有限性（资源的稀缺性）、可计量性（可以用货币或实物计量）、垄断性、价值多重性
分类	从管理的角度划分，资源性国有资产分为国有土地资源、国有矿产资源、国有水资源和国有森林草原资源

【考点八】 资源性国有资产管理的主要内容

资源性国有资产管理的主要内容如图12-4所示。

图12-4 资源性国有资产管理的主要内容

【提示】
（1）自然资源的所有权归国家所有，只能由国家统一安排管理，任何单位或个人都无权行使资源所有权（除非国家授权）。
（2）自然资源的开发利用要取得开发开采使用权，但是开采权不得买卖、出租和抵押。
（3）对资源的保护要坚持"谁开发谁保护，谁污染谁治理，谁破坏谁受罚"的原则。

【考点九】 资源性国有资产管理的基本原则和管理体制

一．资源性国有资产管理的基本原则
（1）重要资源属于国家所有的原则。
（2）统一规划、综合利用的原则。
（3）开源节流与提高效益的原则。
（4）保护生态平衡与环境的原则。

二．资源性国有资产管理体制
（1）我国实行国有资产专司机构综合管理与财政部门专项管理、资源主管部门专业管理相结

合的方式。

(2) 我国资源性国有资产归国家统一所有,以国家统一管理为主,给予地方适当的委托管理权。

---经典例题---

[例题·多选题] 我国资源性国有资产管理实行(　　)相结合的国有资产管理体制。
A. 国有资产专司机构综合管理　　　B. 财政部门综合管理
C. 财政部门专项管理　　　　　　　D. 国有资产专司机构专项管理
E. 资源主管部门专业管理
[答案] ACE
[解析] 本题考查的是资源性国有资产的管理体制。我国资源性国有资产管理实行国有资产专司机构综合管理与财政部门专项管理、资源主管部门专业管理相结合的方式,故 A、C、E 三项正确。

本章易错易混考点

【易错易混考点】 行政事业单位国有资产的比较

行政事业单位国有资产的比较如表 12-9 所示。

表 12-9　行政事业单位国有资产的比较

比较对象	行政单位国有资产	事业单位国有资产
具体内容	主要包括固定资产、流动资产和无形资产等(各级行政单位占有、使用,所有权属国家)	国家拨给的资产,按照国家规定运用国有资产组织收入形成的资产,接受捐赠和经法律确认的国家所有资产(事业单位占有、使用,所有权属于国家)
遵循原则	预算管理与资产管理相结合;财务管理与资产管理相结合;价值管理与实物管理相结合	坚持资产管理与预算管理相结合;坚持所有权和使用权相分离;坚持资产管理与财务管理、实物管理与价值管理相结合
监督检查	坚持单位内部与财政监督、审计监督、社会监督相结合,事前、事中、事后监督相结合	坚持单位内部监督与财政监督、审计监督、社会监督相结合,事前、事中、事后监督相结合,日常监督与专项检查相结合

历年经典真题回顾

一、单项选择题(每题1分,每题备选项中,只有1个最符合题意)

1. 根据《中共中央关于全面深化改革若干重大问题的决定》,未来我国国有企业改革的指导思想是(　　)。[2017年真题]
A. 推进国有资产交易平台建设　　　B. 推进混合所有制经济
C. 推进国有资产产权登记全面开展　D. 推进市场经济主体共同发展
[答案] B
[解析] 本题考查深化我国国有企业改革。为进一步全面深化国有企业改革,改善市场竞争环境和秩序,《中共中央关于全面深化改革若干重大问题的决定》明确了我国国有企业改革的指导思想是推进混合所有制经济,故 B 项正确。

2. 2017年1月出台的《关于创新政府配置资源方式的指导意见》中,要求经营性国有资产重大资产转让行为应当依托的平台是(　　)。[2017年真题]
A. 统一的公共资源交易平台　　　　B. 公开的电商平台
C. 公开的财政部网络平台　　　　　D. 公开的国务院国资委网络平台
[答案] A
[解析] 本题考查深化我国国有企业改革。创新经营性国有资产配置方式,需要规范经营性国有资产处置和收益分配,企业重大资产转让应依托统一的公共资源交易平台公开进行,故 A 项正确。

3. 衡量国有资产管理目标实现程度的工具是（　　）。[2015年真题]
   A. 国有资产管理绩效评价　　　　B. 国有资产清查核资
   C. 国有资产管理统计分析　　　　D. 国有资产产权界定
   [答案] A
   [解析] 国有资产管理绩效，是指在国有资产管理过程中所得与所费之间的对比关系。国有资产管理绩效评价，是衡量国有资产管理目标实现程度的重要手段，故A项正确。

4. 我国对行政事业单位国有资产实行综合管理的职能部门是（　　）。[2014年真题]
   A. 财政部门　　　　　　　　　　B. 中国人民银行
   C. 国有资产监督管理委员会　　　D. 海关总署
   [答案] A
   [解析] 各级财政部门是政府负责行政单位国有资产管理的职能部门，对行政单位国有资产实行综合管理，故A项正确。

5. 在中央与地方以及地方各级政府之间，划分国有资产管理权限的根本制度是（　　）。[2014年真题]
   A. 财政管理体制　　　　　　　　B. 国有资产分类
   C. 税收管理体制　　　　　　　　D. 国有资产管理体制
   [答案] D
   [解析] 本题考查的是国有资产管理体制的定义。国有资产管理体制是指在中央与地方之间，及地方各级政府之间划分国有资产管理权限，建立国有资产经营管理机构与体系的一项根本制度。

6. 我国国有资产监督管理委员会代表国务院监管国有资产，履行的是（　　）。[2013年真题]
   A. 债权人职责　　　　　　　　　B. 债务人职责
   C. 出资人职责　　　　　　　　　D. 执行人职责
   [答案] C
   [解析] 国家国有资产监督管理委员会，由国务院授权代表国家履行出资人职责，监管国有资产，确保国有资产保值增值，进一步搞好国有企业，故C项正确。

二、多项选择题（每题2分，每题备选项中，有2个或2个以上符合题意，至少有1个错项。错选，本题不得分；少选，所选的每个选项得0.5分）

1. 国有流动资产的具体形态包括（　　）。[2013年真题]
   A. 机器设备　　B. 银行存款　　C. 短期投资　　D. 存货
   E. 待处理财产
   [答案] BCD
   [解析] 国有流动资产，是指可以在一年内或长于一年的一个营业周期内变现或运用的资产，一般包括现金、银行存款、短期投资、应收及预付账款、存货等，故B、C、D三项正确。

本章同步练习

一、单项选择题（每题1分，每题备选项中，只有1个最符合题意）

1. 将国有资产划分为经营性国有资产、行政事业性国有资产及资源性国有资产，是按（　　）所做的分类。
   A. 国有资产与社会经济活动的关系　　B. 国有资产存在的形态
   C. 管理体制　　　　　　　　　　　　D. 存在于境内境外

2. 形成国有资产起点的是（　　）。
   A. 国有资产运营管理　　　　　　　　B. 国有资产基础管理
   C. 国有资产投资管理　　　　　　　　D. 国有资产管理绩效评价

3. （　　）是政府负责事业单位国有资产管理的职能部门，对事业单位的国有资产实施综合管理。
   A. 各级国有资产监督管理委员会　　B. 各级财政部门
   C. 各级人民代表大会　　　　　　　D. 各级政府
4. 关于主业处于充分竞争行业和领域的商业类国有企业的说法，不正确的是（　　）。
   A. 原则上都要实行公司制股份制改革
   B. 积极引入其他资本实现股权多元化
   C. 国有资本可以相对控股或参股，不能绝对控股
   D. 加大改制上市力度，着力推进整体上市
5. 财政部门、行政单位应当建立和完善资产管理信息系统，对国有资产进行（　　）。
   A. 实质性管理　　B. 静态管理　　C. 动态管理　　D. 定期管理
6. 将资源性国有资产分为国有土地资源、国有矿产资源、国有水资源和国有森林草原资源，是按照（　　）角度进行的划分。
   A. 管理　　　　　B. 经济　　　　C. 用途　　　　D. 类型
7. 下列关于行政单位国有资产使用的说法，错误的是（　　）。
   A. 除法律另有规定外，行政单位不得用国有资产对外担保
   B. 行政单位不得以任何形式用占有、使用的国有资产举办经济实体
   C. 行政单位拟将占有、使用的国有资产对外出租、出借的，必须事先上报同级财政部门审核批准
   D. 行政单位出租、出借国有资产所形成的收入归行政单位支配
8. 《事业单位国有资产产权登记证》由（　　）统一印制。
   A. 财政部　　　　　　　　　　　B. 国有资产监督管理委员会
   C. 事业单位的主管部门　　　　　D. 国务院

二、**多项选择题**（每题2分，每题备选项中，有2个或2个以上符合题意，至少有1个错项。错选，本题不得分；少选，所选的每个选项得0.5分）
1. 经营性国有资产的基础工作主要有（　　）。
   A. 国有资产的产权界定　　　　　B. 国有资产的产权登记
   C. 国有资产的清产核资　　　　　D. 国有资产的处置管理
   E. 国有资产的统计
2. 按国有资产存在的形态划分，国有资产可分为（　　）。
   A. 固定资产　　B. 流动资产　　C. 无形资产　　D. 地方国有资产
   E. 中央国有资产
3. 国家安全行业包括（　　）领域。
   A. 军事装备制造　B. 航天航空　　C. 义务教育　　D. 石油
   E. 邮政通信
4. 国有企业取得的下列收入中，属于国有资产收益的有（　　）。
   A. 各项税收　　B. 企业利润　　C. 资产租金　　D. 投资分红
   E. 上缴资产占用费
5. 关于国有资产产权转让管理，下列说法正确的有（　　）。
   A. 企业国有产权转让应当在依法设立的产权交易机构中公开进行
   B. 企业国有产权转让受地区、行业、出资或者隶属关系的限制
   C. 转让的企业国有产权权属应当清晰
   D. 权属关系不明确或者存在权属纠纷的企业国有产权不得转让
   E. 企业国有产权转让可以采取拍卖、招投标、协议转让以及国家法律、行政法规规定的其他方式进行

6. 在事业单位国有资产管理中,下列应当对相关国有资产进行评估的有（   ）。
   A. 整体改制为企业
   B. 以非货币性资产对外投资
   C. 经批准事业单位部分资产无偿划转
   D. 资产拍卖
   E. 事业单位下属的事业单位之间的合并

本章同步练习参考答案及解析

一、单项选择题

1. [答案] A
   [解题思路] 本题考查的是按照国有资产与社会经济活动的关系划分国有资产,在看到 B、C、D 三项时,同时要采取联想法将这三项分类进行记忆。

2. [答案] C
   [解析] 在经营性国有资产管理的主要内容中,国有资产基础管理是整个国有资产管理的基础;国有资产投资管理是形成国有资产的起点;衡量国有资产管理目标实现程度的重要手段是国有资产管理绩效评价,故 C 项正确。

3. [答案] B
   [解析] 各级财政部门是政府负责事业单位国有资产管理的职能部门,对事业单位的国有资产实施综合管理。

4. [答案] C
   [解析] 主业处于充分竞争行业和领域的企业,原则上都要实行公司制股份制改革,积极引入其他资本实现股权多元化,国有资本可以绝对控股、相对控股或参股,加大改制上市力度,着力推进整体上市,故 C 项错误。

5. [答案] C
   [解析] 财政部门、行政单位应当建立和完善资产管理信息系统,对国有资产实行动态管理。

6. [答案] A
   [解析] 从管理的角度划分,资源性国有资产分为国有土地资源、国有矿产资源、国有水资源和国有森林草原资源。

7. [答案] D

   [解析] 行政单位出租、出借国有资产所形成的收入按照政府非税收入管理的规定,实行"收支两条线"管理。

8. [答案] A
   [解析] 《事业单位国有资产产权登记证》由财政部统一印制。

二、多项选择题

1. [答案] ABCE
   [解析] 国有资产基础管理是整个经营性国有资产管理的基础,包括国有资产的产权界定、产权登记、清产核资和统计等工作。D 项是经营性国有资产运营管理的内容。

2. [答案] ABC
   [解析] 本题考查国有资产管理概述。按国有资产存在的形态划分,国有资产可分为固定资产、流动资产、无形资产及其他资产。

3. [答案] ABE
   [解析] 国家安全行业是指涉及国家国防安全、经济安全的行业,包括军事装备制造、航天航空、邮政通信、金融保险等领域。

4. [答案] BCDE
   [解析] 国有资产收益收缴的形式有:利润、租金、股息、红利,以及上缴资产占用费等方式。

5. [答案] ACDE
   [解析] 企业国有产权转让不受地区、行业、出资或者隶属关系的限制,故 B 项错误。

6. [答案] ABD
   [解析] 事业单位的国有资产分为可评估资产和不可评估资产。A、B、D 三项为可评估资产,C、E 两项为不可评估资产。

✏️ 错题收集

第十三章　财政平衡与财政政策

本章考情分析

年份	单项选择题	多项选择题	案例分析题	合计
2017 年	4 题 4 分	2 题 4 分	—	8 分
2016 年	4 题 4 分	1 题 2 分	—	6 分
2015 年	5 题 5 分	1 题 2 分	—	7 分
2014 年	4 题 4 分	1 题 2 分	—	6 分
2013 年	5 题 5 分	—	—	5 分

本章考点概览

本章学习提示

第十三章主要介绍的是财政平衡的主要内容，其中财政政策的主要内容需要重点掌握，财政赤字的计算口径及分类需要区分记忆。财政政策的工具和货币政策的工具需要根据提供的表格或者图示比较记忆。

本章考点详解

【考点一】财政平衡的含义

财政平衡的含义如图 13-1 所示。

```
财政平衡             收支对比表现形式:
(财政收支之间 ─→  (1) 收大于支,出现结余     财政政策问题的焦点为:
  的对比关系)       (2) 支大于收,出现赤字  ⇒  如何处理财政平衡问题
                   (3) 收支相等,出现数量
     │             上的绝对平衡(现实生活
出现不平衡的原因    中基本不可能)
     ↓
(1) 财政支出需要的无限性与财政收入可能的有限性之间的矛盾(最主要原因)
(2) 财政决策的失误、计划与实际的不一致
(3) 生产力发展水平和经济管理水平会影响财政收支计划的执行
(4) 财政收入的均衡性和部分财政支出的集中性,会导致财政收支在时间上的不一致
(5) 某些意外事故,如严重的自然灾害、政局不稳或临时发生战争
```

图 13-1　财政平衡的含义

【提示】
(1) 财政收支略有结余或略有赤字,可以视作财政基本平衡或大体平衡。
(2) 坚持财政收支平衡的意义：①有利于社会总需求和总供给的平衡；②有利于实现无通货膨胀的经济运行(造成通货膨胀的重要原因是财政赤字和信用膨胀)。

经典例题

[2014 年真题·多选题] 财政管理实践中坚持财政收支平衡的意义是（　　）。
A. 保证社会总需求和总供给平衡　　B. 有利于实现无通货膨胀的经济运行
C. 保证财政收入的及时取得　　　　D. 能够增加债务收入
E. 有利于减少汇兑损失
[答案] AB
[解析] 财政管理实践中坚持财政收支平衡的意义包括两个方面：①保证社会总需求和总供给平衡；②有利于实现无通货膨胀的经济运行。故 A、B 两项正确。

[2013 年真题·单选题] 关于财政平衡的说法,错误的是（　　）。
A. 财政收支在数量上的绝对平衡才是财政平衡
B. 财政收支略有结余可视作财政基本平衡
C. 财政收支略有赤字可视作财政基本平衡
D. 财政收支平衡是指财政收支之间的对比关系
[答案] A
[解析] 财政平衡是指财政收支之间的对比关系。财政收支略有结余或略有赤字,都可以视作财政基本平衡或大体平衡,A 项错误。

【考点二】财政赤字的分类

财政赤字的分类如表 13-1 所示。

扫码听课

表 13-1　财政赤字的分类

分类标准	具体内容
按赤字在财政年度出现时间的早晚	预算赤字和决算赤字

续表

分类标准	具体内容
按赤字的起因不同	(1) 主动赤字（政府财政部门有意识的） (2) 被动赤字（客观原因导致，非人为因素）
按财政收支统计口径的不同	硬赤字和软赤字
按赤字的出现和经济周期的关系	(1) 充分就业赤字，即结构性赤字（实现充分就业依然存在的赤字） (2) 周期性赤字（未实现充分就业新增的赤字） 周期性赤字的数额＝总赤字－充分就业赤字

经典例题

[2013年真题·单选题] 在经济实现充分就业目标的前提下仍然存在的财政赤字，称为（　　）。
A. 结构性赤字　　　B. 周期性赤字　　　C. 硬赤字　　　D. 软赤字
[答案] A
[解析] 充分就业赤字，也称结构性赤字，是指在经济实现充分就业目标的前提下，仍然存在的赤字，故 A 项正确。

【考点三】财政赤字的弥补方式及其经济效应

一、财政赤字的弥补方式

（1）增收减支。
（2）动用结余。即以前年度滚存的财政结余。
（3）向中央银行透支或借款。此方法相当于通过货币发行，凭空创造购买力，一般不建议采用。
（4）发行公债。此方法是<u>最理想</u>的财政赤字弥补方式，只是购买力的转移，不会凭空增加购买力，是<u>世界各国弥补财政赤字的普遍做法</u>。

二、财政赤字弥补方式的经济效应

（一）财政赤字与货币供给

1. 增收减支弥补财政赤字

这种方法不会对货币供给量产生影响，因为只是改变了国民收入分配的结构。

2. 动用结余弥补财政赤字

（1）如果结余没有被信贷部门使用，动用结余弥补赤字不会增加货币供给量。
（2）如果结余已经被信贷部门使用，动用结余弥补赤字就会增加货币供给量。

3. 向中央银行借款或透支弥补财政赤字

这种方法会增加市场上的货币供应量，导致物价上涨，形成通货膨胀。

4. 通过发债来弥补财政赤字

不同的公债认购者对货币供应量的影响如表 13-2 所示。

表 13-2　不同的公债认购者对货币供应量的影响

认购者	影响
家庭	通常不会增加货币供给量
企业	一般不会增加货币供给，若企业出现流动资金严重不足，向商业银行增加信贷需求后，可能会增加货币供给量
商业银行	能否增加货币供给量，关键取决于商业银行认购公债后是否能实现信贷收支平衡
中央银行直接认购政府公债	与财政向中央银行直接透支一样，会增加货币供给量

(二)财政赤字的排挤效应

财政赤字的排挤效应是指由于财政赤字的弥补致使私人经济部门投资及个人消费减少的现象。

1. 排挤效应产生的途径

财政赤字的排挤效应产生的途径如图 13-2 所示。

图 13-2 财政赤字的排挤效应产生途径

2. 排挤效应产生的影响因素

财政赤字的排挤效应是否明显主要受货币需求和投资对利率的弹性大小的制约。具体内容如下:

(1) 如果利率水平很低(其他条件不变),货币需求对利率<u>富有弹性</u>时,财政赤字的排挤效应较小。

(2) 如果利率水平很高(其他条件不变),货币需求对利率<u>缺乏弹性</u>时,财政赤字的排挤效应较大。

(3) 如果投资对利率富有弹性时(其他条件不变),财政赤字的排挤效应明显。

(4) 如果投资对利率缺乏弹性时(其他条件不变),财政赤字的排挤效应不明显。

(三)通货膨胀税

(1) 造成通货膨胀的重要原因是<u>连年的政府财政赤字</u>。

(2) 构成政府收入的两部分为:①国内生产总值(GDP)正常增量的分配所得;②价格再分配所得(即通货膨胀税)。

经典例题

[2016年真题·单选题] 当政府过多发行债券时,有可能对市场产生的影响是(   )。
A. 马太效应　　　　　　　　B. 木桶效应
C. 破窗效应　　　　　　　　D. 排挤效应
[答案] D
[解析] 本题考查财政赤字的排挤效应的概念。财政赤字的排挤效应是指由于财政赤字的弥补而导致私人经济部门投资以及个人消费减少的现象。财政赤字的排挤效应包括直接和间接的排挤效应,其中间接的排挤效应是政府发行公债,增加货币需求。

[2016年真题·单选题] 下列弥补财政赤字的方式中,属于凭空创造购买力的方式是(   )。
A. 发行公债　　　　　　　　B. 向中央银行借款或透支
C. 动用结余　　　　　　　　D. 增收节支
[答案] B
[解析] 本题考查财政赤字的弥补方式。向中央银行借款或者透支,会凭空创造购买力来弥补财政赤字,对货币流通的影响很大,故 B 项正确。

【考点四】财政政策的含义

财政政策的含义如表 13-3 所示。

表 13-3　财政政策的含义

要点	具体内容
对国民经济运行调节的特点	（1）直接性 （2）强制性（财政政策用立法形式确定）
体系	税收政策、支出政策、预算平衡政策和公债政策等
功能	（1）导向功能。包括直接导向（如加速折旧的税收政策）与间接导向（如对某些行业实行低税政策）。财政政策的直接作用对象是财政收支及其平衡关系 （2）协调功能（对某些失衡状态的制约、调节能力） （3）控制功能 （4）稳定功能

【提示】财政政策的稳定功能包括反周期性和补偿性。其中，反周期性可理解为：在繁荣时期，税收自动增加，转移性支出自动下降，控制总需求，抑制通货膨胀；萧条时期反之。

经典例题

[2016年真题·单选题] 政府利用加速折旧的税收政策促使企业进行设备投资，发挥的是财政政策的（　　）。
A. 协调功能　　　　　　　　　B. 控制功能
C. 稳定功能　　　　　　　　　D. 导向功能
[答案] D
[解析] 本题考查财政政策的功能。导向功能是指通过对物质利益的调整，发挥对个人和企业的经济行为以及国民经济发展方向的引导作用。加速折旧的税收政策属于导向功能中直接导向的范畴。

[2015年真题·多选题] 财政政策对国民经济运行调节的特点有（　　）。
A. 间接性　　　　　　　　　　B. 直接性
C. 自愿性　　　　　　　　　　D. 强制性
E. 挤出性
[答案] BD
[解析] 财政政策对国民经济运行的调节具有直接性和强制性，故 B、D 两项正确。

【考点五】财政政策的主体
（1）财政政策的主体是指财政政策的制定者和执行者。
（2）财政政策的主体只能是各级政府，主要是中央政府。

经典例题

[2013年真题·单选题] 财政政策的主体是（　　）。
A. 中国人民银行　　　　　　　B. 行政事业单位
C. 中国进出口银行　　　　　　D. 各级人民政府
[答案] D
[解析] 本题考查财政政策的主体。财政政策的主体只能是各级政府，主要是中央政府。

【考点六】财政政策的目标
财政政策的目标是指财政政策所要实现的期望值。其主要包括：
（1）经济适度增长（国民收入的实际总量增长）。
（2）物价基本稳定。
（3）收入公平分配。

(4) 充分就业（宏观调控的首要目标）。
(5) 国际收支平衡（经常项目、资本项目、遗漏与误差三个项目的总的收支对比状况）。

【提示】财政政策包括长期财政政策和中短期财政政策。

【考点七】 财政政策工具

一、政府预算

政府预算在各种政策手段中居于核心地位，具有综合性、计划性和法律性等特点。其具体内容如表13-4所示。

表 13-4 政府预算

项目	具体内容
预算收支差额	(1) 收大于支的预算结余，对总需求产生的净影响是收缩性的 (2) 支大于收的预算赤字，对总需求产生的净影响是扩张性的 (3) 收支平衡，对总需求的净影响是中性的
政府预算的调控作用	(1) 通过预算收支规模的变动及其平衡状态可以有效地调节社会总供求的平衡关系 (2) 通过调整政府预算支出结构可以调节国民经济中各种比例关系和经济结构

二、税收和公债

税收和公债的作用如图13-3所示。

图 13-3 税收和公债的作用

三、政府投资

（一）政府投资的定义

政府投资是指财政用于资本项目的建设支出，最终形成各种类型的固定资产。它是进行国家重点建设和其他大中型项目的主要资金来源，也是形成国有资产的主要物质基础。

（二）政府投资项目的特点

政府投资的项目主要是指那些具有自然垄断特征、外部效应大、产业关联度高、具有示范和诱导作用的基础性产业、公共设施以及新兴的高科技主导产业。

四、公共支出

公共支出包括购买性支出和转移性支出。

五、财政补贴

财政补贴的具体内容如图13-4所示。

图 13-4　财政补贴

经典例题

[2016年真题·多选题] 属于财政政策工具的有（　　）。
A. 税收　　　　　B. 利率　　　　　C. 预算　　　　　D. 公债
E. 信贷
[答案] ACD
[解析] 财政政策的工具具体包括六个方面：政府预算、税收、公债、政府投资、公共支出、财政补贴，故 A、C、D 三项正确。

[2014年真题·单选题] 最终能够形成各种类型固定资产的财政政策工具是（　　）。
A. 税收　　　　　　　　　　　B. 政府预算
C. 公债　　　　　　　　　　　D. 政府投资
[答案] D
[解析] 政府投资是指财政用于资本项目的建设支出，最终形成各种类型的固定资产，故 D 项正确。

【考点八】财政政策的传导机制

（1）财政政策工具变量的调整对收入分配的影响，表现在改变货币收入者实得货币收入或使货币收入者的实际购买力发生变化。

（2）财政政策工具的使用一定会影响财政收支的增减变化，形成财政盈余或财政赤字。

（3）许多财政政策工具是通过价格作用体现出来的，或者是与价格相互配合共同发挥调节作用。

【提示】财政政策发挥作用的最重要传导媒介体是收入分配、货币供应和价格。

【考点九】财政政策的类型与效应

财政政策的类型与效应如表 13-5 所示。

表 13-5　财政政策的类型与效应

分类标准		具体内容
按照政策作用的对象划分	宏观财政政策	调节经济总量
	中观财政政策	以产业结构为调节对象
	微观财政政策	影响经济个体的经济行为或经济活动
按照对经济周期的调节作用划分	自动稳定的财政政策	又称"自动稳定器"，自动调节，如累进税制和转移支付制度
	相机抉择的财政政策	政府有意识的调节
根据在国民经济总量方面的不同功能划分	扩张性财政政策	通过财政分配活动来增加和刺激社会总需求
	紧缩性财政政策	通过财政分配活动来减少和抑制社会总需求
	中性财政政策	财政的分配活动对社会总供求的影响保持中性

续表

分类标准	具体内容
按调节的客体划分	存量财政政策、增量财政政策
按财政调节手段划分	税收政策、公债政策、财政支出政策、财政投资政策、财政补贴政策、固定资产折旧政策和国有资产管理政策
按财政政策作用的期限划分	长期财政政策、中期财政政策和短期财政政策

经典例题

[2015年真题·单选题] 具有稳定经济功能，被称为"自动稳定器"的税种是（　　）。
A. 增值税　　　　　　　　　B. 消费税
C. 房产税　　　　　　　　　D. 所得税
[答案] D
[解析] 自动稳定的财政政策称为"自动稳定器"，包括累进税制和转移支付制度，所得税属于其中一种，故 D 项正确。

[2013年真题·单选题] 通过财政分配活动刺激社会总需求的财政政策称为（　　）。
A. 紧缩性财政政策　　　　　B. 扩张性财政政策
C. 中性财政政策　　　　　　D. 综合财政政策
[答案] B
[解析] 本题考查的是不同类型的财政政策的定义。扩张性财政政策是指通过财政分配活动来增加和刺激社会的总需求，故 B 项正确。

【考点十】货币政策概述

一、货币政策工具的类型

货币政策工具的类型如表 13-6 所示。

表 13-6　货币政策工具的类型

分类	具体内容
一般性政策工具	(1) 法定存款准备金率 (2) 再贴现率政策 (3) 公开市场业务（最灵活、最有效的调节货币供应量的重要工具）
选择性政策工具	(1) 消费者信用控制 (2) 不动产信用控制 (3) 证券市场信用控制 (4) 优惠利率 (5) 预缴进口保证金
直接信用控制	其手段主要包括利率最高限、信用配额、直接干预和流动性比率等手段
间接信用指导	是指中央银行利用道义劝告、窗口指导等办法间接影响商业银行的信用创造

【提示】
(1) 各国货币政策的目标包括物价稳定、充分就业、经济增长和国际收支平衡。
(2) 我国《中华人民共和国中国人民银行法》规定的货币政策基本目标是保持货币币值的稳定，并以此促进经济增长。

二、货币政策传导机制

货币政策传导机制，是指中央银行运用货币政策手段或工具影响中介目标从而实现最终目标的途径和机能。西方国家货币政策的作用过程如下：

（1）从中央银行至各金融机构和金融市场。即中央银行通过法定存款准备金率、再贴现率政策、公开市场业务等各种货币政策工具，控制各金融机构的贷款能力和金融市场的资金融通渠道。

（2）从各金融机构和金融市场至企业和个人的投资与消费。中央银行可以采取提高或者降低利息率，扩张或紧缩货币供应量。

（3）从企业、个人的投资、消费至产量、物价和就业的变化。企业和个人的投资消费行为的变化，必然引起产量、物价和就业的变化。

三、货币政策的类型

（1）扩张性货币政策。其目的是刺激社会总需求的增长。

（2）紧缩性货币政策。其目的是抑制社会总需求的增长。

（3）中性货币政策。其对社会总需求与总供给的对比状况不产生影响。

经典例题

[2016年真题·单选题] 在一般性政策工具中，最为灵活的货币政策工具是（　　）。

A. 法定存款准备金率　　　　B. 公开市场业务

C. 再贴现率政策　　　　　　D. 消费者信用控制

[答案] B

[解析] 一般性政策工具包括法定存款准备金率、再贴现率政策和公开市场业务。其中最为灵活的货币政策工具是公开市场业务，故B项正确。

[2011年真题·单选题] 下列货币政策中，属于直接信用控制的政策手段是（　　）。

A. 调整法定存款准备金率　　B. 信用配额

C. 调整再贴现率政策　　　　D. 公开市场业务

[答案] B

[解析] 直接信用控制的手段包括利率最高限、信用配额、流动性比率和直接干预。A、C、D三项属于一般性政策工具。

【考点十一】财政政策与货币政策配合的必要性

财政政策与货币政策配合的必要性即体现为两种政策的区别，具体如表13-7所示。

表13-7　财政政策与货币政策的区别

项目	具体区别	
政策工具不同	财政政策工具主要有预算收支、财政补贴、公债、财政贴息、税种、税率等	
	货币政策工具主要有公开市场业务、贷款限额、法定存款准备金率、再贴现率、存贷款利率、汇率等	
调节范围不同	财政政策不仅限于经济领域，还包括非经济领域	
	货币政策的调节范围基本上限于经济领域，其他领域属于次要地位	
在国民收入分配中所起的作用不同	财政可以从收入和支出两个方面影响社会总需求的形成	
	银行信贷主要是通过信贷规模的伸缩影响消费需求和投资需求的形成	
对需求调节的作用不同	消费需求	（1）社会消费需求。财政在社会消费中起决定作用 （2）个人消费需求。财政直接影响个人消费，如个人所得税。银行信贷间接影响个人消费
	投资需求	财政在形成投资需求方面的作用主要是调整产业结构，国民经济结构的合理化；而银行的作用主要在于调整总量和产品结构

续表

项目	具体区别
在扩大和紧缩需求方面的作用不同	财政的扩张和紧缩效应一定要通过信贷机制的传导才能发生
政策时滞性不同	财政政策的决策时滞、执行时滞一般比货币政策要长,但财政政策的效果时滞要短

【提示】财政政策与货币政策的统一性体现在以下三点:
(1) 调控目标是统一的,都属于宏观经济调控目标。
(2) 两者都是需求管理政策。
(3) 从经济运行的统一性来看,两者之间有不可分割的内在联系。

经典例题

[2011年真题·单选题] 下列不属于财政政策与货币政策配合的必要性的是( )。
A. 两者的效率不同　　　　　　　　B. 两者的政策工具和调节范围不同
C. 两者在国民收入分配中所起的作用不同　D. 两者对需求调节的作用不同
[答案] A
[解析] 财政政策与货币政策配合的必要性的原因体现在五个方面:①两者的政策工具和调节范围不同;②两者在国民收入分配中所起的作用不同;③两者对需求调节的作用不同;④两者在扩大和紧缩需求方面的作用不同;⑤两者的政策时滞性不同。采用排除法,故A项错误。

【考点十二】财政政策与货币政策的配合运用

财政政策与货币政策的配合运用如表13-8所示。

表13-8 财政政策与货币政策的配合运用

配合运用的方式	适用情况
"双松"政策	适用总需求严重不足、生产能力没有得到充分利用的情况下
"双紧"政策	适用严重通货膨胀时期,但假如控制力度过猛,易导致经济衰退、失业增加
紧的财政政策与松的货币政策相配合	适用总需求与总供给大体平衡,但消费偏旺而投资不足的情况
松的财政政策与紧的货币政策相配合	适用总供给与总需求大体相适应,为解决投资过旺,消费不足的情况

【提示】我国自2017年以来继续实施积极的财政政策和稳健的货币政策。

本章易错易混考点

【易错易混考点】财政赤字的计算口径及其分类

财政赤字的计算口径及其分类如表13-9所示。

表13-9 财政赤字的计算口径及其分类

项目	硬赤字	软赤字
定义	是指用债务收入弥补收支差额以后仍然存在的赤字	是指未经债务收入弥补的赤字
计算口径	硬赤字=(经常收入+债务收入)-(经常支出+债务支出)	软赤字=经常收入-经常支出
弥补方式	只能通过向中央借款或透支弥补财政赤字(无法利用债务收入进行弥补)	举债,即通过发行公债来弥补软赤字,通常称为"赤字债务化"

【提示】世界上大多数国家统计本国财政赤字时的计算口径为软赤字。

历年经典真题回顾

一、单项选择题（每题1分，每题备选项中，只有1个最符合题意）

1. 关于财政政策的说法，错误的是（   ）。[2017年真题]
   A. 财政政策运用不当会引起经济波动   B. 财政政策是国家宏观调控的重要杠杆
   C. 财政政策具有导向功能   D. 财政政策不具有控制功能
   [答案] D
   [解析] 本题考查财政政策的含义。财政政策的功能包括导向功能、协调功能、控制功能和稳定功能，故 D 项错误。

2. 关于物价稳定的说法，错误的是（   ）。[2017年真题]
   A. 物价稳定就是指物价固定不变
   B. 物价稳定就是物价水平短期内没有显著波动
   C. 物价稳定是指物价总水平基本稳定
   D. 物价稳定是把物价总水平控制在社会可以承受的限度内
   [答案] A
   [解析] 本题考查财政政策的目标。物价稳定是指物价总水平的基本稳定，即物价水平在短期内没有显著或急剧的波动，而不是固定不变，故 A 项错误。

3. 西方经济学家把政府从价格再分配中取得的收入称为（   ）。[2015年真题]
   A. 挤出税   B. 通货膨胀税   C. 价格税   D. 通货紧缩税
   [答案] B
   [解析] 政府收入通常分为两部分：①GDP 正常增量的分配所得；②价格再分配所得。后者就是西方经济学者所说的通货膨胀税。

4. 弥补财政赤字时，不宜采用的方式是（   ）。[2015年真题]
   A. 通过增收减支弥补   B. 通过向中央银行借款或透支弥补
   C. 通过发行公债弥补   D. 动用结余弥补
   [答案] B
   [解析] 在财政赤字的几种弥补方式中，财政通过向中央银行借款或透支来弥补赤字是最不可取的方式。

5. 一般来说，造成通货膨胀的重要原因是（   ）。[2015年真题]
   A. 连年的财政赤字   B. 累积的财政结余
   C. 持续的财政紧缩   D. 阶段性的货币政策
   [答案] A
   [解析] 造成通货膨胀非常重要的原因就是连年的财政赤字。

6. 通过宪法制定的财政政策具有法律效力，在执行中具有的特点是（   ）。[2014年真题]
   A. 强制性   B. 直接性   C. 间接性   D. 固定性
   [答案] A
   [解析] 财政政策对国民经济运行的调节具有两个明显的特点：①直接性；②强制性。对于强制性而言，强调的是财政政策一般是通过立法形式制定和颁布实施的，具有法律效力，一旦制定，各单位和个人都必须执行，否则就要受到法律的制裁。

7. 财政在社会经济发展过程中对某些行业采取的低税或免税政策所发挥的政策功能是（   ）。
   [2014年真题]
   A. 控制功能   B. 导向功能
   C. 协调功能   D. 稳定功能

[答案] B

[解析] 财政政策的导向功能表现在两个方面：直接导向和间接导向。对某些行业实行低税政策，能够促进这一行业的生产发展，同时还会影响其他企业的投资选择，并进一步影响消费者的消费选择，这是间接导向的体现。

8. 在金融市场中，作为调节货币流通量重要手段的是（ ）。[2013年真题]

   A. 预算　　　　　　　　　　B. 税收
   C. 国债　　　　　　　　　　D. 补贴

   [答案] C

   [解析] 题目中给出的四个选项都是财政政策的工具，而在金融市场中，作为调节货币流通量的重要手段是国债。

9. 在各种财政政策手段中居于核心地位的是（ ）。[2012年真题]

   A. 税收政策　　B. 公债政策　　C. 支出政策　　D. 预算政策

   [答案] D

   [解析] 政府预算作为一种控制财政收支及其差额的机制，在各种财政政策手段中居于核心地位。

10. 充分利用财政资源，但又要防止从财政渠道引发通货膨胀的做法就是要坚持（ ）。[2012年真题]

    A. 财政收入大于财政支出　　　　B. 财政支出大于财政收入
    C. 财政收支平衡　　　　　　　　D. 货币需求平衡

    [答案] C

    [解析] 坚持财政收支平衡，有利于实现无通货膨胀的经济运行，所以坚持财政收支平衡就能防止从财政渠道引发通货膨胀。

11. 目前世界上多数国家统计本国财政赤字的口径是（ ）。[2012年真题]

    A. 硬赤字　　　　　　　　　　B. 软赤字
    C. 周期性赤字　　　　　　　　D. 主动赤字

    [答案] B

    [解题思路] 本题考查的知识点在"易错易混考点"中进行了重点讲解。目前世界上多数国家都采用软赤字的计算口径来统计本国的财政赤字，建议大家通过此道题目将硬赤字和软赤字的对比进行进一步理解记忆。

12. 政府有意识地运用财政政策手段来调节社会总供求，利用国家财力干预经济运行，称为（ ）。[2011年真题]

    A. 自动稳定的财政政策　　　　B. 相机抉择的财政政策
    C. 内在稳定器　　　　　　　　D. 健全财政政策

    [答案] B

    [解析] 本题考查的是财政政策的不同类型。相机抉择的财政政策，是指政府有意识地运用财政政策手段来调节社会总供求，是政府利用国家财力有意识干预经济运行的行为，故B项正确。

13. 世界各国弥补财政赤字的普遍做法是（ ）。[2011年真题]

    A. 发行公债　　　　　　　　　B. 向银行借款
    C. 向银行解困　　　　　　　　D. 压缩支出

    [答案] A

    [解析] 财政赤字的弥补方式包括四种，其中发行公债来弥补赤字通常只是购买力的转移，不

会凭空增加购买力,所以一般认为是最为理想的弥补财政赤字的方法,是世界各国弥补财政赤字的普遍做法。

14. 作为财政政策手段,财政补贴最主要的优点在于(   )。[2010年真题]
   A. 刚性和普遍性 B. 刚性和针对性
   C. 灵活性和针对性 D. 灵活性和普遍性
   [答案] C
   [解析] 本题考查财政政策工具。作为财政政策手段,财政补贴最主要的优点在于灵活性和针对性。

15. 就财政政策本身而言,其焦点是如何处理(   )问题。[2010年真题]
   A. 财政收入 B. 财政支出 C. 财政赤字 D. 财政平衡
   [答案] D
   [解析] 本题考查财政平衡的含义。就财政政策本身而言,其焦点是如何处理财政平衡问题。

二、多项选择题(每题2分,每题备选项中,有2个或2个以上符合题意,至少有1个错项。错选,本题不得分;少选,所选的每个选项得0.5分)

1. 财政政策稳定功能所表现的主要特征是(   )。[2010年真题]
   A. 持续性 B. 无偿性 C. 强制性 D. 补偿性
   E. 反周期性
   [答案] DE
   [解析] 财政政策稳定功能所表现的主要特征是补偿性和反周期性。

2. 下列政策工具中,属于财政政策工具的有(   )。[2017年真题]
   A. 利息率 B. 政府预算
   C. 税收 D. 再贴现率
   E. 公共支出
   [答案] BCE
   [解析] 本题考查财政政策工具。财政政策工具包括政府预算、税收、公债、政府投资、公共支出和财政补贴等形式。B、C、E三项属于财政政策工具。A、D两项属于货币政策工具。

3. 属于内在稳定器的财政政策有(   )。[2017年真题]
   A. 增加财政支出 B. 减少税收收入
   C. 累进税制度 D. 失业保险制度
   E. 调整财政补贴
   [答案] CDE
   [解析] 本题考查财政政策的类型与效应。内在稳定器的财政政策主要是实行累进税制度和转移支付制度,故选C、D、E三项。

本章同步练习

一、单项选择题(每题1分,每题备选项中,只有1个最符合题意)

1. 在财政赤字的不同形式中,(   )是指预算执行的结果收不抵支而出现的赤字。
   A. 主动赤字 B. 被动赤字
   C. 预算赤字 D. 决算赤字

2. 财政政策的直接作用对象是(   )。
   A. 财政收支及其平衡关系 B. 对外收支及其平衡关系
   C. 居民收支及其平衡关系 D. 信贷收支及其平衡关系

3. 当政府过多发行债券时，有可能对市场产生的影响是（   ）。
   A. 马太效应   B. 木桶效应
   C. 破窗效应   D. 排挤效应
4. （   ）的财政政策，是指那些无须借助外力即可根据经济波动状况而自动发挥调控效果，起到稳定经济作用的政策。
   A. 相机抉择   B. 自动稳定
   C. 宏观   D. 微观
5. 以下不属于政府运用的货币政策工具的是（   ）。
   A. 法定存款准备金率   B. 再贴现率
   C. 公债   D. 公开市场业务
6. 中央银行实现其职能的核心所在是（   ）。
   A. 发行货币   B. 制定利率
   C. 监管金融机构   D. 制定货币政策
7. 下列货币政策中，属于选择性政策工具的是（   ）。
   A. 消费者信用控制   B. 信用配额
   C. 调整再贴现率   D. 公开市场业务

二、多项选择题（每题2分，每题备选项中，有2个或2个以上符合题意，至少有1个错项。错选，本题不得分；少选，所选的每个选项得0.5分）

1. 按照赤字在财政年度出现时间的早晚，财政赤字可分为（   ）。
   A. 主动赤字   B. 预算赤字   C. 软赤字   D. 被动赤字
   E. 决算赤字
2. 以下属于财政政策目标的有（   ）。
   A. 经济快速增长   B. 物价基本稳定
   C. 收入公平分配   D. 完全就业
   E. 国际收支平衡
3. 在市场经济条件下，政府投资的项目集中于（   ）。
   A. 基础性产业   B. 公共设施
   C. 高科技主导产业   D. 采煤产业
   E. 制造业
4. 通常弥补赤字的方法有（   ）。
   A. 增收减支   B. 动用结余
   C. 向中央银行透支或借款   D. 发行公债
   E. 降低社会保障水平
5. 一般性货币政策的三大手段是（   ）。
   A. 公开市场业务   B. 法定存款准备金率
   C. 再贴现率   D. 信贷计划
   E. 窗口指导
6. 一般来讲，财政赤字的排挤效应是否明显主要受（   ）的制约。
   A. 货币供给对利率的弹性   B. 货币需求对利率的弹性大小
   C. 投资规模   D. 投资对利率的弹性大小
   E. 私人投资的有效性

本章同步练习参考答案及解析

一、单项选择题

1. ［答案］D
   ［解析］按照赤字在财政年度出现时间的早晚，可分为预算赤字和决算赤字。预算赤字是指预算编制时因支出大于收入而存在的赤字。决算赤字是预算执行的结果收不抵支而出现的赤字。

2. ［答案］A
   ［解析］财政政策的直接作用对象是财政收支及其平衡关系，故 A 项正确。

3. ［答案］D
   ［解析］财政赤字的排挤效应体现在两个方面，一种是直接的，一种间接的。题目叙述的政府过多发行债券的方式就是间接排挤效应的体现。

4. ［答案］B
   ［解析］自动稳定的财政政策，是指那些无须借助外力即可根据经济波动状况而自动发挥调控效果，起到稳定经济作用的政策。

5. ［答案］C
   ［解析］A、B、D 三项都是货币政策工具的具体内容，C 项属于财政政策的工具。

6. ［答案］D
   ［解析］一个国家的货币政策是由该国的中央银行制定的，是中央银行实现其职能的核心所在。

7. ［答案］A
   ［解析］选择性政策工具包括消费者信用控制、不动产信用控制、证券市场信用控制、优惠税率、预缴进口保证金等形式，故 A 项正确。B 项属于直接信用控制，C、D 两项属于一般性货币政策工具。

二、多项选择题

1. ［答案］BE
   ［解析］按照赤字在财政年度出现时间的早晚，财政赤字可分为预算赤字和决算赤字。

2. ［答案］BCE
   ［解析］财政政策的目标包括经济适度增长、物价基本稳定、收入公平分配、充分就业及国际收支平衡。

3. ［答案］ABC
   ［解析］在市场经济条件下，政府投资的项目主要是指那些具有自然垄断特征、外部效应大、产业关联度高、具有示范和诱导作用的基础性产业、公共设施，以及新兴的高科技主导产业。

4. ［答案］ABCD
   ［解析］通常弥补赤字的方法有增收减支、动用结余、向中央银行透支或借款、发行公债。

5. ［答案］ABC
   ［解析］一般性货币政策的三大手段包括公开市场业务、法定存款准备金率和再贴现率。

6. ［答案］BD
   ［解析］一般来讲，财政赤字的排挤效应是否明显主要受货币需求和投资对利率的弹性大小的制约。

✏️ 错题收集

第三篇
2018年模拟试卷及参考答案与解析

狭路相逢，勇者胜；敌人亮剑，我必亮剑。基础已经夯实，是时候对《财政税收专业知识与实务》（中级）的模拟试卷亮剑了，在实战中检验成果。

2018年财政税收专业知识与实务（中级）模拟试卷

一、单项选择题（每题1分，每题备选项中，只有1个最符合题意）

1. 征收个人所得税所执行的财政职能是（　　）。
   A. 资源配置职能　　　　　　　B. 收入分配职能
   C. 经济稳定职能　　　　　　　D. 经济监督职能

2. 某些行业由于具有经营规模越大、经济效益越好、边际成本不断下降、规模报酬递增的特点，而可能为少数企业所控制，从而产生垄断现象的情况称为（　　）。
   A. 外部效应　　　　　　　　　B. 不完全竞争
   C. 市场失灵　　　　　　　　　D. 寻租

3. "经济发展阶段论"认为，经济发展处于早期阶段时，公共支出的结构主要投向于（　　）。
   A. 保健支出　　B. 社会福利支出　　C. 社会基础设施　　D. 对私人企业的补贴支出

4. 下列财政支出中，属于特殊利益支出的是（　　）。
   A. 国防支出　　　　　　　　　B. 企业补贴支出
   C. 行政管理支出　　　　　　　D. 基本建设支出

5. 出于反垄断的目的或者维护国家安全的需要，一些基础设施适合采用（　　）方式提供。
   A. 私人出资，定期收费补偿成本并适当盈利
   B. 政府与民间共同投资
   C. 政府投资，法人团体经营运作
   D. 政府筹资建设，或免费提供，或收取使用费

6. 对繁华地段的机动车实行停车收费，宜采取的效益分析方法是（　　）。
   A. "成本—效益"分析法　　　　B. 最低费用选择法
   C. "公共劳务"收费法　　　　　D. 公共定价法

7. 社会救济型的社会保障制度的资金来源是（　　）。
   A. 受保人和雇主缴纳的保险费
   B. 受保人和雇主缴纳的保险费为主，财政补贴为辅
   C. 完全由政府预算拨款
   D. 财政拨款为主，受保人和雇主缴纳的保险费为辅

8. 在政府的财政性投资支出中，政府投资的方向主要是（　　）。
   A. 大型国有企业　　　　　　　B. 服装制造企业
   C. 机器制造业　　　　　　　　D. 社会基础设施

9. 关于财政投融资的说法，错误的是（　　）。
   A. 财政投融资目的性很强
   B. 财政投融资的资本金主要由政府预算投资形成
   C. 财政投融资委托特定的商业银行管理
   D. 财政投融资的预算管理比较灵活

10. 关于税收支出形式的说法，错误的是（　　）。
    A. 盈亏相抵办法适用于各种税
    B. 退税包括出口退税和再投资退税
    C. 税收豁免是在一定期间内，对纳税人的某些所得项目或所得来源不予征税
    D. 税收抵免是指允许纳税人从其某种合乎奖励规定的支出中，以一定的比率从其应纳税额中扣除

11. 税负转嫁最典型和最普通的形式是（　　）。
    A. 前转　　　　B. 后转　　　　C. 消转　　　　D. 税收资本化
12. 税负转嫁的一般规律是（　　）。
    A. 需求弹性较大的商品税负较易转嫁
    B. 所得税税负较易转嫁
    C. 对垄断性商品课征的税较易转嫁
    D. 征税范围广的税种不易转嫁
13. 关于税法解释的说法，错误的是（　　）。
    A. 税法立法解释具有法律效力
    B. 税法司法解释的主体是最高人民法院和最高人民检察院
    C. 税法司法解释具有法的效力，可作为办案和适用法律、法规的依据
    D. 税法行政解释能作为法庭判案的直接依据
14. 关于税收平等原则的说法，正确的是（　　）。
    A. 要对相同境遇的人课征相同的税收
    B. 税收要有利于经济机制的有效运行
    C. 税收收入应能随着财政支出的需要进行调整
    D. 征收费用要节省
15. 关于税收负担的衡量指标，下列说法错误的是（　　）。
    A. 国民生产总值负担率＝税收总额/国民生产总值×100%
    B. 企业综合税收负担率＝企业缴纳的各项税收的总和/企业总产值×100%
    C. 纯收入直接税负担率＝企业一定时期缴纳的所得税/企业一定时期获得的毛收入×100%
    D. 企业流转税税负率＝实际缴纳的流转税税额/同期销售收入×100%
16. 下列属于税额式减免方式的是（　　）。
    A. 起征点　　　B. 免征额　　　C. 减半征收　　　D. 项目扣除
17. 甲国 A 公司 2016 年境内、外所得合计 200 万元，其中来自境内所得为 160 万元，来自设在乙国的分公司所得为 40 万元，在乙国已纳所得税额为 12 万元。甲国的税率为 30%，但甲国对本国居民来自境外所得实行免税。两国均实行属人兼属地税收管辖权。则 A 公司本年总的应纳税额为（　　）万元。
    A. 6　　　　　B. 48　　　　　C. 54　　　　　D. 60
18. 下列增值税的应税行为中，属于商务辅助服务的是（　　）。
    A. 安全保护服务　　　　　　　B. 经营租赁服务
    C. 认证服务　　　　　　　　　D. 鉴证服务
19. 小规模纳税人销售其自建的不动产，适用的增值税征收率为（　　）。
    A. 3%　　　　B. 4%　　　　C. 5%　　　　D. 6%
20. 某超市作为小规模纳税人，2017 年 9 月销售一些旧的货架，这些旧的货架作为固定资产处理，取得含税销售收入 41 200 元，该项销售行为应纳增值税为（　　）元。
    A. 0　　　　　B. 600　　　　C. 800　　　　D. 1 200
21. 某酒厂为增值税一般纳税人，2017 年 6 月向小规模纳税人销售白酒，开具的普通发票上注明金额 100 000 元，同时收取单独核算的包装物租金 5 000 元，此项业务的增值税销项税额是（　　）元。
    A. 13 454.70　　　　　　　　B. 13 890.60
    C. 15 011.32　　　　　　　　D. 15 256.41

22. 2017年2月，某化妆品厂将一批自产高档护肤类化妆品用于集体福利，生产成本35 000元；将新研制的香水用于广告样品，生产成本20 000元。上述产品的成本利润率为5%，消费税税率为15%。上述货物已全部发出，均无同类产品售价。2017年2月，该化妆品厂上述业务应纳消费税为（　　）元。
   A. 10 191.18　　　　　　　B. 24 750.00
   C. 35 150.00　　　　　　　D. 40 214.60

23. 甲企业2017年2月将一台账面余值100万元的进口设备运往境外修理，当月在海关规定的期限内复运进境。经海关审定的境外修理费10万元、料件费5万元。假定该设备的进口关税税率为20%，则该企业应缴纳的关税税额为（　　）万元。
   A. 2　　　　B. 3　　　　C. 6　　　　D. 9

24. 根据《企业所得税法》的规定，下列属于中国居民企业的是（　　）。
   A. 在中国境内设立办事处的外国公司
   B. 依照外国（地区）法律成立但实际管理机构在中国境内的企业
   C. 从中国境内获得所得的企业
   D. 外国企业委托营业代理人在中国境内从事生产经营活动

25. 甲企业主要是从事符合条件的环境保护项目，成立于2012年，当年获利，2017年实现应纳税所得额2 000万元，不考虑其他因素，该公司2017年应缴纳企业所得税（　　）万元。
   A. 0　　　　B. 200　　　　C. 250　　　　D. 500

26. 中国居民张某2017年3月1日从公开发行市场上取得的上市公司股票，2018年3月2日分得股息红利50 000元，持股期限1年，张某该项股息红利所得应缴纳个人所得税（　　）元。
   A. 1 500　　　B. 2 500　　　C. 5 000　　　D. 10 000

27. 根据个人所得税法律制度的规定，下列个人所得中，不用缴纳个人所得税的是（　　）。
   A. 稿酬所得　　　　　　　B. 房产转让所得
   C. 国家发放的院士津贴　　D. 个人转让股权所得

28. 2016年12月，中国居民王女士出租自有的一套技术装备，取得租金收入为10 000元。设备原值10万元，其应纳个人所得税为（　　）元。
   A. 400　　　B. 420　　　C. 800　　　D. 1 600

29. 某市的人民公园将其一闲置房屋出租给个体户王先生开餐饮店，根据《房产税暂行条例》的相关规定，对该房屋的税收政策规定是（　　）。
   A. 征收房产税　　　　B. 减征房产税
   C. 免征房产税　　　　D. 不征房产税

30. 以协议出让方式承受土地使用权的应按（　　）计征契税。
   A. 成交价格　　　　　　　B. 土地成交总价款扣除土地前期开发成本
   C. 土地成交总价款扣除开发成本　　D. 土地成交总价款扣除土地开发成本

31. 下列车船中，属于免征车船税的是（　　）。
   A. 警用车辆　　B. 载货汽车　　C. 游艇　　D. 摩托车

32. 张先生2017年1月购买家庭唯一住房，面积为95平方米，价值为100万元，该套住房计征的契税为（　　）万元。
   A. 1.5　　　B. 0.5　　　C. 2　　　D. 3

33. 某市一大型火电厂厂区的下列用地应免予征收城镇土地使用税的是（　　）。
   A. 厂区围墙内的生产用地　　B. 厂区外的铁路专用线
   C. 生活用地　　　　　　　　D. 境内厂房用地

34. 关于土地增值税的说法，错误的是（   ）。
    A. 土地增值税的纳税人包括个体工商户和其他个人
    B. 纳税人建造普通标准住宅出售，增值税超过扣除项目金额20%的，未超过部分免征土地增值税，只就其超过部分计税
    C. 土地增值税实行四级超率累进税率
    D. 居民个人转让住房需免征土地增值税

35. 甲公司拖欠去年增值税50万元，催缴无效，经县税务局局长批准，今年3月税务机关书面通知其所在开户银行冻结存款50万元，这一行政行为属于（   ）。
    A. 税务行政复议   B. 税收保全措施
    C. 强制征收措施   D. 提供纳税担保

36. 下列可以作为纳税担保人的有（   ）。
    A. 国家权力机关   B. 从事生产经营的企业单位
    C. 行政机关   D. 审判机关

37. 纳税人未按照规定期限办理税务登记、变更或注销登记，情节较为严重的，可处以（   ）的罚款。
    A. 2 000元以上，5 000元以下
    B. 5 000元以上，20 000元以下
    C. 5 000元以上，10 000元以下
    D. 2 000元以上，10 000元以下

38. 按照检查的范围、内容、数量和查账粗细的不同，纳税检查的基本方法可以分为（   ）。
    A. 顺查法与逆查法   B. 比较分析法与推理分析法
    C. 联系查法与侧面查法   D. 详查法与抽查法

39. 当企业收到购货单位汇来的预付款时，其正确的账务处理是（   ）。
    A. 借：银行存款
          贷：主营业务收入
    B. 借：银行存款
          贷：主营业务收入
              应交税费——应交增值税（销项税额）
    C. 借：银行存款
          贷：库存商品
    D. 借：银行存款
          贷：预收账款

40. 在纳税检查中发现某企业当期有一笔属于职工福利费的费用支出60 000元记入到财务费用之中，对此应做的会计账务调整分录为（   ）。
    A. 借：财务费用   60 000
          贷：银行存款   60 000
    B. 借：应付职工薪酬   60 000
          贷：银行存款   60 000
    C. 借：应付职工薪酬   60 000
          贷：财务费用   60 000
    D. 借：财务费用   60 000
          贷：应付工资   60 000

41. 税务机关对某企业进行纳税检查时，发现该企业将生产领用的原材料5 000元误记为50 000元，企业应做的账务调整为（　　）。
   A. 红字借记"原材料"5 000元
   B. 红字借记"原材料"45 000元
   C. 红字贷记"原材料"5 000元
   D. 红字贷记"原材料"45 000元

42. 某增值税一般纳税人，购进货物取得增值税专用发票，注明税额3 400元，按照现行制度准予从销项税额中抵扣，但尚未经税务机关认证，该税额的处理为（　　）。
   A. 借记"应交税费——待认证进项税额"
   B. 借记"应交税费——应交增值税（进项税额）"
   C. 贷记"应交税费——应交增值税（进项税额转出）"
   D. 贷记"应交税费——待抵扣进项税额"

43. 某工业企业提供商标使用权时，其净收入应计入的科目为（　　）。
   A. 主营业务收入
   B. 其他业务收入
   C. 营业外收入
   D. 投资收益

44. 发行公债既要考虑到财政资金运用的需要，也要考虑到社会、居民的应债能力，所遵循的原则是（　　）。
   A. 景气发行原则
   B. 稳定市场秩序原则
   C. 发行成本最小原则
   D. 发行有度原则

45. 决定公债发行条件的过程和关键环节是（　　）。
   A. 公债的持有者
   B. 公债的收入使用
   C. 公债的偿还方式
   D. 公债的发行方式

46. 通过公开程序，邀请供应商提供资格文件，只有通过资格审查的供应商才能参加后续招标，这种采购方式称为（　　）。
   A. 公开招标采购
   B. 选择性招标采购
   C. 限制性招标采购
   D. 非竞争性招标采购

47. 一般公共预算的收入以（　　）为主。
   A. 税收收入
   B. 国有企业上缴的利润收入
   C. 债务收入
   D. 行政性收费

48. 下列各项中，不属于零基预算优点的是（　　）。
   A. 预算收支安排不受以往年度收支的约束
   B. 可突出当年政府经济社会政策重点
   C. 编制工作简便易行
   D. 充分发挥预算政策的调控功能

49. 部门预算编制要量入为出，收支平衡，不得编列赤字，体现的原则是（　　）。
   A. 合法性原则
   B. 科学性原则
   C. 稳妥性原则
   D. 重点性原则

50. 关于我国社会保险基金预算的说法，错误的是（　　）。
   A. 政府公共预算属于社会保险基金预算的一种模式
   B. 一般公共预算可补助社会保险基金
   C. 其内容包括社会福利与救济
   D. 不能用于平衡政府公共预算

51. 根据政府间事权划分的原则，关于对义务教育管理的做法中，正确的是（　　）。
   A. 完全由地方政府管理
   B. 完全由中央政府管理
   C. 地方政府管理为主，中央政府提供帮助
   D. 中央政府管理为主，地方政府提供帮助

52. 下列转移支付项目中，属于一般性转移支付的是（　　）。
   A. 共担类转移支付
   B. 委托类转移支付
   C. 引导类转移支付
   D. 农村税费改革转移支付

53. 关于政府间转移支付制度理论依据的说法，错误的是（　　）。
   A. 纠正政府间的横向财政失衡
   B. 纠正政府间的纵向财政失衡
   C. 加强中央财政对地方财政的宏观调控
   D. 纠正某些私人物品与服务的外部性

54. 在国有企业改革中，对于商业类的国有企业，对主业处于（　　）的企业，实行"政企分开、特许经营、政府监管"为原则积极推进改革，根据不同行业的特点实行网运分开、放开竞争性业务，促进公共资源配置市场化。
   A. 竞争行业和领域
   B. 关系国家安全、国民经济命脉的重要行业和关键领域
   C. 自然垄断行业
   D. 国有公益类行业

55. 行政单位与非行政单位、组织或者个人之间发生产权纠纷，由（　　）提出处理意见。
   A. 上级政府
   B. 本级政府
   C. 行政单位
   D. 财政部门

56. 在事业单位国有资产管理中，下列可以不对国有资产进行评估的是（　　）。
   A. 整体改制为企业
   B. 以非货币性资产对外投资
   C. 事业单位下属的事业单位之间的合并
   D. 资产拍卖

57. 按照（　　），财政政策可以分为扩张性财政政策、紧缩性财政政策和中性财政政策。
   A. 在国民经济总量方面的不同功能
   B. 政策作用的对象划分
   C. 与货币政策的关系划分
   D. 对经济周期的调节作用划分

58. 弥补财政赤字时，不宜采用的方式是（　　）。
   A. 通过增收减支弥补
   B. 运用结余弥补
   C. 通过发行公债弥补
   D. 通过向中央银行透支或借款弥补

59. 关于充分就业的说法中，错误的是（　　）。
   A. 失业率的高低是衡量一个社会经济活动的综合指标
   B. 充分就业是政府进行宏观调控的首要目标
   C. 一旦出现失业率，就表明不是充分就业
   D. 可以通过制定适当的财政政策，增加政府投资，促进有效需求，刺激生产和消费，达到充分就业的目标

60. 关于政府预算的说法，表述错误的是（   ）。
    A. 政府预算在各种财政政策手段中居于核心地位
    B. 通过预算收支规模的变动及其平衡状态可以有效地调节社会总供给与社会总需求的关系
    C. 通过调整政府预算支出结构可以调节国民经济中的各种比例关系和经济结构
    D. 政府预算的调节作用反应比较迟缓

二、多项选择题（每题2分，每题备选项中，有2个或2个以上符合题意，至少有1个错项。错选，本题不得分；少选，所选的每个选项得0.5分）

61. 调节资源在国民经济各部门之间的配置，通常采取的手段有（   ）。
    A. 调整投资结构
    B. 调整资产存量结构
    C. 调整中央对地方转移支付的规模
    D. 调整财政收入占国内生产总值的比重
    E. 征收消费税

62. 按照世界贸易组织的分类方法进行划分，财政补贴包括（   ）。
    A. 生产性补贴
    B. 生活性补贴
    C. 禁止性补贴
    D. 可诉性补贴
    E. 不可诉性补贴

63. 下列情形中，不属于我国的社会救助主要内容的有（   ）。
    A. 对因公负伤的职工支付的病假工资、医疗费、伤残补助津贴
    B. 对无依无靠的绝对贫困者提供的基本保障
    C. 对被终止劳动合同的职工支付医疗补助费
    D. 对因天灾而陷于绝境的家庭提供的最低生活保障
    E. 对生活水平低于国家最低标准的家庭提供的最低生活保障

64. 下列关于税收财政原则的说法，正确的有（   ）。
    A. 通过征税获得的收入要充分
    B. 税收收入应能随着财政支出的需要进行调整
    C. 税收活动要遵循有利于资源有效配置的原则
    D. 税收要以尽可能少的税务行政费用，获取应得的财政收入
    E. 税收收入应由本国全体公民共同负担

65. 税负转嫁的条件包括（   ）。
    A. 商品经济的存在
    B. 宏观经济政策的调整
    C. 自由的价格体制
    D. 计划经济体制
    E. 税种繁多

66. 下列选项中，以纳税人同类应税消费品的最高销售价格作为计税依据计算消费税的有（   ）。
    A. 用于赞助的应税消费品
    B. 用于抵债的应税消费品
    C. 用于投资入股的应税消费品
    D. 用于换取消费资料的应税消费品
    E. 自产的烟丝用于连续生产卷烟

67. 下列行为中，属于现代服务的有（   ）。
    A. 研发和技术服务
    B. 贷款服务
    C. 租赁服务
    D. 鉴证咨询服务
    E. 广播影视服务

68. 个人取得的下列所得中，按规定可以减免个人所得税的有（   ）。
    A. 科技部颁发的科技创新奖金
    B. 救济金

C. 福利彩票中奖所得　　　　　　D. 国债利息
E. 信托投资收益

69. 下列各项中，不得在计算企业的应纳税所得额时扣除的有（　　）。
A. 企业职工因公出差乘坐交通工具发生的人身意外保险费支出
B. 依法提取的环境保护、生态恢复等方面的专项资金
C. 罚金、罚款和被没收财物的损失
D. 向投资者支付的股息
E. 企业发生的合理的工资、薪金支出

70. 下列应税凭证中，应缴纳印花税的有（　　）。
A. 合同的正本　　　　　　　　　B. 农牧业保险合同
C. 无息、贴息贷款合同　　　　　D. 财产所有人将财产赠送给政府
E. 外国政府或国际金融组织向我国企业提供优惠贷款所书立的合同

71. 纳税人外出经营时，应当在《外出经营活动税收管理证明》注明地进行生产经营前向当地税务机关报验登记，并提交的证件、资料有（　　）。
A. 税务登记证副本　　　　　　　B.《外出经营活动税收管理证明》
C. 纳税申报表　　　　　　　　　D. 税务登记证正本
E. 营业执照副本

72. 下列各项中，需要通过"应交税费——预交增值税"核算的情形包括（　　）。
A. 提供建筑服务　　　　　　　　B. 提供不动产经营租赁服务
C. 转让不动产　　　　　　　　　D. 采用预收款方式销售冰箱
E. 房地产开发企业销售开发产品收到预收款时

73. 偿还公债的资金来源主要有（　　）。
A. 设置偿债基金　　　　　　　　B. 财政盈余
C. 通过预算安排　　　　　　　　D. 举借新债
E. 增加税收

74. 在部门预算中，基本支出预算的编制原则有（　　）。
A. 综合预算原则　　　　　　　　B. 定员定额原则
C. 追踪问效原则　　　　　　　　D. 优先保障原则
E. 科学论证、合理排序原则

75. 根据预算法，我国对地方政府发行公债管理权限的规定有（　　）。
A. 地方政府可自行发行公债
B. 地方政府发行公债的规模经国务院确定
C. 地方政府不得为任何单位和个人的债务提供担保
D. 地方公债可用于经常性支出
E. 地方举借的债务只能用于公益性资本支出

76. 商业类和公益类国有企业实行不同的考核方法，对于公益类国有企业，重点考核（　　）。
A. 产品服务质量　　　　　　　　B. 国有资产保值增值
C. 成本控制　　　　　　　　　　D. 市场竞争能力
E. 保障能力

77. 根据地方政府使用补助资金权限的大小，政府间转移支付可分为（　　）。
A. 纵向转移支付　　　　　　　　B. 无条件转移支付
C. 有条件转移支付　　　　　　　D. 横向转移支付

E. 混合转移支付

78. 经营性国有资产的基础管理包括（　　）。
   A. 国有资产的产权界定
   B. 国有资产的产权登记
   C. 国有资产的清产核资
   D. 国有资产的处置管理
   E. 国有资产的投资方向

79. 与其他财政支出相比，财政补贴的特征有（　　）。
   A. 财政补贴在财政政策中居于核心地位
   B. 财政补贴可以调节资金供求和货币流通
   C. 为特定的目标或目的服务
   D. 对接受补贴者产生激励作用
   E. 补贴对象为居民

80. 通常情况下，财政赤字的排挤效应是否明显主要受（　　）的制约。
   A. 投资对利率的弹性
   B. 政府投资的有效性
   C. 货币供给对利率的弹性
   D. 货币需求对利率的弹性
   E. 财政补贴力度

三、案例分析题（每题 2 分。由单选和多选组成。错选，本题不得分；少选，所选的每个正确选项得 0.5 分）

（一）

甲企业为增值税一般纳税人，主要从事货物运输服务，2017 年 8 月发生如下业务：

(1) 修理、修配各类车辆，开具普通发票注明价税合计金额 35.26 万元。

(2) 运送货物，开具增值税专用发票注明运输收入金额 350 万元、装卸收入金额 26 万元。

(3) 提供仓储服务，开具增值税专用发票注明仓储收入金额 83 万元、装卸收入金额 7 万元。

(4) 销售自己使用过的于 2008 年 5 月 10 日购进的货运汽车 7 辆，开具普通发票注明价税合计金额 32.84 万元。

(5) 购进汽油取得增值税专用发票注明金额 20 万元、税额 3.4 万元，80% 用于公司运送旅客，20% 用于职工福利。

该企业的增值税专用发票已经通过主管税务机关的认证，计算结果以万元为单位，保留小数点后两位。

根据以上资料，回答下列问题。

81. 在业务 (1) 中，甲企业修理、修配各类车辆确认的销项税额为（　　）万元。
   A. 3.52   B. 3.76
   C. 4.58   D. 5.12

82. 在业务 (2) 中，甲企业运送货物确认的销项税额为（　　）万元。
   A. 27.14   B. 37.50   C. 34.37   D. 40.06

83. 在业务 (3) 中，甲企业提供仓储服务确认的销项税额为（　　）万元。
   A. 0   B. 2.8   C. 3.0   D. 5.4

84. 在业务 (4) 中，甲企业销售自己使用过的汽车，应确认的增值税税额为（　　）万元。
   A. 0.64   B. 2.80   C. 3.73   D. 3.81

85. 甲企业本月应缴纳的增值税税额为（　　）万元。
   A. 45.9   B. 48.5   C. 47.86   D. 50.58

（二）

一家位于深圳市的国家重点扶持的高新技术企业，2017 年全年取得营业收入 2 000 万元。

2017年发生的部分业务如下：

(1) 当年发生的合理的工资薪金450万元，含向本企业安置的20名残疾人员支付的工资薪金50万元。

(2) 发生职工福利费支出90万元，职工教育经费60万元。

(3) 发生广告费支出350万元，业务宣传费200万元。

(4) 发生与生产经营业务相关的业务招待费支出100万元。

(5) 为专门用于新产品研发的费用1 000万元。

(6) 该企业2017年4月购进了一台专门用于研发的设备，价值200万元。

根据以上资料，回答下列问题。

86. 该企业2017年允许税前扣除的薪金总额为（　　）万元。
    A. 400　　　　B. 450　　　　C. 500　　　　D. 550

87. 该企业2017年允许税前扣除的职工教育经费和职工福利费为（　　）万元。
    A. 82.5　　　B. 99　　　　　C. 100　　　　D. 110

88. 该企业2017年发生的广告费和业务宣传费当年不准予税前扣除的金额为（　　）万元。
    A. 50　　　　B. 250　　　　C. 450　　　　D. 500

89. 该企业2017年发生业务招待费支出不可税前扣除的金额为（　　）。
    A. 15　　　　B. 48　　　　C. 65　　　　D. 90

90. 下列关于该企业的相关内容的说法，正确的有（　　）。
    A. 该企业的适用税率为25%
    B. 该企业购入的研发设备支出可全额在税前扣除
    C. 该企业购入的研发用的设备可采取加速折旧法进行扣除
    D. 该企业专门用于研发费用的支出可以加计扣除50%

（三）

甲企业2017年1月开业，领受房屋产权证、工商营业执照、土地使用证、卫生先进单位证各一件；开业当月，签订了以下合同：

(1) 建账时共设8个营业账簿，其中一本是资金账簿，记载实收资本200万元。

(2) 与保险公司签订一份财产保险合同，支付保险费8万元。

(3) 签订租赁合同一份，记载支付租赁费50万元。

(4) 签订销售合同4份，共记载金额280万元。

(5) 签订一份贴息贷款合同。

已知购销合同的税率为0.3‰、记载资金的账簿税率为0.5‰，财产保险合同、财产租赁合同的税率为1‰。

根据以上资料，回答下列问题。

91. 该企业开业领用各类证件应缴纳印花税（　　）元。
    A. 0　　　　　B. 15　　　　　C. 20　　　　　D. 25

92. 该企业建账时建立的营业账簿应缴纳印花税（　　）元。
    A. 0　　　　　B. 35　　　　　C. 1 000　　　D. 1 035

93. 该企业签订的租赁合同应缴纳印花税（　　）元。
    A. 0
    C. 5 000
    B. 500
    D. 10 000

94. 该企业签订的销售合同应缴纳印花税（　　）元。
    A. 0　　　　　B. 540　　　　C. 800　　　　D. 840

95. 该企业共缴纳印花税（　　）元。
    A. 0　　　　　B. 2 390　　　　　C. 4 000　　　　　D. 6 890

（四）

某食品生产企业为增值税一般纳税人，适用的增值税税率为17%，2017年发生如下经济业务：

（1）2017年7月销售一批食品，取得含税收入234 000元，订立了包装物使用期限为三个月的合同，收取包装物押金80 000元。

（2）2017年8月购入一栋办公楼，不含税金额为2 000万元，当月已用银行存款支付了相关款项，办好了产权转移手续，取得增值税专用发票并认证相符。

（3）将自产的一批食品用于职工福利，已知其生产成本为100 000元，无同类产品对外售价，成本利润率为10%。

（4）2017年度发生的广告费500万元，全年销售收入2 000万元。

（5）2017年度发生赞助支出5万元。

96. 该企业7月份收取的包装物押金，其正确的账务处理为（　　）。
    A. 贷记"其他业务收入"68 376.06元
    B. 贷记"其他业务收入"80 000元
    C. 贷记"其他应付款"80 000元
    D. 借记"其他业务收入"68 376.06元

97. 该企业8月份购入的办公楼，当月其正确的账务处理为（　　）。

    A. 借：固定资产——办公楼　　　　　　　　　　　　　　20 000 000
    　　应交税费——应交增值税（进项税额）　　　　　　　1 320 000
    　　　　　　　——待抵扣进项税额　　　　　　　　　　　880 000
    　　　贷：银行存款　　　　　　　　　　　　　　　　　22 200 000

    B. 借：固定资产——办公楼　　　　　　　　　　　　　　20 000 000
    　　应交税费——应交增值税（进项税额）　　　　　　　2 200 000
    　　　贷：银行存款　　　　　　　　　　　　　　　　　22 200 000

    C. 借：固定资产——办公楼　　　　　　　　　　　　　　22 000 000
    　　　贷：银行存款　　　　　　　　　　　　　　　　　22 000 000

    D. 借：长期股权投资　　　　　　　　　　　　　　　　　22 000 000
    　　　贷：银行存款　　　　　　　　　　　　　　　　　22 000 000

98. 将自产食品用于职工福利，其正确的账务处理为（　　）。
    A. 借记"应付职工薪酬"100 000元
    B. 借记"应付职工薪酬"117 000元
    C. 计提增值税销项税额17 000元
    D. 计提增值税销项税额18 700元

99. 企业发生的广告费支出，其正确的账务处理为（　　）。
    A. 全额计入"销售费用"科目　　　B. 税前扣除金额为300万元
    C. 不得税前扣除　　　　　　　　D. 全额税收扣除

100. 关于赞助支出的账务处理，正确的是（　　）。
    A. 记入"主营业务成本"科目　　　B. 记入"营业外支出"科目
    C. 记入"利润分配"科目　　　　　D. 记入"管理费用"科目

2018年财政税收专业知识与实务（中级）模拟试卷参考答案与解析

一、单项选择题

1. [答案] B

   [解析] 财政收入分配职能通过调节企业的利润水平和居民的个人收入水平来实现，主要是通过税收手段来进行调节，征收个人所得税调节的是个人收入水平，故B项正确。

2. [答案] B

   [解析] 不完全竞争是指某些行业由于具有经营规模越大、经济效益越好、边际成本不断下降、规模报酬递增的特点，而可能为少数企业所控制，从而产生垄断现象。

3. [答案] C

   [解析] "经济发展阶段论"认为，经济发展处于早期阶段时，公共支出的结构主要是为经济发展提供必需的社会基础设施，如公路、铁路、桥梁、环境卫生、法律和秩序、电力、教育等，故C项正确。A、B两项属于成熟阶段的措施。D项属于中期阶段的措施。

4. [答案] B

   [解析] 本题考查的是财政支出的分类。按照受益范围，财政支出分为一般利益支出和特殊利益支出。一般利益支出包括国防支出、行政管理费支出等；特殊利益支出包括教育支出、卫生支出、企业补贴支出、债务利息支出等，故B项正确。

5. [答案] D

   [解析] 政府筹资建设，或免费提供，或收取使用费，属于政府独资建设的项目。政府独资建设的项目主要出于三种考虑：①关系国计民生的重大项目；②维护国家安全的需要；③反垄断的需要。

6. [答案] C

   [解析] 本题考查财政支出效益分析的方法。对于那些既有社会效益、又有经济效益，但其经济效益难以直接衡量，而其产品可以全部或者部分进入市场的支出项目（交通、教育支出），则采用"公共劳务"收费法来衡量和提高财政支出的效益。"公共劳务"收费法包括四种情况：免费、低价、平价和高价政策。繁华地段的机动车实行停车收费，属于高价政策。

7. [答案] C

   [解析] 社会救济型和普遍津贴型的社会保障制度的资金来源于政府预算拨款，故C项正确。社会保险型和节俭基金型的社会保障制度资金是由受保人和雇主共同缴纳的保险费。

8. [答案] D

   [解析] 基础设施特别是大型基础设施，大多数属于资本密集型行业，具有初始投资大、建设周期长、投资回收慢的特征，这些特点决定了社会基础设施应该由政府支持基础设施投资。

9. [答案] C

   [解析] 本题考查的是财政投资性支出。财政投融资由国家设立的专门机构——政策性金融机构负责统筹管理和经营。政策性金融机构不是商业银行，也不是制定政策的机关，是执行有关长期性投融资政策的机构，是政府投资的代理人，故C项错误。

10. [答案] A

    [解析] 盈亏相抵不同于延期纳税，盈亏相抵通常只能适用于所得税方面；延期纳税适用于各种税，故A项错误。

11. [答案] A

    [解析] 税负转嫁包括四种形式：前转、后转、消转、税收资本化。其中，前转是税负转嫁最

典型和最普通的形式。
12. [答案] C

    [解析] 本题考查税收负担的转嫁与归宿。A项，需求弹性较小的商品的征税较易转嫁。B项，流转税税负较易转嫁，所得税税负不易转嫁。D项，征税范围广的税种较易转嫁。

13. [答案] D

    [解析] 税法行政解释在行政执法中一般具有普遍约束力，但是不具备与被解释的税收法律、法规相同的效力，原则上不能作为法庭判案的直接依据。

14. [答案] A

    [解析] B项描述的是税收的经济原则的内容。C、D两项属于税收财政原则的内容。

15. [答案] C

    [解析] 纯收入直接税负担率＝企业一定时期缴纳的所得税/企业一定时期获得的纯收入×100%，故C项错误。

16. [答案] C

    [解析] 税基式减免包括起征点、免征额、项目扣除和跨期结转。税额式减免包括全部免征、减半征收、核定减免率和另定减征税额，故C项正确。

17. [答案] D

    [解析] 本题考查国际重复征税的产生与免除。由于该国实行免税法，对于A公司来源于境外所得在本国不纳税，A公司来自境内的160万元所得应纳税额＝160×30%＝48（万元）。A公司在乙国已纳税额为12万元。则A公司本年总税负＝48＋12＝60（万元）。

18. [答案] A

    [解析] 本题考查增值税的征税范围。C、D两项属于鉴证咨询服务；B项属于租赁服务。

19. [答案] C

    [解析] 本题考查的是增值税应纳税额的计算，小规模纳税人销售其自建的不动产，适用征收率为5%。

20. [答案] C

    [解析] 小规模纳税人销售自己使用过的固定资产，应按照3%的税率减按2%进行征收，应纳增值税＝41 200/（1＋3%）×2%＝800（元）。

21. [答案] D

    [解析] 一般纳税人销售货物，收取的租金单独进行计算，可并入销售额计算应缴纳的增值税。增值税销项税额＝（100 000＋5 000）/1.17×0.17＝15 256.41（元）。

22. [答案] A

    [解析] 将自产的高档化妆品用于集体福利，香水用于广告样品都需要计算相应的消费税。组成计税价格＝（成本＋利润）/（1－消费税税率）。消费税＝组成计税价格×消费税税率。所以，消费税＝（35 000＋20 000）×（1＋5%）/（1－15%）×15%＝10 191.18（万元）。

23. [答案] B

    [解析] 运往境外修理的机械器具、运输工具或者其他货物，出境时已向海关报明并在海关规定的期限内复运进境，应当以境外修理费和料件费审查确定完税价格。所以应缴纳的关税税额＝（10＋5）×20%＝3（万元）。

24. [答案] B

    [解析] 中国居民企业是依法在中国境内成立，或者依照外国（地区）法律成立但实际管理机构在中国境内的企业，故B项正确。

25. [答案] C

[解析] 企业从事符合条件的环境保护、节能节水项目的所得，自项目取得第一笔生产经营收入所属纳税年度起，第1年至第3年免征企业所得税，第4年至第6年减半征收企业所得税。该公司2017年应缴纳企业所得税＝2 000×50％×25％＝250（万元）。

26. [答案] C

[解析] 2013年1月1日起，个人从公开发行和转让市场取得的上市公司股票持股期限在一个月至1年（含1年）内，其股息红利所得暂减按50％计入应纳税所得额。股息红利所得应缴纳个人所得税＝50 000×50％×20％＝5 000（元）。

27. [答案] C

[解析] 根据规定，国家发放的院士津贴免征个人所得税。A、B、D三项属于应该缴纳个人所得税的情况。

28. [答案] D

[解析] 个人出租设备取得的租金收入，按财产租赁所得计征个人所得税。应纳个人所得税＝10 000×（1－20％）×20％＝1 600（元）。

29. [答案] A

[解析] 对于公园中自用的房产，免征房产税。但公园中附设的营业单位及出租的房产，应征收房产税。

30. [答案] A

[解析] 以协议方式出让的国有土地使用权，其成交价格为计税依据，故A项正确。

31. [答案] A

[解析] B、C、D三项都是属于车船税的征税范围。A项属于免征车船税的情况。

32. [答案] A

[解析] 本题考查契税。对个人购买家庭唯一住房，面积为90平方米及以下的，减按1％的税率征收契税；面积为90平方米以上的，减按1.5％的税率征收契税。对个人购买家庭第二套改善性住房，面积为90平方米及以下的，减按1％的税率征收契税；面积为90平方米以上的，减按2％的税率征收契税。该套住房需要缴纳的契税为100×1.5％＝1.5（万元），故A项正确。

33. [答案] B

[解析] 火电厂厂区围墙内的用地，均应照章征收土地使用税。对厂区围墙外的灰场、输油（气）管道、铁路专用线用地免征土地使用税，厂区围墙外的其他用地，应照章征税。

34. [答案] B

[解析] 纳税人建造普通标准住宅出售，增值税超过扣除项目金额20％的，应就全部增值额计税，故B项错误。

35. [答案] B

[解析] 税收保全措施是税务机关可能由于纳税人的行为或者某种客观原因，致使以后税款的征收不能保证或难以保证的案件，采取限制纳税人处理或转移商品、货物或其他财产的措施，故B项正确。

36. [答案] B

[解析] 国家机关（包括国家权力机关、行政机关、审判机关和检察机关），由于其所处地位的特殊性，不论其是否具备纳税担保能力，均不得作为纳税担保人，以保证税务机关依法执行职务，防止权力干预和各种违纪情况的发生。

37. [答案] D

[解析] 纳税人未按照规定期限办理税务登记、变更或注销登记的，由税务机关责令限期改正，

可以处以2 000元以下的罚款；情节较为严重的，可处以2 000元以上，10 000元以下的罚款。

38. [答案] D

[解析] 按照检查的范围、内容、数量和查账粗细的不同，纳税检查的基本方法可以分为详查法与抽查法，故D项正确。

39. [答案] D

[解析] 采用预收货款方式销售产品（商品），于企业发出产品（商品）时，确认销售实现。企业收到货款时，账务处理为：

借：银行存款
　　贷：预收账款

40. [答案] C

[解析] 本题考查账务调整的基本方法。

正确的账务处理为：

借：财务费用　　　　　　　　　　　　　　　　　　　　　　　　60 000
　　贷：银行存款　　　　　　　　　　　　　　　　　　　　　　　　　60 000

账务调整如下：

借：应付职工薪酬　　　　　　　　　　　　　　　　　　　　　　60 000
　　贷：财务费用　　　　　　　　　　　　　　　　　　　　　　　　　60 000

41. [答案] D

[解析] 采用红字冲销法。应做账务调整如下：

借：生产成本　　　　　　　　　　　　　　　　　　　　　　45 000（红字）
　　贷：原材料　　　　　　　　　　　　　　　　　　　　　　　45 000（红字）

42. [答案] A

[解析] 核算一般纳税人由于未经税务机关认证而不得从当期销项税额中抵扣的进项税额，通过"待认证进项税额"明细科目进行核算。

43. [答案] B

[解析] 特许权使用费收入，是指企业提供专利权、非专利技术、商标权、著作权以及其他特许权的使用权取得的收入。特许权使用费收入主要通过"其他业务收入"核算。

44. [答案] D

[解析] 发行有度原则，即公债发行量要适度，既要考虑到财政资金运用的需要，也要考虑到社会、居民的应债能力，即所能筹集到的资金。

45. [答案] D

[解析] 公债既是政府筹集资金的手段，又是认购者的投资工具，发行者的目标是以最小的成本筹集所需资金，认购者的目标是以既定的投资获取最大的收益，协调双方利益目标的手段是公债的发行条件，包括票面利率、偿还期限和发行价格，而决定发行条件的过程和关键环节则是公债的发行方式。

46. [答案] B

[解析] 本题考查政府采购的基本方式。选择性招标采购是指通过公开程序，邀请供应商提供资格文件，只有通过资格审查的供应商才能参加后续招标，或通过公开程序，确定特定采购项目在一定期限内的候选供应商，作为后续采购活动的邀请对象。

47. [答案] A

[解析] 一般公共预算是对以税收为主体的财政收入，安排用于保障和改善民生、推动经济社会发展、维护国家安全、维持国家机构正常运转等方面的收支预算。

48. [答案] C

[解析] 零基预算的优点在于预算收支安排不受以往年度收支的约束，预算编制有较大回旋余地，可突出当年政府经济社会政策重点，充分发挥预算政策的调控功能。

49. [答案] C

[解析] 本题考查部门预算制度。稳妥性原则要求部门预算要做到稳妥可靠，量入为出，收支平衡，不得编列赤字。

50. [答案] C

[解析] C项，社会保险基金预算按险种分别编制，目前主要包括基本养老保险基金、失业保险基金、基本医疗保险基金、工伤保险基金、生育保险基金等内容，不包括社会福利与救济。

51. [答案] C

[解析] 根据信息复杂性原则，应该由地方政府来管理的事务，但同时又具有跨地区的外部性，那么可以由地方政府管理，中央政府提供帮助，如义务教育。

52. [答案] D

[解析] 一般性转移支付主要包括均衡地区间财力差距的均衡性转移支付、民族地区转移支付以及作为国家增收减支政策配套措施的调整工资转移支付、农村税费改革转移支付等；专项转移支付包括委托类、共担类、引导类、救济类、应急类等形式。故A、B、C三项都属于专项转移支付。D项属于一般性转移支付。

53. [答案] D

[解析] 实行政府间转移支付的理论依据包括纠正政府间的纵向财政失衡；纠正政府间的横向财政失衡；纠正某些公共物品或服务的外部性；加强中央财政对地方财政的宏观调控。

54. [答案] C

[解析] 本题考查商业类国有企业的分类。对主业处于自然垄断行业的企业，实行"政企分开、特许经营、政府监管"为原则积极推进改革；对于主业处于充分竞争行业和领域的企业，原则上都要实行公司制股份制改革；对主业处于关系国家安全、国民经济命脉的重要行业和关键领域、主要承担重大专项任务的企业，要保持国有资产控股地位，支持非国有资本参股。故C项正确。

55. [答案] C

[解析] 行政单位与非行政单位、组织或者个人之间发生产权纠纷，由行政单位提出处理意见。

56. [答案] C

[解析] 行政、事业单位下属的事业单位之间的合并、资产划转、置换和转让可以不进行资产评估，故C项正确。

57. [答案] A

[解析] 按照在国民经济总量方面的不同功能，财政政策可以分为扩张性财政政策、紧缩性财政政策和中性财政政策。按照政策作用的对象划分，财政政策可以分为宏观财政政策和微观财政政策。按照对国民经济周期的调节作用划分，财政政策可以划分为自动稳定的财政政策和相机抉择的财政政策。

58. [答案] D

[解析] 向中央银行透支或借款弥补相当于凭空创造购买力来弥补财政赤字。所以法律规定中央银行不得向政府提供透支或借款。

59. [答案] C

[解析] 充分就业指的是有能力并且自愿参加工作的人都能找到较合适的工作，充分就业并不是100%就业，只要失业率控制在一定范围内，就是可以接受的，故C项错误。

60．［答案］D

［解析］政府预算的调节作用具有直接、迅速的特点，故 D 项错误。

二、多项选择题

61．［答案］AB

［解析］本题考查的是资源配置职能。调节资源在国民经济各部门之间的配置，主要体现在两个方面：①调整投资结构；②调整资产存量结构。故 A、B 两项正确。

62．［答案］CDE

［解析］按照经济性质划分，财政补贴分为生产性补贴和生活性补贴；按照世界贸易组织的分类方法进行划分，财政补贴分为禁止性补贴、可诉性补贴和不可诉性补贴。故 C、D、E 三项符合题意。

63．［答案］AC

［解析］本题考查社会保障支出。A 项，对因公负伤的职工支付的病假工资、医疗费、伤残补助津贴属于社会保险中工伤保险的内容。C 项，对被终止劳动合同的职工支付医疗补助费属于社会保险中失业保险的内容。B、D、E 三项属于我国社会救助的内容。

64．［答案］ABD

［解析］C 项属于税收的经济原则的内容。E 项属于税收的公平原则的内容。

65．［答案］AC

［解析］税负转嫁的条件包括商品经济的存在和自由的价格体制，故 A、C 两项正确。

66．［答案］BCD

［解析］纳税人自产的应税消费品用于换取生产资料和消费资料，投资入股和抵偿债务等方面，应当按纳税人同类应税消费品的最高销售价格作为计税依据，故 B、C、D 三项正确。

67．［答案］ACDE

［解析］本题考查增值税的征税范围。现代服务包括研发和技术服务、信息技术服务、文化创意服务、物流辅助服务、租赁服务、鉴证咨询服务、广播影视服务、商务辅助服务和其他现代服务。B 项中的贷款服务属于金融服务。

68．［答案］ABD

［解析］本题考查个人所得税的税收优惠，经常考查到的税收优惠内容在本书中已经标明，对号入座，采用排除法选择。A、B、D 三项，科技部颁发的科技创新奖、救济金和国债利息所得均属于经常考查到的税收减免优惠；C、E 两项需要按照规定缴纳相应的个人所得税。

69．［答案］CD

［解析］本题考查可以在企业税前扣除的项目，在记忆这些项目时可以仅记忆税前准予扣除的项目，其他的即为禁止税前扣除的项目。A、B、E 三项在计算企业所得税应纳税所得额时准予扣除；C、D 两项属于税前禁止扣除的项目。

70．［答案］AE

［解析］A 项，合同的正本需要缴纳相应的印花税。E 项，外国政府或国际金融组织向我国政府及国家金融机构提供优惠贷款所书立的合同免征印花税，而不是我国的企业，所以应缴纳印花税。

71．［答案］AB

［解析］纳税人应当在《外管证》注明地进行生产经营前向当地税务机关报验登记，并提交下列证件、资料：①税务登记证件副本；②《外出经营活动税收管理证明》。

72．［答案］ABCE

［解析］通过"预交增值税"科目核算的情形包括：一般纳税人转让不动产、提供不动产经营

租赁服务、提供建筑服务、采用预收款方式销售自行开发的房地产项目等，以及其他按规定应预缴的增值税额。

73. [答案] ACD

    [解析] 偿还公债的资金来源主要有通过预算安排、设置偿债基金、举借新债。

74. [答案] ABD

    [解析] 部门预算中项目支出预算的编制原则有：追踪问效原则、综合预算原则、科学论证、合理排序原则。基本支出预算的编制原则包括综合预算原则、定员定额原则和优先保障原则。

75. [答案] BCE

    [解析] 地方政府发行公债的规模经国务院确定，故 A 项错误、B 项正确。地方举借的债务只能用于公益性资本支出，不能用于经常性支出，故 D 项错误、E 项正确。除法律另有规定外，地方政府不得为任何单位和个人的债务以任何方式提供担保，故 C 项正确。

76. [答案] ACE

    [解析] 商业类国有企业重点考核其业绩指标、国有资产保值增值和市场竞争能力；公益类国有企业重点考核其成本控制、产品服务质量、营运效率和保障能力。

77. [答案] BC

    [解析] 根据地方政府使用补助资金权限的大小，政府间转移支付可分为有条件的转移支付和无条件的转移支付。

78. [答案] ABC

    [解析] D 项为经营性国有资产运营管理的内容。E 项属于国有资产投资管理的内容。

79. [答案] CD

    [解析] 本题考查财政政策的工具。财政补贴是财政支出的一部分，但同其他财政支出相比，财政补贴具有两个特征：①财政补贴是一种财政援助，因此它对接受补贴者会产生激励作用；②财政补贴是为特定的目标或目的服务的，具有鲜明的政策意图。故 C、D 两项正确。

80. [答案] AD

    [解析] 一般来讲，财政赤字的排挤效应是否明显，主要受货币需求和投资对利率的弹性大小的制约。

三、案例分析题

81. [答案] D

    [解析] 一般纳税人提供加工修理、修配劳务，按照 17% 的税率计算销项税额。甲企业提供修理、修配劳务确认的增值税销项税额 = 35.26/（1+17%）×17% ≈ 5.12（万元）。

82. [答案] D

    [解析] 一般纳税人运送货物，取得的运输收入按照 11% 的税率计算，装卸收入属于现代服务，按照 6% 的税率进行计算。销项税额 = 350×11% + 26×6% = 40.06（万元）。

83. [答案] D

    [解析] 一般纳税人提供仓储服务和装卸收入按照 6% 的税率计算。应确认的销项税额 = (83+7)×6% = 5.4（万元）。

84. [答案] A

    [解析] 本题考查增值税应纳税额的计算。一般纳税人销售自己使用过的未抵扣进项税额的固定资产按照 3% 的税率减按 2% 进行征收，应确认的增值税税额 = 32.84/（1+3%）×2% ≈ 0.64（万元）。

85. [答案] B

    [解析] 该企业外购的汽油用于职工福利的不能进行抵扣，用于运送旅客的可以扣除。购进汽

油可以抵扣的进项税额＝3.4×80％＝2.72（万元）；该企业本月应缴纳的增值税税额＝5.12＋40.06＋5.4＋0.64－2.72＝48.5（万元）。

86. [答案] C

    [解析] 该企业的工资薪金中包括向残疾职工发放的工资薪金 50 万，税法上规定企业安置残疾职工的工资在据实扣除的基础上，可以加计扣除 100％。所以可以税前扣除的薪金总额＝450＋50＝500（万元）。

87. [答案] B

    [解析] 职工福利费按照不超过工资薪金总额的 14％ 的部分可以税前扣除；技术先进性的服务企业、高新技术企业发生的职工教育经费支出，不超过工资薪金总额 8％ 的部分准予税前扣除，超过部分，准予在以后纳税年度进行结转。因此，该企业 2017 年允许税前扣除的职工教育经费和职工福利费＝450×14％＋450×8％＝99（万元）。

88. [答案] B

    [解析] 企业发生的符合条件的广告费和业务宣传费支出，按照不超过销售收入 15％ 的部分，当年准予扣除；超过部分准予以后年度进行结转扣除。准予税前扣除的金额＝2 000×15％＝300（万元）。不准予税前扣除的金额＝350＋200－300＝250（万元）。

89. [答案] D

    [解析] 业务招待费按照发生额的 60％ 扣除，但最高不得超过销售收入的 5‰。所以，100×60％＝60（万元），2 000×5‰＝10（万元）。税前可以抵扣的金额为 10 万元，不得税前抵扣的金额＝100－10＝90（万元）。

90. [答案] CD

    [解析] 该企业为高新技术企业，适用税率为 15％，故 A 项错误。对所有行业企业 2014 年 1 月 1 日后新购进的专门用于研发的仪器、设备，单位价值低于 100 万元（含 100 万元）的，允许一次性计入当期成本费用在计算应纳税所得额时扣除，不再分年度计算折旧；单位价值超过 100 万元的，可缩短折旧年限或采取加速折旧的方法，故 B 项错误、C 项正确。专门用于研发费用的支出，未形成无形资产的，在按照规定据实扣除的基础上，按照研究开发费用的 50％ 加计扣除；形成无形资产的，按照无形资产成本的 150％ 摊销，故 D 项正确。

91. [答案] B

    [解析] 房屋产权证、工商营业执照、土地使用证需缴纳印花税，卫生先进单位证不属于印花税的征税范围。故应纳印花税＝3×5＝15（元）。

92. [答案] D

    [解析] 应纳印花税＝7×5＋2 000 000×0.5‰＝1 035（元）。

93. [答案] B

    [解析] 应纳印花税＝500 000×1‰＝500（元）。

94. [答案] D

    [解析] 应纳印花税＝2 800 000×0.3‰＝840（元）。

95. [答案] B

    [解析] 该企业签订的贴息贷款合同免征税款，所以该企业共缴纳印花税＝15＋1 035＋500＋840＝2 390（元）。

96. [答案] C

    [解析] 对于包装物出租收取的押金，要通过"其他应付款"科目核算，如果逾期不再退还的包装物押金，应按所包装货物的适用税率计算销项税额。

97. [答案] A

[解析] 增值税一般纳税人 2016 年 5 月 1 日后取得的在会计上作为固定资产核算的不动产，进项税额分为 2 年进行抵扣，第一年抵扣比例为 60%，第二年抵扣比例为 40%。

98. [答案] D

[解析] 自产的产品用于职工福利，应作视同销售处理。同时该产品的权属已发生改变，应确认销售收入。

借：应付职工薪酬　　　　　　　　　　　　　　　　128 700
　　贷：主营业务收入　　　　　　　　　　　　　　110 000
　　　　应交税费——应交增值税（销项税额）　　　18 700

99. [答案] B

[解析] 企业发生的广告费的扣除限额为 2 000×15% = 300（万元），该企业发生的广告费为 500 万元，大于扣除限额，所以其税前扣除金额为 300 万元。

100. [答案] B

[解析] 企业发生的赞助支出不属于企业生产经营发生的业务支出的内容，属于非日常经营活动损失的支出，应计入"营业外支出"。

问卷调查

扫码参与问卷调查
赢大礼包

《零基础过经济师》的图书读到这一部分，已经进入收尾阶段。恭喜您，从备考起点走到了终点。

这个系列的图书从制作到出版历时9个多月，四位作者、上百位教研和编辑人员付出了无数的心血，每位参与的人员都尽心尽力，力求让这套书的内容更完善，但是我们仍感觉还有一些可以改进的地方。现在，我们想听听您的心声，了解一下您学完这套书的感悟。

请您协助完成此问卷，将问卷拍照后发至QQ邮箱：1297271115@qq.com。我们收到后将以邮件形式回复，并赠送您一份价值188元的经济师考前突击超值电子版资料。

为了更好地保障调研数据的真实及有效性，请您仔细填写以下信息（部分可多选）。

1. 您的专业基础　　　□ 0基础，我就是一张大白纸
　　　　　　　　　　□ 50基础，一瓶不满，半瓶咣当
　　　　　　　　　　□ 100基础，我是行业精英，就差个证了

2. 封面设计　　　　　□ 美观，有欲望读下去　　□ 设计一般，不是我喜欢的　　□ 无感觉

3. 内文字号　　　　　□ 大小刚刚好，适合我　　□ 有些小，看得眼花　　□ 还可以再小点

4. 内文行距及字间距　□ 还好，舒适　　□ 太密，我有密集恐惧症　　□ 有些稀松　　□ 无感觉

5. 全书用纸　　　　　□ 颜色舒适　　□ 颜色不舒服　　□ 透字　　□ 不透字

6. 装订印刷效果　　　□ 好　　□ 不好　　（建议改进的地方：　　　　　　　　　　　）

7. 图书购买价格　　　□ 能承受　　□ 还需考虑一下　　□ 偏贵　　□ 物有所值

8. 是否推荐别人购买　□ 推荐　　□ 不推荐

9. 看完这套书是否还需要教材　□ 需要　　□ 不需要

10. 您认为这套书设计不合理的地方　□ 篇幅长，找不到重点　□ 专业术语强，看不懂　□ 书厚，看不完
　　　　　　　　　　　　　　　　□ 其他不足，如_____

11. 您认为书中有待改进的是哪一个部分？请提出宝贵的改进建议。
_____
_____

12. 平时工作较忙，还想一次考过，您希望的辅导书还应该具备哪些特点？
_____
_____